U0767351

清廖瀛海◎撰　北京學易齋刊行　鄭同◎校閱

華齡出版社

增訂天官五星集腋

［上］

影印四庫存目子部善本匯刊［十四］

謝路軍◎主編

责任编辑：薛　治
责任印制：李未圻

图书在版编目（CIP）数据

影印四库存目子部善本汇刊. 14/（清）廖瀛海撰.
——北京：华龄出版社，2019.11
ISBN978－7－5169－1481－6

Ⅰ. ①影… Ⅱ. ①清… Ⅲ. ①哲学－古籍－善本－汇编－中国
Ⅳ. ①B2

中国版本图书馆 CIP 数据核字（2019）第 251872 号

书　　名：影印四库存目子部善本汇刊 14：增订五星集腋
作　　者：（清）廖瀛海撰　郑同校

出 版 人：胡福君
出版发行：华龄出版社
地　　址：北京市东城区安定门外大街甲 57 号　　邮　　编：100011
电　　话：（010）58122246　　传　　真：（010）84049572
网　　址：http://www.hualingpress.com

印　　刷：北京朝阳印刷厂有限责任公司
版　　次：2019 年 12 月第 1 版　2019 年 12 月第 1 次印刷
开　　本：889×1194　1/16　　印　　张：76.5
字　　数：276 千字　　印　　数：1～600
定　　价：760.00 元(全二册)

版权所有　　翻印必究
本书如有破损、缺页、装订错误，请与本社联系调换

余素不習星家年當少壯時豪俠自喜謂天下事何不可為乃三上公車始捷南宮私心頗疑此中或有命焉迨授西安安故劇邑盤根錯節檢點内帑時懷畏心不謂河臺以能員

薦

恩授海州旋授江寧府謂非命運使然耶於是始聞一談命乃曰月之幾何遂一蹶幾不復振又旋蒙

皇恩特召入都矣寓長沙館遵巖霞山諸子時時道閩汀廖子瀛海談命大與衆殊因命邀同至館久與坐談談子平　談五星異談琴堂果老天官三家條分縷晰則迥與人大異自謂

尤究心天官言十干化曜即以化曜納入五星盤盖與子平之理同條共貫余心頗疑及斷余命則云位至總河先出蘇州府中復一跌逮余在鎮江則時時過從惟持前斷不變余謂僅以是相慰也忽一日自蘇買舟至寓一見即云不日
皇恩又特召入都矣自此風浪頓息先署道印旋授總河門人立竢河平候駕合前後所斷數其年月毫髮不爽推算抑何神耶余因是信廖子學有根柢也六十一年廖子手捧子平集腋五星集腋呈覽余喜其談命如燭照數計因披閱之全集皆可傳而天官一集尤能闡發耶律精義殆不朽之書也擬

捐俸刻以傳世因公事廹以西行命廖子亟行付梓余回粤日肄觀厥成獲覽全書豈非一大快事哉

時

康熙六十一年仲夏長沙友人陳鵬年手書於袁浦清署

增訂五星集腋

天官五星之傳幾將五百年矣談五星者不啻數十萬人而能以天官名家者自元明迄今曾不多覯是豈果十干化曜有影無形而杳渺莫測哉揆厥所由亦以混解六親名義忘化曜並忘十干致耶律五星精義泯滅不傳良可嘆也余幼好天官書竊疑其以六親配入十二宮所屬而天福一星則獨兼財帛福德遷移此是何說即就其說而思其理終屬影響游移莫定而所謂天官五星究無以異果老與琴堂也奈世無刻本家異其書人異其解茫茫然莫知適從故聞有專談天官者輙造而請教並求閱其書迨聞其論與出所珍秘傳相示則又皆異同互見從未有符合者至於

六親之解則罔不以星宗正傳諸刻之歌訣為宗余於是書之闇與無從以窺其藩籬因思變曜從十干而所化之十曜即分配於禄暗福耗蔭貴刑印囚權逐年變動如環之無端皆從年干起義與以時上數起逢卯安命一命宮二財帛者判若霄壤安得以六親強附十二宮為變曜之所屬也爰取天官捷訣歌熟讀三復而後恍然變曜所配之禄暗福耗蔭貴刑印囚權即子平之比刼食傷官殺印梟正偏財也抄輯其書數家必沉潛玩索校正折衷去其異取其同歸於畫一始確然而無疑焉間出所見以斷當代名公鉅卿之星格亦往往幸而多中然余終不敢信以為是也既而

得彭子殷尚抄本暗與余合私心輒竟喜而不寐逮閲郡伯漁陽
李先生珍藏其歌訣與余抄亦無復大異始知余解殆可以信世
矣然猶僅於歌訣中間註傷官偏財刼殺究未明註祿為比肩暗
為刦財云也元年春朱子適園以五星氷鑑示全書大意與余所
輯大派皆同惟於祿暗福耗等名之下直註即比肩即刼財即食
神即傷官則此數十年來所僅見者始嘆千古奇書必有能人以
倡明其義但急索不得去夏抄到袁浦遵
河憲教誨既見而出不敢拜一人會一客閉户復讀天官全書口
不絶吟手不停抄編輯無次刪復去浮踰半月而功成是余非敢

之易也蓋余之爲此書竭精費神者固數十年矣今而後耶律氏以天官五星傳世之精意庶其不泯滅矣乎倘有更進於是編之解者予更翹首望之幸

惠我以策所未逮焉

時

雍正元年七月立秋後八日廖瀛海氏書於袞浦之旅舍

原錄琴堂五星

日者之以五星談命也。傳為肇自袁天綱。至五代時轆轤氏祖其說而復衍之。有名於世。於北宋則稱殿駕。南宋則推喬㧕。然其書皆不傳。惟元耶律氏以天官名經。今星家多尊崇其論。然又苦無刻本。論多舛錯。余集天官全書。原擬專刻以示正傳。繼而思琴堂尤有功五星。雖重宮重度與安身之不同。然其剖晰宮分。與七政四餘之生尅制化。神煞之闘照。吉凶其理愈微。其論愈博而愈密。天官則以十干化氣。配子平六親於五星之內。琴堂則以四柱干支。考五星虛實於宮度之中。論各攸當。並行不悖。用是再集琴堂。

增言玉皇集所

原錄果老五星

果老星宗重度主與即月為身則同耶律論入格與十二宮星宿所臨政餘會合諸歌訣則同琴堂乃觀李憕問答又多及安史時事則星宗似在耶律琴堂之先然論化曜品格悉皆採天官步天之語則星宗宜在耶律琴堂之後蓋十干化曜創於耶律加關指金傳自琴堂前轆轤指南殿駕喬拗皆所未及星宗既顯用其說豈能以張果之名掩耶律琴堂之真耶況星宗集內有自是歷頭欠審之句其為有明人所作又奚疑焉今浙中談命諸友云隆萬間有溫州僧人撰此假張果以傳猶歷歷能道其事余就全集細

讀其論誠各有所本非唐時人語也。但入門四十四字訣。觀星要訣。四十二詳論。通元一賦以及倒限直指諸篇。實有不可磨滅者。余第取其書之足傳。又何必究其所撰何人。即謂陸子斗南之書。其亦足以傳矣。用是三集果老。

耶律琴堂果老並集 并抉微

余是以集五星先列三家。而晰其同中之異。集星曜宮分行限。合集三家。以究其異中之同。故論宮分。所屬十二宮立命總論。十一曜與行限倒限女命小兒關煞各卷。並集耶律琴堂果老。原訂五星集腋。卷一卷二原本失落。卷三集琴堂。卷四集果老。卷五至卷十耶律琴堂果老並集。卷十一十二集星學一貫并集抉微。今仍録原叙於篇首。卷五叙文篇缺。僅存三行。録之以識闕疑云。

增訂王鳳洲綱

星學一貫集序

星學之各異其傳非一日矣然談星之人徧天下而轆轤殿駕喬拗久鮮談者今之所談不越耶律琴堂果老三家而已顧三家之説各殊而談星者輙往往諦言琴堂果老而高自標榜曰精談耶律天官豈以天官五星准於琴堂果老乎抑或以天官之名較琴堂果老為雅馴乎推其意不過以天官無正傳世人少窺其奥姑借美名以新人耳目庸詎知耶律琴堂果老各自名家固未易以低昂乎夫琴堂重宫主而逢酉安身果老重度主而即月為身耶律亦不重宮而重度論身亦只以月為主是耶律雖與果老異而

論度主身主則顯與果老合矣余嘗取三家合而論之星宿經緯
各自分明星學俱詣極精妙若身主之說今人皆知以月為身不
必贅矣惟就宮度二主論琴堂重宮主乃又曰深則論宮淺則論
度夫淺深無一定也既不明幾度為深幾度為淺則論宮論度安
所適從是琴堂之重宮似不若耶律果老之重度為有把握然又
嘗攷而究之度固重於宮而宮之所屬亦有不容輕者蓋十二宮
中有正偏二垣如巳申水也翼為正垣而軫反作偏垣寅亥木也
尾室正垣而斗奎反作偏垣命躔尾室每多怕金不怕水躔翼火
每多不怕水而怕土與孛推之各宮各度喜忌與火度約畧相同

是度主重而宮主豈容或輕故宮度必須並重而星躔次舍各有淺深隨星所泊俱兼宮度而考吉凶斯於三家之論一以貫之矣

余未仕時即得是集嫌其詞句鄙俚而觀其大段却非勦襲成言固略其詞會其意詳加細繹則又喜其宮度並重之解與夫看命看星分經文魁職爵諸斷法及宮度前後淺深諸論實發前賢所未發遂珍而藏之每談命宗其說輒多奇中前既輯天宮五星欲以付梓而此集未遑潤色猶思秘之乙巳夏有友人携天官經二卷送閱取而讀之則非所謂天官經也篇次顛倒不可句讀因出所藏一貫舊本較勘十同四五好事者標其名曰天宮經殆欲借

耶律以重斯集。如黃金策滴天髓之偽托劉誠意以傳耳。詎知此集之議論。一意孤行。直可上拍古人之肩。則單行自足以傳世。何必借耶律以傳哉。余既哂好事者之陋。亦不敢掠是書之美。故為删訂而編次之。點竄雖多。祗成其未成之句。補綴不諦。但文其不文之詞。義取顯明。意悉仍舊。卷末并録抉微數篇。分為二卷。取附耶律琴堂果老三家之後。以公諸世。俾世之談星家。知重宮重度之外。又有宮度並重之說如此云。

雍正七年己酉孟冬平江舊吏閩汀永定青溪逸叟廖冀亨瀛海氏書。

增訂五星集腋

閩汀永定廖冀亨瀛海先生輯

男　鴻章　編

曾孫　文錦　文耀　校

元孫　惟勲　惟嶸　閱

後學安徽舒城吉人程枚增訂

卷一

卷五

卷七

卷八

卷九

續編

天官十干化曜起例

甲火
乙孛
丙木
丁金
戊土
已月
庚水
辛炁

歌曰

甲火乙孛丙屬木○丁是金星戊土求○
已為太陰庚是水○辛炁壬計癸羅睺○

係從年干變化○以後諸星起例○皆以年干為主○甲化火○後言火○即甲木也○乙化孛○後言孛○即乙木也○餘做此○蓋以十干分配月與五星四餘○然後以月與五星四餘○分配六親○布列星盤○渾去十干名目○千變萬化○而不離正五行生尅之宗旨○抝定官星作主○到底一

壬計　線串通。此天官五星之所以為極妙也。

癸羅

化曜六親起名定例

天祿　即比肩

天暗　即刼財

天福　即食神

天耗　即傷官

天蔭　即偏財

天貴　即正財

天刑即七煞

天印即天官

天囚即梟神

天權即正印

右以十干化曜。分配六親。使看五星如看子平四柱取用之法。故月與五行四餘。一氣貫通。親切明快。理微而顯。一盤星格全書精義。俱從此變化。無如人多錯解。以訛傳訛。致談耶律者昧昧不知其說。抑知言天官五星首須識此。是以特揭於篇首。因詳註六親解。并辨從前歌訣之謬妄於後云。

祿暗福耗蔭貴刑印囚權解

天官五星固以官星為君然而根源則皆自年干變化故年干一字即如四柱之日元也而六親名義因從此出焉天祿者即子平所謂比肩也比肩曷以云天祿也蓋陽干見陽陰干見陰如甲見甲乙見乙陽與陽比陰與陰比同出一氣並肩而立乃一家骨肉俗語云一子受皇恩全家食天祿以天祿名比肩豈無謂哉天暗者即子平所謂刼刃也在天干為刼在地支為刃然刼刃曷以云天暗也蓋陽干見陰陰干見陽如甲雖以乙為妹乙雖以甲為兄但陰陽異類志趣不同見財必爭有利必奪同室操戈如刼賊然

竊人之物。刦人之財。乘人所不見。行曖昧事。俗語云。暗裏做賊。則可知刦財為天暗矣。天福者。即子平所謂食神也。食神曷以云天福也。蓋陽干生陽。陰干生陰。如甲食丙。乙食丁之類。以其能制七煞。不混我之官星。而官星有權。即可以制去刦財。使財星不耗而常盈。以供父母。而父母愛子之供。安享高堂。非天之降爾遐福乎。天耗者。即子平所謂傷官也。傷官曷以云天耗也。蓋陽干生陰。陰干生陽。如甲生丁。乙生丙。陰陽異類。假七煞而傷我官星。以致財無法守。六神賦云。一馬在厩。人不敢逐。一馬在野。人共逐之。蓋凡富家必藉官府法度約束。凶頑財方常聚。若官旣被傷。官法不行。

而賊徒肆志刼奪日甚富户之財豈能復爲己有且或因刦奪爭訟官府又不能執法相繩展轉拖累所費愈多非天耗而何天蔭者即子平所謂偏財也偏財曷以云天蔭也蓋陽干尅陽陰干尅陰如甲尅戊乙尅己之類古人以偏財爲父則人有偏財即如人受父恩蔭也且藉偏財以生官則蔭生世襲非天蔭乎天貴者即子平所謂正財也正財曷以云天貴也蓋陽干尅陰陰干尅陽如甲尅己乙尅戊之類以正財能化傷官而生官星又能制梟囚而不使官星洩氣使我官尊己不致傷復不被洩則官星愈顯貴孰加焉天刑者即子平所謂七煞也七煞曷以云天刑也蓋陽干受

陽干尅○陰干受陰干尅○如甲逢庚乙逢辛之類○故陽尅陽必竭力而無餘○陰尅陰必盡情而始快○如男與男毆○女與女鬭○其勢可見○故傷官見七煞之混○官則假七煞以肆其威○梟囚逢七煞之肆志○則盜官氣以資刦財○不服王法○當畏天誅○惟望天加以刑耳○天印者○即子平所謂正官也○正官曷以云天印也○蓋陽干受陰干尅○陰干受陽干尅○如甲喜辛乙喜庚之類○陰陽正配○相與有成○即一陰一陽之謂道也○榮我之身○衛我之財○生我之印○制我之刼○尊貴清高○朝廷之士○即官應上天之列宿○此孟子所謂天爵也○爵必有印○天印尊強○誰曰不宜○天囚者○即子平所謂偏印梟神也○梟印曷以

云天囚也○蓋陽見陽○陰見陰○非陰陽配偶○不能相生○如甲逢壬乙逢癸之類○能奪我之食○我無由藉食以制七煞○盜官之氣○彼不肯旺官以榮我身○廢食必餒○弱官曷倚○因禁所不可緩也○奉天討罪○尚其囚之○天權者○即子平所謂印綬也○印綬曷以云天權也○蓋陽生陰干○陰生陽干○如甲逢癸乙逢壬之類○母子相依○猶人之藉乳哺而生也○耗能傷官○正印制之使不敢傷○煞能混官○正印化之使不得混○有生身之恩○且有扶官之力○真權自印操也○天權之號○斯無混已○此祿暗福耗蔭貴刑印囚權之稱名取義也○名義既定○故十干變曜○逐年配合○十曜週流迭更○而六親則陰移而陽不動○以

六親分配十曜。布於十二宮中。隨十曜之星躔。定人生之禍福。千變萬化。如環無端。此乃天官五星。將子平之生尅取用。配入星盤。論人禍福。誠揭陰陽之奧。發造化之藏。以示人有定見。有把握。使五星之理。與子平之財官印食。論格取用。一氣融貫。實為至理。萬不可易者也。乃自四言獨步。有無中生有。禍福難憑之譏。而世之僻者。復不究其以子平之取用。配入五星。混以變曜之六親。牽配十二宮中。解云凡當年星變、天祿者。即其星管官祿也。變為暗者。屬相貌。變為福者。屬財帛福德遷移。變為耗者。屬兄弟。變為蔭者。屬妻妾。變為貴者。屬男女。變為刑者。屬奴僕。變為印者。屬田宅。

變爲囚者屬疾厄。變爲權者屬命宮。以變化無方之妙用。解爲一成不移之死局。致耶律氏之心傳。未久而湮。又何怪談天官者紛紛而叩其正解。終屬昧昧也。今且勿論耶律之變曜。必不如是之拘泥。即讀十曜之歌訣。一似天上果有此祿暗福耗蔭貴刑印囚權文星等煞。可以貴人富人禍人者。吁。一何愚至此也。因解六親名義。並辨其歌訣之妄。俾世之初學。不致惑於他歧。自知反求正傳云。

天祿歌云。祿主當生入命宮。田財旺氣大亨通。官星更在高強位。年少聲名達聖聰。

解曰、凡祿主與官祿並詳。是祿主與官祿主異也。前解則云、凡當年星變為天祿者即其星管官祿也。是又取祿主官祿合而一之也。以後解為是則祿主自祿主。官祿主自官祿主。且仍有祿勲之祿主。是一星盤而有三祿主矣。以前解為是則天祿主即官祿主矣。如甲年正月申時生人則火為官祿主是矣。若未時生則又以木為官祿主。安得云即其星管官祿也。然此猶自知其謬故又有祿主與官祿並詳之解。解益多而理益混。著書以傳世者顧自呈騎牆之見。而能使人必信必從乎。

天晴歌云、富貴因何福不榮。祇為命裏暗傷星。高強皆是為凶惡。

入限孤高禍自輕。

解曰、凡天暗星與相貌同推。夫相貌者乃人之面部軀體也。某吉星入宮。則主其貌美麗。某惡曜入宮。則主其相醜陋欹破。未聞有相貌之星而作禍福者即行相貌限中。有發達。有刑尅。有起跌。有生死。亦限度主及飛星弔拱使之然耳。豈相主所能專擅其權乎。此其說陋可哂也。愚更可憫也。

天福歌云、身宮及命福星臨。廟旺高强享福深。若遇陷宮並惡曜。榮華銷鑠禍難禁。

解曰、凡天福與福德財帛遷移同詳。夫以字面言。則天福與福德福字似同矣。世之凡有財者皆可言福。又似可牽合矣。乃又云與遷移同詳。是何說歟、蓋星盤十二宮神變曜止有十數。各宮牽强仍多。財帛遷移故硬行歌入在天福處。且並不言及天福何為與福德財帛遷移同詳之故。止以浮詞混過。可醜之甚。即此一歌。便可知十歌解之謬妄背理矣。願與識者商之。其然乎。

天耗歌云、天耗之星不可逢。生來財帛化為空。若臨貴地並權祿。尚自區區待限通。

解曰、凡天耗星與兄弟同。推此星耗財之神。故以兄弟當之。此解亦是。但就耗字生解。何必深非。既得正傳。存而不議可也。

天蔭歌云、蔭星逢着有操持。須是高強廟旺時。福祿印權並貴會。榮登極品耀天墀。

解曰、凡天蔭星與妻妾同推。夫妻妾何與天蔭也。豈以妻妾能生子受封蔭乎。然妻妾既有宮主矣。又何必改妻妾為天蔭。以塗人耳目也。埋沒此星數百年。幾如司馬受諸葛巾幗之辱。不可洗也。哀哉。

天貴歌云、身遇高強及印權。命宮三合更相聯。貴多刑少居官祿。職位榮華遇更遷。

解曰凡天貴星與男女並詳。或又云即天嗣星。豈以人之生子皆望其貴故以此宿為男女星乎。但五星既有男女宮主矣耶。律又益以天貴為男女。究何能出前人範圍。不自形其多事耶。試問為此解者亦何所據而云與男女並詳也。

天刑歌云天刑若陷最為惡。身命田宅怕逢着。限臨必主身不全。黥面文身難免却。

解曰凡天刑星與奴僕同推。夫奴僕跟隨擁護貴命之人也。世常有義僕為主者。亦有身命入奴宮而富貴者。若謂奴僕同天刑也。世豈有無奴僕之貴人乎。耶律何仇於奴僕於奴僕宮主

之外。又益以天刑主奴僕。也

天印歌云、生來須有星恩命官祿高強賴此星。若遇科名科甲貴。因兹食祿播王庭。

解曰、凡天印星與田宅並詳夫田宅何與天印也。豈世之居官者。皆求田問舍之夫乎。讀其歌似幾幾得之矣。觀其解則知其究昧天印之義也。總之不解六親名義。強以牽入十二宮。故以一牽三而失之。以一配一而亦失之也。

天囚歌云、天囚若在四刑宮。膿血傷殘命夭終。若是壽星照臨着。也須為福不為凶。

解曰、凡天囚星與疾厄同推。此雖未解天囚之義。然解謂若遇闌干貫索相併。主牢獄之患。此從囚字討意。即臆說不必深非。既得正解、置之不辨可也。

天權歌云、權星遇貴更高強。縱有刑囚亦不妨。更遇合宮高格局。定須官到紫微郎。

解曰、凡天權星與命宮並詳。似以此同命主星也。不知天官五星六親皆自年干一字變化於十二宮。主與二十八宿星躔次。舍則隨六親變曜所泊之度。用天官八法靈活取用。初未嘗以某曜與某宮主同推並詳。板煞而無變通也。此歌此解不知創自何人。而後之學者。咸遵是說。不復更求其義。而天官之學。遂從此晦矣。余故錄而辨之。附於解後。以質世之善談天官五星者。

余解變曜訣後。客有問予者曰。子以暗耗刑囚。為刦財傷官七煞梟神。福祿蔭貴印權。為比肩食神偏財正財官星印綬。理誠透徹矣。但據星宗諸刻定例看來。則甲丙戊庚壬五陽干毫髮不爽。是矣。而乙丁己辛癸五陰干。則各不相合。豈陽干則一定不易。而陰干顧可彼此互換乎。余曰。非也。子之所言。乃解夫刻者之誤。失天官之本義矣。蓋祿暗福耗蔭貴刑印囚權者。六親之定名可以排列永不更變者也若火孛木金土月水炁計羅者乃甲年六親所配之變曜也至乙年之變曜則孛火金木月土炁水羅計也丙年則木金土月水炁計羅火孛也丁年則金木月土炁水羅計孛火也戊年則土月水炁計羅火孛木金也已年則月土炁水羅計孛火金木也庚年則水炁計羅火孛木金土月也辛年則炁水羅計孛火金木月土也壬年則計羅火孛木金土月水炁也癸年則羅計孛火金木月土炁水也後人因不解六親名義以甲年變曜所配之六親挨次輪去似陽干則一成不變而陰干則彼此互換且因其便捷易記致一差百

錯。而六親之義。變曜之妙。遂萬古埋沒不出矣。苟能取天官提訣歌反覆紬繹。其理自明。而果老星宗。總括天機諸刻之謬妄。固不足與之深辨也。客鼓掌而笑。拍案而起。欣欣然若有所得。快談竟日而去。因附記於此。以當一則解說云。

十干化曜配六親定例 以年干直取

	天印	天刑	天貴	天蔭	天權	天囚	天耗	天福	天暗	天祿
	天官	七煞	生官	偏才	正印	梟神	傷官	食神	刦財	比肩
甲	炁	水	月	土	羅	計	金	木	孛	火
乙	水	炁	土	月	計	羅	木	金	火	孛

丙	羅	計	炁	水	孛	火	月	土	金	木
丁	計	羅	水	炁	火	孛	土	月	木	金
戊	孛	火	羅	計	金	木	炁	水	月	土
己	火	孛	計	羅	木	金	水	炁	土	月
庚	金	木	孛	火	月	土	羅	計	炁	水
辛	木	金	火	孛	土	月	計	羅	水	炁
壬	月	土	金	木	炁	水	孛	火	羅	計
癸	土	月	木	金	水	炁	火	孛	計	羅

以化曜分配六親。與正五行名異而實同。布列星盤。把握在手。

確有一定不易之妙。理故與果老琴堂。僅以宮分所屬。及恩用
仇難論吉凶。者相去天淵。
看化曜六親訣陰陽互看。如八字四柱取用。
如甲年以辛炁為天官天印。庚水為七煞天刑。巳月為生官天貴。
戊土為偏財天蔭。癸羅為正印天權。壬計為梟神天囚。丁金為傷
官天耗。丙木為食神天福。乙孛為劫才天暗。甲火為比肩天祿。
乙年以庚水為天官天印。辛炁為七煞天刑。戊土為生官天貴。巳
月為偏財天蔭。壬計為正印天權。癸羅為梟印天囚。丙木為傷官
天耗。丁金為食神天福。甲火為劫財天暗。乙孛為比肩天祿是也。

餘倣此。

十干總例喜忌格以乙為例。餘以類推。

如乙以水為天官。以日為魁星。以計為文星。

所喜生官天蔭二星。次喜文魁會合拱照身命。兼喜守命串度主。三喜朝陽。

所忌木化傷官犯天官。喜生官天蔭。化傷官生財。可得正印可制。夫計為正印。能制丙木。借用金星頂木星。五行以金尅木。借用水星頂羅。羅化梟囚。天官所畏。五行以水尅火。故用借宄梟囚不宜會合天官魁星。須要刦財洩氣羅化梟囚。火化刦財。火甲羅癸癸水生甲木為洩氣又喜偏正財制梟。財生官能制梟。是天官得助矣。七煞相混不清。必要魁化為貴。天官與七煞同宮或三方對照。兼項命度身星或天官魁星。乃為七煞混雜。必須偏財助官敵煞再要印洩其氣。食神制伏方為貴格。

最忌餘奴犯主主貴而無光。假如巳用火為天官。又作命度主。最忌羅項處。縱合天官魁星貴格而不貴。宜太陰星可制之。乙以水為天官忌項索。

乙以戊土為正財生官。巳月為偏財天蔭合木星為傷官生財格。

此格為命度主或三方對照項會最貴。

忌計星正印破木星傷官。傷官生財財生天官。天官得助繼會惡曜無礙。若傷官受尅不生財財豈能生官。

忌偏財項比。既以財為用神項比肩分去何益於我。必要制比存財為始。

忌正財項劫財為用神。若會合劫殺。生七煞不生官星破格。

忌二財同項傷官。一母不生二子。二母生一子。亦有爭權之嫌。制去一星則貴。

身命主坐文魁生官之度。祿馬殿駕之鄉。為得地。

命度主化。天官不犯傷官七煞。不犯梟神劫財。不頂陰陽二刄。乃為格局清高。

凡看貴命。獨重天官為第一。傷官生財為第二。魁星為第三。文星天元為第四。餘皆閑神。

十干化曜六親喜忌

天祿喜與身命同。宮忌與劫財同。

天暗能分財官之力。忌與天官魁星身命同宮。頂度九惡。經曰、魁防暗曜相侵。財劫官輕故也。

天福喜臨身命宮福宮能制七煞化刦不分財喜忌同傷官

天耗忌頂身命田財主貧合頂天貴天蔭可化成生財格亦印可制忌見正印梟神

天蔭喜照身命主承父蔭助官化傷官忌頂比肩分力亦忌七煞分去

天貴喜伴身命與喜神近一生近貴主生貴子能助官化傷官忌頂刦財分力忌頂七煞正生煞矣

天刑忌照身命官魁命主化刑反不妨喜食神制之偏正印洩之偏財助官敵煞亦可

天印喜近身命。喜生官偏財星助之。忌七煞混之。傷官傷之。又忌梟神相會。不貴。又忌陽刃、餘奴、桃花、流霞等煞。

天囚忌項身命。天官所畏。故忌項官。魁經云。官忌囚星反截。藉偏正財能制之。刦財可泄之。

天權喜守身命。喜其能制傷官食神。偏正財能制之。刦財可泄之。

右化曜喜忌乃星盤中綱領。千變萬化從此而出。須熟玩之。

天干吉凶星例 以年干橫取

	甲	乙	丙	丁	戊	己	庚	辛	壬	癸
文星	羅	計	金	火	金	炁	木	土	日	月
魁星	月	日	羅	計	火	金	水	孛	炁	木
印星	木	日	火	月	土	羅	金	計	水	孛
催官	金	水	日	羅	木	炁	孛	土	月	計
祿神	木	水	計	羅	土	火	金	炁	日	月
喜神	羅	計	炁	水	月	土	金	木	孛	火
科名	木	木	火	火	土	土	金	金	水	水

嗣星	文昌	天廚	祿勳	天乙日貴	玉堂夜貴	流霞殺	陽刃	飛刃
月	巳水	巳	寅	未	丑	酉	卯	酉
水	午日	午	卯	申	子	戌	辰	戌
炁	申水	子	巳	酉	亥	未	午	子
計	酉金	巳	午	亥	酉	申	未	丑
羅	申水	午	巳	丑	未	巳	午	子
火	酉金	申	午	子	申	午	未	丑
孛	亥木	寅	申	丑	未	辰	酉	卯
木	子土	午	酉	寅	午	卯	戌	辰
金	寅木	酉	亥	卯	巳	亥	子	午
土	卯火	亥	子	巳	卯	寅	丑	未

唐符　併凶以飛及斷會吉以唐符論主重權

國印　戌　亥　丑　寅　丑　寅　辰　巳　未　申

科甲　以命宮對宮宮主是即妻星也

地支吉凶星例 以年支橫取

子丑寅卯辰巳午未申酉戌亥

爵星　土水木炁孛木水火火金金水

天馬　火計水木火計水木火計水木

地驛　木水金火木水金火木水金火

歲駕 劍鋒 伏屍 子丑寅卯辰巳午未申酉戌亥

歲殿　以歲駕起甲順數遷生年干是

月德（死符　小耗）巳午未申酉戌亥子丑寅卯辰

天空（殺喜　空）丑寅卯辰巳午未申酉戌亥子

官符（五鬼　飛廉　年符）辰巳午未申酉戌亥子丑寅卯

勾神　貫索　卯辰巳午未申酉戌亥子丑寅

歲破（大耗　闌干）午未申酉戌亥子丑寅卯辰巳（歲破宮即返吟）

天雄（白虎）申酉戌亥子丑寅卯辰巳午未（對宮即地雌喪門即地喪地猬）

天德（卷舌　絞殺）酉戌亥子丑寅卯辰巳午未申

天狗（弔客）戌亥子丑寅卯辰巳午未申酉

陌越 病符	亥子丑寅卯辰巳午未申酉戌
亡神	亥申巳寅亥申巳寅亥申巳寅
劫殺	巳寅亥申巳寅亥申巳寅亥申
孤辰	寅寅巳巳巳申申申亥亥亥寅
寡宿	戌戌丑丑丑辰辰辰未未未戌
的殺 破碎	巳丑酉巳丑酉巳丑酉巳丑酉
咸池 桃花	酉午卯子酉午卯子酉午卯子
飛廉 大殺	申酉戌巳午未寅卯辰亥子丑
陰殺	丑戌未辰丑戌未辰丑戌未辰

紅鸞	卯寅丑子亥戌酉申未午巳辰
天喜	酉申未午巳辰卯寅丑子亥戌
天解	戌酉申未午巳辰卯寅丑子亥
地解	未未申申酉酉戌戌亥亥午午
血刃浮沉	戌酉申未午巳辰卯寅丑子亥
天哭	午巳辰卯寅丑子亥戌酉申未
披頭	辰卯寅丑子亥戌酉申未午巳
三刑	卯戌巳午辰申午丑寅酉未亥
六害	未午巳辰卯寅丑子亥戌酉申

血支　木土土木火金水日月水金火

血忌　日土土月木水火金金火水木

產星　金水木火金水木火金水木火

將星　申子辰子　寅午戌午　巳酉丑酉　亥卯未卯

扳鞍　在將星前一位丑未戌辰宮是

驛馬　申子辰寅　寅午戌申　巳酉丑亥　亥卯未巳

華蓋　申子辰辰　寅午戌戌　巳酉丑丑　亥卯未未

空亡　旬中空陽年空陽位陰年空陰宮

孤虛　空亡對空是

天干地支吉凶神煞論

天元祿者。年干之化氣也。左爲祿。右爲勳。入廟爲崇。主人衣食豐盈。聲名特達。威權掌握。人事華美。一云勳者即甲祿寅之類。如官祿宮又在寅。兩見祿名爲崇勳。更祿主亦在寅。名曰崇勳加錫。謂增崇祿勳也。如命主坐祿勳。得日月夾拱。貴至極品。惟忌殺難化。刑囚居祿上。破貴祿。喜入身命宮。入奴宮爲陷。一生勞碌。祿宜會馬。不宜空劫破碎。空則九流術業。破則衣食艱辛。如居的殺。必酒色破家。

貴人有二。晝天乙。夜玉堂。最能壓殺。在命主功名顯達。常人近貴。

落空則為虛貴。喜吉星助。故貴人入命。命主坐貴。皆貴。琴堂云。祿馬貴人皆太歲管轄身命度主。居之縱在五弱宮不作弱論。否則歲君不收錄。身斯賤矣。

天官年干官星之化氣也。最尊貴。有天官作魁星躔生度而得年干相生者。有天官朝君拱駕。又入局歸垣者。有官祿主化天官守命者。有命主化天官居官祿者。皆魁元造化。

科名即仁元科甲。即安命對宮之主。要入廟得地順旺。會文魁祿爵官印催官。薦元主一舉成名。雖化暗亦中式。但忌受尅及入伏留退匿冲破。一云遇名甲須先看薦元星得令否。

文星主文章喜坐納音長生上流年限度逢之遇考大利然文星高而魁星陷終作廣文先生文魁旺而身命空多藝術辛苦

魁星進身之神也魁非官不榮官非魁不顯二星相須有成如官魁同守官宮命宮年少科第或天官獨守而魁星在三合拱顧或魁星獨守而天官在三合拱顧皆貴命但要官魁乘旺入廟不失時令若登鰲抜殿會馬貴居學館尤奇

印星主印綬喜與官會官印全主權貴有官無印佐貳遇空不顯

催官遷除封拜之神也利仕進遷官襲職士庶皆吉要太歲填鈞之吏會原流天馬流恩流殺喜神同照身命二限得月建拱合則

應此月內陞遷。催宮在陽宮。食祿東南。在陰宮。食祿西北。忌受尅破害。

喜神。到命限。主喜慶。娶妻生子發財。僧道亦招徒弟。空則不驗。

祿神。士子發科之神。主食祿榮貴。喜實地。忌空亡。如為忌難則不吉。化用恩則登科。亦要太歲塡鈎關會身命二限方的。

驛馬。發用喜慶之神。利人遠行。能扶助身旺無災。遷官大利。出商亦吉。落空難行。此星在命主人好動。有攔則止。如身命坐馬。必得官祿星同守。則馬有拘束。不致奔走。不然必勞碌。祿馬交馳。於命或命宮坐祿向馬。或祿馬拱夾身命。皆主貴顯。馬落空亡。多離鄉無攔亦主流落馬落遷移多出祖女人最忌馬元到命限能扶身旺利遠行如受傷主折傷手足及車馬厄凡限主坐馬上忌流歲君衝動有祿壓之方吉流年驛馬與當生驛馬相衝闕會官祿主吏官貴魁文輔之士人試即發解

扳鞍在命主必年科第如命中帶馬用扳鞍更兼華蓋身命合大局格主狀元及第更得官星加臨官晚生貴子

天馬地驛仕宦卜陞除常人卜行動天馬喜身命官福為之或守夾身命或帶祿合身乘長生臨官帝旺不背晝夜多貴如值休囚死絕逢剋制逢衝及士庶營謀徒勞心力不吉天馬登廐得身命

主在内尤貴流年天馬地驛照臨命限仕宦超擢若來尅我官星
傷我限元則降謫庶人流年天馬地驛會於九宮多行動
文昌司文柄士人得之利見大人喜坐命入廟垣主科第多冠天
下失貴會科名文章華國會大殺權謀出衆流文昌到命限或原
流相併泮水生香福星爵星助之尤顯落空負虛名
卦氣喜坐命喜扶官非貴即富日支與時支夾卦者發科又云卦
氣以用神爲主年干日主要兼論命立年干日主用神卦炁之上
皆富貴貴人之命命宮皆有卦氣不拘年干日主用神合一主即
貴或不在命必朝君釣月拱命穿度至年干日主卦炁只論一主

不論二主

斗杓最喜指祿祿者官星正祿也如甲用辛官辛祿到酉斗杓指之無不富貴又須論生尅方應在身命官宮亦貴在官宮而官星不棄本垣尤貴一甲戌十月丑時生命泊寅值斗杓乃納音火長生地更會祿勳富貴雙全一戊寅正月己時生命泊酉值斗杓乃納音土敗地更破碎地耗守之雖聰明功名無成

薦元為學堂星即月所泊之宮主也要在強宮順叚遇貴人文章英俊忌化刑囚陷弱蹭蹬几科舉要看流年薦元星

天廚主祿食有五救之神在到命限男食天祿女有封號逢空滅

半落陷全無
月正月在中天時也真身命坐之忌土計破之月恒太陰用事之
神也如初三月恒在震震納庚庚祿居申若身命官主坐之四柱
透出庚字則為填實極貴他倣此
爵星主爵秩文武官職之崇卑俱係此星在命限仕人遷官進職
常人興旺財帛喜與身命官福併經云官祿主入命宮而天元祿
隨之為祿主隨官官祿主不棄本垣而地元爵助之為爵星助祿
無不貴顯忌遇刑冲亡刦不貴空陷減半
職元局主二星喜身命官福為之主居顯職錦上添花

天經地緯喜夾身命貴忌四餘混雜斗杓指破二星用星不用宮

唐符國印二星喜居身命宮文主掌印武主威權

陰注陽受此星在命為人慈善不犯刑險能解直難如無貴氣多是長老人命遇之更五星得所姓名不掛官府足跡不入城市

天月二德坐命限會文魁官印不空男女皆貴最能壓殺百事利益即無貴亦吉

解神能解一切凶興一切善變灾為福解牢獄之苦

紅鸞天喜此主少年婚娶天妻喜事照身命限慶男女配合生子發財添人進口與當生會極佳天喜與紅鸞對宮女人主有喜非

成婚必生子若遇冲逢刃主血光之灾男人在財宮則進財在兄弟則兄弟有喜或朋友薦舉在田財則父母有喜或田產增進在官祿則有陞除之喜僧道亦招徒弟空則不驗又云紅鸞遇羊刃七刦反主血光天喜遇凶星交戰亦作悲星

天地人三元會得用之星極妙如會官祿則貴會田財則富會福德則享福凡安命在奎婁更天元星得令得地會合官祿必膺多士

天嗣主子孫到命限或歲君填鈞生子生孫忌天狗守破

將星主威權入官宮會天乙天德文居清要武總帥垣平步青雲

三台八座主科第位近君王貴顯庶人迪吉無災
紫微龍德在命限諸凶遠避不敢犯之
赦文星赦罪愆化凶惡無罪之人主光亨
歲駕星與原歲君相會主人作事稱意仕途更美常人亦主迪吉
羊刃於諸殺為緊星辰合格主有權但未免刑尅如以刃為難星
躔度及之必有禍患如日月時俱犯尤凶在命宮性必兇殘在疾
貌宮主破相壓身之疾怕逢金以金掌刃為真刃對宮為飛刃
星作直死二刃互垣限遇即倒凡行刃限多主離別
的殺名淫神主汨沒作事顛倒八命財宮男女皆以酒色破家臨

陷。官事連綿。遇刃魁。死必破屍。小兒主湯火之厄。琴堂云、的殺羊刃須要避。逢空勝逢制。的殺刃驀不逢空。限遇不善終。又云、的刃最忌夾官祿。更值殺難在其中。限逢必定凶。的主不宜入垣、限遇官災病患。如巳宮命午年生人。的殺在巳。倘月日時又是子午卯酉。所謂三位四位皆犯殺。必主夭亡。

劫殺。一為大殺。亦官符之府。主敗祖業。尅妻子。離鄉惡死。忌身命限主逢之。失名失利。多被小人謀害。及盜賊劫奪。流年衝併必灾。故云無歲破。必無劫殺。又云、劫殺怕頭羊。及怕尾。凡行劫殺。限多主官災。經云、殺不宜真。真難磨滅。如寅上安命。申子辰人劫在巳。

逢金為真殺。得令尤凶。或四柱逢生。更官貴居時。非振業儒魁則梗直御史。或執兵權。

七神一名七煞。即天官符。主尅子刑妻。無祖業。多官事。士人虛名。用盡心機。一生無成。一位相逢主爭訟。兩逢生旺主徒流。三重遇着須當絞。四位逢之定斬頭。故在財不聚。財在官則有官無祿。在命作事反覆。加羊刃六害則不善終。尤忌身星坐之。凡行限遇水孛帶七神來尅命者。多主水厄。如遇長生貴人時日。更兼天地合。乃王臣也。

直難。不宜守四柱。亦不要同身命。主心風。喬怪作事顛倒。如坐殺

合殺侵限傷歲干必死又云直難忌與天妖羊刃併如為殺星十分凶空亦不免刑尅疾厄主與直難同行凶不可言

陰殺最利害安命陰殺上命主又坐陰殺上多不善終

太歲主一年禍福經云太歲為衆殺之主見之未必為凶若遇戰鬭之鄉必主刑於本命故最忌衝併為凶莫測

伏屍諸煞各有度數如在躔度中遇尅殺刑星行限見之極凶若不遇尅不逢刑對合參差或有吉神救解則未可例以凶論伏尸入命限主風火膿血之災婦人主損胎産厄若守身宮主半身不遂

劍鋒。隨太歲而行。在命主威權。如在馬前。為馬頭帶劍。威鎮邊疆。此殺利君子不利小人。主災禍與羊刃亡劫併。主典刑之災命限遇之。主客死血死。吉神多庶免大禍。

天空。與太陽天蟲同宮。一名孤獨星。主人虛花。難有兒女。守命機巧。性靈。處事少恩義。忌刃的夾拱。禍烈。臨子息宮。如子星更陷。魁末歲損成家子。凡吉星坐之。皆減力。凶星坐之。亦無災。經云。主入天空。業如潑雪。一腐儒。者命遇天空。見太陽。諸事吉。

勾神。臨命限。令人顛倒。謀望不遂。幹事難成。更犯三刑、白虎、官符、流歲冲動定遭編配。

貫索主官訟牽連。在命限流歲併入。災與絞神同。吉神解禍減半。

官符、飛符、五鬼在田財。吉會則得公中之財。凶會則為户庭之撓。與太陽同宮。或祖父是刑法中人。命限見之。吏官祿主尅命主。橫來官事牢獄之災。枷鎖之繫。忌飛廉、羊刃、劫殺、風騰併。惟天月二德解神可救。官符同金孛主陰人口舌。五鬼同羅孛多兩家攙鬬是非。并忌勾貫主同宮。

死符臨命限。必有遊災。

歲破一名破碎。與五耗一類。尤忌相併。忌守田財。忌臨命限。主破財失脫等事。入命主貧窮。破碎宮主不宜入垣。限遇之。官災病患

又忌與羊刄同居如係命宮或命主臨其上最凶

闌干主刑杖牢獄枷鎖傷殘自縊

天厄主厄難忌與風騰併如遇金火必作凶殃

暴敗亦主横災官事破財淘氣怕身命相值惟天月二德可救

天雄即白虎此殺最惡不但主孝服又主病訟不旺血光失財入五宮使人少子生多損傷入官宮會官主或帶火羅計孛作殺難守命必主訟撓或因而壞官在相宮會羊刄必破相

地雌即喪門與弔客天哭披頭皆主孝服

飛廉即大殺遇吉則司威福遇凶則主非横害身命官福臨之反

假為權故云、官逢大殺名利出於旗鎗若為殺難所占是倒持太阿授人以柄也廉遇金羅交戰主橫死又文星會大殺作文武全材之相如命主衰弱會大殺必是謫降之官

卷舌主口舌官訟如臨身命主相貌醜陋逢三刑頻遭責辱

天狗居妻尅妻居子尅子不尅亦途人耳流年遇之不尅害六親必主跌打損傷之厄

病符主病患忌守疾厄歲君月將冲動生殘疾若在命一生怕事

陌越入命性狡猾好與人爭鬬凡諸有用之星臨之皆減一半力

殺星臨之或化直難與身同行羊办的殺又來行限到此或流歲

填動主惡死多官事琴堂云儁後一位名陌越諸星遇此減精華惟宜日月居前後此是淤泥出異葩

孤神男忌寡宿女忌全帶男女皆忌身命主值刑害六親夫妻宮見孤单半世居刑地會木炁羅尤的會華蓋爲泉石中人

六害守身命主朋友骨肉無情月逢損兄弟日時損妻子多破財奴隸生涯逢沐浴兼羊刃四體不完若八字中全與星盤中合來大凶經云百歲空爲一世人

六厄入命小兒三週歲宜防

華蓋歲墓也主文章多藝術智慮長身命值之男主聰明女多逸

欲然皆不免孤尅見煞值空亡的日月居之好善慈祥或為僧道閒人又云遇官印文昌紫微天月德拱照男位至公卿女主多欲亦榮貴更逢羊刃百事無成

浮沉主水厄忌入遷移忌水孛併在田財二宮多苟免又云浮沉若逢土計非溺死必犯巫醫

咸池即桃花沐浴煞也在命宮男女皆好酒色忌與金孛水月併在田宅則酒色破家與日同宮則制伏會貴祿救解樂而不淫又云池忌實見謂命主坐之四柱中又見也桃花帶合男女皆為無禮之淫如辰命酉花更水土命人敗處見花尤忌咸池主入驛馬

驛馬主守咸池必妓女一云年支為咸池日元為沐浴咸池緊沐浴緩

紅艷殺男女忌安命其上主淫女人尤忌

隔角忌與孤辰同宮照臨身命必無嗣續如丑宮命木在丑土在寅決與人不和其餘雖相生亦與人不和

豹尾黃旛入命限令人心神恍惚精力倦怠官病退財黃旛怕與火羅併豹尾却宜金木救又云黃旛豹尾仕途捷徑之門

孽天主虛驚跌蹼男尤畏之游奕主橫死女尤畏之臨妻男則骨肉分別入命限則官訟水火

血及血蠱血支血忌產星流霞皆主血光命限逢之主惡死女人墮胎產厄然必作殺星或羊及鋒廉會聚或孛羅火金交戰而後爲災小兒血蠱臨限多出疳痘

歲殺乃三合之前一位即三殺也太歲乘旺尅殺歸於庫上切忌與羊及相見妻男值之更凶亦忌臨財帛又當細辨如申子辰年三殺在未獨辰年尤緊蓋四正庫墓相加而三殺之前殺尤重也餘倣此故云墓中歲殺最爲凶更加羊及禍重重辰火戌金木到丑土來未上不善終

災殺主災禍更逢羊刄臨日月時上尅兄弟妻子如臨旺方宮星

貴禄相助。變災為福。多為武職。一舉成名。

天殺主尅父。多疾病。或破祖。如臨官禄。反身閒自在。

地殺主尅母。好酒色。破家業。若在家反愁悶。南北遊行。衣資大利。

如值貴禄。反成立家計。

年殺不招祖業。不利妻子。如加帝旺。反享福禄。日時逢。主重娶無子。

月殺半凶半吉。師巫僧道吉。如逢庫墓。主聰明智慧。農工商賈身命逢之。主營運如意。

呑陷主刑傷骨肉。亦不和睦。

風騰坐命安身六親不和財帛不聚尤忌天厄併為兇星至惡
大耗小耗天耗地耗主破財忌守財帛故大耗與歲破同宮流年
小限遇之主破耗若化曜之天耗則即傷官星名刹俱失不止破
財雖名五耗傷官尤惡看天官五星自見

天官經絡貫串塡冲守鈎八法解

○天官五星妙用切實處不外經絡貫串塡冲守鈎八字經者四經也每日有四日度每月有四月度每一星有四殿日月木金水火

○土為七政羅計炁孛為四餘分行二十八宿假如身度主躔星日

○馬天官躔房日兎生官躔虛日鼠魁星躔昴日雞雖在隔宮同在

○一度在天同一氣故四正宮神互相管攝絡者為切近假如子宮

○安命躔女土二度如天官躔斗四度生官躔心六度魁星躔亢十

○度文星躔軫三度張八柳四井九畢六危十雖在隔宮却與心六斗四谷度相通故四絡每宮一度貫通十二度假如命躔斗五天

官躔尾四。此格與天官同絡。正頂度主。必主大貴。設傷官躔女土三四度。絡通天官星。天官暗被傷。矣乃破貴。氣須得正偏財、或得正印躔軫四五度。或躔畢八。婁十二。財星暗通。傷官傷官生財。財星自旺。印星須傷。傷官被制。則官星無恙。自然貴顯。故每一度能通十二度、遇吉星則吉。遇凶星則凶。經云、五星皆不可執。觀暗地一星飛來。多有大富大貴。即此法也。貫者命主與天官同一經。假如命躔星日馬五度。天官亦躔星日馬五度。與度主同度。為貫。最為切近。經云、天官貫主。食祿萬鍾。串者凡星飛入命垣頂度者為串。假如命安子垣虛日鼠一度。官星躔虛日鼠二度。主貴。生官躔虛日鼠三度主富塡者塡在八字四柱之實地也冲者對宮也如立命卯垣天官魁星在酉對冲命宮亦是高格守者守於命宮但不頂度如命安丑垣躔斗十五度財星生官躔斗十四度極富躔斗十三度亦發萬金躔斗十度千金之造凡貴格只要官魁在命不拘遠近如牛金女土則不爲守命鈎者三方鈎照也如命立午垣寅戌二方官魁拱命爲鈎或傷官生財鈎照無破皆是貴格大抵天官魁星守命多發魁元不發魁元者或躔傷官之度或居梟囚之上受其尅制非財莫救須得財星頂度以生官星或用印以制傷官亦成貴格故曰官遇財星名曰眞官傷官逢財福自天來

七煞混雜。須要制去。若無食神混雜為災。不可見生官。便說官高。還防刦財破格。故曰財刼官輕。入泮不第。此之謂也。不可見傷官。便說無官。或得偏正財以生之。或得正印以制之。反主官高貴顯。凡富貴全在詳審生尅制化之理。細看明白。祇有一文星守命。合命頂。命皆可入泮。亦要天官無破。以前四字言之。串命最緊。天官守於命宮。即在命度。其貴無比。或天官在別宮。但在命度之經者。亦多發於少年。次之與命主同經為貫。主同宮同度者最貴。在他宮而同者亦是。經絡者亦貫之意。但貫者專貫命主。經絡則泛言諸。星天官者。貴氣之星也。最喜一切貴氣之星同經。同日月者。為鈞月貫陽。若合魁星。為官魁同步。合官祿。為天官會祿。合生官。為天官逢生。會祿者京堂之職。會魁者清華之任。逢生者仕途多得薦引。此以同經絡之星言也。要以經言或居我度。亦為貫主。如命主屬火。而天官即在火度是也。或居生官之度。亦為逢財。雖有傷官煞之不妨。以其所據得地也。或居官祿魁星之度。如二星屬木。天官即在木度是也。在魁者更清。多是諫垣之職。此經絡貫串之用也。以後四字言之。守命最重。若更滿用與命宮有情則美。如午命金水作天官守之。又是我之恩也。如此者多是魁元。其餘亦不失科甲。凡天官守命遇太歲塡實之年。必發科甲。次之沖。又次之鈎。若在命垣。對宮對度。更無他星混之。多在翰苑。天官或在三方。更得魁星拱命者。亦多在諫職。如天官在柱日支之辰。適立命於此者。謂之填。亦貴。但不如貫絡串守鈎之必準耳。大凡天官怕落空居陷地。遇四柱填之。稍吉。此填冲守鈎之用也。然有天官合前格而不貴者。則本原失也。故曰本主須要得地。更宜詳看魁星。魁星得用。平步青雲。然經又云。官忌囚星之交雜。魁妨暗曜以相侵。若魁星串度者。又須觀其有無混雜。方可論貴。如囚暗交錯。官居陷地。非此論。與天官鈎貫者亦然。若陽計陰羅。晝夜晦蝕。是陰陽已不得其用。又何鈎貫之可言。故天官須要看其陰陽有情無情。

如羅計作天官。便當卜其四時晝夜。未可一例言貴。天官之所以勝果老琴堂者。以其六親之取用度數之明切也。故觀八法之絡貫串三字。能使二十八宿經緯之度。瞭然在目。一氣貫通。抑何其精詳。乃爾苟能於此玩索而有得焉。則星躔之變化吉凶。不啻指諸掌矣。

天官捷訣歌

甲用炁官怕見金。見金無羅主虛名。水主帶刑孤剋破。孛逢成敗損妻頻。金木重逢名豈有。土月來時富貴人。

正五行。甲木以辛為官。丁為傷官。癸為正印。庚為七煞。乙為劫財丙為食神戊為偏財巳為正財也今炁即辛官金即丁傷羅即癸印水即庚煞孛即乙刦金木即丙丁食傷土月即戊巳正偏財也故正官遇傷官正印能制之七煞混官故多刑尅逢刼財故傷妻食傷皆能洩氣妨害官星故不貴偏正財皆能生官宜天官星之所喜也

乙用水官嫌見木遇木無計名乖拙炁星冲破男孤刑火逢成敗妻年促金木重來名位虛土月照臨多福祿

正五行乙木以　為正官丙為傷官壬為正印辛為七煞甲為刦財丁為食神戊為正財巳為偏財也今水即庚正官木即丙

傷官。計即壬正印。炁即辛七煞。火即甲刼財。金木即丁丙食傷。月土即戊巳正偏財也。官既逢傷。無正印以生身制去傷官。曷以能貴。故名乖拙也。炁混官。火刲財。故刑子尅妻。官只怕傷。歌乃兼及食神者。慮其妨官并洩氣弱身不能任官也。財旺生官。官遇財愈旺。所以必貴。

丙用羅官愁見月。見月無孛名不立。計主孤刑父尅傷。金臨成敗妨妻妾。土月同逢主沒官。水炁決定朝金闕。

正五行丙火以癸水為官星。巳土為傷官。乙木為正印。壬水為七煞。丁火為刦財。戊巳為食傷。庚辛為正偏財。金羅即癸正官月即巳傷官。孛即乙正印。計即壬七煞。金即丁刦財。土月即戊巳食傷。水炁即庚辛正偏財也。其喜忌與甲乙之理同。歌原明白。不用贅解。

丁用計官不喜土。見土無火名必阻。露羅孤尅六親刑。木會必定妻年殂。土月無端損刦官。炁水欣逢官福聚。

正五行。丁火以壬為官星。戊土為傷官。甲木為正印。癸水為七煞。丙火為刦財。戊巳為食傷。庚辛為正偏財。今計即壬正官。土即戊傷官。火即甲正印。羅即癸七煞。木即丙刦財。月土即戊巳食傷。水炁即庚辛正偏財也。

戊用孛官却畏炁。逢炁無金官不遂。見火尅陷定刑傷。月逢祖業妻刑廢。茫茫水炁利名虛。羅計同來登科第。

正五行戊土以乙為官星。辛金為傷官。丁火為正印。甲木為七煞。己土為刼財。庚辛為食傷。壬癸為正偏財。今孛即乙正官。炁即辛傷官。金即丁正印。火即甲七煞。月即己刼財。水炁即庚辛食傷。羅計即壬癸正偏財也。

己用火官忌見水。見水無木官必毀。孛為刑破一生孤。成敗妨妻逢土忤。重逢水炁枉圖名。羅計須當揚宗祖。

正五行己土以甲木為官星。庚金為傷官。丙火為正印。乙木為

七煞戊土為刦財庚辛金為食傷壬癸水為正偏財今火即甲

正官水即庚傷官木即丙正印孛即乙七煞土即戊刦財水炁

即庚辛食傷計羅即壬癸正偏財也

庚用金官不喜羅有羅無月枉圖謀未來作害孤刑戰炁黨為人

消敗多火孛榮華真富貴計羅掃地不相和

正五行庚金以丁火為官星癸水為傷官巳土為正印丙火為

七煞辛金為刦財壬癸水為食傷甲乙木為正偏財今金即丁

正官羅即癸傷官月即巳正印木即丙七煞炁即辛刦財火孛

即甲乙正偏財計羅即壬癸食傷也

辛用木官劫畏計。計來無土定虛名。見金刑尅能孫害。水使妻傷祖業傾。不堪羅計為官敗。孛火同經仕路榮。

正五行辛金以丙火為官星。壬水為傷官。戊土為正印。丁火為七煞。庚金為劫財。壬癸水為食傷。甲乙木為正偏財。今木即丙正官。計即壬傷官。土即戊正印。金即丁七煞。水即庚劫財。計羅即壬癸食傷。火孛即甲乙正偏財也。

壬月官星見孛嫌。炁不同來名不傳。刑傷忌土為凶害。破祖傷妻羅惡。先要知火孛重官損。遇木逢金富貴全。

正五行壬水以己土為官星。乙木為傷官。辛金為正印。戊土為七煞。癸水為刼財。甲乙木為食傷。丙丁火為正偏財。今月即巳正官。孛即乙傷官。炁即辛正印。土即戊七煞。羅即癸刼財。火孛即甲乙食傷。木金即丙丁正偏財也。

癸土為官厭火來。官榮須是水栽培。月塡孫尅何庸說。計到傷妻災禍危。火孛同臨官畫餅。木金歡聚翰林才。

正五行。癸水以戊土為官星。甲木為傷官。庚金為正印。巳土為七煞。壬水為刦財。甲乙木為食傷。丙丁火為正偏財。今土即戊正官。火即甲傷官。水即庚正印。月即巳七煞。計即壬刼財。火孛即甲乙食傷。木金即丙丁正偏財也。

天官五星總以天官一星為主寧逢正偏二財皆吉以財能生官也逢傷官則凶故須印綬制伏也忌七煞混雜主虛名畏陽刃劫財則傷妻乃嫌傷官并及食神者固以妨害官星亦以洩氣弱身難於任官也故天官歌訣括盡全書要旨奈閱者昧於化氣不知皆本正五行之妙用故不憚煩瑣詳註俾初學一目瞭然云

天官提訣逢生官吉遇傷官凶官殺混雜定主虛名印綬相逢仕路可達劫財休見財刦官輕陽刃勿逢天官最忌經絡會照對頂貫串宜細精搜

夫官經

天官會禄官魁同歩與夫遇貴逢生皆膺顯秩

會禄者與官禄主星同宮同度是也或與天元禄會亦是同歩者與魁星同宮同度是也遇貴者天官坐五堂或與貴人同宮是也逢生者與生官同宮同度是也或躔生官之度雖有傷官照命亦不忌也會禄者清華之任會禄遇貴者京堂之職逢生者仕途多獲薦引

官魁穿度早弭青雲

穿度者或穿命度或穿命主限度也官忌囚星之交雜魁防暗

曜以相侵。又覩其有無混雜。方為貴論。如囚暗交錯。官居弱陷。魁宿失經。非此論矣。如遇囚暗星流年入官。魁亦未吉。生官星到可解。

弔月貫陽高登黃甲。

天官弔月貫陽。固為美格。若陰計陽羅。晝夜顛晦。是陰陽不得用矣。何貫弔之可言哉。故弔貫。要看與命主有情無情。若計羅作天官弔貫。則不得如此論矣。須分四時。察晝夜。不可例言貴格。天官若非生旺歸局得所。雖弔貫不可作高論。

天官入命。臨官位列三台。

命者。命宮也。官者。官祿也。天官入此二宮。必貴。惟忌空亡傷宮相犯。如守命主及官祿主及三台八座卦氣之上。亦如此論。

天官入局歸垣光週八座

入局者。如金居巳酉丑。歸垣者。如木居寅亥之類。更與命主同涉為妙。四柱有情為奇。如金居丑。四柱有巳酉二字拱官。大貴。

格高官貴名播京堂

格高者。天官所臨成貴格也。如火作天官。朝陽於午。即為二曜朝陽。水作天官。同月於未。即為一星伴月。餘可類推。官貴者。天官化貴氣之物也。如化官福科名文魁等星也。化官福守命者。

主中魁元化命入垣者謂之天官守舍若在命官尤妙主京堂之職又當明旺相休囚若值休囚死絶減等

日月拱官才昭廊廟

凡天官最喜日月夾之更得地無混雜限行天官之度即拜相如張聰命金為天官日月夾其度行大限戍宮婁金度拜相又日月夾官禄主名曰日月夾官

青龍捧硯身拜丹宸

青龍者木也硯者日也春生人木為天官近日者是忌見殺非畏金丁化。而化木。木為天官。金就木則金為七殺也蓋以殺來混官也如辰作天官亦如此論。但名祥雲捧日耳。

朱雀啣符。名垂青史。

夏生人火為天官。近日是也。忌見孛天刑殺也。亦忌見土天暗殺也。蓋土為刦殺。故不吉。孛為七殺。亦不宜見。如羅為天官亦然。名天首朝君。又不忌見日。

白虎從駕。佩印乘軒。

秋生人金為天官。近日者是。忌見羅孛。為生官不忌。如火作天官同日守命者。名二曜臨垣。忌見孛。孛為七煞

玄武持旌。玉堂金馬。

冬生人。水為天官。近日是也。忌見金畏其太寒。亦忌見木。恐泄時令辦不合天官之論如孛為天官。亦以此論。名為太乙扶君。忌見炁。

羅逢天蝎。忌逢孛。孛坐玄枵。怕冲陽。

。羅為天官。居卯逢孛。故不吉。若孛為天官。居子太陽在午。皆破格。此又非天　貫陽也。如他宮不忌。

秋金夜月。雁塔題名。

秋金為天官夜生。月為天官得地。皆貴。二星同宮同度更佳。若守命主中元魁。若秋夜上弦生人。太陰在命。二星互為命主天官得地。不必別尋科甲之星也。

木落寒蟾。芸窓難發。

秋生木作天官。冬生月作天官。蓋木至秋衰。月至冬寒。若入格逢生。尚可卿薦。若落陷。止寒儒而已。其餘春土夏金冬火可以類推。

天官弔月貫陽。皆成貴格。須察弔貫真機。

天官弔月貫陽。皆主大貴。不知月受朔生而遇羅。月被望蝕而逢計。並居沉晦陷弱。皆不貴也。

天官拱駕。科甲必高。若遇貫陽。登駕極顯。

駕者歲駕也。天官三方拱也。登駕者與歲駕同宮也。仍看虛實强弱以論。

傷官弔貫。仕途羈滯。官若逢傷。官途玷剥。

弔者三合也。貫者穿度也。若天官高强。遇傷官弔貫。必主功名淹滯。必待歲運逢生。方能發達。如遇流年傷官飛來。與天官同會。若非剥官。必主憂制。

宫躔生度。遇傷反榮。傷度逢生。官來不忌。

黃榜占先者。必是天官近日。青雲得路者。天官弔合生官。更得禄馬與禄勳同。行奇中之奇也。

天官陛殿。聲達九霄。歸垣坐實。名揚四海。

餘奴犯度主必無光得侍君行奴為我用凡餘奴犯主必逢太陽鮮救若無太陽便作無光論矣

龍蟠虎踞實罕見之奇才

此論木火為天官在寅金水為天官在辰如四柱中有寅辰二字而天官在卯亦謂龍蟠虎踞拱夾大貴

天官若躔傷度逢生猶榮傷官若入命宮格高反貴

天官躔於傷度本不為吉若得生官同度或冲或吊或流年生官有情皆可言貴若獨官守命者功名有阻若得天官入格生官有情格髙亦可取貴如甘司空傷官守命天官生官俱在未

宮未年發科合此故逢生猶榮者如丙生人羅為天官遇炁生官也炁能生羅也壬生人月為天官逢金生官也金為恩也乙生人水為天官遇土戊生人孛為天官逢羅癸生人土為天官逢木雖均為生然土終亦剋水羅來未免戰孛木終須制土故逢土不若逢月遇木不若逢金此又生剋之妙機也然癸生人木為魁星又得為美傷官入命格高反貴如甲生人炁為天官金為傷官如巳申安命雖曰傷官守命金為巳申之恩逢金反吉乙生人水為天官木為傷官如卯戌安命遇木反榮丁生人計為天官土為傷官如在辰酉二宮安命不怕土戊生人孛為天官

炁為傷官。卯戌二宮安命不怕炁。巳生人火為天官。水為傷官

寅亥二宮安命不怕水。此所謂傷官入命格高反貴者此也。

天官貫主食祿豐盈。

天官入命者格低亦貴。官命互躔魁元高奪。命主化官極品隨

朝。官魁入命。驄馬乘風。

官躔魁度。司諫陛庭。官祿變傷。名高必敗。

天官躔魁星之度者。多貴。官祿主化傷官者。雖有才名。終遭玷

剝。若命主化為傷官。為科名之星。則始晦終顯。初迍遭而後順

利也。

夏水枯涸，猶觀有源無源；秋木凋零，須究得經失經。

夏秋之水木最是涸零，先觀對度之經，次察同經之躔。已欲求名，先看榮度，詳推陞步，更究宮星。

日月合德，變理陰陽

蓋陰陽夾天官於一宮者，不見他星混雜入格。或天官在子，日在亥，月在丑，亦合格。又月作天官與日同宮同度，亦是。此皆大貴之命也。如蕭天亭尚書，壬午生，以月為天官，與日同次戌宮婁一度，正合此格，又係庚戌月生，日月并居月支之上，故大貴。

天官貴格標指

秋金夜月鴈塔題名。金在秋秉令。月到夜光明。天官得時乘旺故貴。

杏花映日出類超羣。二月木旺。若火孛司天官朝陽合格

天官陞殿聲達九重。亦要不為傷官梟囚洩破貴氣

金水輔弼必立君門。或金或水作天官。迎陽輔日合格。

斗杓扶月必中魁元。喜扶於八煞宮。月作天官者是。

金月交輝福難忖量。金掌天官會合身主。時當亥子合格秋夜生於望前後三日內更佳。

官祿變宮必魁多士。官祿宮共變作天官得令無破合格

天官拱駕甲第必髙。登駕則為歲駕矣此駕蓋指日言也

天官貫主食祿豐盈。天官躔於命度中前三度後三度者是同度尤佳

命主化官位居極品。命度主化作天官者是

官爵逢財玉堂金馬。天官爵星會偏正財星者是

官魁拱命駿馬乘風。天官魁星拱照命度合格

日月夾官才昭廊廟。天官最喜日月夾。更得地無混雜。行天官度即主入相。

桂林花秀穩步蟾宮。未宮命木作天官居之者是

祿馬躔官榜頭魁選。祿勳馬元泊天官度者是也

官命互經元魁高奪。天官泊於命度命主泊於天官之度是謂互經。

臨官守命位列縉紳。官祿主守命是亦忌空亡傷官

入局歸垣光週八座。局者如金在巳酉丑之例。垣者星居本垣也。亦以天官言。更與命宮關涉。四柱有情爲奇

格高貴顯名播京堂。如火作天官朝陽於午。為二曜朝陽格。水作天官伴月於未。為一星伴月格。官祿主化作天官者最貴。餘以類推。

青龍捧硯職拜三合。春生木為天官近日者是。忌見金。

朱雀啣符名垂青史。夏生火為天官近日者是。忌見孛。見水稍輕。亦忌木。

白虎從駕佩印乘軒。秋生金為天官近日者是。釣月更居官祿或命宮者。中魁元

玄武持旌金馬玉堂。冬生水為天官近日者是。忌見土金。以冬令慮凍也

勾陳得位威鎮邊疆。四季生土為天官近日者是。

星分兩兩身入鳳池。兩位有星。或兩位無星。或羅計中分。文武兩班。

日月合德燮理陰陽。日月夾天官於一宮。無他星混者是。月作天官與日同經一宮者亦是。此宰相之命也

魚水同合。參贊畿甸。四柱有二巳字金作天官者是如四柱有二酉字金為天官居酉宮之例四柱只一酉字亦合

五星順序。藩鎮宣威。金木水火土或木火土金水連者是

受命於天。中流砥柱。生年納音作天官者是命度作天官者亦是須無破傷

四命還陽。鐘鳴鼎食。金木水火引從太陽者是或四時令星作官星從陽者亦是

官躔傷度。逢生猶榮。生生官也冲於對祿之度也

傷入命宮。格高還貴。格高雖冲於對祿在命亦貴也

羅臨天蝎。忌孛相攻。羅孛作天官者若一星相遇皆不吉

孛入玄枵。權謀百變。孛在子宮危虛二度是

金鐘大鏞在東序。聲達九霄。金作天官在辰亢度是也。必要日月

玉壺氷鑑懸清秋。光生八座。水星太陰同宮居於午未上或對沖者是

秋月含輝。高遷鳳陛。秋生太陰居於未酉亥三宮。得火星助之者是。遇焉尤佳。

寒泉映日。以步龍墀。三冬生人水星太陽陽宮與玄武持旗同。

孛坐玄枵。沖陽不貴。天官貫陽遇此破格。孛作天官，太陽在午不吉。他宮不論。

龍蟠虎踞。罕見天才。金木同宮居尾火斗木度是也

龍躔馬地。離鄉傑士。

魁星貫日。蓋世文章。

天官賦

主貴得地格欲清高經絡貫串填冲守鈎魁星串度平步青雲鈎月貫陽高登黄甲入局歸垣光週八座格高貴顯名播京華日月拱官才炤廊廟三方有用威鎮邊疆青龍捧硯職拜三台朱雀啣符名垂青史太白從駕佩印乘軒玄武持旌玉堂金馬勾陳鎮殿相府權衡陰陽拱照鼎鼐調燮斗杓扶身必占魁元月掛柳梢定登朝署星分兩兩身入鳳池亭掛朱衣名登烏府日月合德燮理陰陽魚水和同華蔭畿甸五星順序藩鎮宣威受命於天中流砥柱五曜還陽鐘鳴鼎食桂林花秀穩步蟾宮命化天官位居極品天官陞殿身入九重宫躔傷度逢生猶榮傷躔生度傷反為非傷

官逢生喜躔財度傷官吊度仕路拘遲官入命宮格低不貴傷入命宮格高亦顯官祿為傷名高亦貶金水輔弼走馬金門官祿為官名魁多士天官拱命榮冠羣英官命互躔元魁早奪祿馬躔官場中魁選魁星逢官殿廷諫諍官爵逢財士路崢嶸官祿朝陽安邦定國官魁拱命仕路超羣羅臨天蝎忌孛相攻孛坐玄枵冲陽不貴計入秦州防穿元后炁臨晉國愁犯太白秋金夜月雁塔題名木落寒蟾芸窗難發冬金寒土無火寒儒孛逢枯木飄蕩難存春木逢熒精神貫脉夏熒爍鎮見水何補官若逢傷官遂傳剝天官守命必主權高天官傍主衣紫拖金庚怕見羅甲忌逢金天官

貫日食祿豐盈金月交輝邊廷作鎮天官登駕甲第堂高天官拱

駕貴陽顯貴餘奴占度主必無光主侍君行奴為我用夏水涸轍

猶觀於有源無源秋木凋零須究乎得度失度先觀對度之星次

察同經之躔若要問名先觀榮度欲知陞步更看官星理明於此

孰不識君

天官新論

制難中兼有用恩破仇並制用之星其指為制難格者蓋因天官

科名科甲或在主星或在難星而言之也問功名除非難為用制

行傷度又見傷官須度主降謫命官羊刃天官主武職行文度併

文星頂度主入學考選行魁度併魁星頂度主中式或日月為魁入詞林行催官度或催官頂度主陞官超遷官星與天官同經同度主八座之權命主會文會魁二星名榮於文仕官專論生官傷官天馬地驛三合并拱官祿爵星無不陞官增祿十有九驗貴人之命以此為重生官有增官加職之喜傷官有敗名敗職之嫌星必關照有情始能稱意所為貴人之命以此為重者也即下所載之星

日六月七　薦元　戌酉申未午巳辰卯寅丑子亥　發元之星

炁八孛七　天魁　天馬　亥戌酉申未午巳辰卯寅丑子　發魁之星　增祿之星

羅十計一十　天敵　申酉戌亥子丑寅卯辰巳午未　陞薦之星

金星坐火　天英 紅旗　酉申未午巳辰卯寅丑子亥戌　文華之星 演武之星

天官星格真詮

甲氣恩月而利。逢金兮乃我之慾。乙水見土而舒暢。木兮為福之源。丙羅欣逢紫氣。怕見月曜。丁計最喜水宿。愁遇土傷。戊孛兮欣羅而憂紫氣。己火兮愛計而忌淵源。庚金喜孛而忌羅魁。辛木宜火而恨計煎。壬月逢金而有色。惡哉月孛莫相聯。癸土見木而宜祿。虐哉炎火而燉燃。故論上公之格。獨以天官為先。守命限兮雁塔題名。拱日拱月。身居鵷班。倘登鴐兮當要路。如入鐕兮侍經筵。

若遇生官助兮。岦看祿職高遷。主星隨駕對照兮。喬遷不次。生官當限而拱官兮。優寵駢臻。惟恐傷官作蠹兮。更愁七殺當權。傷官伴官兮積薪受困。傷若登駕兮棲棘誰憐。傷若照命兮老作郎官七品。傷若加限兮路隔朝陽八千。傷伴催官兮雖見黜而可復。傷伴生官兮似已溺而有援。再究天馬之向背。更觀祿印之拱環。所謂天官固貴。須知品物皆然。上格固爲貴局。下格豈乏天官。一要科名得地。二要官庫入垣。三要九事滿用。四要一主專權。納音壽元貴者權福登駕。賤者祿馬受鞭。

天官制化解

天官守命。準擬青雲。但恐落在陷弱之度。則否。此星宜近太陽。登駕守官。福吉宿三方照應。為奇。傷官失度為姒。與生官天蔭同度則曰真官。如天官逢天財生官天蔭俱旺天財。垂手功名。大忌官殺混雜。必要去留舒配。得好嫌傷官。須制。問天財忌刼。須審其生尅制化之理。如五星不甚高貴。惟天官一星得地。亦可起發。陷弱者即做官亦不尊顯。陷者何。落於閑宮。躔於難度。近於傷官。又遇的殺羊刄混之。便是窮兒下品。如甲生人。炁為天官。金爲傷官。設使炁金同宮。又須得羅印合傷制之。為姒。苟無羅制。會土月天財傷官生財生之。亦姒。故庚為七殺。與炁同宮。則曰官殺混雜。守命者主孤尅。必藉水

丙化木為食神制之謂之去殺留官復用戊土己土生之苟逢孛謂之刼殺故書云有成敗利害之舉爲得爲美得炁官管制孛刼方為吉論

天官五星論

貴者之命官煞有氣富者之命財食分明梟冲主而傷破食者不年印制傷而坐生比者遐齡刄刦冲身多窘敗傷官合主少聰明格局真實者望重名尊主用清正者攸享利祿看主用孰強察財官孰令重莫重於祿命顯莫顯乎煞星親莫親於宮度命主重矣天之旺相宜化吉星祿主禀後天之引從貴乎得令不問主之衰

旺。俱要從財。不問印之宜否。俱可用煞。志屈難窓。祇為煞官之混主。名揚盛世。多因祿馬以扶身。主煞化文魁。早歲大庭魁多士。傷官交刧。度晚年孤館守蒙董。一主清而吊蔭吊權。身施政牧。一主弱而逢刑。逢耗名擅。生儒台省之官。假及幫身用煞。詞林之客。用印化貴生身。主化煞以冲官。雖守寒微終發達。命為官而吊煞。雖生閥閲必淹遲。主強官弱。人巧聰明。官盛主衰。祿豐才拙。輸眾祿崇財伴祿。巍科官淺刧臨官。一主一煞。迎君並加宮保。一傷一刧侍命。屢錯聲名。每遇恩榮。主居祿位。曾經庭杖。度坐闌干。官化文魁。門多桃李用持双煞。侍擁貔貅。抱器延遲身黨煞。施聲恩蔭命逢財。命主化官化祿。多出簪纓。梟又值宅值財。每傾家世。煞專官主。佩劍戎路名尊。主會煞官。建垣異途榮祿。狐假虎威身坐。又真奸貪詭主崇梟。竊國柄以猖狂。主化暗因侵帝座。仗孤忠以除暴。身持煞及入官鄉。身建祿而得印。空馬官微。主清印而逢官。琴書畫舫。主邀魁殿朝君。狀元及第。文會薦官吊命。魁解先聲。汗馬報功官建馬。因官棄德鬼冲官。畀職有餘資。蓋為衰官遇馬。榮途無宦積。多因旺及冲。官有官不任。祿馬空冲。無位而榮。主歸殘煞。傷官祭煞位而名尊。印食冲魁星而官厄。食神合官聲名顯。梟耗破官定孤虛。主日月而占水火。三台望重。格權刑而逢金土。八座名尊。文書祿主入薇垣。寄方岳之重。劍戟天刑歸虎位。操憲臬之權。主冲官煞。總得一官不祿。身臨梟尅。雖操威任多凶。用煞逢財官祿顯。用官遇及位名空。得用宿於道途。青年發達。會忌神於初限。大器晚成。煞强忌制。主弱宜生。官旺怕傷。財多畏刼。寧使煞官清健。勿令梟及有權。煞逢傷官名不久。主柔財盛祿偏高。主既弱而氣散於食傷。惡下有名終難發。官既清而度逢於財印。宦途無阻擅清名。主旺官輕。馬地逢梟應客外。煞强財重。祿垣有印定尊榮。天馬祿馬交馳。此任未完而彼選又至。文星將星互位。朝衛多士而暮統三軍。宜入用神之地。畏臨損忌之鄉。欲用而得用。者唾手功名。憎忌而遇忌者。啣頭喪志。煞旺而入官鄉。高遷顯宦。官清而臨煞地。降職停衙。印煞畏傷官而怕刼。偏官怕食神而忌傷。用官怕傷。用食怕梟。用印畏財。用財怕刼。官弱又入制伏之地。忌雖雄而難逢。主柔行比印之度。身雖邁而終榮。殘官敗主吊文嬲。科雖發而難成甲第。旺祿強財冲令主。年未冠而早沐君恩。七位煞星逢剋刼。商途碎祭。馬地伏尸侵主度。宦旅懸旌。丈旺官衰。困廩而仕。煞刑主劣。各邑而官。財雖末節。根本所關。祿乃要實榮枯之係。或官煞閒馳。亦可因而得祿。倘印星陷弱。不可籍以全嗣。分偏正之權。總父妻之任。為立身之本。是田業之基。貴在得宜。最忌落陷。

主弱官強終富貴。刼強梟盛反生災。正財有根多祖產。偏財得地自家興。官煞並臨嗣位子息難招。權在七宮妻賢內助。蔭臨子位麗龐添兒。煞及多冲頻頻合逢。食傷重熖疊疊興成。坐暗囚之宮度以成多敗。居食傷之垣地廣貯大。興刼馬臨財財耗散。煞官建祿祿偏豐。主入遷移吊馬吊財應繼祭。財臨馬地冲身冲印必螟蛉。梟刼當權傷耗早。財官得令福方悠。七宮逢刼煞必主橫死之妻。主曜吊財神多招美麗之婦。食神會主遇天權因妻致富。五鬼冲身逢七曜為娶招非。妻居梟地貌雖美而心選。財入耗垣財雖劣而尙德。主入財鄉宜坦腹。權逢六害縱然離。妻星居四忌難免其災。主蔭入三垣。必享厥福。姻聯妹姊。主合印權。室繼正偏。財分彼此。財印互沖。孰解親之溺愛。劫刃交併。難辭怨於鬩墻。印生主而身合官。紳連天屬。比坐馬而劫值令。搆在三宮。貴值天權。麟繼趾。耗臨嗣胤。李為桃。五常發鬩。主蔭兩守兒宮。三槐世貴。嗣德同占恩度。賢人之後不昌。弱宮在天狗之度。顯官之嗣不繼。獨煞居男女之宮。財官合主位。于雖遲而必佳。刑耗弔嗣。星兒縱早而有損。花酒敗身因坐馬。岐黃莫治。主躔尸命坐咸池。風月場中作主。主逢貫索。是非門裡安身。主犯及以沖財。必損金湯之業。命值權而遇令。當親銅斗之家。性酷優閑。主臨卷舌情連張李。身坐咸池。

命居仇地。每事遭迍。財壞印星。所向仇人。鶴台著跡。命值空亡。清梵留字。主逢華盖。身坐闌干。為閑情而搆怨。財臨五鬼。因閙裡以成家。身臨殘煞。值梟空祿。葉叢中寄跡。主遇敗財。逢耗馬秋蘆場裡為生。及破祿馬冲身。客死異地。財扶弱官。帮主名振閭閻。主入十宮逢印。貴青髮顯榮。身臨嗣位遇天刑。白頭送子。公匀作生涯。盖謂財印負馬。筆鎗成活計。多因權及臨身。髻髮侍官之合。主蒼頭被及之冲。身弱主值天刑。冲馬冲官為戌客。强奴欺敗主。吊權吊馬配刑。流權印合身逢及度。始發終衰。財旺身弱入生鄉。先難後獲。貴前財後。司藝之徒。身西馬東。游藝之客。印命煞殘。恒德士。

財強主弱侍衛兒。主强官弱。紅顏疋矍鑠之翁。官盛主衰。白首作黔民之婦。主化印。馬值財。杏花滿樹。煞逢官。身吊福。桃李盈庭。馬地安宮而值刼。散淡長。逢遷移攄守以逢財。奔波貨利。化印逢財雖捷高科無美秩。為官貪食。總多文藝滯青衿。居官佩印。名顯且悠。值印得官。雖貪不險。印逢食傷。能發秀。財逢梟比。定多凶。官得財以崢嶸。及見刑而橫厄。主化傷而遇財蔭。必登黃榜。祿為官而逢傷耗。終困青毡。寧以食神會煞而榮。無使煞會食神而困。印得祿以成名。財因刼而凶。天財逢官而發達。印遇煞以崢嶸。財喜食神。逢忌而敗。祿會官而官顯。食見梟以梟屈。財與官祿同度。施名位於盛世。福會耗刃一室。傾家道於青年。最喜者傷官食神以生財。所忌者財弱官衰而遇煞。刃喜財官傷喜。僉祿惱劫比不宜梟。化宜財祿。最嫌見印。為官喜福。怕逢囚。會印權。能操持。而又能享福。逢官煞隨顯赫。而又隨見厄。傷官遇刃祿。獨擅文章。陽刃逢七煞。起羣顯曜。祿忌刃。刃喜傷。逢財必發。食喜官。官怕煞。遇印能興化。祿化官當發積。遇耗迍邅。為權為蔭定興隆。逢刃肘掣。化福多榮。見梟窮敗。化梟駁雜。遇煞崢嶸。化煞者刑耗頻遭。遇印反貴。化傷者聰明。屢困逢煞亦榮。化印逢官者貴。合財遇劫者天。先觀主化何星次。察財官孰用。主合喜財還喜煞。身榮宜印忌逢傷。母生子而子復生母兄友弟而弟亦友兄尅中有養恩之機逆處有順受之趣相契固宜相合相合反見相仇且夫木多不長堅鋒不銳水滿自止月盈自虧此皆顛倒變化之理也

天官五星貴格總論

星學必以天官五星為主天官登鴐名揚四海官若逢財位尊極品官若休囚居官不顯再者傷官生財亦是貴格最重魁星次則文星只此三格為貴凡天官守命官星鈞含官星冲照明頂身主度主皆係黃甲之格故凡看功名專主天官天官專喜居強坐實會合命主身主暨官祿福德太陽諸星喜逢生官怕見傷官如生

官拱顧不畏或登駕或近太陽此名為真官也或日月夾天官或身命拱天官皆主大貴或官祿主與天官同躔者主拜京堂或命主近太陽天官鈞月者主中魁元大抵天官星守命多中元魁不應躔傷官之度或躔梟印之度受其尅滅非財莫救須財星頂度以生天官或用正印以制傷官方合貴格更若七煞混雜須用食神制去然亦不可見生官便言官高還防刼財破格故曰財刼官輕此之謂也或天官守命不中元魁者必天官或遇傷官或居弱宮又或主宮不得力故也蓋此星最喜近太陽登歲駕與官祿同宮忌逢傷官遭陷弱也設無官駕而官遇才星亦曰真官故曰傷

官生財。福自天來。設有七煞混之。須要制去。若無食神制混雜為殃。食神會官。官無妨礙。再見傷官。官星便壞。須得正財偏財化之方吉。如無財星。得正印制之。亦是貴格。如無制化。功名不遂。又忌梟囚洩官之氣。若得財星破囚。官星無恙。亦是貴顯。如無財星。或得劫財會合。以洩梟囚。囚星自弱。官星無碍。反主青雲有路。再者傷官生財之格。假如丁年生人。命安軫水。度化生官。正財土化傷官。最喜土星守命。或土星拱合及冲照者。皆是貴格。或暗頂水星。皆係兩榜。惟忌木星劫財。頂庚水。忌甲火。頂正印。破傷官。即係破格不貴。如躔翼火度。縱水生守命。一貴因火度主與傷官不睦。雖以貴論須天官拱照用官星為貴耳若躔張月度傷官正財守命拱照俱大貴之格又有傷官生財格會合七煞乃是財生七煞大破貴氣須得食神制煞貢生之命多類此若頂食神頂七煞亦多科甲又有傷官生財傷官無破財星頂刼書云財刼官輕入泮不第身與命主縱合傷官生財其官躔囚度或合梟囚乃是官星洩氣無力多有入泮不第又有官星臨七煞不登兩榜因官煞混雜多有異路成名卑職類此再魁星頂度多發魁元亦要天官無破高强為貴若天官無傷又得魁星頂身頂度多發魁元若官星破壞縱文魁守命功名亦難早遂又要度主高强若是度喜化作傷

官雖文星守命。亦非貴格。再度主化囚雖會天官乃滅官星之氣。不過入泮得財星助官方可科甲。魁星或合度主亦發兩榜。又如丙年生人。火星化囚係天元之星。月乃身主或頂文魁之度。雖不頂文魁。財星而頂火星天元。亦有入泮者。又如金為度主。唐符國印。火為度主。頂金星。皆是也。

天官喜忌餘論

命度主化生官正財。而頂傷官為貴格。或身主化生官。亦是。但忌偏財同頂。為一母不生二子。此中富不貴之格。若傷官只會合不頂偏財者。為貴格。若度主是偏財。而傷官頂正財。亦是破格。若命

度主會天官則以天官之格爲重若會文魁則以文魁之格爲重
此三格中得一格無破便是貴命
天官逢傷官須得財化解若偏正之財雙頂天官乃二恩不爲恩
若二星拱合對照不頂者主貴
癸年木化生官魁星與身命頂合會照是財來生我身命主富而
且貴若木爲命度主則破矣
天官忌七煞頂度以官煞混雜也若身命合文魁或傷官生財仍
可小貴天貴會合梟神亦同論食神可制七煞正印次之命度主
正印三合雖傷官生財拱命不貴命度主或命躔某宮某度下頂

七煞傷官并合梟神無制者。縱合貴格不貴。命度主宮主。不會天官文魁。只會生官。而生官暗頂天官。入泮而已。天官會命主。命主會傷官無財而頂正印。入泮而已。身命化傷官。生財而財星頂劫財者。入泮而已。若在會正印。白衣之人。命主化傷官合文魁不貴。必偏財正財頂命。乃合傷官生財大貴。命主傷官不會天官文魁。而身主會天官文魁。亦科甲。頂命度尤貴。凡天官畏咸池紅艷雙頂身命度不貴。凡天官作命度辦星。雖中而必壽。凡貴命用天官如行傷官度。非丁憂即降職。凡五星格局不清。而魁官得地。止許鄉科。凡行限生官天蔭催官天官度。如流年吉星相輔。主發福。如身主合官魁合格。而命度主化正印。或傷官合照命宮不貴。戊年孛化天官與命度同宮。度主頂咸池煞。且與水星同躔。乃是金水掌桃花。不作天官守照論。度主化梟忌偏財。破格。不忌七煞合拱。

度主化七煞而頂天官吉凶不一論

甲年水為七煞。頂炁者利。乙年炁為七煞。度主不掌。丙年計丁年。羅俱不掌。但此二年羅頭計尾二宿不離。如用天官則不忌七煞明矣。戊年火化七煞。又為魁星。頂孛天官為次。難以度主既是魁星。孛雖難而作天官。亦言主科甲。惟忌寅午戌年火化咸池。如頂孛官反貴為賤矣。更忌水火同頂孛。謂之真桃花成賤格。

凡戊年四火為命主有五忌火星忌頂陽刃太陰化暗頂火星或頂命度脫三度不忌頂木為梟頂水為貴會陽亦不貴　巳年孛化七煞頂官頂月皆破格　庚年木化文星若木為度主而頂金天官主貴若金為度主而頂七煞乃自貴而頂賤也破格　辛年金化七煞為天元祿又為祿頂天官主貴　壬年土星七煞掌刃為天官月之難頂官破貴若頂度差二三度名曰朓煞又合貴局癸年月為七煞土為命主而頂官主貴土為命主而頂煞減秀

官秩看職爵二星論

凡人朝帝闕而周旋廷階又或居閫外而馳驟邊塞一職星權輿

其間矣故曰職近君而天威咫尺職遠君而龍顏睽違職星旺而位冠羣僚職星弱而品凡匹夫然職星固重而爵星亦不輕彼夫因龍見而隨即高官忽鴻漸而仍為隱士或終身沉淪或一世騰躍豈人事之參差皆天爵之遲速故欲知官爵之高下内外惟細觀職爵二星而已是以有職無爵雖沾升斗之祿有爵無祿不執舞蹈之主職强於爵當重任而來地不廣爵强於職享厚祿而品位未高科部取之五星不爽省分斷之廿八宿何疑四曰雖然分布亦應面君是斷四月縱有別次必須對君而談午未雖與諸宮有異金水又與各星不同一星出現非兼攝則有轉身之理如職星見

木躔箕尚水星或火星在婁引兩曜加臨有僭竊方為攺屬之機
之當有攺陞不然亦有兼攝
職被度傷無制居官不久爵遭星扶有黨食祿永豐不意高陞乃
限到恩度無破有心剝削又度逢難星失救恩難交至時必陞降
不一仇用並臨茲豈愛惡無二金去朝陽逢陽度當知君上舉用
不已水來扶月行月度又識後妃推薦有力不識陞降問其職恩
職難不明去就觀其爵旺爵弱柔弱　倘遇恩星拱照陞不高陞強
旺縱逢難星制尅降豈終降

論十一曜

日

太陽十干變曜不化只從地曜所值如寅年太陽掌五鬼戌年太陽掌白虎不以木炁為難太陽至高區區木炁不能蔽也夏以火羅為難秋末冬月不妨朔望尤忌羅夜生喜其助光日為君父得位金水近之自然椿庭晝永如未宮命以太陽為財須晝生升殿大富夜生只可溫飽

月

太陰上弦朗朗如值殘晦當依納甲之說便知有光無光如廿一生者逢亥至寅為有光酉戌二時為無光故曰日月分明是貴人全於生時辨之非日東月西之謂望夜忌與計同

木

逢之不吉夜生尤忌背行不妨若掌官魁爵印等反佳
生孟春最喜朝陽謂向陽花木三冬若居午位名曰南枝向
煖躔四月度清而合格為身命主必步廣寒秋木逢陽凋零
何補寒木無火作用不成

火

文人最喜此宿躔四日度為掩陽夜生反佳火星為難者萱
生血光夜生火症行限為仇難防火災亢為火廹金龍昴為
火燒牛角

土

冬月大忌躔水書曰土愛煖而不耐寒躔四日冬令為一陽
觧凍大忌計奴分行不妨居巳宮軫水不安辰宮稍可申宮

非参初與畢十六度不忌旺於四季相於夏休於秋囚於春寒於冬

金

太白乃丁火所化在乾為長庚在震為啟明煞金為刄休逢相於四季墓於季冬旺於秋休於冬囚於夏躔尾火冬令反佳忌水洩氣金喜其伏逆

水

坐巳申為入局氣象軒昂蓋水乃智慧之宿躔日度為朝陽月度為相和

炁

此星在命主有壽而孤為文塲解宿又為術士用神書曰紫炁不來不發解白晝生人作榜頭躔木度為條奴占主

孛

五星逢孛忌。此星掌孤刼及的。不掌只是多生少育。金火為子星忌遇孛。入男人以金為妻。以孛為妾。孛入田宅。亦金火田宅宮忌之。行限作恩星亦妨水厄。凡流年行限忌孛掌浮沉的刼度。加太歲填鈎大凶。出入亦防小人。惟戊年不妨。庚年主貴。辛年遇此奪大魁星格。所云孛掛朱衣。孛星朝斗。皆泛論也。

羅

七政順行。惟羅計逆轉。若太陽為子星。頂之不育。若為妻星。非悍則病。冬月木遇之。為木羅會。夏秋木作飛灰。凡火度天火地火及大耗小耗。羅掌太歲之凶星。頂之決主回祿。

計　望夜合月為月蝕。掌及尤凶。分行不妨。只宜紫炁同垣。丁年
掌官魁。格高者主貴。要與度主有情。

十一曜論。

凡命先看日月。日月明淨。方是貴人。蓋日月者。諸星之領袖也。晝
重太陽。夜重太陰。若晝生吉宿隨日。夜生吉星鈎月。無不富貴。倘
晝陽逢凶曜。夜陰逢凶曜。無不貧夭。在十五度中更切。
凡晝生。火羅犯日。夜生。土計犯月。在一二度內。不但尅害貧夭。亦
主盲疾。如火羅躔水。土計躔木。則稍輕。
凡晝生。太陽在卯辰巳午。夜生。太陰在酉戌亥子。為升明得體。

四日度人生於正朔四月度人生於正望當日月薄蝕雖無羅計相關亦主福壽淺薄

四日度人生於夜四月度人生於晝或卯時生而日在畢月在房酉時生而月在卯日在心為陰陽反背主夭折日居月度為日入月宮主庶出偏生

日月朝命必是貴人若命宮有惡星守之名曰避朝難於貴顯縱他處合格止於限度上發福不能久也夫日為君父月為后母身命二主朝陽則享父蔭月明近命則得母力但忌凶殺混之及孤寡守破琴堂云計犯月夜生人必先尅父羅犯日晝生人必先尅母此取陰陽相峙子午流注之理也晝生人太陽落陰宮父先亡

夜生人太陰落陽宮。母先逝。此取陰陽反背之義也。日月同宮。戌
日月冲對。晝生尅母。夜生尅父。此取有光無光之義也。
凡日月同宮。極喜居於亥未。但日行遲。月行疾。必月在前而日在
後。則陰陽之光。兩不相掩。為福。若日前月後。則月趕乎日。而日光
為月所掩。月光又為日所掩。陰陽爭光。二明並失。不可為福。
凡日月合朔時生人。男女皆聰慧而性淫。
凡初一至初五日。生戌亥子丑時。二十六至三十日。生酉戌亥子
時。日月俱晦。如為宮度身三主。兼刑殺。有犯。主孤獨。刑妻害子。
太陽以午為本宮。星為正垣。如房日屬火。虛日屬土。昴日屬金。乃

日之次舍日喜晝生要金水輔佐如獨行前後無星拱夾對照為孤君主貧薄不得祖業女人則外家零落金星如作身命度主在太陽前名曰特進主權貴在太陽後名曰後進其福減半忌化刑囚暗耗水輔陽光不分晝夜是名望人如申子辰安命水與太陽同守天門尤顯惟五六月生人水日同宮日炎水沸反主蹭蹬或父子不和又仇難近太陽同在一二度上人必忤逆太陽不要與木炁同躔午宮命主天亦不要與火羅同躔晝生人行限見之必有刑害如火日同明火為命主為官祿主為天官星又名二曜朝陽入貴格望斗云陽君木火守荊周片言入相蓋太陽忌木而火

能化木反假之為侍衛然不許更添一羅又如卯戌命獨炁在天
開化官魁薦元與太陽對鈞會狀也
日與土羅孛炁同宮為黑雲蔽日主貧苦
日與金水木同躔畢度為風雨作霖有濟世安民之畧
凡太陽守命主勞碌不閒以太陽運行不息也
四日度安命不許日居月度亦不許月居日度主一生蒙昧若月
躔日而與日對照癡迷人也又曰命而孛守日度者先尅父母曰
命而日躔水金度者文章燦爛如冬命不妨貧煖氣於火羅
太陽帶廉雄双直守命多夭太陽會殺引從作黨極凶忌星帶孤

卦叉雄夾太陽者主胎中尅父

太陽斷躔惟金可救或月會亦可解

太陰以未為本宮鬼為正垣心危張畢皆偏垣也四月度皆與日度相連月非日則無光耳凡未命月躔心危張畢或命度張月躔心危畢加以近望夜生無不富貴月到乾乾屬金又亥為天門極妙月所喜者金水孛次之會金為金助月華會水為水涵蟾魄會孛為太乙抱蟾惟女命不要水孛近月只喜一金為伴如昴畢二度安身月會金孛必是妓女以昴畢為風花雪月之星也夜月遇火為火月同宵冬令極美獨鬼雖月之正垣見火於金有梗見

於月有碍大抵月忌土計為重或帶及的刼來夾尅者不特傷身且主妨母月倚木炁為用以其能尅制土計未命木月同躔於未亥命木月同躔於亥皆貴如子命月與木會於子更在落木寒蟾時則極貧苦

太陰要論讓殿犯殿傷宿讓殿者如人不居正室而居別業所讓之殿有吉則吉有凶則凶假如太陰在星柳二度之間諸星在翌軫之類獨讓張宿在中或月躔翼軫諸星在星柳二度亦是前為緊後為緩遇祿貴歲殿即主富貴中問更有金水一星在張度謂之一星朝后乃留守讓垣最吉若遇土計羅孛不謂朝后乃讓殿

受欺最凶犯殿者上弱而下凌如太陰躔胃而土計羅孛占昴畢日月二殿身前有此凶星安得不凶傷宿者上剛而下暴如太陰躔胃更子丑命身命皆屬土而木星占月前傷之退度尤凶加羊刃的殺必夭折受刑此格間有貴者乃坐祿馬貴人殿駕廟旺日月聯絡有以伏凶星之勢耳

太陰要論引從拱夾前三十度内有吉星爲引後三十度内有吉星爲從引以遠者爲吉從以近者爲貴前後拱夾停匀不問何星多寡但要詳比和爭鬭前引後從又要太陰之前相近一星爲主若主星不與前星相戰尅與月相得不貴即富有戰尅不純粹與

月有傷則下賤。至拱夾亦有辨。夾吉則吉。夾凶則凶。

太陰要論躔度。如度婁。婁金也。看金星得垣與祿貴殿駕相關。更遇土星必貴。如金失躔為他星所斷。或截其脉不與祿貴殿駕相關。却與羊刃的殺相會則賤。倘太陰得拱夾登祿貴扳駕殿亦吉。又如金星升殿。當官祿。或火在三合當令。其人多受飄忽震蕩之禍。不可與身度主居官祿斷。倘有土與火之脉相貫串則火不傷金反生土。生金挽回一團福氣全在土星。看土是何宮主。妻得妻力。子得子力。官祿主貴。福德主富。

太陰喜與金水木互經。若與土計互經主凶夭。

四月度命。可以月居日度。日居月度。謂光生借日。但每見日居月度者。再見月居日度。為陰陽交錯。破格。多不富貴。

太陰斷躔。惟金水孛可救。或日會亦可解。

木為歲星。以寅亥為本宮。尾室為正垣。井角斗奎則偏垣也。木主慈仁。好容儀。文章藝術。畏金尅。見金遇水化難為恩。見金會火。用星制難。火先木後為通明。春令宜之。夏令忌之。更會羅則成灰燼。

木躔金度。畏秋生。以衰木而遇旺金。鮮不朽折。更帶飛廉羊刃。與羅釣照。決死於兵刃。木喜水孛滋生。如秋冬則失時。加以水孛則木浮。行殺地遇浮沉。主水厄。如與日同行。則為向陽花木。早占鰲頭。

木在子。冬令人。午上有一火相照。為南枝向煖。如子命。又為財福尅命。主富貴。木打竇飛。惟虛一至六度受傷。七度外無害。蓋虛一至虛六。係金曾度。木受尅也。有羅則救。木在丑為怒宮。亦忌在寅箕斗間亥宮命。限到此。春生反為福。秋生木凋落。家破人亡。如木羅會舍。木計同寅。又合格。忌木火同躔箕度。命當其上。必主疾病、又云。木臨寅而遇金。尅榮中禍。至在辰角。木逢角道滿用。吉躔亢木觸金龍。有筋骨之患。見火尤凶。在巳為巽風吹木。多主風疾。在午。灰飛煙滅。夏令尤凶。寅命行年限多死。賦云、木騎獅子居官不能亨宫在未為木入秦州。主貴更喜同孛。惟躔柳減力鬼初度木。正旺逢水貴為卿相。如木會金好殺不善。終在申參絕處逢生冬為照水梅花。秋為丹桂飄香清貴。在酉為木到大梁如躔昴化刑囚主夭。惟躔胃度者有救土能培木根也。在戌婁為木困婁金限行斗木見禍。在亥為木入雙魚得水拱合文章特達。

木命貴得水生冬月。春初藉火羅以煖。然火羅只可與水三方鈎照。或對宫相頂不可與水同行激而成災。間日方可與水會木為歲星最喜守駕。若守生時名歲星朝帝座。更得日月拱之公卿命也。

木入八殺逢暗曜主傷殘廢疾再加闌干主自縊如木居八殺炁居官祿又合貴格

木命不忌炁或木旺而炁亦旺皆好命然不許同躔一宿尤不許同躔水宿若三方對宮不妨

木炁與土同居子宮合五星紫微垣局午宮命主貴四木度命木土同度得躔乘旺財福擁隨更財福二宮有吉扶為上格

火為熒惑星以卯戌為木宮房妻為正垣卯火藏於房日下以燧取火於日也戌火藏於婁金下以金擊石乃有火也尾室翌觜四火度各有所屬火主豪氣快性得局好禮化耗主虛花不得地莫

巧成拙。火宜木生。不宜焱重生。喜獨行。夜生忌水孛。尅及奴羅犯。水居亥子。難曜入垣。見水遇木火起。得經福力滔天。見水遇土。用星制難假殺為權。凡火旺於夏。無氣於秋冬。從陽吉。從陰凶。火會計羅孛。主凶暴夭折。尤忌孛隨火後。火躔水經。更坐浮沉。的刃刦。生秋冬。定溺死。火日同宮。晝生人主尅父。在財宮。主破財。

人命中見水火二星。皆主得失不常。若添一木星。乃聰明能文之士。耶律云。寅申巳亥四生宮中。水火同居。若為財主富貴。火在亥為朱雀朝天。有木拱位。居宰輔。火在子同太陽。為北苑回春。更帶三元狀元及第。在寅入局。性逸無拘。在卯得位。喜滿用。忌見孛生災。如火計同入。見水反貴。在酉為火入金宮。金受尅。晝生人成敗傷。妻火燒牛角。止忌胃十五昴丑度受傷。六度外無害也。在辰亢亦為火入金鄉。怕木助。又怕羅在對宮。辰命人大忌。在巳軫安命逢此。失度。與災若躔翌又吉。一云火居水位。火神無氣。主其人陽冷不能生子。在午張為火耀南離。主貴。星度夜生尤妙。在未為文昌局。得烝拱、生於天門。化天官。薦元必魁多士。在申木烝拱。主登科及第。在戌躔妻最吉。在丑會土主壽。

火躔四月度。夜生人。名燈月交輝。主文章名世。官居清要。

火星最忌入猴。厄琴堂云、日月有從為緣。八宮見火忌命人不妨。

火命羅居命度無成即木炁釣生爲羅所奪終身蹭蹬若羅居命宮非命度無傷然一生終被爭奪不能遂志

火羅原是凶星經云多招橫禍火羅照身命之中然不可例斷如安命戌火羅同躔於辰二星皆怒陷失次一生凶多吉少安命寅火羅同躔於申申乃火喜宮羅得地更火在順段反財祿如意

土爲鎮星以子丑爲本宮虛牛爲正垣女氐胃柳皆偏垣也土靜默厚重得局則守信與計同宮則執一不通喜生四季躔四火度喜落陽宮晝生順度忌落陰宮夜生逆行喜火生不宜重見羅恐燥硬不能生物如火羅在命三方又見木炁大發然得生之土又

須雨露濡之。但不可釣傷火羅。破格如躔四木。木炁當權。水孛黨之大凶。更木帶關干貫索白虎。決死杖下。不然犯脾症亡。

春土逢火則生。逢木炁則尅。受尅之土見水孛愈災。夏土旺逢火則燥。燥土遇水則滋潤。遇木炁反制伏得宜。秋土逢木木衰不能尅土。冬土寒。遇火日方能發福。

土在子為土好。齊甦在丑為土好。太常得一火照尤佳。土在寅亥喜躔尾室。忌水孛同來。在卯土入木局。要火羅拱生。貫水孛破恩賊。在辰為土歸鄭國。會金帶及塞垣建節。在巳為土埋雙女。止忌軫一至七度受傷。巳宮命要炁在三合為救。如壬寅壬申人子宮命土為命主得長生祿馬貴人加臨反作貴推在午會太陽於星日為勾陳鎮殿佩印乘軒在未為三垣見水多凶在申長生之地會火食祿千鍾在酉與火同行亦為火土得牛合格在戌為土旺青州躔胃二三度限行室火二榜連登如戌宮命土日合照又為官祿朝陽貴

金為太白星以辰酉為本宮亢昴為正垣牛婁鬼皆偏垣也金主潔淨善音律能文章得所好義從陽吉從陰亦吉如生秋令不喜躔土度及土計夾生為土重金埋太剛則折如生夏令遇火羅尅最凶加重殺傷殘金最忌為飛廉羊及羅火最忌為天雄地猾反

命行限至午。午為火旺地。金敗鄉。遇火羅多死。有土可解。若酉命土在子。為官祿。命母入垣。乘旺加以祿主為天元。月令有用之星。行子限必大發。秋冬生。金躔火度。反有鍛煉之功。惟忌躔尾。尾乃木宮。金木相戕。定主興廢。躔箕水無不富貴。

凡木火土水。皆能自生自旺。惟金以得制得泄而後有用。無星輔皆不好。蓋金主肅殺。上帝抑之。獨無餘氣。凡行金限。未有無刑尅孝服者。化吉亦然。四金性各不同。亢金乃金宮之金。牛金乃土宮之金。原受生旺。非制不足以減其頑。婁金乃火宮之金。鬼金乃月宮之金。原被制洩。一泄已足以馴其性。亢金牛金而止於泄。仕路

艱難妻金鬼金而遇火制榮華不久又得制得泄而見生者止可
見於旁度不可見於本度謂之埋金計埋猶可土埋不出矣制金
之物火日羅也火日度也泄金之物水月孛也水月度也
金在子喜會太陽忌會孛主淫佚在丑入局朝斗主秀拔在寅為
金騎人馬忌尾八至十二度受傷見土得救在卯戌為金乘火位
凶惟躔氐妻不妨在辰會木為金木逢龍各居本度合格如金角
木亢反刑不吉會水為金水逢龍水潤金明文章冠世如躔亢會
日月極貴在巳遇水為金水會蛇水躔翌金躔軫富貴長年在午
怕與火同行見羅亦為惡會在未喜輔月喜躔鬼在申會孛為花

酒客在酉畢見火傷害妻子加木愈災在亥室為金居衛分主壽
逢火羅同行反夭經云金炁相逢主威權然必得位方吉
水為辰星以巳申為本宮翌觜為正垣箕壁參軫皆偏垣也水主
智巧無定性遇善則善遇惡則惡喜金相生從日月吉不宜土尅
强遏不流加計則竭水星飛起最怕逢孛多主石尤之厄小兒主
驚風之疾巳申命得金水同行或金水互垣或金水得地皆妙若
太陰與金同行為安身傍母與土計同行為傍鬼須假木炁制之
惟冬水不喜金生要火羅以助煖氣否則凍金凍水清寒主貧
四水度命秋金帶長生祿皆朝照可名利水化三元在日前登瀛

榮居翰苑。

水命。要看水星與四水度。得生旺與木炁有情為上格。以生旺定其壽夭。以木炁定其榮發。

水守命性流蕩。當觀同行之侶。若水孛、水火、水羅、水計、皆為凶孽。

水在子為水清寶瓶。躔虛合格。在丑為泉枯。牛斗尤忌。十二月生人。見金合格。在寅為水臨滲漏。如安命申參。所謂水命對交。非學士也。在卯遇土。要金木救助。在辰為水養金。龍清貴。在巳軫為水注東南。利寅申巳亥安命人。又云獨水守軫。無吉星輔助。多主歇滅。在午為水名榮顯。更喜朝陽。所謂水曰合張星之位。廟堂補袞。

助明皇在未得金生發福忌與孛同經爭生不生反禍在申為入局所謂水占西流女招命服男受官班在戌為水泛白羊忌婁一至八度遇太陽則水不傷火反貴在亥壁為水湊天池詞源必倒三峽

炁為天乙星慈善出家好道坐命對衝及三方見之難為妻子近太陽則掩光趕太陰則孤尅遇火則為職權遇羅則為清閒居士能解計孛火土之孽如守命更在廟旺無他星混主情性雅潔一藝擅名兼愛泉石果老云一炁專職孤則孤矣却清貴長年若為恩最前如在天門轉生火羅　為恩照命必是魁元以恩自天來也

若命在天門獨炁守之太陽拱照貴極人臣即主星飛入天門得力亦禁近在丑為一炁騎牛主多藝術

孛為太乙星性惡喜則為少微怒則為妖彗見則厭曜無光羣星失色居身命坐陷弱詭詐奸巧與交不忠見金淫蕩與水羅會遷移化刑囚暗耗必貧寒無依入男女多尅子息入入殺更帶殺主腎臟之疾此星到處與災惟六乙人化天元祿在亥掛朱衣在未抱蟾主貴在卯拱天門次之在巳午為妖孽晝生尤忌經云孛騎獅子騎柳不騎張蓋張度猶與孛相宜孛坐玄枵衝陽不善在危虛者料事多中孛騎虎尾申命主貧主妻妾之辱寅命得美妾木

火衰弱○亦有妻妾之非○在酉喜怒不常○流年到命○主家宅不寧○心
神恍惚○陰私失脫○兼有哭聲○

羅睺為天首星○躁暴氣高○性不受觸○夜生得用○限遇相生○為富不
仁○相剋凶○甚若陷沒○與火土孛同宮○多為刑暴屠沽之流○加劍鋒
飛廉惡死○女人天首入命○更化刑囚多剋夫○若入福德為權星守
福○有權有福○但忌化刑囚直難○羅入官宮○年少誇豪逞訟○又曰火
羅夾命福滔天○惟金命人忌之○防天折○在午鈞照太陽○午宮命四
正有祿勳○主登科○不鈞太陽○見卦焉○小試必首名○又云、羅入命宮○
鬚髯可驗○如在卯酉遇金○主損壽○大抵金羅最忌相見○惟水喜會

羅故云木羅會命有科甲之譽琴堂云、流年九位逢羅火家必遭
回祿流歲值遷移遇火羅二星當生原羅又在對宮必應
計為天尾星性貪毒在命胆大奸滑風癆血氣多迍滯妨骨肉土
命最忌計奴入命坐旺惟午柳不妨計在午柳反能助主及午柳
坐命計坐生旺處皆可小貴計入官祿多剥官殺惟壬寅人化祿
福稍可然亦未免時作凶孽喜獨行三合有木制之則吉遇孛
混之則凶夜生從太陰尤忌在丑朝斗喜化天元祿在亥為雙魚
霹尾主文章過人但發福頗遲在巳戌亦得地見土則凶經云、計
入三陽有祿不沾寸祿此以亥宮命言

一云子宮論計戌宮論羅亥宮論炁申宮論孛亦多驗

四餘不宜衝夾惟獨行為佳凡命主失躔受制落陷須看餘奴在何宮分若入垣殿坐嶲居強餘奴代主作權其人必奇特中享富貴故有拒殺有傷主有輔主之辨如木主與金炁切照則炁能分憂名曰拒殺木主與炁切照或炁躔四木名曰傷主限行木度必危若生春令木主旺相炁不敢傷服役惟命名曰輔主反凶為吉

經云土見計遲鈍對遲鈍火見羅燥暴對燥暴水見孛流蕩對流蕩故以為忌若木炁則慈善對慈善不甚忌但趙方伯定字乙未四月庚戌日戌時生寅宮斗三度立命木主躔亥危炁奴躔亥室

同宮而不同度○本不相犯○然烝占正垣○木居偏垣○末年亦有抗主之僕○

十一曜躔度喜忌

太陽廟星○殿張○喜翌軫○忌角○旺亢○弱氐○升房○困心尾箕○忌斗○喜牛

女虛○困危○弱室○喜壁奎○廟婁胃○樂昴○怒畢○（畢九斷躔）忌觜參○惡井○困鬼○樂柳○

太陰廟井鬼○晦柳星○殿張○喜翌軫角亢○困氐（氐六度斷躔）○房弱心尾○喜箕○升斗牛○困女虛○殿危○喜室壁奎婁○困胃○旺昴畢○弱觜○喜參○

木廟室○旺壁○喜奎○怒婁○樂胃○斷昴○（昴四斷躔）喜畢○忌觜○樂參○旺井鬼○怒

柳忌星喜張樂翌軫弱角斷亢樂氐旺房心尾箕喜斗忌牛打女
虛廟危
火旺氐廟房心喜尾怒箕樂斗怒牛喜女虛危室忌壁旺奎婁樂
胃斷昴畢畢十七度斷躔弱觜怒參旺井怒鬼樂柳耀星張翌怒軫喜角
怒亢
土廟斗牛旺女喜虛危室忌壁斷奎奎十七度斷躔樂婁胃昴畢困觜怒
參喜井鬼柳星張廟翌埋軫喜角亢旺氐忌房心樂尾怒箕
金旺胃昴畢喜觜參怒井旺鬼柳忌星張困翌樂軫廟角亢喜氐
斷房心弱尾廟箕喜斗牛女虛危困室樂壁斷奎奎七度斷躔婁同婁二

度亦斷躔

水廟翌軫○忌角○喜亢○忌氐○困房心○怒尾○樂箕○弱斗牛○忌女虛好危

室壁○漂奎○奎十七度斷躔怒婁○胃胃二度亦斷躔喜昴畢觜○旺參○弱井鬼○斷柳○喜

星張○

炁廟尾箕○旺斗○忌牛女虛○喜危旺室壁奎○忌婁○喜胃斷○昴喜畢○廟

觜參○旺井○困鬼○喜柳星張○旺翌軫○忌角○斷亢○弱氐○樂房心○

孛廟觜參井鬼○怒柳○忌星張○旺翌軫○斷角○角五喜亢○困氐房○弱心○怒

○尾喜箕○朝斗牛○怒女虛○喜危室壁○斷奎○斷奎十七斷婁○忌胃○樂昴畢○

羅廟奎婁○旺胃○斷昴畢○畢三怒觜參○弱井鬼柳○旺星張翌○忌軫○樂角○

怒亢喜氐旺房心喜尾困箕旺斗怒牛喜女虛危室斷壁七斷壁
計廟女虛危喜室怒壁斷奎弱婁樂胃昴忌畢觜喜參斷井樂鬼
柳旺星張喜翌埋軫困角喜亢旺氐斷心房喜尾斷箕忌斗旺牛
果老斷尾十
四室十一

論日月

日月須分晝夜不背方是貴格倘卯時生日躔四月度爲背格酉時生月躔四日度亦背格日生要日躔四日度則榮華高遷夜生要月躔四月度則清寧得福日月最喜吉星輔之日生要金水相逢夜生要火羅同照論日月晦蝕皆由羅計所犯而羅計相逢最

嫌朔望須於遠近向背決之羅犯日晝生計犯月夜生當用四時起用孤月獨明貴格孤日無輔賤格臨於身命度辛苦勞心夜生宜於下午日生宜於上午若陰陽不背貴格

一日之間人生不啻萬億何以從太陽為命太陰為身蓋日為東升父之基命由此而得月為西沉母之室身由此而生惟命無形必求太陽所處之地故卯方能立命惟身有跡遇月即便安身琴堂數至酉位者非矣

一五星落空有好惡不同晝喜日空夜喜月空金空則响火空則發木空則折水空則流土空則陷

日月並明說

日與月共次舍在天相近故在子午卯酉四正子為端門午為帝座卯為明堂皆日月所居酉為西沒之鄉人生身命在此四宮皆富貴之人安命在午日在巳月在未為陰陽夾命日月在男女遷移夾拱有力必有權柄能卓立日午月子日卯月酉皆富貴命也月卯日酉皆殘壞命也日居月度月居日度皆反背其人多庶出二母行限若見日月妙不可言或限中日月夾拱皆能致福火羅犯日土計犯月皆損害六親朔日食望月蝕命在日月度不夭即盲啞日月同在命宮其人多貴巳為陽極月不宜居亥為陰極日

不宜居月巳妨母日亥妨父日月拱命拱主皆貴拱田財必發拱遷移必外發拱妻子必得賢妻子拱疾厄必以疾厄日為主躔木度月為主躔土度皆失次至日生忌火夜生忌土當活論詩曰十二宮中不言主强云晝忌火星夜忌土何不忌水木與金是致五行皆莽鹵亦一說也

附日月喜忌証

甲年日度主忌水星七煞得食神可制忌金星乃命主逢傷反貴為賤須得天禁生官以化傷官仍主科甲如四月度安命魁星忌孛為刼財

論曰

太陽乃火之精。為人君之象。父之配。行度有盈縮。故明歷者以七十餘年立歲差之法。以追日度之真。太陽過宮不同。推人命宮。未免有異術者不可不審。自奎宿八度至十三度為正廟。自婁宿八度至十三度為正旺。自胃宿一度至七度為次旺。躔虛房星昴四宿為升殿。午上為本宮。乃中天離明之地。天光所照無私。會金水二星於身命二宮。皆主利名文章。貴品清職。忌蝕。怒火土同宮則有害。夜生為背宿。晝生為向明。

耶律云、日為十曜之主。故變曜不化。祇從地曜所值。如寅年日掌五鬼戌年日掌白虎不以木炁為難太陽至高木炁不能蔽也夏以火羅為難秋末冬月不妨朔日生尤忌羅夜生喜其助光日為君父得位金水輔之椿庭晝永如未宮命以太陽為財晝生升殿大富夜生只可温飽

春日秀麗萬物得宜最妙三合引護水金佐之謂向陽花紅當春最不宜雲雨之星水孛土金是也計與日交會枝葉繁茂掩日光輝不能變化木火氣羅交會朝拱太陽代日行權用事火日俱名有氣大降吉祥蓋火羅能化木氣之氣故以吉言

夏令之日火烈陽剛最喜水孛同行濟潤變化萬物精彩富貴自

然最怕木炁火羅同行朝拱。萬物摧枯。一陷千丈
秋天之日方而不員六親早離最喜金水輔日而行。方是晴霽濟
物富貴榮華如火日迎照無水濟潤則炎威未退為禍最慘
冬生之日溫暖可愛午時福之大也夜生喜木金火羅朝日火日
皆有光霽災武雙全若夜生見水孛土計掩日光彩限行遇之為
禍最重倘水日同行得木飛來洩水之氣遇火飛來合度取火出
色太陽光霽此謂雷下天時人皆富貴或行限先見水孛後見火
日謂之久雨逢晴先艱難而後容易或先行火日後見水孛謂之
久晴逢雨先容易而後艱難

歌曰七政照回日最尊。配人父道象人君。晨朝杲杲從東出。萬國葵傾暖似春。照人命。守人身。圓滿形容性又溫。言語殊常人仰重。處心無黨亦無嗔。或與水木相會合。文章卓犖動乾坤。金星同位好婚姻。妻家財物送來頻。夜見土星晝見火。須防患病及尊親。首尾更來須惡死。紫炁緇流及道門。忽有孛星相避逅。瘵癆說出病根源。臨財帛。聚金銀。田宅多招好壻。賓開極位甲兄弟。貴男女宮逢只一人。六宮陷弱主尅父。八宮一世復災迍。西沒妻美顏如玉。九位逢之好遠行。官祿有官兼有祿。福官一世自安寧。相貌之宮美顏色。細將星宿好推評。

論月

太陰乃水之精為人臣之象。母之配。行度有遲疾。自婁宿八度至十三度為正廟有一家以畢初度至九度為正廟自胃七度至十三度為次旺躔危心張畢為升殿巨蟹為本宮若夜生人值在圓望皆為福德如會金木水星臨於身命二宮或為玉堂祿星更在廟旺宮主貴如值殘晦則減力忌火土羅計同宮為蝕神日生為背宿夜生為向明

耶律云太陰上弦朗朗。如值殘晦。當依納甲之說便知有光無光。如廿一生逢亥至寅為有光酉戌二時為無光日月分明金於生

時辨之望夜忌計凡夜生皆忌同行背行不妨若掌官魁爵印等反佳

春天之月照耀山林雖花雨風流而晦月亦當不美最喜太陽逢時陽輝明煖豐盈財福夜月見木則萬木青青文章秀發夜月見火為火月交輝人生富貴如夜月見木更帶桃花之星生於二月為花月爭輝皆風流瀟洒精神光彩不宜與土計交會謂雲掩月華又不宜孛奴之星隨行掩太陰之光為禍甚重

夏月揚輝布暖溫和可人水孛潤之而不寒羅火照之而不燥喜木氣以相扶忌土計以掩蝕金雖力薄夜誕而月喜同行月本無

○光晝假太陽而有耀○

秋月光輝朗耀○普照乾坤○逢水相涵○如碧潭之皎潔○得金為助○則精神倍佳○弦望之際○豈宜水羅爭光○晦朔之期○那堪土計相遍○見孛為太乙抱蟾○食祿萬鍾○會炁乃祥雲捧月○清高貴顯○

冬月嚴凝可畏○孤潔有餘雖清光遍於河海○而寒輝欠舒○所忌水孛相逢○最嫌土計關照○金星伴之以無情○木氣持之安有益○晝生藉日光而布暖○夜誕仗火羅以助輝○蓋觀星勿專論生魁○先明四時○須分晝夜○理斯通矣○

歌曰太陰乃是水之精○一出中天萬國明初夜一輪光皓潔○世皆

瞻仰快人情配母道身從生溫柔豐美好儀形水日兩曜相交換貴位宜居必見榮歲德同居多好善外家送物不曾停夜火會得遐齡壽晝生風癱母須刑土星言語多遲吶計羅眼目更無晶金好色妻必淫不賢內正非禮迎天乙若逢須庶出紫炁阿母會通僧居財帛陰貴成第三閑極母康寧自身一世多閑逸棠棣雖踈好弟兄田宅位好營楹子息宮中是女星奴僕出身多下賤七官妻妾貌娉婷疾厄無刑少災疾遷移偏是好遊行若居官祿并福德有官有福不虛稱此曜若躔在相貌堂堂俊麗好儀容

太陽黃道論

月有九行○以黃道為經緯之主○青道二○出黃道東○赤道二○出黃道南○白道二○出黃道西○黑道二○出黃道北○四時隨黃道變遷○春黃道始於東○夏黃道始於南○秋黃道始於西○冬黃道始於北○其門南陸北陸○又隨天道而旋○以九道捷法推之○

太陰九行解例

日行黃道○月行九道○黃道者中道也○九道者九行也○黃道一○青道二○白道二○赤道二○黑道二○故名九行○如春生○月躔角斗奎井木度○謂行黃道○月躔尾室觜翼房虛昴星火度○謂行青道○月躔箕壁參軫心危畢張水度○謂行白道○月躔亢牛婁鬼金度○謂行赤道月躔

氐女胃柳土度。謂行黑道。大抵以當時令者為黃道。即旺也。我生者為青道。即相也。生我者為白道。即休也。尅我者為赤道。即囚也。我尅者為黑道。即死也。夏秋冬以例推。日度從火。月度從水論。

太陰九道斷

命以月為身。考九道晦明。知人禀賦之厚薄。故道行而吉凶係焉。黃道得五星之吉為福。土計羅孛為減力。蓋四餘暗道之曜。非黃道所可見也。見必掩晦。黑道正四餘得志之所。又非五星所可從也。黃道為人聰明清和。粹美春風。和氣灑落。通變。黃道雖弱。亦可為吉。但怕黃道遇掩晦。月行於天。雲蔽則昏。青道多清潔。有風節廉操。進退以禮。大抵青白道為孤高之所。若更命局。與當生孤刑煞局。無祿貴殿駕者。必孤魁。更空亡及破交横。必為僧道。必吉局亦為貴中孤命。亦道陽輝之所。有權畧任勢敢為。黑道愚自用。賤自專。心高無實。志大無成之人。黑道雖富貴入諸吉局。亦必自艱難中起。凡太陰專繫於九道之内。次参得何星之用。如妻星主内助而起。亦由内親而成功名。田宅主得父母力。財得財。官主貴。更参諸局無失矣。

太陰身變主說存参

如太陰屬衆。星也。當以金星論。如金星得垣。占高强。有夾拱與祿貴駕殿相係。更見土來生之吉。立命巳。人必貴。如金星失躔為他星所斷。或截其脉。不與祿貴殿駕相係。却與羊刃的煞相干。主下賤。如金星失道。太陰得夾拱。或見黃道所喜之星。祿馬駕殿貴人相涉。亦為吉命。如金星在辰。升殿掌官祿。或火在申子辰。當令或難值此。不可以身主居官斷也。蓋受火之欺。為令所役。為官所驅。何福之有。若更有土與火之脉相貫穿。又轉凶為吉。金在土宮却看土星是何宮主。妻得妻妾力。男得男女力。官則貴。福則富。乃土為持重之星。有培植之功。人亦有持久之福。若為火所爍。無土挽回。凶為人多得漂忽震蕩之禍。得吉猶凶。若金見水。却看水是何宮主田妻男吉宮福尤高是身得此福若無用之星奴僕兄弟無益於我精神氣脉為彼所竊一生為人無力因小失大如金見木為財看是何宫主妻得妻財奴得奴用之類活法推之無不中矣

論四月度

四月度者心危畢張皆有偏宮但此四月躔於星昴虚房俱是夫婦交合借光於日皆與日同室月無日則月無光若命躔四月度望夜生人大富貴原太陰有讓殿有傷宿讓宿若人不居正室而逊別處所讓本居之處名曰讓殿讓殿之理有吉有凶有吉則吉

有凶則凶。如太陰在柳星二度之間。諸星在翌軫之間。獨讓張宿在中。名曰讓殿。或月躔翌軫。諸星在柳星二十度。亦是讓殿。前為緊後為緩。更遇祿馬貴人殿駕拱合。為上格貴命。句絞亡神變難穿身命。行限遇此。定遭刑憲血刃血支。提防金字作殃。天刑天厄怕火羅。若火羅變難。必遭官破家。浮沉是水孛。逢土計相迫。必溺水非命。飛廉或遇金羅。非干戈則當暴死。劍鋒聚於火羅計孛。必惡疾惡。天厄聚於火羅計孛。防雷傷虎噬。

太陰昏晨度算法 退逆行進順行

昏度者。酉時也。朔後從歷書逐日宿度上起酉時。每一時挨一度。

酉戌亥三時順數申。未午巳辰卯寅丑子九時逆數。

晨度者卯時也。望後從歷書逐日宿度上起卯時。每一時挨一度。卯辰巳午未申酉戌亥九時順數。寅丑子三時逆數。

太陰引從夾拱說

引從夾拱當辨其孰吉孰凶。如月度畢前三十度內有吉星為引。後三十度內有吉星為從。引宜遠。從宜近。前後兩旁三合勻停。不論何星多寡。皆為引從夾拱。但看協和爭鬭何如。前引則以近前一星為主。若引星與所主星相生無戰尅。非貴則富。有戰尅不純粹矣。引星與日月有傷。此為下賤。若引以官福貴殿。無非富貴。

前後擁從勻停所主之星與月相得前面諸星相戰爭只要不傷月前主星不礙其名若三合釣來亦如此論但當明合道望道之說合道指合照言望道指對照言在月前為緊富貴皆恃力為之不藉他人合道望道必因人而成此二項望衡尚可成功合衡非仰他人則不可為貴格亦是陰官拱夾中亦有福有禍夾吉則吉夾凶則凶也

太陰犯殿傷宿說

犯殿者主弱下凌恃其權而犯殿如太陰度胃而羅計占昴畢二宿昴畢日月也羅計犯其殿又在月前安得不凶傷宿者上剛下暴各恃其力如太陰在胃立命在子丑木星在月前身命皆係乎

土木來傷之退度尤甚主為人獷很愚執更羊刃劫殺之類必是兇惡之徒當受刑法否則夭折或有此格亦當富貴者必坐祿馬貴垣殿駕廟旺日月聯合有以伏凶星之勢雖犯傷不妨

太陰讓殿說

讓殿者如人不臨正室而據別處所讓之殿有吉有福有凶有禍如太陰度柳星之間諸星在翼軫獨讓張宿在中或月度翼軫諸星在柳星亦是前為紫後為綬當祿貴殿駕為富貴中間更有一金水在張宿謂之一星朝后留守護垣吉若泊土計羅孛則謂讓殿受欺凶格

太陰出垣說

羅計攔截界出太陰。若登殿駕祿貴者吉。居殺者凶。月乃柔星。有晦朔弦望。全藉諸星輔之。日生則木水氣。夜生則金孛火羅。宜在太陽前後。最怕陰陽反背。諸星失志。太陰前有吉星相近祿貴。後有惡曜趕趁尤急。

太陰晦朔弦望說

晦者。月大三十日。月小二十九。朔者。初一也。上弦初七八。下弦二十二三。望者十五六。蓋太陰分九道之行。有朔晦弦望之論。月本無光。借日為明。凡生晦朔日前後者。則月無光矣。晝生倚太陽之光。夜生仗火羅助輝。遇金水亦可。上下弦有二論。上弦生者月漸著。明謂之進氣。下弦生者月漸減光。謂之退氣。進氣者有餘。退氣者不足。又云、上弦之月喜生申酉戌亥時。下弦之月喜生亥子丑寅時。故孤月獨明。惟初八至二十三者為妙。冬天孤月反為不美。於上弦下弦。冬月俱愛火羅侍衛。亦宜金水相助。望前後月正光輝。此論秋月不宜弱看。又不宜火羅同宮。或合拱對照。皆不利功名。為火月爭光。或火羅掌雄。双廉鋒煞者。非早失慈親。主自已目疾。於中金月交輝。水涵蟾魄。太乙抱蟾。生逢冬令。或居水土木宮。或驪水上木虛。皆為失所。縱使榮華。亦先難後易。或起自貧寒。貴

顯亦主孤論。凡日月蝕。日必在初一。月必在十五六。日犯羅計。晝生必蝕。月犯羅計。夜生必蝕

月出入時刻

初三初四初五震納庚金。金生在巳。巳時月上出於庚方。初六初七午時月上出於庚方。初八初九兑納丁。未時月上出於丁方。初十十一十二尚在丁。申時月上出於丁方。十三十四納甲。仍在丁。酉時月上出丁方。十五月光盈滿。納甲於乾。酉時月上十六乾納。壬戌時月上。十七十八十九巽納辛。亥時月上二十二十一納甲於巽。子時月上。二十二納辛。丑時月上。念三月轉辰艮。納丙。丑時

月上。念四念五念六月上在艮納丙。寅時月上。念七月亦在艮納丙。卯時月上。念八納坤。坤納乙癸。卯時月上。辰時就沒。念九三十尚在坤。辰時月出即沒。初一初二尚在坤。辰時末月出即沒。淳風曰人禀太陰所生。質禀太陽所長。太陰有盈有缺。萬物之消長。皆太陰之所生。晦朔弦望。而物之屈伸隨之。東方朔以太陰之升沉。配人之生命。另是一理。世人但知庚金生在巳。不知其原。蓋太陰初三至初七。巳時月上。出於庚方也。此金一生。天下九州。岡源俱承此氣。山岡生銀。砂水生於金。皆此時也。世人只知丁為陰火。不知丁乃太陰月明之陰火。初八至十四兌納丁。於酉時初刻月上。

所以丁火生於酉。丁亦屬金也。至於十五太陰滿。乾。乾納壬申。金光盈極生水。至於十六巽納辛。其光漸晦。戌時月出。故巽宮屬水。辛亦化水。所以天一生水。天下九州泉源江河皆感此氣。生水而長流也。念八至初二。轉於坤。坤納乙癸。至天明卯時。月出卯辰方。遇太陽光生。太陰即沒。故水土墓於辰也。至於十天干。各隨太陰生旺。配於生命。另有一法。世人只知甲乙春旺。丙丁夏旺之類。及見日干旺反不富貴。日主弱不貧賤。以為命有差誤。不知命屬太陰。太陰一月一週天。一月有生旺休囚也。四季生旺者。太陽生旺。太陽一年一週天。故有太陽之生旺。乃太陰之休囚。今將太陰生旺開列於後。

初三至初七生者庚金旺。初八至十四生者丁巳火土旺。十五日生者甲木旺。十六日生者壬水旺。十七日至二十二日生者辛金旺。二十五日至二十七日生者丙火戊土旺。十八日至初二生者乙木癸水旺。以上日干之旺。非春木夏火之說。談命者論所不及。但以月為身主。觀淳風東方朔之言益信矣。

附周若水太陰論

太陰一日行十三度為準。人生十二時所屬何度。盈虧明晦即管人之禍福。要識晨昏躔度。蓋太陽為諸曜之主。不變不化。月與金木水火土炁孛羅計。皆變化不常。故日為君。月為臣。五行為民。月借日之光。五行借月之光。所以用月。美者富貴多。凡四餘作權柄干戈。與七政共格。為文武同心。必鎮守邊疆。之命

一未為太陰宮何也。蓋午後陰生。為水之精。而亥卯未合木局。惟未宮非度最長。所賴木垣得子母之顧。以成太陰之象。使土不能傷月故也。午為太陽。午與未合。臣借君光。月借日光。其理一也。

一太陰在天有三府。奎壁斗也。最是文明之宮。凡月在斗。生於有光之際。就斗牛泊命。行氐土度。中進士狀元。若晦冥之際。亦斗泊命。只得妻財子力。行氐角限。發財福而已。

一月斗命奎。乃月明官祿。行丑限。為御史。若角命月斗。富格也。

一月在井星不雜。安命井鬼卯有星拱。是天官大夫。畢度高中。

一月在奎。為太陰朝天。酉宮安命。行限見月中。舉壁水度中進士。

一月在壁畢月。安命生光輝之際。行奎壁度。聯科。作布政官。若生上下弦之際。只納粟奏名。

一月存奎炁同行。酉宮命生亥子時。乃祥雲捧日。限見月即高科。子限為太守。行斗度死於路。

一月最不宜坐。箕參尾女四度。反覆成敗之人。

一月躔星。金星相伴。巳宮立命。行未限發科。或木星伴。必彫巧粧花之人。月在畢。命在午。宮御史。

一月掛柳梢。五度外不取。又未宮安命。畢度中魁。有火在四土度。行胃土度即死。四土度無火。行婁奎度。作翰林官。

一月喜漏闕。以月為身命宮福田財。方為得體。若月為遷移八煞關極奴僕相貌之主。縱有光亦弄巧成拙。先榮後辱。或流落江湖者多。

一月居關極止有三所。命酉月未。命丑月亥。命巳月卯。雖得格無大貴。若他宮為關論。乃僧道貧薄命。經云、月居關極反為祥。更喜臨於華蓋。

一月宜臨財帛。加財星高起。必享千鍾。若月被蝕掩。因祖財成敗。

一月與妻星同宮。因妻致富。或因親致親。若財星原陷。必自成立致富。又怕白虎飛廉的殺。大小耗陷之財。雖發。未免先成後敗。

一日月同入財宮。必招橫財。晝生以財求名。夜生先貧後富。加羅計發驟。

一月孛入財宮。若財宮屬金。必因酒色喪身。

一月同金入財宮。得母財發達。惟在寅謂金騎人馬。必敗母財廢母業。

一月在星以午為財帛。復帶金水。必盜父財。兼本身虛出。以月為

身在午無光故也

一兄弟屬土屬木帶殺尅太陰於財宮必主兄弟爭奪不和

一申宮命太陰在未及酉宮畢月立命太陰不離於申畢皆官方面或錢糧之官致富

一太陰喜居官祿要有光為貴格若在辰戌丑未宮只納粟奏名

一月在寅亥宮為官祿者最怕落木寒蟾必是寒儒

一月在子午卯酉為官祿者酉主風憲餘宮雜流及五六品之階

一月掌財星入官祿以財奪名亦納粟之官

一月兼奴入官宮乃吏員省祭之命

一月喜孤居官祿則清有星混之則濁或生上弦縱晝生亦清生下弦晝生秀而不實又看官祿主如何

一日在申月在寅命在亥大富貴子亦秀氣以合格也

一月在寅寅為官宮金同行必謫降仕路加飛廉天雄必犯御刑

一月生殘晦之際帶遷移主入官宮又帶雄刃等殺必因名得罪徒流千里及與為官人爭告

一月帶入煞入官祿金為飛廉白虎劍鋒侵戰行此限加四餘流來必死亂兵之下

一火助月於官祿主權貴二掃千兵之命惟月帶刃不喜近火羅

一月入官禄而貧蓋因寒孛拱之及嚴凝金水侵之而宮空亡耗難沓之及月躔初末度并受制之度故也

一有望月居官禄而不顯者蓋夏生論身度為要看木度屬何星若是月三方掩映爭光羅計親之為武臣則顯文臣則晦秋夜望月主秀氣

一春月居官見金水者王府訓導之命

一月坐箕風生望後因木同度生風縱光明狂妄之士

一月生望後坐翼奇妙但巳為陽極陰不可居而月化禄金掌八煞復居難地少年高科行官宮為逋銀草前程

一申宮命月在亥生望夜前財入官祿主享祖財納粟因月帶及行室火火羅三方廹之又木在巳生風限度弱失火官司刑尅

一翼火命月生望夜在參水謂福居祿地乃一清寒之人蓋水為的殺雄廉水月為鬼尅故不能發

一六月十二日月旁命虛教讀子為盜無結果蓋因盛夏陽氣勝陰復在火宮太陽拱照月帶煞後有刼刃兩旁得文昌頗知文墨其實火日盛竊亥木之財而貧

一心月命月泊星生望夜木泊張為道官蓋陰占陽極之地主出祖過房木忝掌孤所以為道官

一月在戌奎生望夜未命六巳人貧而孤戊寅人富而貴蓋巳入
月帶刃所以貧孤戊人月帶貴所以富貴

一月居奴僕廉生者貴蓋月為毋為廉今月起奴宮高照三方與
財帛官祿有情所以富貴設月居奴僕帶殺無光而奴元復起高
照即皂隸之徒月坐奴遇貴人為刀筆之吏次則書手成家

一身主入八煞務入天門方合貴格殺主背太陽為賤格

一月望入遷移富貴何也曰看三方局主何如蓋命卯月未字亥
亥天門也玉兔騰空所以富貴昔孟夫子命亥月卯字未縱漏闕
格亦賴三遷之教大抵月在遷移者事業多反覆處見成就

一月未望在張命辰祿居福位見月即中身入福是碧玉大格

一太陰不拘在何宮隨日變化合忌喜怒之曜相參必準昔劉誠意月占斗柄命在亥諸星拱南木躔畢月木丑垣所以為君師

一太陰最嫌闘殺或土去計來或火去羅來其水孛木炁順行不妨怕闘闘者死順者災若月被闘在難地則亂兵而亡若闘在生地禍中得福又如四月度犯闘亦不好昔寧逆命萬水朝宗格木月夾命於亥地因土計羅及於卯死後尤憐

一如小兒命看太陰三日宮所躔何如又太陰一時過一度交接初刻末刻上四刻下四刻時細消詳所囑方知奧妙

一月居火地。最怕水孛廹之。必犯溺水誤醫之厄。

一木近月為殺者。必脾胃瘧疾。

一金近月於木度。必喘嗽。及尅妻

一羅近月於四金。必有足目疾。或月孛同坐四金。主酒色病。

一水月同坐四木度主行醫九流。或炁月同坐四木度。主為僧道。

一金月同坐心月狐。主巧藝之匠。

一論太陰何以為福。早為福。遲須看度深度淺。而決凡太陰貴格。有太乙抱蟾。身居關極。日月守照。一星伴月。火月同宵。日月趨朝。金助月華。毋依日月。祥雲捧月。日月同宮。日月互垣。火金逢月。木月清貴之類。得時得局。不犯鬬殺。皆作貴命而推。

一月在限。即論月在四正三方。亦論月。不見月。方看他星。

一晚年行月度。其限不好。即不善。終見月好。即能享福。

一月喜居太陽之前。不喜太陽之後。名曰背君。凋之論彐止。此以下雜論。

一論官品高低。須看官星所泊之度。及格局並用神在何處。若官星度困。則看用神之度何如。凡格局用神兼得所。若京堂命也。

一用神格局俱好。祇有財星混於官。恩星近守。傷方面之官。

一格局高。內有所破。此外任四五品之官。

一文魁星高。太陰科道等官。

一餘氣用神健必掌兵權。
一羅為官魁或向駕亦在京寵用之官。
一用外盤格局及七政混雜乃雜流之職財祿交馳財馬互換及
祿到財官乃納粟監生命。
一白衣做官者須論斗杓卦氣祿馬元天經地緯唐符國印貴人
三元為要次看內盤恩星提携必身主微宮度走弱只是限好回
聰明文筆得京官若身度健太陽高強有夾拱此得父蔭原格無
破。亦漸升至京堂原有破只升外官。
一論王侯駙伯命要祿馬逢生休囚爵恩星到諸星皆會高强用

神亦在駕前只論身星財帛為要身星好有才財星好享厚福身星晦財星疲無財而且窮也

一指揮千百户命雜流同論亦宜恩官好行限好方許高陞侯伯命兼看為是

一總兵叅將與都堂命同當以權印刄刦等殺同論方有助威權之用只是武官文星欠高身星欠清終不能近君

一太監命與僧道同只身福田財星好享福有權柄

一有極貴而無子者蓋未命以火為子為官火至酉而發故極貴而無子若丑命以金為子為官金至酉而囚故得子而不發貴看

本星所泊何處。高照何方。若福星弱。官星強。得貴而不得子。官星高。福星健。主福與子俱好。經云。福德男女同一局。若男女主好。福德弱。雖有子不得送終。有僧道尼姑還俗生子者。因原恩福官度休囚。煞神孤寡切照。後限遇夫妻星動。驛馬桃花星照。孤寡皆去。故生子也。

論木歲星蒼龍之象。順行則吉。留退號長夜星滅福。入逆。號实壯星凶。入伏號欄干星。善惡不當十二年行一周天

木星東方歲星。君子之象。行度有長久伏退。留順遲疾。自井廿九至三十度為向旺。自鬼宿初至三度為正旺。至柳宿三度為正旺。躔斗角奎井為升殿。人馬箕宿為樂。若人身命與七強宮值之。

綬金章。官職高貴。性仁慈。好道德。溫良恭儉。善解孛羅之難。能免火土之危。縱在閑弱。官有吉無凶。與刑星會。亦主近貴。又為壽星子上不得地。亦看躔在何宿。若在虛度。壽人也。六戊人為囚星。然其星性本善。不可便以囚論。六丙人為祿主。

春令木漸生長。孟春微寒未退。借火羅以溫其枝。則無盤局之拘。當有舒泰之美。如與太陽同宮。為向陽花木。必早占鰲頭。水孛相逢。則根損枝枯。不能華茂。春末夏初之木。有枝有蔓。有條有幹。多見金而發福。蓋金能琢削。以成棟梁之材。經曰。木繁而無金斷削。縱榮華而末歲孤貧。

夏木盤而直屈已伸喜水孛濟潤而無乾燥甦醒欣欣得用榮達
夏末秋初之木氣脉虛矣晝生忌躔四火度不宜與太陽交互日
烈木焦晝生躔四水與太陽交光上下濟潤木自秀麗精神富貴
九月寒露邊遇火羅自能變化
冬木蕭踈晝生與太陽交光謂之日邊紅杏必占魁元文武全才
遇火羅謂寒谷回春富貴雙全如無太陽火羅同宮得生巳午未
時借日光霽氷霜凍解猶可舒暢或木躔四火又與太陽交輝十
全之福如夜生躔四土度逢水孛凍折窮極
耶律云木生孟春最喜朝陽謂向陽花木三冬若居午位名曰南

枝向[illegible]日四月虔清而合格為身命主必歩廣寒秋木逢陽凋零何補寒木無火作用不成

琴堂云木旺於春初春稱木遇水滋榮卯辰木旺逢生過盛遇火通明須土培植如木與日同行為青龍捧御貴夏令木燥須水滋潤與火羅並行則有焚燼之禍夏令木茂同日掩光巳午月見金無妨以金死不能尅也木囚於秋逢日則凋遇火則焚見金則殘秋木受尅無根水不能滋遇水泛濫無益木相於冬遇水生多承祖業凍氷寒木朝陽為美冬木見金水旺金囚禍輕

歌曰木生守命好容儀眉目分明世所稀文學聰明多藝術常懷

仁義有尊卑心少毒貌怡怡言談有德好珍奇少病利官無險難

壽年長是及期頤逢廟樂好官資紫氣同官肇吏司三合遇之為

福　刑宮猶是好鎡基太陽會合文章貴女后同行貴位推夜火

會主兵機更逢土宿暨旌旗忌星若來須減力金同文武佐明時

惟有水星科甲貴性慵太乙懶施為尾添惡首助威孛同何如獨

居之財帛橫添須守得閑極三人手足隨田宅富貴高大厦五宮

偏見貴男兒第六陷宮奴得力邪堪第七美顏妻還居第八無災

疾第九他鄉得意歸十位官資須顯赫福宮壽老亦龐眉十二位

中為相貌歲星躔此貌偏奇

論火 此星順逆而明為福。入留號天虹星。招大災。入逆號天坎星。主瘟疫。入伏號走曜。主暴災厄。

火星南方執法之象。行度有晨夕伏退留順遲疾。天蝎卯上為本宮。自心宿二度至三度為正廟。至房宿四度為偏廟。自斗宿十八度至牛宿初度為正旺。生時遇之。主有重權。躔尾室觜翼四宿為升殿。白羊戌上奎宿為樂。若身命及七強宮值之。更遇廟旺則為福。日生為忌星。夜生為喜曜。如夜生更廟旺。或為祿主。當有聰明特達顯官。忌西沒酉宮與羅計孛同宮。主人凶暴夭折。與木炁同宮則吉。女人為夫星。六丙人為囚星。六甲人為天祿。

春令之火。正二月寒氣未消。最喜火羅木炁。互度見太陰夜生光

彩文武富貴火本酷烈逢木慈仁以善化惡貧而能決威福權衡
春末初夏火入水宮水入火地名為桃花滾浪水煖花紅名利雙
清但火不宜與水字同行謂之受尅逢土有救能破水字名曰子
來救母福祿自豐見金為黨鬼以火入水氣脉虛不能尅金也
夏末秋初之火秋陽杲杲借水以濟乃剛柔變化最不宜與木炁
同煦火羅朝拱太陽無水濟潤迎照限度萬物推枯一陷千丈如
有一水貫日一字濟火爲霖雨蒼生萬物甦茂精神宛轉富貴經
云火焰而無水淘溶縱發而早年夭折又有先見火日後見水字
此謂久旱乾焦稿苗得雨先主艱難而後快活先見水字後見火

日謂久雨逢晴。先主快活而後艱辛。

冬令黑帝司權。水德用事。而火失時。最喜木炁相扶。若夜火貫日。加以祿印爵貴佐之。反能富貴。最忌水孛土計羅交互。如有一木飛來泄水助火。則火之氣脈復健。精神轉運。合為貴論。

耶律云火文人最喜此宿。躔四日為掩陽。夜生佳。火為難。晝生血光。夜生火。疵行限為仇難。防火災。亢為火廹。金龍昴為火燒牛角。

琴堂云火相於春木炁生之辜。見感鎡基。如晦月遇火則增輝。月朗火明則無權。惟夏火同月。不妨夏日同火貴。夏火旺不宜木炁。熇高燭天。頃刻成燼。無用遇水孛。倒伏旺火。主財福。交秋初候火氣向炎。遇水孛不甚爲害。八九月及冬令。見水孛則大忌。得木炁生爲福。

歌曰、熒惑之星本日餘。須分晝夜別賢愚。夜生陰位兼逢廟。面見黴黃眉又疎。有武藝。會兵書。言詞快猛氣豪粗。形神上小下須大。一身秖好武人居。權握重掌兵機生。來財物又居儲。惟怕晝生陽宫分。面生顴骨惡肌膚。眼大性剛多燥暴。常懷氣概立身軀。不招祖業資財散。博弄經營及宰屠。逢日月事何如。爹娘蚤死莫嗟呼。木來俱備文兼武。士主英雄亂世徒。若會金星多淫慾。招妻產難定嗚呼。同水孛。好窮奢。若逢計宿更遭誅。天首貳臣高貴位。如臨紫炁號師巫。居財帛。財帛虛。三宮兄弟主徒流。四位祖居多破蕩。六宮失火是家奴。五位男女須惡死。七宮妻妾亦先殂。疾厄瘟黄腰背曲。還移商賈外州居。官祿位好憂虞。血光刑獄事區區。福德宮中人壽促。貌宮十相不全俱。

論土　此星又名地雖暎。入伏為瘟星。入逆為破家星。在土宮為好星。其行最遲。廿八年一週天。

土星中央鎮星。女星之象。行度有晨夕伏退留順疾遲。在磨蝎為本宮。自斗宿十度至廿一度為正廟。躔氐女胃柳四宿為升殿。寶瓶宮危宿為樂。天秤宮主性厚重。為賢德君子。職清品貴。七宮遇之尤吉。忌羅計水孛同宮。夜生人為忌雁。六庚人為囚星。六戊人為天祿。

春令之土晝生太陽交會陽和一點天地皆春若官福祿印爵魁佐之主守成富貴夜生最喜火照土德朝拱太陽盖火土俱各精彩代日行權用事北方生者一人之下萬人之上忠臣良將若春初土計不宜與水孛交會謂泥逢泛滑如土躔四水又逢水孛春末夏初謂土陷山崩皆非好格以四五月間洪水滔天土之氣脉虛也

夏季之土最喜水孛同宮以潤精神萬物長養結實富貴無比

夏末秋初不宜火羅交會火燥土烈無水孛濟潤萬物摧枯一落

千丈晝生與太陽交輝日烈土焦逢水孛謂上生下潤精彩秀麗大降吉祥。

冬令之土最喜日溫自能變化夜生木炁火羅佐助精神光彩朝拱太陽皆主文武富貴倘與水孛同躔主極貧寒若得一木飛來洩水之氣又遇火來合度精神展轉尤妙。

耶律云、土愛暖而不耐寒冬月大忌躔水躔四日為一陽解凍尤忌計奴分行不妨居巳軫水不安辰稍可申宮惟參初與畢十六不忌。

琴堂云、土旺於夏所旺四季春土逢火則生木炁尅則死以受尅

之土。逢水孛則崩潰。夏土。相見火則燥。遇水始能滋潤。旺土遇火
則堅。見木炁制伏。秋土木衰不能尅。冬令土冷。遇火方能發福。
歌曰。鎮星本生戊己位。安靜爲尊象厚地。晝生惟愛在陽宮。相貌
之宮主大鼻。必言語。多慳吝。硬直心腸有膽氣。順行度分廟宮中。
土地旌旗必雄貴。掌握資財有福人。只怕夜生反爲忌。留與逆尤
可畏。刑尅陰宮身更瘁。不招祖業與資財。四體多災苦憔悴。居官
惡處亡其身。博弄操刀能幹利。夜生人與日會尅。了賢尊難躲避。
太陰母位不堅牢。若在下弦目障翳。木來必定主文章。火會遠行
千里餘。金若來妻早棄。水星忌與刑同類。若逢紫炁慵懶。人孛對

雙肓難看視。首同陰位法場終。尾會腰駝非背曲、臨財應有外鄉財。三位徒流為昆季。田宅宮家易退。于息雖多不成器。若居奴僕、引盜偷。西沒主妻先作祟。疾厄宮傷脾胃。癖黃風邪堪驚悸。遷移作客盜賊侵。官祿重重主官事。福宮晝見相貌位。自是英雄多膽氣。

論金

（此星出入順軌。伏見以時。則為福。若度而經天。則為禍。其行一年一周天）

金星西方太白將軍之象。行度有最久伏見。天秤為本宮。自亢宿五度至九度為正廟。雙魚宮室七度至十三度為正旺。金牛宮胃宿為樂宮。躔牛鬼亢婁為升殿。若身命二宮值之。更在廟旺。主文章秀麗聰明特達雄武絶倫男則美麗堂堂女則輕盈嬌媚在七强則福祿稱情男人以金為妻星與水木相會大主吉慶值火土計孛曰併刑反主阻滯怕陷沒惡弱在亥主壽寅上不得地六巳為囚星六丁為天祿

春令之金性柔體弱不怕火羅借火羅温助煉金成器變化氣質不宜水孛同行春初寒凍未退無火日極貧

夏令之金不宜生水就賴水以制其剛爍石逢源主利名顯達畏逢火羅銷鎔金質不存不能發福

秋令之金白帝司權金神用事不怕火羅尅不喜土計生借水映

色。金白水清。秋生者貴。金水朝拱太陽。最為奇特。經曰金堅而無火煆煉。終見凶頑。蓋火尚殺伐。水尚澄清。文武皆沾。剛柔相濟。名揚四海。

冬令之金。寒凝凍結。晝喜日。夜喜火。羅主文職。蒙恩與水孛交互。極貧寒。最妙晝土逢陽。以溫土助金。主威武之職。又逢火羅拱互降祥。所謂金羅相會。閫外重權。大抵用金之論。木盛而金純則費力。土盛而金埋則少光輝。水盛則體寒。火盛則銷鎔。金盛則太剛而折。須看四時得中和為貴。

耶律云。金丁火所化。在乾為長庚。在寢為啟明。然金為刃。休逢躔

尾冬令佳。忌水洩氣。喜其伊逆
琴堂云、春金本囚。遇土計高强相生得用。若秋金乘旺土計生則
埋土反晦。如金生未月之初。此時火司令金正死。雖得土。其土燥
烈。亦無生金之情。如生未月末。則土旺生金。火勢少衰。金星有用。
夏金須得水制煞。春金見月。淡泊無情。金值夏日。銷爍不寧。秋金
見月。夜生清秀聰明。秋金同日晝生剛方貴顯。冬金見月饑寒削
骨。
歌曰、金星潔净好顏容。秀目踈眉白又紅。身短不長聲響喨。好躭
音律習商宮。多淫慾。美情悰。結交朋友久而恭。不耐是非長憫念。

更於金鐵巧治工。臨身自有將軍勢。照命兵權越更雄。妻財有世財同因妻榮達不曾空。太陽遇貴人提女主如逢母外通。水星會之淫更佚。火逢因色起災凶。日生木宿為豪貴夜鎮同妻貌不中。天乙貴好相逢。遊商出賈走西東。妻妾愛陪僧與道孛來同枕思殘癯。天首若臨居武位。尾同五老是鰥翁。居財帛財帛豐三宮兄妹是同宗田宅陰人成卓立。五宮兒女重又重第六主妻多下賤。七宮妻妾送臨終。第八病時休針灸。遷移容女作家風。官祿妻宮有官壓福宮白髮福無窮。第十二宮逢吉曜。其人定主美顏容。

論水

此星四時皆見伏出入依期光明潤澤性無定。度附於日。一年行一小周天水星北方辰星廷尉之象雙女為本宮自翼宿八度至十三度為正廟陰陽宮參宿為樂躔箕參畢軫為升殿若身命二宮值之更在廟旺宮主機謀深遠智量廣大文章傑出其性無定遇善則善遇惡則惡近陽附陽近陰附陰皆為吉慶與日同宮主文章會金與木多美譽忌火土羅計反成迍蹇六壬人為因星六庚人為天祿

春水氷凍借木炁火羅溫之自能變化晝生水孛太陽同行光霽澄徹氷霜凍解心宇清吉作事整肅政令威儀臺省名揚忌金交互晝生為妙夜生貧寒二三月間天氣暢和遇水濟潤發生萬物

作事超羣。但四五月間、無土計。泛濫無定。多主流蕩。

夏令之水。洪水滔天。得土隄防。最為奇妙。經云、水盛而無土隄防。遂歸愚濁。若土旺不為倒限論。反主名利發達。惟六月之水最怕火日。羅枯酒遇土計則受尅。

秋令之水。七八月間、既濟萬物。不宜受尅。但借土隄防。不致泛濫。功能潤土。結實萬物。富貴榮華。若受尅洩。則氣脉虛矣。却不為福。

冬令之水。稟性行權。然黙水成氷。凍結寒滯。不能變化。得火為上。令得土為次。得太陽佐之。方可言。令江河之水。緣何東井內之水何不凍。蓋土多則水煖而清。江河水喜日光漾。火土溫之。自變化矣。

耶律云。水坐申巳為入局。氣象軒昂。盖水乃智慧之宿。躔日為朝陽。躔月為相和。

琴堂云。水生春夏遇金則吉。生秋值金最佳。冬水本旺。逢金則泛濫。得土計隄防為福。夏令水日同宮。日炎水沸。未免蹭蹬。秋水與日同行。則有江漢秋陽之清肅。冬水更與日同行。則有凍釋氷融之和輝。慎勿以水輔太陽。例作吉斷。

歌曰。辰星快利有文章。形色清嚴色潤光。智慧聰明多巧妙。出羣學問不尋常。情不定。性温良。遇圓則圓方則方。樂廟若居申巳貴他宮筆吏好心腸。日會父莚多酒食。相逢二母莫思量。水月見便榮昌。李杜文章萬丈長。晝火若同貧且賤。刑尅尤防上法場。夜土會主癱瘓。金妻愛入別人房。天乙更貪修養術。慧來劫盜惡聲揚。首尾氣象多勇毅。居財一似雪和湯。兄弟犯臨。他鄉田財祖業破郎當。子息女多男巧妙。僕宮偷走急忙忙。妻位夫妻多剋漲。厄宮腰腎也羸尫。遷移處好遊商。官宮早歲科甲昂。福德自然多福壽。貌宮秀雅性溫良。

論炁此星情性清慈。吉祥之曜。主道藝之流。生時潞照主富貴長壽。遇凶而不成災。廿九年行一周天。

天乙紫炁續木之餘。在天無象。以木德最厚。立此名以追步其餘光其行度無伏見遲疾退留自奎宿十一度至十五度為正廟或言觜宿廟又言牛宿廟躔室牛為旺尾箕為樂若人身命宫值之更在廟旺無凶照破處世福壽富貴雙全仁慈道德好善樂施能解計孛火土之難若臨陷没亦九流僧道其星為孤星主人心孤身寡一生好静為人壽星又為文人解宿但守身命為人豁達對照則為福德六癸人見之減力六辛人為天禄

耶律云炁星在命主有壽而孤為文揚解宿又為術士用神書曰紫炁不來不發解白晝生人作榜頭躔木度為奴占主

歌曰紫炁衆星中最善形相分明人仰羨心懷仁義性温柔作事

與人為方便。無妬毒。多謹愿。少病利官長壽算好。貌俏道立身孤。
舉措施為慵更懶。太陽近貴作閑人。月會母親先化。幻夜火同時
巫與醫。土木更來尤懶慢。金同妻妾是娼妓。水會智能稱俊秀。慧
星分得賊人財。天首僧尼訟爭戰。天犀一星同有機變。財位橫來財
寶現。三宮姊妹或為僧。田宅巨富居深院。奴僕門下出緇流。子息
須知女先見。西沒宮中妻有私。更與別人情牽線。入宮終不染時
災。官位不曾見。州縣九宮遊貫福。宮閒相貌為人性良善。

論孛

此星多暗昧不明。與危亡災。主頭風疾。遇凶助凶。遇吉助吉。約九年行一周天。本作慧掃。其形有柄如掃帚見主兵亂

天乙月孛乃水之餘在天無象古人以水星在天其行最疾為禍為福最多立此名以推步其餘光用之有驗其行度無伏見遲疾自井宿十九度至二十一度為廟躔柳宿初度至六度為偏廟虛危參為樂躔胃為旺身命值之更在廟旺宮皆為祿主果斷英武大貴人喜行陰宮夜生忌與他星同只宜獨行為災為福力大如遇火羅計同行變福為禍君子遇之時有不仁女人見之淫蕩無禁在疾厄主隱癖之疾六丁人為囚星六乙人為天祿

耶律云孛掌孤剋不掌及的五宮最忌逢孛多生少育金火為子尤忌遇孛男人以金為妻以孛為妾金火田宅亦忌孛入行限作

恩。亦防水厄。凡流年忌孛掌浮沉孤刦度。如太歲塡鈎大凶出入。亦防小人。惜戊年不防。庚年主貴。辛年遇孛奪太魁。

歌曰慧星威烈。形似黑眉目精神光灼爍。神威猛鎮少言詞胆氣粗雄。心性惡能運謀。多禮樂。最有心機難測度。財多聚散一身孤。父母家財多索寞。金牛巨蟹及雙魚。寶瓶宮中好安着。堂堂容貌有威權。富貴崢嶸人驚愕。日月會。事安着。父母凶狂先葢槨。木來必定助威權。金會貪淫妻受謳。男為巫術女為尼。水到穿窬入樓閣。土火亂世號英雄。紫炁更為修合藥。天首會奸刼掠。天尾法場尸拋。却居財臨宅破家。貲兄弟奴宮難檢約。疾厄腸風主內吳丙没五位都丧却官。宫凌辱夭天年。十一宫中偏福薄。九宫飘泊相不全。依此推之終不錯。

論羅 此星性急宿怨交仇。不能興義能作孽。主血光招寒熱。不逢忌曜。貴而有權。逆行隐而不見十八年一周天。

天首羅睺續火之餘。乃歷家之交初。故曰羅睺。對照則曰都計交初交終。乃日月交會之次。交深則有蝕。古人以日月交蝕。國家見之。尚有禍福。命限見之。豈無休咎。在天無象。其行度無伏順流逆。羅睺陽曜。利於晝。在午宫星宿三度至五度為正廟。箕宿為樂。在雙女陰陽宫為正廟。軫宿十二度至十五度為正旺。昴心二宿亦為次旺。若人身命二宫值之。更在廟旺宫。可為雄鋭貴格。主人特

達懍慨性不受觸若陷沒與火土孛同宮多主為刑暴屠沽之流
貴命見之有武斷之威小人不宜見之六乙人為囚星六癸人為
天祿
耶律云七政順行惟羅計逆轉若太陽為子頂羅不育為妻非悍
則病冬月木遇為木羅會舍夏秋木作飛灰凡火度天火地火及
大小耗羅孛太歲之凶星頂之決主田祿
歌曰羅睺性格最為高形相猙獰胆氣豪不耐是非無妬毒日生
陽位始堅牢逢廟地有持操榮加旌節建旗旄富貴只宜陽位立
陰宮私合主煎熬日月會時人見蝕須憂父母死難逃金會助權

好兵武更防因色病成癆。水到財多逢賊盜。木來才調好風騷土逆。四肢不是足。火持好殺弄鎗刀。兄弟不宜財破傷。四宮責却祖東皋。子息位苦啼號。六宮妻本名春桃。妻位妻權中主尅。九宮回祿厄難逃。官祿遇刑福德絕。相貌為軍破疾遭

論計 此星與羅相對號天尾含蓄毒惡主風癆血氣灾祭逆行於天逢日月則蝕。一十八年一周天

天尾計都。續土之餘。乃歷家之交終。故曰計都。對時則羅睺交初。交終計都陰曜利於夜在雙女宮翼宿十三度至十六度為正廟。雙魚宮壁宿四度至十度亦為廟。昴心二宿為樂。尾婁二宿為旺。六甲人為囚星。六壬人為天祿。

耶律云、計望夜合月為月蝕掌及尤凶。分行不妨只宜紫炁同垣。丁年掌官魁格高主貴。要與度主有情。

歌曰、計都本名凶惡曜。雙女白羊為好廟。面顏似火膽如神。骨相堂堂龐勇貌。有心機。多巧妙。夜同陰宮宜守照。聲名顯赫有威風。掌握兵符職權要。在他宮。力半効。聚散資財立身閙。經求博箕及屠沽。心膽情懷多執拗。見日月。真好笑。父母無終深可弔。金來妻妾被人傷。土火徒流可預料。水爽盜賊不良人。木炁宮中為吉兆。孛同斬首最為凶。財帛之中多計較。三宮昆仲惡中亡。四位金居曾火燎。子宜外姓及偏生。六位不堪乘馬跳。七宮妻苑兩三人。疾病遷身難治療官祿如逢獄裡。七十一宮中福不紹。九宮沉滯相不全此經妙處真元妙。凡令星不畏尅如命元得令。值煞星。煞不敢尅。令反用煞為權。主為人豪邁但妻子恐多尅害福不能全若四餘得令。其災福之力減於綿之半。

計羅頂日月論

甲丙年月不忌羅。惟月度安命忌頂計。丁年月掌及計頂之乃下賤。己年亦忌惟甲乙之年羅計化文。戊年羅化生官月不掌及為佳。凡計頂命度土星皆下格。乙年生人柳土安命土計月

三星拱頂計化文星太陰制梟羅得木星守命或傷官生財發甲

丙戌二年日為陽及羅計頂之為凶　丁巳二年太陰掌及頂

羅計不貴然同宮合拱無觸只忌頂度

孛星斷

凡妻妾星被都孛剋其妻妾必淫亂或不情孛星當權夫婦反目兩家自相離異不然亦有私通外情財帛被都孛剋或失勢或被尅或秉令為我之恩一生得小人之財為我之難一生被小人欺凌墮奸人之手或剋宮度主或在宮度決其人盜賊之輩而是背非

雜論

乙年金星掌刃○頂天官不貴○金爲度主○朝天官不貴○或度主化傷官生財○在命宮○或近度最貴○身主化傷官而月化偏財○喜與木星相會○是傷官生財而財生官矣○此魁元之格○如木星是度主頂月○或月爲度主頂水○中年發巨萬之富○再得天官照○命宮煞不雜科甲○如土掌生官○正財化大耗頂身主○若多富○若度主掌大小耗○而田財主又失陷○主貧○又水是天官○三合木星傷官○乃天官逢傷矣○腤得炁星頂水○則木又受制於餘奴○木化丙○炁化辛○丙與辛合○經曰○合煞不爲凶○論主貴顯○是年月不忌計○計化文星○或月頂計○再

得官魁合局。科甲之造。

十二宮所守拱照活變看法　附果老諸宮論

論身命

天官果老皆以度為重。月為身。但言月之所忌。不可執一忌土。如丑命子為財。土乃財星。最喜土月同躔。為身主會財。若頂度必巨富。又辰宮命。火為財。與月同度。雖晝生亦巨富。土為田。亦喜會身或三方對照經絡貫串。俱是富格。經云辰酉安命。土犯月而尤佳。此因辰酉屬金。身命同一理。土為恩星。故月不忌土。推之則四金度安命。當亦不忌土可知。如土為官祿。更化天官文魁頂尅身主。富貴兩全。總之土化吉星。不為凶斷。若化奴僕兄弟及傷。豈宜伴月即一月論。餘可推矣。故凡一切難星。化天官生官文魁天蔭等。反為貴。論但要串度為上格。

一看五星。須排定太陽。以生時加在太陽度上。則知安命在何宮何度。以度為要。宮主次之。然二主俱要生旺得時。為妙。且身主切於命主。度主切於宮主。夜生重身度主。日生重命度主。最怕外星來魁命度。若宮主魁度為輕。或加吉星。反有利名之許。又看三方對冲生魁亦然、若限强有力。主發財。故曰命弱限強。枯苗得雨。此之謂也。

一看命。務求主星。命度命主。身度身主。須看强弱。以論禍福。不必主星一一高強。一一得地。經云、一星得地。終為貴顯。吉人又云、一宿加臨。此命永為吉慶可証也。

。一十二宮。皆要詳看。先看宮後看主。凡宮為祖。起星為己。如田宅宮忌破空刦耗。若起星居高無祖業。自創成。若宮好主起不好。雖有田宅不能受用。草故鼎新方可。若五星本壞。將四餘代用主宅屋不新。亦不甚高廣。如妻主壞。以四餘代用主無正妻或重婚為子主壞。或非親子。又看其主起遠近。何如加祿貴生旺則吉。餘宮例推。

一十二宮中。主星雖有定位。然以本主考之。則釣起飛來滿盤活

潑潑的底勿專以日月拱夾福祿貼照官魁引從金水秀麗木炁慈善便以為吉金寅木子水戌土巳火入金鄉金乘火位晝火夜土便排為凶

一凡五星隨宮用之則隨人盤論之即原守坐下星辰在各宮各度以定吉凶看其得令則有力失令則無力又忌斷躔失次與四餘相會并加諸煞則隨煞斷之又看三方對冲生尅何如相援則吉相尅則凶

一立命既定更看晝生夜生晝生則要太陽在寅卯辰巳午未上方應朝陽向明之格不要火金孛月羅照命夜生則要太陰臨申

酉戌亥子丑方合夜曜光輝之象。不要日木土計照命。多憂少樂。一生成敗。

一命坐禄、坐庫、坐貴、長生、駕殿、及蔭、旺卦氣、斗杓、唐符、國印之鄉。皆主富貴。

一命坐的刦陽及天雄空亡死絶飛廉。或命度掌殺。皆主其人性氣不好。心險行怪。狠暴不仁。衣食勞碌。一生成敗。或刑剋父母。出祖破家。過房自立方免。

一命坐空亡。及主起坐空。或桃花帯馬入命。又金水照之。皆主其人慷慨風流。歌唱風月。女人值之。决主爲娼。

一日從陽夜從陰。如日生寅午戌申子辰坐命。以日木土水用事。夜生巳酉丑亥卯未坐命。以月金火用事為福最厚。若日從陰夜從陽則為背。為福緩。經曰。三方若背其人空貴無官。

一夾命要日月福祿官魁印貴夾命。三合拱命亦然。皆主富貴。或命度主身度主起坐別處而夾拱者。但無駁雜皆貴。

一刦亡的及之宮。或吉星夾之。凶暴不可勝言。亦致死於非命。

一看命星辰善柔。不能為大事業。要一凶星以助其權大。凡吉多凶少從吉論。凶多吉少從凶論。貴人之命。非權不能以治世。

一凡命惡弱之星。則要其居陷弱。明顯之星。則欲其居高強。

一命不要星辰十分顯見。如祿居祿。福居福。並水夾日。守命皆是太顯。名曰敷露。不能大富貴。

一貴命。星多陷弱。不可觀。其中有一星得用。坐殺得時。及官祿有鈎起吉星。暗加其位。皆貴。

一看諸星。皆如看命之法。亦看三方及正照。方判吉凶。先看命宮鈎起。飛來。次看橫衝直撞。吉凶何如。若田宅宮吉。安享文業終身無災。官祿宮吉。僕馬昌盛。榮貴多財。妻妾宮吉。倡隨偕老。昆仲和睦。此乃五福全備之人。倘此三位值凶星照破。雖富貴亦不能安享。經曰。四直之正。最要相生而為妙。蓋田宅與疾厄相貌同一局。

官禄與財帛奴僕同一局妻妾與福德兄弟同一局也

一看時令為緊春木夏火秋金冬水季土若冬令金水守照孤貧與身同躔亦然盖冬火羅近太陽不妨又看旺相休囚死絶最緊

一看日月至緊天地以日月為主經云貴人日月要分明是也

一論命先看經緯二星次看三元禄主天馬地驛再看吉星分布局面相生相尅何如又看諸煞布列之分仔細推詳方可判吉凶

一凡命主起輔陽在强吉之宫必富官主起輔陽必貴雖常人亦近貴果老云凡歷頭諸星曜自是人欠審

一凡吉星退陷者减力一半煞會陰陽煞化為吉不妨然大體只

有災火羅計孛只宜獨行若交會大凶隨宮忌之或相生得用有力為富不仁對冲三方相遇主尅父母煞守命三方對照必孤為僧道相得吉尅入凶或行限遇之必好善出家過此限後依舊

命宮所守之星關係不小大率喜恩用官福田財不喜仇難閒奴疾相蔭官魁爵祿不喜刑囚暗耗至於文昌玉堂卦祿之主榮天蠱之主訟的池之主淫刄刦廉雄之主暴亡神反復六害妨尅六親流霞帶疾破相華蓋好道心慈此又各以類應也

馬忌長生多變多遷男必奔走女定淫顛命若逢生福壽綿綿沐浴坐命處事留連命坐冠帶妻奪夫權臨官坐命發在少年男命

喜之。女命不然。帝旺坐命。多結天緣。衰病死絕。婦德必賢。命坐庫墓能置財田。男如逢此。晦昧萬千。若值胎神。怨鬼罵天。男命逢此。胡語亂言。小兒逢養。端的魂遷。

身命主起處。要逢命母滋生。忌逢仇難攻。釣要居七强。忌落五弱。要占身旺實地。忌臨死敗空虛。要坐駕殿。貫禄卦馬。忌履三殺七神。要躔生度。忌躔難度。如躔官福度者。多顯達。躔疾厄度者。多帶疾。躔的池度者。多荒淫。躔孤寡度者。多刑尅。

恩星坐命。及安身傍命。與身命起處。逢生者。為人一生有造化。命主起處逢難。及安身傍鬼者。終世多屯苦。

難守命宮。主居怒地。主人性急驕傲輕蕩。仇星坐命。主小人不足。井亢二度立命者。敢為敢斷。心畢二宿安身者。多藝多能。奎壁乃文昌之府。身命喜居之。鬼柳乃狗盜之星。命度不喜居之。經云。鬼主譎詐。柳主輕搖。虛主清孤。危主哭泣。身命居此四宿。必好粉飾。而不免於孤眠。又云。角亢胃昴立命者。男女皆主重婚。凡晝生人。不要火金月孛羅照命。夜生人。不要木炁土日計照命。名曰五殘星。皆主貧賤。不然多憂少樂。行限亦要當限之星。不背晝夜。方為得體。一說以偏正垣定命主。則行限當隨垣殿偏正。歲時旺相論之。如木為命主。限入危秋望。論月行值水年為助恩。

戊夏論土。行值金年為黨煞。如土為命主。限入斗。甲春論木。行值甲年為助煞。戊夏論土。行值丙年為逢恩。與時消息。以論生尅存忝。

論性情。以命主為本。仁義禮智信之五性。由金木水火土而生。喜怒哀樂愛惡欲之七情。由仁義禮智信而發。命主明盛。必具五德。命主若虧。必失其性。或有救代者。尚可與。其不遠。復也。先以命為定。次以三合對照取之。木金土賦性有常。不為物移。惟水與火賦性無定。因物有遷。近木炁則好文藝。近金則好聲律兵戈。近土則好形役。近火則好禮儀修煉。更詳所泊分野。咸池刄的馬貴空墓諸曜照合。隨其所值以斷之。

太陽為性聰明寬大。出衆多能。有大人之度。行止端莊。終始不更。議論公確。謀猷協情。木炁同度。制行孤高。火羅同度。作事進退與金同宫。仁義並行。與木同垣。剛柔相濟。春日遲麗溫和。夏日炎熯剛烈。秋日乾曬。計慢心。迂冬日融照。物懷人仰。大抵和元以處衆。平易以交人。肯念老憐貧。慈幼恤孤。

太陰賦性聰敏。念善心慈、清閑處靜。以承順為德。以代終為功。性不自尊。受制於人。與土計同宫。主犯刑尅害。訥於言辭。計都蝕晦。惟際於望。餘不概。忌春、月美麗。夏月溫和。秋月清朗幽逸。冬月嚴凝孤潔。大抵自喜自愛自樂之情也。木本仁。心懷惻隱。資稟聰明。學多文藝。志行光霽清高。為事不憚煩劇。從曲從直。有柔有剛。道合則從。不合則去。不以私滅公。狥情悅衆。火主禮。為炎上。性最好高而躁暴。勇於敢為。事無藏蓄。喜逢迎而怒違逆。先有始而後有終。但觀其外。如酷虐之為。然察其由。實狹隘之故。若受水制。溫恭有禮。辭遜不貪。於事應酬。勇而後悔。土主信。多機變。有方有直。不奢不詐溫厚持重。觸之則貪恨於心。悅之則言無不信。但心難測隱。事要密為。雖言語默而暗計有餘。

事緊反緩事遲反急沉謀熟審
金主義為性剛直方多圓少帶咸池則淫治帶陽刃則剛方是義
氣之人終始之士所嫌者骨肉無情恩中成怨所喜者於事敢為
肯任勞苦
水主智為潤下性最謙多圓變喜怒無常激則怒順則喜智巧多
能處衆惟和能施恩惠於事能料隨方逐圓事多勤始而怠終情
隨東西而無定
炁乃木餘仁之小者性孤高天資穎慧好善心清慈而不暴愛潔
喜靜拯危救災言不華麗所知者百子之書所能者九流之數事

多通曉。到七宮妻主無。男到五宮兒多僧道。若居財帛。不取無義之財。若入命宮。妨妻害子。實其性之孤高。為南方之强也。若會羅計。巧言花語。亦非前論。

孛乃水餘。智之小者。性暗昧。語言誇詐。内毒無情。見面懽悅。背地嫌憎。所知者功利之私。所能者狡猾之計。誇多鬭靡。矜已怨人。喜從諛。不喜箴規。愛人情。不愛清致。泊陽刃咸池。則賭博為生。會計都羅睺。則巧言令色。與炁同會。反為柔弱之人。只是内藏奸計。到天門。着朱衣。外貌有餘。愛聲名。喜功利。到獅子。狠而無禮。饕而有餘。到磨蝎。則暗計難量。外假尊重。内實驕浮。為人慳吝。執拗沉深。

能與不測之災。又主跌蹼之疾。為妨夫尅子之星。為鼓盆絕絃之曜。

羅乃火餘。禮之小者。性貪婪急燥。膽大深刻。處事豪華。自逞軒昂。能興宿怨。好構私仇。心燥厭煩。煩生勇敢。但火餘易滅。一怒易消。事曾為而後悔。心剛勁而膽寒。居十二宮則面麻有班。到八煞則酒痔氣疾。或主損目。女常血撓。如居官祿。惹是招非。若在七宮妻多反目。又主姻偶重妨。男女多尅。

計乃土餘。信之小者。性陰險含蓄。惡毒筭計。深刻威權。獨武愛好奢華。胆大奸狡。機巧有餘。能言智辨。內外異態。二三其心。所行非常。所謀不一。到中年方保平安。安則刑六親。孝服常見。

金星夜吉。晝生減力。木晝逢利。夜反生疾。水來入廟。太陰夜照。雙

女陰陽。少年顯耀。火忌孛羅。晝遇三合。啞吃寡孤。夜生福納。土主

頑鈍。晝吉夜混。水命吃啞。金宮吉論。日逢金水。晝須食祿。羅孛同。

臨疾患心腹。太陰逢夜。火宿無價。土孛星來。祿不久謝。炁是孤星。

在命有益。善宿合今。反多子息。木月見炁。夜作輔弼。三合土照。終

身生疾。羅入性急。計守謀多。金炁日照。慷慨英豪。女羅照着。自縊

貧。薄炁火水計。般般作惡。孛少廉潔。會月易悅。金水合時。淫慾無

節。

命宮官福田財星飛入為吉。忌空的流刦。主暗疾。破相。居華蓋。傳符度法。入六害。一生勞碌。

若女人命。尊以夫星為主。看起在何宮。若得位。或吉星助之。或從陽三方對照。加吉星者。必嫁好夫。可隨人盤。逐宮推詳。入官祿。得地。主夫貴。入福德。主夫有福。入財帛。主夫有財。入兄弟。主夫有見棄。相嫌。恐與兄弟有情。入田宅。主夫有業。入奴僕。主夫勞碌。喜為庖廚。或與奴僕通。入男女。主有子媳。入七宮。或因親而成。入疾厄主夫有疾。入遷移。主夫遠出。或離祖。入相貌。主夫有貌。入命宮。吉星加臨。得用相生。富貴雙全。又看得經。失經。何如。或加煞。或加四餘。逐宮推看。三方對照何如。活潑論之。

一女命必看身主。最要清吉。不可駁雜。金水相從則吉。逢惡星則凶。忌三方血刃加沓。計羅照命。或沓在刃宮。或守照。必主血氣疾亡。大忌飛廉刃鋒交破。

一凡丁巳生人。以太陰為刃主。逢飛廉大凶。次看福主。若失經入弱宮。必無福。入強宮得所。則生平有福。

一女命在驛馬又逢水孛照身命。或在五弱宮。皆主淫奔。餘與男子同斷。

一女命不宜太陽守命。或拱照。加以身強。皆主敗夫奪權。性急有男子之志。

一娼妓之命。必犯桃花計孛水孛金孛。福德不妙。夫星不陷必駁雜。相貌好。男女宮受傷犯惡星。

一女人忌四餘星旺。皆主重婚。月孛當頭。伶俐太過。尅夫害子。猶有醜聲。多淫下賤。若命坐咸池者。必淫行限遇之淫而凶。土孛淫穢。金炁無擇。水火賤而淫。火土孤孀。或男 女星旺而得地。可生貴子有好稱呼也。

身命主論 附

身命之主。能救助科星壽元官福田財諸用。者有益之主也。若欺凌諸用星者無益主也。身命之主侵犯諸用星之宫殿或諸用星自失躔於身命主星宫殿之中。亦受害於身命主矣。故富貴貧賤壽夭賢愚禍福疾病莫不因之。此以見身命度之關係重也。然身命二主自相尅則不為忌。盖身主不尅命主也。身命與元守嵗駕相冲多凶。離祖孤尅。凡命與身坐隔界及諸星宿初末度。或身命入奴宫奴星入命及奴星拱夾身命。俱偏生庶出也。

論財帛

財為養命之源。財帛主喜其升殿逢生。忌受尅泄化耗失躔。尤忌遇難頂度。終為破耗。凡命度主不宜頂大小耗。雖身主頂財發而不久。如身命財俱化耗。定非成家之子。又如財星頂受尅之星。或頂泄氣之星。雖有祖業亦消。又如財是木星。水星化耗。同一經絡。此為恩星化耗無妨。其他星化耗近之主貧。大抵財星要頂身命度主。方是富格。如財星雖化大小耗。而升殿高強。近於身命頂度亦佳。還作中富論。又命主化耗。財星化吉。或財主化耗。命主化吉。只要頂身主命度。皆作中富論。但一生起跌不一耳。至於度主不化耗。財主化吉星頂身命大富。若身入財垣。財入命垣。不頂度者。小富而已。此同宮千里也。又如田財升殿。田財逢生。身命隔宮遠而不親。經絡不貫。只主小康。又財星雖不高強。不頂難星。若田宅高强頂身命。亦主巨富。不頂身命而失陷。乃作貧窮論。

財帛人生享用之大端。喜身命恩福臨之。忌仇難閒神居之。奴主入為管幹之輩。閒極入為好用之徒。見祿喜貴德多積聚。見天空四耗的破多破財。見驛馬多動搖。見羊刃多慳吝。又看財帛主飛出田宅福德身命宮。逢生坐實則富。弱宮陷地則貧。

財帛主入庫。如水土辰金丑木未火戌是。更有田星拱之。家藏金穴。財星會輔。富集全家。假如子宮命。木為財帛。與火同宮。共度財生。恩恩生命。再與月同經是也。

主到財帛。若恩鄉傍貴成家。若難鄉因財致禍。財星與命主同到遷。則得承繼之財。

更有要訣。如外財失陷。內財高强頂身命。巨富之格。如羽財高强化天財頂命度巨富。倘田財失躔。亦發數千金。又如命宮偏垣主事。甲生人柳四安命。以張十五為財星化正財金傷官頂張十五是傷官生財。發數萬金。或木食神頂之。亦是富格。但恐化曜之財。不頂命度主飛出別宮。反頂刼財難星。不富。一庚生人畢十六安命。孛化天財。飛入田宅巳宮。躔軫水。太陰為身度主。又為財主飛入巳宮軫四度。是天財內財同泊一度。故發百萬之富。又有財星化天官頂生官者富。有財星化生官頂傷官者富。此是天財內財

生化非比尋常田財也。化曜蔭貴為天財外財。人盤財帛宮主為內財

一財帛宮或福祿照財帛。日月照財帛。田財互垣身命二主臨財。及財星又逢生旺得令得時。是皆有財之人。若財主失陷刑囚暗耗照財。便無受用。

木臨財帛。晝多居積。火主耗財。夜生又吉。太白臨財。夜生進益。一云金臨財帛足。隨時水臨財散。孛來尤窮。土星財豐。日臨千億。月居財厚。見土則貧。計羅孛入。終身不得貲財之力。紫炁孤潔。忌照財垣。羅孛恃權殖貨。因財招禍。刧破的空。多招盜賊。

財帛主論附

財帛主星廾殿入垣。或守本宮。或明盛當天。或救助之星勢盛照臨者。可言其富。若財主受制被尅。有救代者。退破之餘。猶可許其再蓄。若財帛益田主。必多儲蓄增置。財星反尅田宅者。必因而破家。財星救助官星者。富益厚。貴益隆。財星反犯官星者。必因而傷官祿。或因而起訟。財星犯壽元。雖富足不享天年。財元退留受制無救者。其來有限。所費無厭。更值犯者強盛。無隔宿之糧矣。有救代者。尚可望溫潤也。

論兄弟

兄弟之分。與吾本同一氣。經云命身闕健。兄弟有争爨之風。蓋命與兄弟。須各安其分方可。故不喜與身命互垣。若我旺則尅彼。彼怒則仇我。閑星入命亦然。如恩臨之友愛成行。難臨之參商不和。如田宅官福入其宮。主兄弟豪富。亡刦空的入此主兄弟貧賤孤寡居之。則孤雁獨行。官符居之逞訟。華蓋居之兄弟道粧。疾病及雄居之。帶病流霞入。兄弟帶病破相。馬星入則兄弟東西。咸池入。則酒色迷戀。

此宮又主朋友。如見二德。則四海之内皆兄弟也。兄弟主得所。及生我身命者多得力、尅身命恩用者多無情。金木居主兄弟英雄。見水主和旺。火羅主孤寡。夜生吉土臨主和睦。炁孛臨兄弟少。日臨父母多妨尅或背父而生會月主榮貴单羅一云兄弟二人主富貴余見羅守兄弟多不情已即愛他他不惟忘情並生嫉害計入兄弟三人主各西東火孛仇敵木計貧窮晝生太陰為孤宿最喜天德照臨主兄弟怡怡

兄弟主論 附

兄弟主升殿入垣或守本宮無干犯之曜有救助之星者棣萼聯芳使宮主退留或躔或遭忌星所破則隻影高飛有代之者或異胞也有救之者當可聚也兄弟之主益官益財益宅者必因同氣之力而致富致貴若侵官侵財侵田宅者必因之以起爭端致侵

剝無厭若傷壽元者或因之而傷壽　一命丁未二月丁酉日未時生立命未宮井度命坐三丁之刄月為刄主為身命主飛入兄弟宮躔巳翼而與亥室之日直難相對為禍媒矣更火羅夾酉福德壞計難拱命命宮傷中年變起蕭牆限行刄直之度卒於獄

論田宅

田宅人之根基最要生扶旺相宜入命為恩更財帛無傷頂身頂命必富遇耗遇難必貧田命互垣富格不貴逢恩化難廣積錢財凡財福不忌尅命頂命頂度為合格如命在子宮正垣居中十五度木是財福主飛入子宮守命度巨富亦主享福不以木打實瓶

論。

田宅與財帛同論。又為父母宮。遇恩則祖業見成。父母有壽。如兩强戰。宅宅必動搖。蓋宅宮喜靜。加刦耗尤忌。田宅主飛出宮。福財帛宮。必富如財主同田主飛起。則重賣交易矣。或宮吉而主星失陷。根基厚而身致陵夷。宮壞而主星得所。根基微而身開阡陌。主到田園。承父基而發福。田來拜主。守祖業以昌榮。又云財星田主互相守。富貴真希有。命主恩星同入宅。享蔭最端的。　計孛為紙筆之星。忌入田宅。主多破耗。

一田宅之位。或福祿照田宅。日月照田宅。身命主坐田宅。是有財

帛名望之人。若婦人於田宅。更緊加暗耗刑囚坐其宮。併有惡煞
加之。皆主破財。外家冷落。兄弟無情
金臨田宅。晝空夜富。木來富壽。水到田多。火星不宜。晝見夜生多
主買田土多第宅。晝業更豐。夜生逢土。父母憂凶。晝日足田園夜
月旺田宅。羅計成敗。孛到消花。炁臨富足。晝見尤佳
巳為陽極。月不宜居。亥為陰極。日不宜居。月巳妨母。日亥妨父。如
巳為田宅。太陽居之。水星又空。或羅或木居丑。決主傷父。凡官祿
財星。太陽入田宅。祖業見成。田地加進。若空亡的破。則產業破蕩
或胎星歲破通關。則兄弟爭奪奴僕。主入則管幹庄田之徒

田宅主論 附

田宅主。升殿入垣强旺。或守本宮。或明盛照臨。有救助者。必見成基業豐厚。或退留失躔受尅。雖廣有田宅。亦必破而後已。有救代者。當可復也。受制之餘。無救代者。豈惟離祖破敗。更無興復之時。其間又有生於異室。或移根換業者。亦由此致之也。若田宅主反侵宮主。必因之而招訟。凡侵他宮之主。隨其宮以斷。或流年宮主受制。或忌星侵犯宮殿之所。亦必傷離之咎。或服制之凶。

田宅為父母之宮。日月為父母之象。故論父母須合田宅日月而論。如火羅犯太陽。或難星尅日。及帶劍鋒。主先尅父。如上許侵太陰。或難星尅月及帶劍鋒。主先尅母。或日生而太陽落陰宮陰度。父先亡。夜生而太陰落陽宮陽度。母先亡。又田宅主受尅。日生先尅。母夜生先尅父。此陰陽反背之義。背日傷父。背月傷母也。

論男女

田財生子星者吉。子化天官逢財星者主封誥。兼太陽龍德為妙。天月二德祿馬貴鸞宮福天官或魁星守宮。必有好子。餘奴犯之不佳。陽刃尤忌。又如四日度。係子星度。暗頂火羅。耆生主尅。如火是子度。羅及水孛頂之主尅。五行生尅制化。另有化曜相兼。宜叅看。

水一火二木三金四土五日六月七又云日為火精月為水精但從水火定之加吉星則足其數加凶星刑尅者孤若主起在强實宮各添其數若凶星三方對照則難足數太概諸宮相得相生者吉相刑相尅者凶皆隨星斷之

男女宮喜恩星臨之宮福貴祿臨者榮田財臨者富耗破驛奴臨者貧賤遷主臨者過房經云獨陰不生獨陽不成謂日月入男女而無輔者也若不背晝夜不作暗曜子星飛出得所祇尅損虛胎先花後果人以炁為孤星木為次孤如男女在卯戌二宮則木炁為恩反主有文明之子若丑宮命男女在酉獨炁守之斯不必遲

月而後說螟蛉也太白為男女主居魚尾之宮主一胎生兩子其星三方有尅制雖生兩子一子死若躔二火度則不驗又曰生復生兮生兩子克復克兮克雙兒如金為男女主躔巳又見辛巳納音金是生復生也如金入戌又見羅是尅復尅也

孛入兒宮須克子火臨五位必傷兒火孛交戰而見天狗尤的

天狗守命或守男女宮男女主或躔天狗度或坐天狗宮又如金為天狗木為男女主同宮同度而受尅者皆無子若天狗來生男女者不孤

子宮命水為男女主如與土計同行定尅子巳宮命土為男女主

或在命宮。或在丑宮遇木溗制之。反得幹蠱之子。為其能禦命難也。

男女宮受尅而主星飛出生旺者。終有子。男女主受尅而宮受生氣者。亦有子。但孤星入命者。難為子息。只宮内主星略兼尅泄便無子。又云。二孤同處男女宮。反有子。

男女宮主被泄甚於被尅。泄氣者必孤。既泄而又得生者。不孤。如土為男女主被金洩而見火星。則既能生土。又能制金。故不孤。

凡男女星化刑囚直難。或帶孤辰六害。更男女宮有天狗天空守之。必尅子。

琴堂兼以時論男女時支尅我者忤逆生我者孝順時支在旺宮及坐貴者主生貴子時支泄氣及在惡弱之宮生敗子

楊天官博巳巳五月乙卯日辰時生立命未井月兼身命化天元祿居官祿宮且躔奎庚允為大貴格火為男女主化天官朝陽於申參四子皆貴徐少宰檢庵丁酉七月癸酉日丑時生立命申觜日在午星水在張初月在申畢火在參八一為福德入命一為命主坐祿木為官主躔酉胃計為天官躔酉畢兩官登駕坐卦貴宜為大卿第金為男女主居柳三歧界天狗羊刃守之炁亥羅卯拱尅之故無子

一男女宮坐貴人祿馬長生吉星者皆主得貴子及孝順賢能之子更加吉星三方對照子宮必好如子坐的刦死絶之宮無吉星照皆不得好子並無子斷

一男女宮有火羅計孛及化刑囚暗耗皆主其人多子婦人一年一產及老皆不得力不然乃忤逆之男多出外有若無

一夜生太陽獨照男女宮無星輔之主無子有星輔之方有子日生太陰獨照男女宮亦然以其孤陰不生孤陽不成故也猶看主星飛出强弱宮分輕重論之如主星飛在强實位只主損頭胎終還有子先女後男之類如主星落陷弱之地則主多生多尅如白

虎六害華蓋臨之流年旬中又空則無子

一男女主男女宮暫為流旬所空只是此十年無子過旬許生子如男女主是我命之殺又在羊刃的殺六害白虎之宮則多生不肖之兒如在天月二德殿駕貴人祿馮官祿田財之宮會恩星生子多得力

一有極貴而無子者如未垣安命以火為子為官火至酉而發故極貴而無子若丑安命以金為子為官金至酉而囚故得子而不貴看本星所泊何處高照何方若福星弱官星高得貴而不得子官星高福星健主福與子俱好經云福德男女同一局若男女主

好。福德弱。雖有子。不能盡送終。一有僧道尼姑還俗生子者。皆因原福恩官度休囚。殺神孤寡切照。後遇夫妻星動。驛馬桃花星照。孤寡皆去。故生子。一子星化天官躔傷官囚度無子。一子星化正財躔七煞度無子。一子星主度正財頂七煞度者無子。又如子宮安命躔虛日六度。參水三度是子度。不宜土計木炁孛諸星頂度。又如午宮安命躔星日五度。寅為嗣宮。尾火十七度為子度。若有羅計水孛占於十七度者。此乃子宮受制。無子送終。凡難星暗頂。亦不吉。偏垣論度者。更干刑剋。凡子星坐生旺之宮。嗣主化天嗣陞殿。三方無難星必有燕山之桂。如子星天官躔財度者。必多忠孝之子。英雄聰明俊傑之兒。一子星頂恩星者多子。一子星登殿。不逢孤寡神煞者多子。一招子之年得行天官生、官度。或行恩度。或限度。逢生又值紅鸞天喜填。限天嗣冲合命宮、無凶曜。限度無難星。定産長庚之兒。又有天嗣頂限度者得子。紅鸞頂限度者得子。若紅鸞天喜作難星頂限度。必主血光之災。煞重者喪命。見喜不成。又與刃星同頂。度子多不育。如子星掌孤神或掌月建孤神而頂寡宿。必難於子。又嗣主頂難星者亦多刑傷剋子。木星頂炁者難於子息。書云餘奴欺主。主必無光。一孤神寡宿拱命。及子星失躔者無子。一子星躔刃度者無子。縱生多育少一。偏垣論度子宮掌刃子度掌刼。早年多育老來無子。經云陽刃刦煞晚景無兒是也。天嗣喜星不到徒有紅鸞天喜主弄瓦。天狗為愚不忌若為難尅命度主尅子且子被犬傷最忌伴命度主及子星。

男女宮逢空亡的破男女貧賤孤寡六害華蓋入則子女難得居流霞刃星則男女帶疾女主產亡咸池入男女迷戀酒色遷移星入男必過房女必重嫁陽宮男多陰宮女多。

歌訣　男女之星最喜逢生升殿更忌尅洩失躔怕逢孤神刦財尤嫌華蓋天狗無傷無泄早年多育多成或休或囚未免多虛少

。實郭家蕃盛。子星登殿逢恩。太似徽音。天官為嗣得地。卜商哭子。只為孤神尅嗣。李啞多兒。皆因龍德同舍。恩星田宅。後代自能成。家耗煞相侵。產兒定當不肖。天官守嗣。自身不貴、子顯榮。魁宿臨。兒妻產石麟。身受福孤神守命。子失躔。無兒代。老華蓋坐度逢天。狗伯道自孤。孤神克難化天嗣。若煞同度反多子。煞孛孤寡若頂。命珠翠多人總是空。

男女主論

男女主升殿入垣。無干犯之曜。有救助之星。多有聰明榮貴之子。若餘氣明盛。力勝子之主者。當育庶生之貴子。如子星受尅。凌犯者盛。有星救援。尚可有子。以餘氣代之者。異胞庶出可也。子星留退受制無救代者。難望二室之生。子星退留。不及其數。受制遭傷。或只生女子。息之主。救助官星者。因而榮貴。救助田宅者。因而致富。救助福壽元者。因而益福益壽。救助身命主星者。必致敬順之義。凡救助諸用星者。為有益之子。若子息之主。侵凌田財。則因而破家退耗。侵凌官星。則因而招訟傷官。侵凌身命壽元。則有悖逆之患。反噬之虞。值此者。不仁不義不忠不孝。凡雙生者。男女宮及雙魚雙女人馬陰陽四宮。皆含雙意。或立命亦在此四宮。必主雙生。

論奴僕

奴僕為使令擁從之人。人家所不可少。故亦占一宮。人身命坐奴僕。亦有凶有吉有身命主入奴僕而貴者。亦有身命主入奴僕而賤者。如奴宮原是祿馬貴人長生帝旺殿駕崇勳之地。皆不可以奴僕論為奴出身并不可以婢生庶出斷之。如原是的刲羊刃[illegible]神飛廉死絶敗地。身命又陷其上。此是奔波工役無成之人。万以奴僕言之。蓋奴宮不獨轄人貴賤勞逸。亦主僕馬侍從。本星坐於强旺之地。更加吉星生之。必主奴僕蕃盛。若主星弱。奴星强。反被奴欺。故經云、主弱奴强。奴婢有侵凌之患。大抵以身命高强為上。

若驛馬在奴僕宮。反主逃走。或離遠鄉不回。

奴僕為難尅命者。主有悖逆之僕。若為難不來尅命者。不得力。若奴主為的刦陰刃主而夾命者。必有弒逆之禍。奴主為財帛而來生我者。則有得力之僕。命主尅奴主者。則有忠義之僕。命主與奴主一般者。主受氣。亦無吉。亦無凶。

身命主入奴僕。身心勞。祿常被小人反復。經云、奴星趕命必勞神。

金木入奴宮。主人多富足。土辰會合。必無拘束。水孛同侵。加馬勞祿。孛同太陰。身多困辱。火到樵頭。日土反覆。的刃刦破流霞。臨主僕疾病多衰哭。月同羅計鬼宿臨。竊耗潛逃不歸屋。

一壬戌十月丙辰日子時生人午宮柳十一度安命命度帶兩的日為命主躔卯氐土為命度主躔未井月為身主躔寅斗皆流霞八煞之度炁難在子危又與月互經兼之子卯通關炁來傷日卯午通關日受炁對允為凶格辛卯年限行申參原水星在心一計奴在牛二漏關克之切在一度竟遭奴弒

奴僕主論 附

奴僕主升殿入垣有救助者必多僕從或主星或援星守宮為得力若主星失度退留沉溺者雖一僕不可留也宮主傷尅身命及侵犯財官之主非但不聽其驅策恐反有疾視之虞或因而傷官

破財致禍。若侵妻妾主者。更有難言之害。如其主兼雄刃的刼諸煞。高强明盛。侵犯身命主及妻妾主者。必有弑逆篡奪之災。須以其主星凶惡慈善。斷其禍害之重輕。勿以此宮無關重輕而忽之。

論夫妻

夫者婦之天也。妻之為言齊也。猶言敵體也。宮屬賓對。如妻宮是祿貴長生帝旺之地。吉星守之。皆主好妻美貌多能。如以金為妻得正位。必主妻有姿色而賢。若水孛相侵。則水多妖冶。火莫能容。土妻無貌。羅檢尸傷。計患毒藥。尤多産亡。如在死絕的刼之宮。皆不得好妻。更會孤寡惡宿。多主無妻。術家云、鼓盆星五行絕處是也。會喪弔二符計都必尅妻。如妻主係殺星坐强實殿。駕秉令居生旺。或守財帛田宅。主妻多做大模樣。奪夫權。欺凌夫主。即非殺星。如日爲妻。坐實居駕。爲直難。坐度。亦主凌夫。

如妻宮主落陷。居空弱地。有的刄亡刼刑害孤寡白虎加其宮分。及凌其主所守之地。與難守妻宮。必多尅害。亦主遲晚。若妻主夫主俱陷。或主離妻寵妾。

如妻主得躔居强。逢生生實。臨於官福田財之分。爲吾恩用之曜。必招淑德佳偶。如妻入田財。或田財入妻。或恩泊妻宮。或妻恩歸宮同度。主因妻成家。或得妻家資財。

如妻星化直難值咸池的殺同宮多産厄亡。

如妻星是太陰或入未或在午或入兄弟宮多主因親致親姨兄弟為之。

或妻星在華蓋羊刃我命坐白虎隅角之類多與妻不和。

如妻星落陷又得金氣有力必有小妻諧老。

如妻星坐咸池或咸池泊妻宮會水孛必主淫亂或與兄弟主奴僕主同宮又有的殺驛馬夾之者主其妻與外人及奴僕通情。

妻宮與命宮相對關係尤緊七宮隨祿妻有粧奩恩福臨之雍睦孫白田財臨之粧送豐盈二德祿貴內助多能金孛花馬淫聲四

達。仇難更化刑囚。或下弦月空。妨妻必矣。蓋月有虧盈也。若逢木星生旺。不係命難。招妻俊雅。土計孛居之。妻貌必醜。性亦不良。空亡的破居之。妻性不常。孤辰寡宿居之。必孤。

凡孤辰寡宿天狗羊刃華蓋紫氣。皆是孤宿。如命宮命主坐之。妻主同宮同度者。妻必凶死。

木作哀星。而守妻宮。主婚娶時有服。木到猴山與寶瓶。名曰哀星。

凡命宮坐白虎。而妻宮坐羊刃者。時有反目之嫌。命主坐桃花四淫宮。多愛妾不愛妻。命主坐妻宮。主愛妻不愛妾。妻財亦阜。

凡妻主化福祿。生我命主。或尅制命難。定是能家之婦。子平兼以日支論妻妾。如日支生我命主或恩星在日支上妻必賢日支尅我命主或難星在日支上妻必惡。

一丙戌十二月丙寅日辰時生人子宮虛七度立命命主土躔戌妻而登駕羅孛宮魁更同宮火居八煞而坐祿月為身主躔亥室而坐貴少年發科但年日二刃俱在妻宮日為妻主躔丑斗難度係刼煞度又與炁難同躔坐於年月時之三的丁巳年大限入寅三合望見妻宮之刃妻主又會流年之飛刃歲君鈞動六月妻遭橫死。

妻妾主論 附

妻妾主星。升殿入垣。有救助之星照臨。必得貞順諧和之妻。餘氣盛有美麗之妾。妻星益助官星。必因而貴。反犯官星。必因而訟。妻星援助田宅。必因而起家。反犯田宅。必因而敗業。黨淫星者。濫隣官主者貴。妻星受制退留。或被忌星凌宮殿之上者。多主刑剋。彼此相敵。庶可諧老。餘氣力勝。代之必主再婚。無力代之。或娼或婢或妾或再醮之婦繼之。若無救代之星。終於不娶矣。

論疾厄

八煞宮須看疾厄二字之義。非特主疾病。亦主人威權。若權印祿福居之。主人操重權。身命入八煞。得令得時。吉星扶之。貴格也。經云身命登八煞。科名當早發。八煞入命。來災殃那可脫。故疾厄宮主不可損傷。寅巳遇計風疾。躔身雌雄。為難失明。十人而九目。掌厄羅計休逢。兼驛馬多損足。逢羊刃主耳聾。四餘犯主皆帶疾。主星尅洩。總傷殘。再詳五行生尅。復察地曜天星看何殺。尅便知何疾。如天目煞主失明。怕厄主為難頂度。

疾厄名八煞。吉為操柄。凶為痒痾。仇難刑囚。流霞病符刃的臨者。主帶疾。若官福恩用天月德守之。不惟生平少病。又為八煞有星權不小。經云疾厄隨身。須破相。此為凌犯身命主者。言若身命二主同居八煞。官福合格。則化為權。若他處不合格。則為兩主受殺凶中之凶亦忌與身命互換。與遷移主互換。重則客亡。輕則離鄉困苦。

羅居疾厄。風跌有傷。命躔火金度驗。計居疾厄。手足有傷。命躔水土度驗。炁居疾厄主風癱。命躔木土度驗。孛居疾厄。風波險難。命躔水火度驗。火居疾厄。主痔漏腸風。命躔土金度驗。木居疾厄為難星者。主脾胃之疾。金居疾厄。為恩用者。主生殺之權。太陽太陰居疾厄者。俱無病。若日月受火羅土計侵。主有眼目之災。

午命。太陽以木炁為難。是太陽忌木炁。以午宮安命者論也。若他宮安命。則太陽不得概以木炁為忌。子土以水為難。巳水以火為

難。酉金以木為難。此皆以我尅者為難。若他宮豈得例以為土忌
水金忌木。水忌火也。丑土以日為難。寅木以月為難。此以土日月
木相利者為難。若他宮豈得例以土忌日木忌月也。至若卯火以
水為難。亥水以金為難。申水未月以土為難。此皆以尅我者為難
是以難併煞也。諸宮以煞為忌。非例以難為忌。據此論之。太陽不
得概忌木炁也。明矣。惟辰金以酉金為難。戌火以卯火為難。此又
同類之陰者為難。謂辰戌無難。不可也。若金水躔於陽宮陽度在
於晝生。以陽類陽不以為難。躔於陰宮陰度在於夜生。以陰屬陰
或行限或流星遇之。不能無忌。琴堂論云。月到見煞母有災。日到

見煞父有疾五位飛來男女疾三宮星來兄弟有疾七宮星来妻妾有疾流霞的刃殺難居之主帶疾

一身命居八煞刃雄相併或殺星照臨主重疾八煞主守照得所主貴　土計羅帶天雄陽刃夜生與月同躔必主破相

一十二宮為疾厄各有計宿羅居午位眼必無光水入寅宮喉風壅塞鼻頭帶赤火孛守於申宮臉面類黃土計居於辰位陰陽守巽耳目聰明火孛臨坤腰背屈曲孛羅居於亥子臂犯瘡疽金火戰於酉辰肺心咳嗽木到巽而見煞左手拘攣炁入寅而逢刑脚腿虛腫箕星好風見火須防風疾畢星好雨逢羅當作血癆

疾厄主論附

疾厄主星明盛則主無疾。若受制退留或遭凌犯。則主多病。其疾症類隨煞所主。如木炁肝膽及頭目筋脉。逢金剋則主肝氣風邪目疾。或因木傷。如火羅屬心與小腸及諸血。逢水孛則主寒熱心痛、舌病、酒痔、失血、無髮。或因火焚。土計屬脾胃及四支。逢木炁則主胃弱脾傷、皮腫、唇裂。或因疫死。金屬肺與大腸及胃氣。逢火羅則主癆瘵、肺熱、咳嗽、鼻塞。或因刃死。水孛屬腰腎膀胱及下部。逢土計則主腎虛、血濁、耳聾。或因溺死。日月主眼目。或日月逢蝕或煞。日月皆主失明。若疾厄主星所臨與流霞刃的煞居之主帶疾破相有救。援者輕。無救援者重。或疾厄主侵凌身命必犯刑憲。侵制壽元者。必因疾而盡天年。琴堂論煞屢言流霞。以其凶等於的殺。故幷言之。

論遷移

遷移宮。兼遷居遠行陞遷三義。宮分及宮主星俱宜兼看。宮內如吉宿照臨。與宮主星不陷。出入近高人。吉神祿馬關照。自然貴客垂青。寅宮遷移逢刦煞。不宜燕地經營。九位午宮逢惡星而莫周國與販。諸宮例斷。

遷移主行藏。恩星臨出入順利。難星會汩沒奔波。主到遷移離祖。馬到遷移。離鄉。遇空亡則離鄉而狼狽。遷移宮立身而遷移主又到身命宮者。主心神不定。性多疑。加孛則為蕩子。會浮沉防水厄。

遷移宮有一土一炁同居。必為富商。他星雜之即不驗。惟見火不妨。

一遷移主星守命。主遷居。或加殺制限。危重則徒流。輕則遠行。

一遊行在驛馬。主入過房。出祖。坐長生馬者。有四方之志。

一遷移主遇吉星。則陞遷。喬遷。出行各見貴人扶持。會惡煞及浮沉水孛。主飄蕩亡歸。孛星尤忌。

一天馬地驛星會多。主動。或主星在馬宮。或小限入遷移。皆主動。

凡遷移必以馬星為主。若用馬必用鞍。無鞍不可騎。有馬必用欄。

無欄則不止如寅午戌馬居申以未為鞍酉為欄身命逢難居遷移外死定無疑遷移星惡走西東有救不為凶三位星臨兄弟離恩用照偏宜太陽會月水木金夜生福最深水炁來臨宜遠遊金木照封侯土臨為客盜相侵火守外州居紫炁來臨主為官月合位朝端離祖遷移無定蹤水孛忌相逢計都會孛蛇虎驚金水外多情羅照遷移必見刑須知難遠行土作忌星三合照離鄉無倚靠如作貴福財祿曜經商近利鈔流年九位逢羅火家遭回祿禍

遷移主論附

遷移主得度無凌。又救援力盛者。必膺順動之榮。或宮主受傷。退留遲弱行。有趦趄。難求。利達。或身命主居遷移。或遷移遇身命主。或身命被遷移驛馬照破。及驛馬入遷移之位。必生平作事進退非出祖過房。必移根換葉。或為萍梗之客。又三位星居之。兄弟離祖。女見桃花煞居此有合不良。不然遠嫁。並陽刃居之。則離鄉別井。凡看遷移主星近君位。則主在京畿。或東西南北遠近隨祿馬所向之宮斷之。

論官祿

功名非干此宿。收成乃重此星。為難尅命。生平常近貴人。化官帛

度定主身作公卿成名而敗只因官主變傷雌雄作煞終當宦途剝雜果老云有官而無用乃藏其刃雄

官禄榮身之本喜身命遇福禄馬臨之忌孛羅計及天雄居之官宮有吉星化魁則官得魁而益尊官宮有吉星化天官則官居官而益顯福耗並行得失互見禄刑胥會榮辱相當官宮有尅星名曰官鬼主招訟官主尅命主必犯刑凡官主起處入垣殿拱駕朝陽坐卦禄坐貴人或化天官文魁取青紫如拾芥

凡官禄之宮如土主而計入火官而羅入苟命已合格儘不為嫌但不許土計同入土宮火羅同入火宮水孛同入水宮盖主奴同

守縱有吉曜同宮决不貴。

一官祿不要殺星尅其宮。名曰官鬼。如官祿在亥卻不宜金星入。亦不宜三合四正宮值之。皆主其人健訟。不然遭官破家。亦主無官食祿之分。餘宮倣此。

一官祿宮與官星。只文魁印星祿神守照。則為純粹。不宜財星生旺守照。及犯天雄羊刃諸煞。主人貪財壞名。亦不宜官星尅命。經云官祿尅命。以名立身。以名敗身。更不宜逢羅。主人粗豪健訟。金木入官。祿要軸享清名。官宮會水星。曰照作公卿。水好樂合月。位顯職非輕。火夜來入廟。年必玉階行。凶星羅計孛。一見犯官評。

土入豐俸祿煞臨喜氣迎。

官祿主論 附

官祿主星升殿入垣明盛當天有救護無干犯餘曜並强必獲穹窿之貴援星明者著威盛者秉節鉞之權援星依日月之光者有鵷班禁侍之榮須察官主餘氣之力審援星表裡之勢以定品位之高下若援星之上更有援星尤佳使官主失度退留又遭凌犯却得援星重重併力救之及有餘氣代者當於援星得志之地大見顯榮若救援之星亦自虧損又無外護之曜則難求榮進或援星宛轉救之尚可如又無代用之星更凌犯之曜有黨雖榮不免

履霜之凶。蓋官星力盛則貴。不盛則賤。更詳日月強盛以斷之。官祿本高強之宮。直福祿壽元居之。則為顯官。如受制剋則居下位。惡星剋之。主遭刑不善。凡官星如損所用之星。則不吉。若剋田財必由名以破家傷財。剋科星反因此以難第。剋子息。主必因而絕嗣。剋兄弟。主必因而傷手足。傷福元。必因之而虧福。制壽元。反因而失天年。如益所用之星。方為吉。論救助科名。必因而正奏。救助田財。必因而制產儲蓄。救助福壽。必因而享福益筭。救助子息。及兄弟。必因而益後裔。益同氣。切忌的破歲。破居此不吉。

論福德

人生以福德為最有福則立妻子立名利致富貴福德一虧前數者何以能備若本宮無星更看三方對照有吉星照者係有福之人為人性必端厚量必寬洪心必仁慈氣必溫柔人必壽考若刑囚暗耗及諸殺居福者必刻薄凶狠大寬小急心多好殺不仁不義詭譎詐欺奸謀機巧未見其為福也故福德一宮人生賴以安榮苟凶星雜之則一生享用可知故命須看福德宮為先

福德乃享富貴之本士之卓立功名者官福二宮必有吉曜福官二主必不陷弱故云福能保官福一空而居官不久官福互垣者貴財福互垣者富身命與福互垣者官居清要互垣又看清濁如

金水日月為清主福祿悠長火土為濁主福祿淺薄
福德宮最喜見羅謂之權星守福三方更得木日炁鎮之合大貴
格如不全備但得一二亦當中貴最忌刑囚刦的刃直居之不惟
處世多屯亦主為人薄德福德主與官祿主最有相關貴而無福
者有之未有賤而享福者
一福德官祿二宮最喜吉星照臨若見福居福祿居祿身命主入
官福日月照官福水日金月各居官福必是有福之人如福祿二
宮無星守照或三方四正有吉星暗加其上者亦吉未見有此二
宮無吉星照臨者能富貴也故凡看命官福田財四宮為重若俱

無吉星。只以庸常命斷之。

福德主論 附

德者福之基也。故云福德。福德主星盛者福厚。弱者福淺。福元升殿入垣。救助之星明盛守照。必膺大福。如福元失度退留。或遭忌凌犯。則無純粹之福。若宮福身命之主俱虧。又無代救之星。則不惟難言福。恐因此而流下矣。故本宮田宅身命入主。清閒享用福人的。刦飛來。有福不能享。流霞亦然。

論相貌

相貌之宮。乃人性情所鍾。善惡之鄉也。吉星照臨。則為君子。殺星來擄。更與雌雄羊刃相會。主心情德薄不仁不義。經云。掌刃掌雄形必陋。為殺為難。貌不揚。木向春生。貌必雄偉。水歸冬旺。體必魁梧。總要得位得躔。切要失時失令。

凡看相貌。如命裏有星。須看失人者斷之。若命與相貌皆有星。亦依刻斷之。及三合對照推之。主星起會刑囚暗耗。主破相暗疾。不然雕花刺紋之輩。

金星獨行。相貌清秀溫潤。主人直平而正。遇土則肥大。主人有義。木星瘦長。清爽昂藏。挺直。多有仁心。水星眼目俊麗。主人形起而浮潤。眉粗眼大而多智。火星日生則面紫黑。夜生則紅白。上尖下潤。性急而好禮。土星肥白長大。夜生矮黑。主人敦厚信而不失。孛星頭角骨露。日生長大好顏色。夜生額角露而細小。羅睺頭角潤。大骨格粗多鬚。計長面頭角粗露。夜生則身小眼露。炁星好相貌多鬚。太陰溫潤而白。夜黑小。太陽日黑色赤。夜生清白爽氣。

相貌名弱。宮身命官福田財不喜居之。為吉星落陷也。刑囚劫刃流霞居之。與身命會則犯刑。又或破相。又云木修長。火短小。土豐肥。金水清白。炁髭鬚。孛尖斜。羅計粗豪。相貌與疾厄宮主最有相關。同行互換者必破相。

土主烏黃。木瘦且長。金多嗜慾。水動趨蹌。月孛醜黑。嘴舌稱良。羅能薄藝。火性惡張。加羅作伴。惡愈猖狂。計巧談論。水貌必揚。土頑語澁。羅火貪賍。

相貌主論 附

相貌宮分居諸宮之末。以天宮論之反為諸宮之首。宮主得度明盛有救助之星。必賦清秀之質。若宮主受制退留凌犯強盛又無救助之星者。容貌必不美。

已上十二宮星辰並要弔起飛來橫冲直撞換宮查度。逐宮細認。故曰明見不如暗見。明拱不如暗拱。是也。

十二宮之論。皆以宮主度主而論。吉曜則吉。凶曜則凶。但以生者助者為吉。救援者次之。其於尅者並空的破亡剋。皆凶也。

攔駕經

命宮　天柱星

金星守命夜生吉。白日生人減半力。木星照會有多般。白日逢之必作官。夜生若有暗曜雜。反為凶禍主憂煎。水星在命合入廟。夜裡生人太陰照。或居雙女與陰陽。決定少年居顯要。火星入命不堪祥。白日生人主災殃。更被羅孛三合照。定知啞吃人多傷。患癆枉死人孤寡。夜生卻宜又無妨。土星入命主頑鈍。夜裡生人不可論。水命定知須啞吃。黃腫氣疾命難存。太陽坐命如逢。木羅炁同宮須食祿。火星不照定封侯。月孛臨之患心腹。太陰在命生逢夜。

水宿同宮為僕射土星孛來有祿定知非久謝官符節紫炁印星
號天乙凡在命宮皆有益生時不被惡星臨善宿合之多子息木
月見炁入夜宮夜裡生人為輔弼若是土星上為瘟星三合照雖則高
强終是疾羅睺入命計謀多木炁同宮主富豪金木太陽三合照
此人慷慨更英豪女命夜生羅照着自縊勞形貧又薄炁火水計
入命時此人定知般般惡計星入命憂火命此則十殺惡無定貫
人遇者以無權白日生人宜修道木星紫炁如臨照主命居强為
視慶孛星入命人廉潔口快心清為性別炁木日金若合時所作
髙强皆有節日生火孛主星微决定刑傷蛇虎食掩口不開氣沖

人。直得為官須歇滅。

財帛宮　天寶星

金臨財帛驗足。時夜裏生人皆進。鐵木臨財帛必豐隆。日中生者最難逢。水臨財帛財帛散。更被孛來不足。看火居財帛與前同。土居財帛皆耳豐。太陽居此足錢財。質庫常開待物來。用居財帛多。財帛只怕土星尅炁入。二宮亦忌遇。日木扶持財失又還得。羅計孛入損資財。終身不得資財力。

兄弟宮　天王星

木金兄弟主英。雄水星和樂旺門。風火在此宮定主。寡夜生亦與

孤寡同土臨兄弟終和睦日居未可同年語生時父母決相背木
炁合宮主貧苦太陰若得主星來輔弼榮華由此胎炁臨第三兄
弟少計星遇此漸生災月孛來時損兄弟吉人傳說難躲避

田宅宮・　天富星

金居田宅父母宮白日生人主困窮如逢夜裡最為吉產業自榮
邁祖宗木臨田宅興父母自然福壽世難同水居第四旺田庄更
有雙親壽命長火星臨此不堪說土星躔入有廊房白日生人為
最吉夜生父母早年亡日居田宅足田園木到雙親福壽全火孛
不到多產業水金合會常堪臨月臨雖稱旺田宅白日生人反作

累。紫炁居之多壯麗。父母一時居富貴。木星入位必有官。水月合今。居顯位。羅居田宅不堪猜。十般死惡反破財。計都侵之憂父母。田庄牛馬化成灰。月孛居之亦如此。夜生僅可減毫厘。晝生又忌火來尅。父母早亡主孤恓。

男女宫　天孤星

金星若在男女宫。四男聰俊各英雄。火在此宫不得地。遇着來時定主窮。土臨第五遲遲有。夜生决定主孤踪。太陽若照男女宫。必主貴子顯家風。太陰若到亦如此。三男富貴夜為功。紫炁當生照男女。不被惡星拱火土。三合水月同聰俊。男女榮華定文武。羅照男女生天亡。計都臨照亦災苦。孛星倘若居此宮。十生九死空費乳。為人性狠惡心腸。此乃依經與君語。

奴僕宮　僕馬星

金木星居足奴僕。土若加之夜為毒。火在此宮必少力。太陰值此多悲哭。非惟辛苦有多般。決定生時非正屋。月居此宮被日土一世多迍更貧苦。第六宮中見太乙。男女頑愚多忌疾。不然遲忌亦寡微。此乃背言多不利。計羅居此有災殃。孛若臨之號凶極。

妻妾宮　天對星

金在七宮妻妾好。木星晝會好相逢。其妻非但能廉潔。貌白容妍世孰同。水在妻宮多妖冶。火則傷殘莫論容。夜生猶自主分離。何況生逢在日中。土入妻宮無貌娘。妻妾命如日裡霜。太陽美貌火孛醜。太陰見水美容粧。紫炁木星太陰吉。羅睺自縊檢尸傷。計入妻宮癆患死。不然毒藥溺江亡。妻妾宮中見孛心。計都水火自相。刑兼主蛇傷並自弔。不然產難墮胎生。火孛瘟黃死暴哀。落水懸梁產難災。木炁二星多美麗。姿容可與貴妃齊。羅計二星產難別。暴喪逃亡自帶來。無孛水金淫慾甚。奴僕交情老心灰。

疾厄宮

殺難星　疾厄惟金木無災咎木月次之餘羅計水孛皆主不安火土更甚紫炁又能解厄

金臨疾厄永無疾。木居富貴常安逸。水在此宮遇孛計。必定腰駝并背屈。白日生人火曜冲。必定風痰吐血終。熒惑疾厄須驚悸。土入八位瘟疫凶。太陽遇計火土孛。風癆血病不久歿。如見木火獨照之。一世優遊無休歇。此宮若見紫炁臨。定是安榮居要津。羅照此宮應篤疾。計會孛來定凶侵。非惟癆瘵又瘟癉。抑且吐血臥病床。

遷移宮　地驛星

木金之宿入遷移。定主遷移福祿齊。水星却主遠行吉。金水合照封侯印。土星阻滯難遠行。太陽晝生反為益。金水會月夜生奇。命度相逢喜見之。此宮見炁主為官。太陰合照為瑞端。羅在遊行必

見別家中常見檢屍靈計都若會孛星入決定蛇傷並虎擒切聞

月孛入遷移損田損宅損妻兒

官祿宮　天福星

太白木星入官祿一世為官居顯神天上之宮會水星太陽合照

作公卿水居好樂合於月官居顯位職非輕火在十宮夜入廟朝

端定列仍年少羅星計孛木為凶官祿之宮不可容土星尊重多

豐祿紫炁添成衣食足只宜興旺不宜衰為人慷慨多榮富

福德宮　福壽星

福德宮中或見金夜生一世福神欽木會太陽居十一祿厚福優

居顯秩。水會月吉火淺薄。金土同照主神高。十一宮中羅最吉。太陽木炁三合值。生則須封萬户侯。死則定知當廟食。

相貌宮

土星相貌却烏黄。木宿元來瘦且長。金白不惟多嗜慾。水星行動愛趨蹌。羅睺薄藝隨身有。月孛為人帶黑醜。熒惑一星多性惡。水星最是雙眉好。計都巧計愛談論。羅火東西打殺人。水火相隨多雜藝。太陽為性却遨巡。月孛一生多嘴舌。水星伶俐木都美。土星頑鈍言語澁。羅火為人貪可御。

日月

太陰太陽单守命。間世英賢誰可並。忠直廉平性任真。福庇生民朝野。迴若臨財帛金滿贏。倏忽翔威萬里程。臨在兄弟多生一。若居父母保年齡。子息一子真鸑鷟。奴僕一呼須百諾。臨妻賢美必興家。照疾一生無患惡。遷宮移，重多功績。官禄超榮兼重職。福德應知恆興升。相貌巍然美顏色。天福來臨期百六。滿用廟方魁福禄。官資榮顯至中書。士庶逢之發金穀。

金木

金星守命福昌熾。木性寬仁全禮義。若臨財帛粟麥豐。敏慧虹蜺為膽氣。兄弟金四木須三。父母長年福禄深。子息木三金主四。如臨奴僕盛車軫臨妻賢敏期偕老照疾康寧不用禱遷移之宮任重權官禄當之須擁纛福德加臨福禄盈貌宮應喜好顏容若期百六添官爵士庶當之福勢隆

夜火晝土

火星威焰性光明土宿敦厚信且誠臨照財宮多積聚文章錦繡作公卿兄弟火二土須五田宅康寧百六盈子宮土五火主二臨照六宮奴僕盛照妻偕老年期百臨在八宮無疾厄九宮調任總遷榮良朋貴戚同一脉官禄榮華掌重權常人争訟欲拖延若臨福德南山壽相貌康强須百年大抵晝土福星魁夜火終為百福

媒百六會時須富貴常人遇此旺錢財

晝火夜土

莫教晝火兼夜土命遇危亡真哀苦若臨財帛罄囊傾悖禮乖張多莽鹵田宅遇之父母重三宮兄弟應自處子宮絶嗣只螟蛉奴僕當之奴反主若在七宮三五妻上主惡死火分離如當滿用來居婿妻忌刑夫亦不宜入宮惡疾夭天年自縊風癆日火躔腰腎乾焦濕與腫必當夜土故迍邅官祿之宮不可逢遷移宮厄繫囚中若臨福德貧窮輩相貌破刑兼性凶忌星若也臨百祿命入荒郊定哀哭滿用救援是三方不在相中發衣祿

水星

水星和順多能智。喜會日月木金炁。怕逢忌宿孛計羅。男必為奴女必妓。臨財財帛足昌榮。博覽詩書通六藝。如入父母足年齡。若臨兄弟止一二。在子一人為後裔。臨妻妻位稱吉利。若臨奴僕旺犧牲。疾厄宮中無疾忌。遷宮出處總榮歡。官祿當之掌大權。福德如逢享福壽。如居相貌性温然。若期百祿限無憂。更進滿用自凝休。廟宮會遇升騰處。百里光華遍地流。

孛計羅

羅計孛臨本命宮。剛强暴虐足威風。臨財主執多權槩。勢力過人膽氣雄。兄弟合胎皆異姓。若臨父母二三重。臨子一如兄弟應。或是螟蛉隨母聘。臨在妻宮主換妻。妻臨一例斷裁之。倘逢滿用當居廟。免見刑傷主別離。滿用若或見惡星。依前刑尅濫無情。如臨奴僕奴牛盛。疾厄當之怪疾刑。遷宮任重足威權。官祿宮中事亦然。福德若臨皆滿用。貌宮威武孰能前。

炁星

景星尊大最廉平。志氣孤高性敏明。臨在財宮多粟帛。文章擲地作金聲。兄弟子位三五立。孤辰說是僧家名。父母妻宮長福壽。第四宮中田宅盈。奴宮逢會多奴婢。疾厄當之絕禍萌。若是遷宮居顯職。正臨官祿金堦迎。福德當之福隆盛。貌宮喜主顏容清。如逢百祿朝宸陛。廟位當之祿福星。

羅計

大抵羅計本相對。莫把對宮推禍因。羅計重權高日月。直如火土如逢春。官高殺伐威名振。諫諍趨庭氣嶙峋。值者多為天眷屬。不然師相是宗親。廟宮滿用人人好。羣小當之破損身。

星盤十二宮 附

人之生以生命為主故命宮為第一財為養命之源故次二分我之財者獨兄弟故次三田宅所以安命藏財而居兄弟故次四既有財帛兄弟田宅而男女所以承田宅者也故次五奴僕所以輔男女故次六妻妾敵體與命宮對沖故次七夫自命宮而至妻妾其序自不亂疾厄人命之所不能無者故次八遷移人之所不能免者故次九官祿天之所予係於命而最要故次十福德人之所享繫於天而難得故次十一相貌所以成身故次十二自疾厄而至相貌其序却乃倒言何也十二宮中命與妻相對相貌福德官

禄出天上故列在身前財帛兄弟田宅隱地下故在身後遷移疾厄妻妾限數最緊皆太陽過中而行促有相貌而後見福德有福德而後居官禄有官禄而後歷遷移有遷移而後見疾厄自相貌而至疾厄皆日月之喜升而惡沉有財帛而後和兄弟有兄弟而後分田宅有田宅而後分男女有男女而後用奴僕自財帛而至奴僕皆日月右轉而分布人之所以為人不過如此男女身命所生遷移父子所營兄弟和樂財帛豐盈人之福德二者最難財旺生官禄奴僕所以服官營財也無財養疾所苦田宅所以安身而養疾也故皆三合此十二宮流行之序對代之體錯綜之用如此

望斗經上篇

説盡陰陽之理。漏窮天地之機。人雖能於萬物。命莫由於五星。欲問富貴榮華。蘊習天心之訣。要知貧賤壽夭。深通望斗之經。宮分二六。星分四七。二六一十二宮。四七二十八宿。週天之數。約行三百六十有五分野之間。除太初三十度之餘。經云。在天一度。經地二千九百二十里二十步。宮有濶狹。度有長短。以太初之度。推之黃道。別之。一宮而有三小度明矣。先別黃道之移宮。次推星辰之進步。詳觀本末。省察盈虛。使其體若差殊。則將用而何補。夫觀宋屬東升。父之基。趙為西沒。娘之祖。宮號天上田。名地下。雖云明晦不同。各有陰陽度數。宋卯。趙酉。子午卯酉名為四極。天四柱也。卯為東升。命由此出。酉為西沒。身屬此生。午號官祿。此限最强。子為田宅。富貴榮昌。安身安命。無不發達。天傾西北。論乾為尊。地濶東南。詳巽為重。是以乾布天金。金生五行之異。宿巽地藏土。土養萬物之精。奇義知天地之紀綱。信秘陰陽之終始。或有宮有度。或無曜無星。或弔起有功。或飛來有慶。經云。當論宮則論宮。當論度則論度。或四方無星。三方有曜。暗加通關尤緊。或限遇凶星。暗中有吉。或限遇吉曜。暗中受傷。暗加例以子加卯丑加寅辰加亥戌加巳午加酉未加申。經云。諸宮以卯加房五度推之為準。通關例以子加丑亥加寅寅加卯。一途而推。萬無一失。主去欺賓。賓為財為庫。猶還獨富。賓來欺主。作福作宮。宜守清貧。相違則破。相順則成。官彰祿隱。譽播乾坤之貴爵。擁魁從名傳邦邑之榮。官即天官。祿祿元也。爵星。魁星。陽君火木守荆周。片言入相。陰后水金歸秦趙。一舉成名。殺會文昌權謀異衆。科名見貴

學問過人。文昌祿前三位是。科名星即天元。如甲乙人見木之類。貴人玉堂天乙也。殺大殺也。包含萬象身
居楚。智過千夫。命守函楚巳宮。函亥宮。一主專權。敢掌當朝之大事。四餘
獨旺。能教衆國之來降。一主命主也。刑囚有用。田財有氣。威鎮邊疆。倉
廪備。福祿無情。身命落空。貧居蓬戶。忍饑寒。身化刑。命化囚。謂有用。難化福。魁化祿。謂
無情。限命反背。經曰有用刑囚暗耗。無情福祿官煞。數比龜齡。壽
刑囚相會。猶聞否泰之嗟。祿耗並行。必有興衰之嘆。
星得地。年齊鶴算。仁曜歸垣。龜齡鶴算言有壽也。壽星納音星也。仁曜天干主也。得地歸垣言五星歸
垣入廟也。實主相和。則名揚四海。財星會輔。而富集全家。衆憎指背難
煞侵宮。半世顰眉。直刑魁本或官來往。猶分背去。秋蟾升殿。生成
詩禮之家。夏日臨垣。長在富榮之室。秋蟾升殿張月鹿也。張五度至十二度妙。夏日臨垣昴日

（雜也。畢八度至十六度亦是。得之更遇官魁爵印。主文章科第。）魁宿若隨。三十六齡。輔相官星。如掌二十四考。中書能侍父母。福權文印佐陰陽。遠棄妻孥刑囚暗耗。凌金火父南子北。四餘忌掩雙睛。兄楚弟秦。三宿刑傷一盡。如相魁則相憎。使相生而相喜。四正無情。凶神貼體。此輩人貪饕殺皆降。志拙饑寒。身怕鬼命安馬地。最超羣。主到宮宮當富貴。三方有力、煞曜刑身。斯徒所作虛花。（四正者、四馬也。三方者、三方主也。）謀高膽大。（只怕逢空。）失序失經名必敗。得時得度性能為。（失經序、如木敗金鄉。金敗火位之類。得時度。如木居木位遇春生。金入金鄉逢秋令。）財積如山。庄寬似海。勳居極品。譽播三公。官福二宮生絕。異田財兩位有精奇、命弱限強發成不久。命強限弱終不榮超。笑裡藏刀身見刃。怒中無毒殺居空。玉堂安命宜修學。官印扶身貴莫當。魁星歲駕。胸藏萬斛珠璣。文會書齋、書齋長生臨官位也筆掃九天風雨。催宿如催限數。取利求名。喜神而喜身宮。橫財可取。官、魁乘旺福祿歸。窠陰陽得體。互換有情。屋內金釵十二。堂前珠履三千。身與四餘同度。柳必好為偷。奴和三主共躔。箕須當落泊。三主兄弟。主旺賓衰。權尊祿重。賓如勝主。偃蹇傷殘。克已待人。財遇鬼僥倖致富。鬼生財慳吝一毫。秋怕計、搜人萬狀。夏逢氣。秋生太陰作主遇計定主為人小氣。行藏不揚。夏生。日為命主遇氣蔽光。定主為人心懷奸險。究詐挑踢人是非。金木水陽居海角。貌勝阿難。計羅土孛鎮天涯。威權羅剎。方隅有犯。壽命難長。體用無。情福緣易消。方三方也。隅四正也。體命也。用限也。陰陽犯弱。羅計相逢。縱有一善扶持也。教雙親早喪。六位身逢此曜。庶出偏生。九宮命會斯星。異姓同房奪項覇之材。海角帶刑。兼尅本染伯牛之疾。天涯為難復躔身。海角、戌也。天涯辰也。本命也。

望斗經中篇

卜商哭子○五位本星為惡曜○莊子鼓盆○七宮主宿作凶神○五男女宮○七妻妾宮僕馬聚羣○奴婢成類○雁行排陣○棣蕚聯芳○六宮有戰定逃亡○三位有刑分汝我○極宮凶惡絕雎渠○妾位順和夫偶盛○四地空而無○星終身獨立○三方陷而見煞○冀乎為人○命會攬搶○造扮妖淫之女○身逢天尾○慳貪節儉之人○父子不和○陰陽交蝕○夫妻反目○妾位相刑○不重不輕○推看十宮誰掌握○無衣無食○便詳十一孰為憑○衆惡臨夫○夫疊損○羣凶聚妾○妾重傷○金孛與水同躔○迷花戀酒○水木和身○共度詠月嘲風○金木一經○春有利名○秋必折○水熒同步○冬須破

落夏能成伏逆則凶順行則吉日躔陰度月鎮陽宮逢蝕神早喪父母居命分多尅妻孥土遇水火遇金金谷園中作主金見火土見木簞瓢陋巷安身子養外來生處絕兒孫異姓絕中生妾奪妻權金怕火孫傳後裔水欺熒天狗臨兒兒孫決無繼續地喪戰室室家斷定相刑寡宿當臨好守煙霞深處孤神對照宜居泉石林中鬼旺財衰雖榮亦淫官輕祿重縱富無名權福若遇高强家積千鍾之粟耗刑而加地下居無滴水之材五鬼尅身終是身亡縲絏三刑尅本定敎命喪泥塗羊刃如逢五鬼定須凶犯徒流燕趙有水計而不和秦楚遇孛羅之交戰不是蛇傷虎咬也遭雷打浮沉晉魯無情多

縊死周齊相反。衆猖狂。生本者威而不猛。尅身者貴亦傷殘。金孛

為媒多侍妾。火羅背約奪人夫。炁計加臨無似。有鎮辰交會有如

無。金妻星。孛妾星。金強孛弱。妻主能為。孛強金弱。妾奪妻權。若遇

火羅衆煞者。必主傍人夫也。炁計孤神。鎮土辰水相尅星也。

衆煞聚身。非懸梁則刎頸。羣凶損已。不産從也多驚。曜隱金神揚

鞭嫁壻刑。如火宿丱角從人。咸池見孛。期我桑中之約。寡宿逢羅

多牽枕上之歡。男女以火金為夫婦。十干化曜以權刑為男子星。

女人帯此是女丈夫之根基。咸池四敗宮也。月孛

占咸池。才子佳人事宜。寡宿本是金非怕火。孤處一生衣禄足。

孤宮。又逢奴羅。男女值之。必主私情。

火若逢金。閨中半世桃衾寒。日換三粧。身營柳鬼夜眠無伴。命度

虛危。貌勝西施容。慶集賢如孟母。命歸基竊玉偷香。身坐馬迎新

。送舊主咸池。容慶集者金木水陽月會於相宮也夫壻寄生一七主星互換。公婆真假二三四位相依。鳳眼桃花。外假慈悲而自重鼠眸祿馬內實淫蕩於私期太乙獨占咸池風流倜儻水金如臨沐浴泛濫妖嬈鳳眼庚辰人見酉。鼠眸甲戌人見卯。兩賤扶身烟花粉黛。雙凶扶命自縊投河。兩賤、金字也。雙凶計字重疊也。閑居命裡守孤幃。主到閑宮眠半被。身命主入閑。閑主入命。互換孤神。更值煞奴。必主四十不婚。婚便離。四正無星三方落陷。壯歲若居臺省。末年餓死陽山。六八隨身。身居萍梗。九三伴命。命寓柳營。六八者奴僕疾厄名惡曜。九三者遷移兄弟號凶宮。柳營、細柳營名也。兵之所。日到日躔。人特達。月升月殿。性虛靈。水宿歸經。處世身居翰苑。木星度駕。平生足履王庭。歸經、如水入箕參軫壁木入井角斗奎是也。又云、水逢秋生冬旺。木遇春生夏茂。兼登歲駕管主出身清貴。耗砕欺財。不是守成之輩。刑囚欺本。無端破落之徒。蹭蹬文章。學堂失次。精奇藝術。天乙當權。學堂、玉堂位。兼長生臨官位。遇太陰水木星是也。天乙者紫氣也。四餘並刑囚官衰己。三命遇煞為鬬傷身。陽限火羅災害。繫陰宮孛計禍難。禁有福必傷父母。不然亦損雙明。禮火休逢旺水。義金最慮炎熒。歲為用而怕金辰。當宮而懼鎮。猶嫌衆凶相尅。那堪兩忌戰刑。若不終於其命。定教惡疾纏身。燾臨水曜。謀為有分。相逢羅宿。俗計無緣。半俗半僧。閑伴主孤衾孤枕。命隨奴。僻鄉疊見。伸訟咼頻。刃處雙逢。凶禍無匹。讐鄉、五鬼羊刃。又帶刑囚七刼的煞重疊也。刃處雙逢。是羊刃重見。如自刃飛刃之類。夜土為災。戊己之人亦難救。晝熒興禍丙丁生人實堪憂。戊巳土為仁元星。喜晝生在六陽之位。丙丁火為仁元喜夜生。客曜占強六親氷炭。賓星破主五屬華夷。忌雖流尅主賓。煞難直刑體用。察無根之穩。斷為薤露之人。客曜賓星如土見木炁也。陰陽失力。雙親重拜首尾相親半道相逢。陰陽日月也。首尾羅計也。財從白手而生。運限有氣。魂逐黃塵而去。循數無情。及刑更屬官星。能裁曲章之理。暗煞而逢貴祿。搜窮神鬼之機。官星者甲炁乙水是也。如得地逢羊刃刑囚暗殺加臨。從在貴人祿馬之中。亦是曹吏之命。不為上貴。

千倉萬箱。田財化義。一富二壽。官福生仁。有用刑囚掌握。又加權印相從。決有皂纛朱幡之貴。斷為一呼百諾之人。義金也。仁木也。刑囚權印乃十干變曜也。財主若遇天空。家徒四壁。田身復逢庫印。粟腐千囷。天空空亡宮也。財主財帛星也。西兌金紙體貼。
困屯積米穀之具。投雞隨身。高行及巳刑囚尅本因疾躔身金
孛如躔昴畢。鼓舞終朝水日若度參箕箜歌一世。昴畢、風花雪月之星。東箕西參
清閑之宿、少喫多閑。三方變忌朝飧暮計。二主逢空。六曜朝垣夫榮子
貴。五星聚貌臉媚肌香。已嫁如未孤辰貼體。失婚似有賤曜磨身。
遇木則紅粧國色。見火則佛口蛇心。六曜、炁孛羅計日月也。五星、金木水火土也。朝垣、歸垣入
局廟也。孤神、炁也。高堂觀不可同行。河上臺何堪共處。自巳不遭
賤曜。金孛水也。命宮田宅夫妻遷移四宮主星。又兼月孛金水互換。棄舊從新大忌賤
妾辱其妻也主淫娼。
垣合馬未婚先產。尤嫌水孛相冲。遲扮者身臨四敗。衆憎者命會
孤刑。雲水之徒羅遇炁。風塵之女孛逢金。五宮福、水子顯貞英鷙

鸞。七位權金。娶妻美貌鴛鴦。少年行空。作事如醉。老來行庫。生涯益昌。兄女相傷。室家合戰。莫言安有刑害。限遇羅孛必喪。抱膝長憂身怕鬼。忍饑待死命嫌。休金脆火炎須天折。水深木弱必漂流。惟犯三章。伏屍躔中遇。鬼頻遭百辱。卷舌度內逢。刑身遇烝計。清閑技藝。命逢金孛。製造衣裳。星柳經中安首尾。閑攤似鬼。虛危度內有攙槍孛星。見識如神。九三若會暗金。私滛棠棣。一七如加權印。內亂總麻。暗金者暗金殺也。春逢亢金度。夏逢鬼金度。秋逢婁金度。冬逢牛金度是。太白逢凶妻魍魎。火羅欺嗣子螟蛉。寡宿臨夫。明月清風誰與共。孤刑尅命。高山流水少知音。四位相欺家必敗。本宮聚煞壽難堅。四位、田宅宮也。本宮、命宮也。

變仇須失業。六三如反走他鄉。一七、命宮夫妻宮主也。六三、奴僕閑極宮主也。風高者歲星入楚。刑流者辰曜歸揚。歲星、木星也。辰曜水星也。楚巳宮也。揚、乃丑宮。名刑流之宮。衆星日月到此不明。經云、鞏眉常不足、只嫌水到揚州。孛計占財。慳貪吏輩。炁金居命、節儉僧門。那堪一水加臨。必主無知破蕩。孛計本云豈吏之星。經云善掠人之財物歸於自己。為緣水會計都。炁金乃清閑細貨之曜。又主孤尅。經曰、孤神傍命。為人難。此四星獨行為佳。忽水加臨。必土破蕩。信失禮虧。棄功名於物外。仁乖義絕。覩富貴如浮雲。一學士者身居清吉。一腐儒者命遇天空。暗耗欺遊。衝衢吽賣。及刑並。煞市井屠沽。遊乃遷移宮也。煞乃大殺宮也。繡面文身。貌神會殺。截頭刖足。體主加凶。暗忌相攻。與四隣而不睦。田園被制。使三代以無傳。官星落陷。名無久。財主歸窠。富不休。

官星甲烝乙水是。歸窠者、左吉右凶心狠毒。前虛後實愈多謀。魁
如木入木垣。身居月殿。文科也。武科也魁星甲太陰。乙
遇學堂功勳生於臺管、官逢大煞名利出於旗鎗。太陽。學堂文星
天乙長生臨官位也。官星甲烝乙
水是。犬殺飛廉也。丁人先是猴。陰陽拱輔田財。平地致富。福祿
順迎官印。嘻手成名。金火不降。舉手傷人之輩。木羅能會回頭無
恨之人。金本怕火。金生秋令又歸垣。兼土計便不降。必主根甘蒂
苦。使盡心機之人。木生四時喜羅會。主人敢作敢為。謀畧
特達。日論行南行北。月分上弦下弦。若有蝕神來往。最嫌朔望相逢。
晝生父必分屍。夜誕娘當產喪。二三躔內使合來。必須見魁十五
之外。如背去又有何妨。福祿順隨。功名蓋世。爵科樂廟。賢輔當朝。
少年身到鳳池。水陽度楚。壯歲名題鴈塔。金木居孤。主到田園承

父基而發跡。田來本主。守祖業以榮昌。大槩當論宮則論宮。當論度則論度。先究一身之要。次詳三命之源。同宮千里分前後。異宮寸尺看留遲。三命者祿命身也。如甲屬木。木絕在申。以申水為祿。丑子屬水。水絕巳。以巳水為命。丑以納音金為身。金絕在寅。以寅木為身主是也。太白當秋欺病。火清辰旺月不愁。鎮木到春榮。金退志。水源夏絕火呈輝。火入金鄉。須明次度。水居土室。亦較當時。炁木相攻。體如刀削。土旺四季。肌必重肥。春夏火羅能作孽。秋冬孛計愈興災。熒星近土。終作無成之子。太白逢辰。永為破落之徒。晚氣受傷。必無發達。五星伏逆。和睦亦能獲福。四餘無黨。相順必定加祥。坐度得經。十有九富。安躔怕鬼。百無一成。海角傷身。夜盞漁翁之網。

天涯尅命。朝隨肥馬之塵。孛計同行。為人好逞。金羅背去。氣性多虛。女人帶此。必驚風。男子逢之。為浪蕩。若遇刑囚與暗耗。定教凶夭。與孤貧無情者。賔來壓主。不義者主去欺賔。文若會兵斷作才能之相。主如逢煞。決為謫降之官。丈文星也。兵殺乃大殺星也。主命主也。福地安身。管主一生閑到老。財飛入局。儘教百事不求人。計孛穿身童歲死。長庚伴月。必馳名。文能求貴。仲尼壯歲合封侯。武解成名。李廣當年宜佩印。主入天中。業如垂露。財親耗難。富若浮雲。鼠眼回頭踰墻接婦。鳳眸順視渡水從夫。見紅鸞能惹王孫之腸斷。逢喜神暗牽公子之魂消。娶得便離。東西共戰。嫁而反背。對面相刑。妻變仇因六七年中亦別。子為惡業。二三歲上偏傷。五位逢生。兒孫滿眼。
七宮無煞琴瑟和鳴。

望斗經 下篇

○小兒命數。禍福宜詳。宮度失留三歲死。前凶後惡墮胎亡。四煞刑。虜胎內須當破相。三刑尅命。產前必定傷身。月逢忌土。貌遇惡羅。若不啞聾。必生餘指。若非膀胱。必主雙盲。縱有吉星之助。也須凶夭難。當月在凶躔雙共乳。身躔次度兩同胎。奴來主舍。主起奴宮。

○不是隨娘嫁娶。必須換父成持。生命後生生兩子。尅身重尅尅雙兒。凶曜次躔者。乃是危十二三四度張十四五六度是也。更十二宮位星宿之協度亦是。亥雙魚。巳雙女。亥登明。巳太乙。若身臨此宮。又與六凶星同坐次度。多主雙生。三日加凶。三日衰。七煞無助。七朝亡。使一主之不虧。決終身之無咎。交朋有信。體用相和。結義無情。主賓並戰。

主拜官宮則身輔帝闕官刑主位則身犯天條享福優游身安福
德多災坎坷主怕官宮貪濁無厭財命疾清輝徹底命財留謀欺
孫子煞隨身計斬龐湄身逐煞主宿隨身名不求而自得財星背
命利多取亦無成三主困於三河浮舟作計九宮流於九位望海
為生孽蓬托宿四位遭傷陋巷安居田星落陷（三主者閑極主也。三河之地午未也。）
（九宮九位者乃第九宮主也。）先貧後富主欺三先富後貧閑極尅孛若欺金妻
用妾計如刑火僕為兒患阻長年直難和年作梗無災一世福官
與命相成夙夜忘憂閑伴主朝昏勞役命隨奴炁孛對身兄弟恰
如秦楚計羅蔽日父子一似華夷水金合會咸池和花為債主孛

金如逢沐浴。與酒作冤家。暗刑臨主。斯人能謹於言。四忌當宮。此輩好談話柄。暗刑四忌、乃化曜也。四位俱空。披頭撒髮。孤神傍主。圓頂方巾。四位四正宮也。垣城合馬婦非為。帝座逢虛兒不肖。垣城日支也、帝座時支也。衆煞不降貧且賤。一星得用富而驕。三悲九哭戰年宮。累被妻子之削。三悲喪門也。九哭白虎也。五鬼六衰欺歲駕。頻遭官吏之羞。五鬼、駕前五位煞也。六衰死符也。五曜順兮心清似洗。四餘並兮口濁如甁。甁口邊泥水也。賤宿隨身將奴作婿。淫星傍命以婢為妻。賤宿餘奴也。淫星金孛水也。閑主七強和正命。妻宜即嫂。遊神一位輔其身。夫婿猖狂。遊神遷移主也。一位命宮主也。海角欺宮多騙多狂多侵蝕。天涯歷本。半顛半膀半虛黃。燕趙並行身流西北。荆吳雙。立命安東南楚豳之邦。逢土計宋徐之位。見熒羅體不中於魚腹。身必亡於獸足。或有刦煞衆是流星作梗。更逢土陸必推歲煞相攻。審有吉神之助。便無凶曜之侵。詳其體用。審察主賓。洞微既作凶神。便推流年相應洞微太限小限也流年雷公急脚斗底黃泉也深窮宮分。若何敢斷盡於人命。

玉衡經

晝生從日喜居六陽之宮夜生從月利居六陰之地衆星亂殺稟陽尊不敢施威三日逢刑縱月光不能為福若論陰陽須看晝夜背太陽於父有憾背太陰於母有虧五星俱要比和但以得時為貴四餘不宜衝突而喜獨行為佳伏逆無光順行有氣金星守命好色而假清高木德臨垣剛毅而懷惻隱水如守命多學少成火若當權恣行酷毒沉謀孰慮為緣土入命宮巧算多機蓋是計居垣位獨孛則為人慳吝单羅則賦性貪婪紫炁照臨必主伶俐雖然星辰如此又看月令若何女命限到木躔妨夫害子男命限到

月躔納妾招妻水孛如守田財難招祖業火羅若臨父母幼失慈親命主逢傷終富貴安身傍母必尊榮九宮過孛終身漂泊無依十地逢羅年少誇豪逞訟羅計若居子午縱尅而有情木土偏愛寅垣雖戰而無損彗星晝見女人反以為殃天乙夜行男命見之反尅年月日時四柱值殺立見刑徒官魁爵祿四主高强自然榮顯金月互垣必有功名之分陰陽失位没齒貧困之人主星喜居母地主傍貴而成家母星飛入命垣多因妻而致富木居獅子居官不能享官計入三陽有祿不沾寸祿（三陽寅宮也亥命木喜順寅宮祿忌計居寅）而不喜逆土愛煖而不愛寒以元守官食合論人之享用（如甲人木為天

元。火為祿主。辛為官。丙為食神。己為合。以官魁爵祿馬。定人之前程。最喜者四角之
有星。所忌者三宮之無曜。馬臨官祿。出祖成家。祿入妻宮。因妻致
富。男人命居子午。必強狠而專權。女人命立巽乾。必淫冶而誇色。
坐貴不宜冲。貴見合不宜見刑。立身合論馬元。失官則徒然奔走。
命坐馬上。得官祿主同守。則馬有拘束。不然必奔走勞碌。聚財。則觀財庫。無守則必定敗亡。不
須輕用閑奴。此等須當我用。殺不宜真。真難磨滅。申子辰煞在巳。若安命其上。乃
真殺也。令者凶。當祿不宜破。破則貧窮。甲祿寅。申宮殺星冲。則破主人衣食艱辛。孤而加寡妻
子。難為空。以加亡。利名難逐。如甲子旬生甲為陽。見戌為空。見亥為亡。乙人亥為空。戌為亡。刑不
宜戰。戰則必刑。三刑帶戰。必然刑害。合不宜冲。冲則必破。合還冲

。破作事無成。論刑必論煞。刑煞重而難。當申人寅命。寅刑巳巳刑申乃犯刑沖況乃刼殺的煞之地。若到限更金星得令。居之大凶論官必論魁。官魁顯而清貴。既看官星本宿。當以太陽相參。宮畢即官祿主星奈何以太陽相參蓋午宮天盤以日為主官星故以此參。雖論刑殺星辰合。以天殺互論。兩殺夾垣須破相。三刑臨巳必傷殘。如辰生巳已有煞。卯有及主帶疾破相。三刑即寅刑巳巳刑申煞。若在申主夭折。用日月不宜夾殺。夾祿夾貴以為榮。子午為聖人端坐之宮。諸煞莫入。辰戌為小人惡弱之地。天乙莫臨。暗金可畏。若臨命夭折無疑。四暗四殺。戌宮婁度秋生。未宮鬼度夏生。丑宮牛度冬生。辰宮亢度春生人立命遇此四煞更追魂星同躔定主貧夭魂星即[illegible][illegible]殺大無情。若居殺凶惡難免。火居八極限遇逢煞得令九死一生。日月若居華蓋。

僧道流行。禄馬如陷空亡。巫醫術士。桃花帯合。男女皆為無禮之淫。隔角逢孤。嗣續多是過房之子。坐禄向馬。乃名利顯達之人。對禄坐貴。亦文章騰達之士。如壬癸人。命坐巳。禄旺亥。貴在巳。為對禄坐貴。禄馬夾命。禄厚官高。命臨六厄。三周必見災危。六厄馬前六害也。小兒忌立命於此。殺值三元。晚年方可進用。三元陽男陰女冲前一辰。如子冲午丑冲未。是陰男陽女冲後一位。是若限至此尤妙。木羅會合。喜入寅宮。水計相刑。怕居巳位。刼頭乃非活路。刃末最是凶關。衆星作黨。有不已之戰爭。二母爭雄。乃太過於姑息。孤日臨於命限。勤苦勞心。一月単行官禄。清寧可愛。婦人専以財宮為重。男人當以八煞為權。面目傷殘。刑囚不宜傷相貌。心神漂泊。水孛最忌入遷移對照逢羅婚姻反掌五宮逢孛男女虛花我剋為妻對宮禍福二主臨財貲財豐厚兩强戰剋田宅動揺命单開健弟兄有争鬬之風主弱奴强奴婢有侵凌之患福星喜臨垣禄星宜鎮位以木炁金水為君子以火羅計孛為小人十二煞神仔細推詳三百六十吉凶可考靈臺經曰太歲喪門須哭泣弔客無病有災危官符牢獄並枷鎖天醫福德且安康計氣大吉元來吉大耗貲財有損傷陰陽守巽至老耳目聰明火孛臨坤来免腰背屈曲羅居午位眼必無光水入寅宫喉風壅塞鼻頭帶赤火孛而守申宫臉面委黄土計而居辰位計臨申位面上有虧羅入命宫鬍鬚可驗孛

羅到酉。心氣往來。耆羅卯遇。風疾難禁。孛羅居於亥子。臂犯瘡疽。金火戰於辰酉。肺傷咳嗽。羅逆行而不順。多犯血光。火若退而遲。留難堪酒痢。更若孛星有黨。血上加膿。那堪土宿來臨。痔而帶疾。木到巽而見殺。左手拘攣。氣入寅而逢刑。腳腿虛腫。要觀疾病先論陷星吉凶。了然易如反掌。

剋度元妙經

餘奴怕傷主。洩氣最為殃。

餘奴即四餘也。如木炁同宮同度。行木度即死。又如限行木度。木登木殿。遇流炁到度太歲羊刃三煞到其宮亦死。又如子宮命限行丑斗天盤戌宮有原炁加至。或丑宮復有流炁飛至。二炁交征。亦為餘奴傷主。凡餘奴傷主看有救無救。如木炁同躔有水孛金在木度可解。蓋水孛能生木金能制炁也。如水孛同躔有金土計在水度可能蓋金能生水土計能制孛也。如火羅同躔有木炁水孛在火度可能蓋木炁能生火水孛能制羅也。如土計同躔。有火羅木炁在土度可解。蓋火羅能生土木炁能制計也。泄氣如木遇火火遇土計之類。躔度亦然。如木翼火非限行室無水救解必死

羊刃陰的刼。剋度皆危亡。
更遇流星惡。災來不可當。

五星帶羊刃三殺來剋度必死。限度原遇星剋。流年又遇剋度星死尤速

殺來剋限度敵殺須力強。如金躔木。而度主之木却躔火。木躔土。而度主之土却躔金。則有救。又如金躔木木躔土是剋。或對照三合。或加盤。有救不死。但亦未免有刑傷破耗等事。又如金躔木。土亦躔木。行木度必死。蓋殺星有黨尤凶。又如木躔金火躔水。此為度主失躔稍輕。若刃陰的剋為度者。亦死。

度主如遭傷。同經躔宜詳。如金為度主。遇火剋。有水同度火為度主。遇水傷。有木同度。不死。經曰度主遭傷。太陽可救。度主失躔。惡星可救。

日度怕炁星。木亦令人卒。虛日春生。最怕木炁。日雖怕炁。若朔日與月對。度見羅計二星。亦為剋。又如日躔月度。晝生人行此度死。月躔日度。夜生人行此度。死限內有救。或加盤有救。亦重災。一云午宮星日度立命。限到酉畢。三合四正雖無惡星鈞照。有忽然死者。蓋太陽至極陰之地。而潛輝也。子宮危月度立命。限到卯房三合四正。雖無惡星鈞照。有忽然死者。蓋太陰至日出之所。而無光也。此須月躔土度而晝生日躔木度而夜生。乃騐。日月在午宮。不剋度。

星度遇火羅。見刃死相逼。
寒陽夜見之。不剋反為吉。宜近日。
房日怕孛侵。昴日忌羅廹。
四月皆畏土。計亦忌相侮。
心月畢月庭。羅孛總不寧。
金行木度中。見土大為凶。星倣此。
角木婁羅火。奎木忌亦同。

星度亦怕木炁夏生尤怕火羅全單月不妨。寒日光薄夜欲火助耀所謂日喜火羅侍衛也秘訣云寒月水為命主最

房日若生冬月。怕水孛得令。昴日若生夏月怕火羅得令皆死危月子宮只怕土計亥宮兼喜火羅張月怕土計巳宮重午宮輕心月怕羅孛雖單見亦凶。畢月怕火羅酉宮重申宮輕秋令尤凶土金同躔木度限至木度必死金躔木度遇流土計亦死以其黨煞也餘

角怕火羅雙見。雖不遇金亦凶。蓋木見火灰飛烟滅奎怕羅火單見不凶。

亦忌金煞

井斗旺金逢。馬鬣須立封。

不死生重疾。如已生人以月為刃躔四木是也。惟在斗度反吉。

尾火躔金惡。卯尾水羅哀。

火度水孛來。限逢的有災。

室火藏羅孛。烏江去不回。

土藏炁木時。斷橋無路之。

女土憂逢水。迍邅促死期。

氐胃木帶殺。更畏奴來欺。

金星得令得黨。則乘旺而木危。惟春林剋脉不斷。庶幾。又云刃月怕泊木。

寅宮尾火怕金。卯宮尾火怕水。羅單見亦死。雙見尤忌。翌火水垣怕計及孛。觜火同論。羅孛同在室度。雖不遇水剋亦凶。單見不妨。只单見便凶。

女土最怕木炁。春令人必死。夏生庶幾。

氐土火垣木弱不尅。只怕水孛黨之。或帶殺或奴元窺望耶。胃土最怕木。

柰午柳怕木
未柳怕計

金度火羅攻驚憂有掫容。

同臨
最忌

羅火躔牛度。四金俱見凶。

如或 須教水孛逢。

火火躔亢金 金強火弱有災不死如金躔室
火火躔 之金弱火強行金度即死他倣此

水度 決定夭天命。

羊刃 地下好長眠。

惟箕愁暗計。又怕土相穿。

只单見即凶。亢金堅實。秋令生入。反
嫌計土。蓋太剛則折耳。夏生忌木火

或火或羅躔牛度不妨行亢
鬼妻即死鬼金忌羅稍輕
單月為救惟妻金火殿反怕水孛憂。
生始嫌羅睺又云須看強弱如金躔

計亦一
同忌

刃奴二
星忌眠

寅宮箕水最弱。豈宜逢土計。暗者土
忌夜生也。巳宮軫水怕土計魁辰宮

之軫只怕炁泄。参水壁水。同忌土孛夏生又嫌火羅。

天宮剋度凶。死必在榮中。

剋斷命元星。旅邸喪乃躬。

移宮逢剋。亦客死。壽元逢剋死尤速

懸針來夾命。惹起虛癆終。

必死非命

凶媚如同宮。暴死在朦朧。

羅睺居疾厄。風跌傷吐紅。

孛入疾宮內。江河險厄攻。

大宮星來剋度死必在稱意忠如火為命主限行火度遇水孛來剋，主客死又云驛馬剋度身喪他鄉遷

羅孛二星夾命主是又看命宮度主。若坐剋度更遇羊刃的殺奴星拱命

火孛二星同宮是在本度生火則凶在水度次之如限行火度應過再行火無晦也孛居疾厄或帶浮沉限到其上流年水孛又來必溺死

土孛帶殺來囹圄信難通。

土孛二星作刃直陰的刦殺照限主官司牢獄三方四正同論

計孛兩穿身凶毆見血膿。

計孛夾身或與月同行是

大抵殺占度速亡救無功。

凡陰刃的刦之主。俱占度上。不拘生尅之度皆凶。如限主又入煞鄉加以廉雄等星謂之凶會。臨出限之年必死。經云刦度者限入殺宮也。如命限臨木度。木坐羊刃之宮。若四木度有餘奴窺望。行此危矣

限度星作殺。不測災禍從。

限度作殺星。只一箇犯着就不好。若諸殺三方拱照。而限度又為殺者雖度主不受傷。而殺星不在度上。行此度俱倒限如遇刦度限雖未交刦度而將交之際或遇流年太歲冲激刦度者亦死

雙煞來夾度。死信疾如風。

煞即刃陰等又有日月夾雜行此度死如木為殺日月夾於斗行井木死

前限雖危却無咎。後限須當究。若還後限不如前。只許半週天。

剋度玄輿經

餘奴怕傷主。泄氣最為殃。二煞不攻一。殺忌黨其剛。對合亦為害。
且要端的詳。須看合何處。吉凶在何方。關前節後死。關後節前亡。
中關節下死。末關節下傷。又怕流年煞。飛來更急忙。四正相關攝。
不解三方殃。三方有吉星。不救四險強。四正度有星。仔細辨吉凶。
又怕㴻度星。遇之並言實。子虛有木星。三冬人須卒。女土好[illegible][illegible]。
九夏水為疾。丑牛有金星。遇之當云吉。尾火怕秋金。冬水傷房日。
湫土損亢金。計都莫相逼。又有翼火蛇。遇木三冬滅。星日與翊同。
井鬼土計切。刃月怕泊木。不死生重疾。設若富貴人。見之破屋宅。

角木遇之凶。斗木遇之吉。若犯奎井度。十有九人絕。昴日忌火羅。
參水怕孛溲。婁金忌水星。孛亦能作孽。室火木之垣。金羅難說吉。
須看刃煞星。難忌並刑值。更落空亡位。遇者壽元折。春夏與秋冬。
休囚並死絕。吉凶如影響。此是黃金訣
又賦云。房日與昴日。水孛不能戕。虛日與星日。木炁必須傷。心月
與畢月。計孛難說吉。張月與危月。計星必須滅。角木與斗木。炁逢
生莫續。井木與奎木。遇炁禍云酷。亢金與婁金。却怕火羅侵。牛金
與鬼金。炁計必須傾。箕水與參水。孛星亦須怕。壁水與軫水。土計
禍難御。胃土與氐土。火孛能傷主。女土及柳土。木炁難區處。諸煞

皆爲凶、怕逢當令節、遇煞若高強。禍害須永訣。

步天經

凡論五星。命主為重。身主次之。命母又次之。如命主既弱。身主失經。得命母之力以救。却易危為安。所謂首論命主。次論身宮。又論命母。三主不陷不弱。其為富貴格局明矣。其次則論福祿。福氣重則享福必厚。官氣重則名位必高。又其次則論尅我之星。他強我必弱。他弱我必強。彼既伏降。我方得以施其志。他若強梁。必為我敵。我自受制。何暇為福。又三方四正看拱夾何如。然三方四正不可以概論。若子午卯酉生人。於子午卯酉上安命。便當以四正為重。三合為輕。或曰四正無星。便看三合。三合無星。便看四正。設正於子午卯酉坐命於寅申巳亥辰戌丑未則又以三合拱夾參看不必專論四正十二宮中倣此但專以宮主斷人禍福二十八宿躔度不論蓋二十八宿天經也金木水火土五星也四餘地緯也常相脉絡互相往來似二十八宿於五星有所關係但如子丑宮乃土之位子宮有虛日危月是一家閫奧如隔界是一家籓籬土爲家主即為主宰焉得不以宮主為重度主為輕如子宮安命怕木假如行限到木便觀木起何宮躔何宿若受制坐陷皆不足慮若居生旺之地豈不為我撓不待三方四正照着皆為禍患如或拱夾臨限愈加重也餘倣此

如子午卯酉四煞之地。桃花之位。人安命於此。必誇逞英雄。躭迷酒色。女人過於伶俐。酷於貪淫。寅申巳亥四馬之鄉。不問男女皆不閑逸。多受艱辛。辰戌丑未為四庫。性多晦迷。如尅戰多孤寡。故論有十忌。一忌破祿。二忌空亡。三忌太歲當頭。四忌閑神入局。五忌飛星破駕。六忌客曜臨朝。七忌吉凶偕行。八忌恩用背命。九忌女帶男星。十忌晝行夜曜。犯此十忌。如有吉星扶之。亦不能為害。

小兒關煞。以三六九十二之煞為是。士夫功名。以天馬運行為准。

男人無婦。皆緣身命坐孤辰。婦人尅夫。大抵身命居寡宿。僧道格局多於華蓋。安身娼妓。貪淫並於冠帶。安命。

如立命午未。分明以金水日月為富貴。若背居辰巳。雖有官職亦卑。若向申酉為官必顯。至遷官轉職。又以天馬加流年而數之。若帝旺長生必有遷轉。休囚死絕必罷職削官。其流年禍福。看大小限有何星辰臨照。吉星臨之則吉。凶星臨之則凶。便以一太歲。二太陽。加減而論。遇官符則必遇官事。遇歲破則必招破財。其餘十二煞神推算福禍。無不明驗。

何知經

何知父母早刑傷。羅火掩日光。何知父母外路亡。馬遷近太陽。何知母命早刑。悲土計掩月輝。何知妻命早刑。夫華的煞暗扶。何知招妻因禍至。陰錯陽差是。何知男女有刑尅。孛計劫刃覔。何知將身去入舍。身在妻宮也。何知因妻帶子歸。妻星五位居。何知身子隨娘嫁。寅申巳亥馬。何知離祖去傍妻。身主入遷移。何知外縣成家計。九宮逢祿位。何知出外定危失。九宮多不吉。何知妻是遠州女。金入遷移裏。何知妻是人家妾。六位七宮接。何知女命先尅夫。日上鬼來屠。何知子女多成敗。羅計孛星壞。何知人生喜夜行。羊刅好相争。何知終身主惡死。三刑羊刃取。何知他方死扛歸。孛計將主欺。何知生作守錢虜。墓庫三方數。何知先貧後運富。時來行墓庫。何知兄弟成雙走。木土金星守。何知兄弟見多凶。月上煞來衝。何知兄弟見多般。隔角月相干。何知幼年有多災。惡宿命安排。何知平生多抛祖。空亡命中遇。何知寄在別人居。水星帶田鋤。何知幼小早成親。七位吉星臨。何知平素無田地。田宅逢空位。何知子息去離居。馬上凶隨車。何知生身移住場。驛馬命宮當

指金賦　琴堂

琴堂之法看三般。一身二主三煞星。身命六主須細看。占強名利
顯朝廷。田財福實必榮昌。日月官強貴命詳。晝生日喜居陽域。陰
宮陰度父先亡。夜生月喜居陰地。陽宮陽度母先傷。計犯夜月先
尅母。羅犯晝日父遭殃。日月田財都守實。居強祖業莫與匹。命主
守宮坐月日。此是故家文獻出。命主文魁坐長生。超羣學識有才
名。身命炁孛入閒極。飄蕩江湖醫卜精。身坐奴宮祿馬沖。一生近
貴公門逢。相貌宮中身主入。堂堂容貌軀壯雄。若見煞星同暗耗。
破相爲人貌不同。福德宮中身命來。增添福壽永無災。福德更居

身命上。互垣官爵至三。台官祿宮中身命。逢格佳位必至三公。設
若互垣同。此見蔭子封妻祿萬鍾。遷移宮中身命。至過房離祖方
。成器若不出繼並贅居。也須奴養庶母飼。入煞宮中身命。入福德
少年早卓立。若還煞主入命。來暗疾軀身多哭泣。夫妻宮中身命
。逢資財昌盛福興隆。或遇凶星臨此位。尅傷妻妾百凡凶。奴僕宮
中身命從縱有奴僕也。難用小人藐視多反復。一世身心苦勤動。
男女宮中身命。生官高祿厚福榮亨。命主更臨身命位。子來顧母
福相迎。田宅宮中身命。到貯積金銀無破耗田主互垣身命度。白
手成家稱福造。第三宮中號閑極五星不得些兒力。惟有月向此

中生即與命源添福德財帛宮中並田宅身命二主居合格[illegible]耗刑囚如不來富比陶朱多奇策身主福兮命主壽一主高强富不久身命俱好福壽全命主好兮稱皓首

通玄賦 果老全集。俱散金碎玉。絕少長文。惟此賦全集宗旨。餘皆集琴堂諸家。故品格等篇。仍依原本。附集於後。

人生育於乾坤。覆載於坎離。大無不周。小無不具。天干生而氣象聚崇勳。歸祿則氣自聚。故天干吉星以祿勳為主。地支成而元居歲駕。歲駕、太歲宮也。如子年即子為歲駕。土為駕主。故將官命以定三元。三元、天地人元星是。審元辰而言九事。元辰、命元也。九事、笠羅三限、四元、時、命是也。三限、初中末也。四亓、仁。壽祿馬元也。時令星。命命主。生殺作吉凶之根。向背為貴賤之本。先看明晦升沉順逆衰旺掩蝕沖刺。日在六陽位為明。過未則晦。月在六陰位為明過丑則晦。日木土水晝明。月火金羅夜明。反背為晦。日在東。喜寅卯辰巳午時生。月在西。喜酉戌亥子時生。皆日升。守命輔會得用則吉。日在西則沉。五星自北而西自南而東曰順。行順則面向於前。反是為逆。逆則面向於後。須看身命所在以辨諸星之向背。拱夾之宜與不宜不可概以順為吉。逆為凶。衰旺如春木秋金季土夏火冬水為旺。凡長生冠帶臨官帝旺之位亦為旺。如春土夏金秋水冬火為衰。凡衰病死絕墓胎養之位亦為衰。如身命主得用之星宜旺不宜衰。須是升殿居垣。方不以衰論。羅計攔截即掩。日月遇朔望則蝕。凡正朔時刻忌坐命四日度正望時刻忌坐命四月度。雖無惡曜相關。亦恐損壽。若日月前後三日度內引從夾輔。及三方對宮有吉星扶助者。反主富貴。不可概以蝕論為不祥。凡對宮有尅星曰冲。如木在丑金在未對尅之類。凡尅本命及身度主之星曰制。如金為命羅火制。月為身上計傷之。若仇害之星得冲制反吉。

次看朝拱夾輔分會引從截漏守歧。

向曰朝。合曰拱。對身命曰朝。三方曰拱。近兩傍曰夾。近前後曰輔。羅計攔截諸星於兩路曰分。諸星聚一處曰會。在前曰引。在後曰從。先行曰迎。後行曰送。隔宮隔度曰背。在第七宮曰對。羅計攔截於身命宮之前後為截。而得吉星在外不背為漏。身命所住之位為守。十二宮交界之地為歧。凡身命坐度宜深。不宜坐兩歧之間。多是隸卒之徒。否則偏生庶出。不然常主遷移過房離祖奔波勞碌。有祿貴吉星拱夾乃主貴。

方以格局考評貴賤。夫陰陽夾拱得地。豈是凡夫。身命同守官福。乃為上客。如逢經緯驛馬相扶。

更會斗貴印符侍從。卒獲萬鍾之祿。八座之權。失位失時。亦作空門高貴客俗。緣不斷。定為見紫見緋人。福祿夾拱三元。總會無傷無耗。決非貧才。福祿相隨。田財俱旺。富可言。其無比。田可連於阡陌。若值四耗侵凌。八座空陷。必主破祖亡家。沒齒貧窮。計羅乃首、尾之星。作攔截之用。羅計居子午中分。五五可論。日東月西。（羅計在子午謂中分。左有未申酉戌亥五宮。右有丑寅卯辰巳五宮。謂之五五。）羅計攔截前後三三。更須魁元引從。羅計在巳亥。為乾坤定位。平分諸曜。拱天庭。羅計在寅申。乃陰陽兩關。包裹眾星朝帝闕。羅計在辰戌丑未。名為首尾。橫天居子午卯酉。號曰陰陽居。正例置能分輕重。所向又怕失躔。身命得也。福祿難量。左右有情。功名無比。要知火羅計孛。禍福難言。始發權則為雷霆。終害己利。若鋒芒。此類惟宜獨行。怕相混雜。順之乃吉。逆之為凶。日月體君后之象。升入於坎離之中。朝子午。暮卯酉。看垣殿之正偏。分兩班。朝帝闕。辯陰陽之向背。晝生日而水〔金〕輔從。夜誕月而火羅侍衛。合此格者。鳳閣高遷。龍墀早入。至若五曜連珠。二星合璧。戴天履地。安命亥。日木躔於室壁。是為戴天。火成金酉水申月亦申。是為履地。蓋木火金水各居垣殿。日照天門。月照地戶。格局大貴。出乾入坤。亥乾位。申坤位。日與命在亥出乾也。月為身在申入坤也。文武兩班。五星在東南日文。四餘在西北日武。分列兩班以朝帝闕。若日月同在午宮。日守星宿。月守張宿亦是。但要五星四餘以相生相順者為合格。相尅相刑者不取也。君臣慶會。日居午垣。月居未垣。是為君臣慶會。是皆棟樑之材。

廟堂之器。守一空。一十一曜排列。十一宫各守其一。惟居三隔三。如子丑寅三宫有星。卯辰巳三位無星。午未申三位有星。酉戌亥三位無星。乃爲合此。太乙抱蟾於酉未。計

都朝斗於丑牛。水星伴月向未巳。爲朝主背君。計羅火孛聚丑亥。

乃朝天拱斗。四星聚丑爲拱斗。聚亥爲朝天。切見天地清寧。日月居午未。金水各奠其垣以清於上。土星居子丑。木火各奠其垣以寧於下。安命午未極貴。或乾爲天門木居之。巽爲地戶。水居之。亦合此格。日月麗正午日月未。或日麗卯房。月麗酉畢。著明之象。

羣星朝北。天上星辰皆拱北。衆曜拱南。衆曜趨拱南離。巳午少微

紫微二垣。順必異貌奇人。逆則窮途寒士。面南坐北。南人必貴北人富。

面北坐南。南人必富北人貴。復有天地開明。水申木亥。於此安命。得羅計在子午攔截爲合格。

山澤通氣。木居艮。金居兌。爲山澤通氣。水火既濟。火旺南離午位。水清寶瓶子宮。火炎上。水潤下。

無相尅之患。有既濟之功。風雷鼓舞。震卯雷門。巽巳風府。水火各守本宮。萬物得其鼓舞而化育生。此則名為虛拱。不可更漏別宮。須要日月分階。亦宜羅計攔截。如是乾坤否塞。亥宮金羅交制。申宮土計混淆。風雷相薄。水臨卯而傷火。火至巳而受制。水火相射。水在午。火在子。交相沖戰。山澤沉埋。金入寅而體絕。木至酉而受傷。已上數格。互垣不善。此人漂蕩無依。難免破財夭刑。貴無傷。富無耗。世代敷榮。身主弱。命主羸。始終偃蹇。星逢格局。便論垣窠。更不拘其神殺。曜專時令。須分體用。方可斷其榮枯。星健身強。富而貴。貴而壽。格高星困。苗不秀。秀不實。有官福而無用。官乃藏其刃。雄或刑囚而不妨。殺不加於二主。身命官福最喜三元。左經右緯。須防斗柄。若引從者吉。則外貴乎空挐提者凶。則內喜乎善。夾入者吉而拱者凶。主多榮而少辱。拱者吉而夾者凶。合一成而一敗。蓋一曜司權。滿用得拱為先。諸星守照多端。合格為上。前後朱雀玄武而驛馬來臨。左右青龍白虎而經緯拱夾。四神往來環衛。命主三方。七政循行朝拱。官星一位。必主貴為天子富有四海之尊。官魁夾命。帶龍虎則廊廟良材。祿馬拱身。會三元乃朝廷。宰輔文魁催官入於格局。名當一舉而成。的宮隔宿玩於遊。行身必三遷。未定日蝕。朔月蝕望。喪明孤哀。悉遇羅水遇孛。縱黃娼妓。火逼金。龍角受生亢為遭毒。水浒玉犬。婁沒溺胃不受傷。小耗大耗值天地耗。忌守田財。死符病符及年月符。怕臨身命若非獄訟損己亦主博戲亡家勾絞會凶刼亡併殺輕則風流疾患重則斬絞徒流亡神的殺會咸池傷壽損祿飛廉劍鋒帶官符投詞破財相生相順者輕相刑相尅者重血支血刃隄防金字作災殃天危天刑最怕火羅與惡孽男值腸痔癰疽女犯血崩氣漏浮沉若逢土計非溺水必犯巫醫飛廉或遇金羅非干戈則當暴死的殺聚於二刃遇刑囚必主橫胎劍鋒會於四凶遇冲傷必犯惡血天狗華蓋主絕嗣孤辰寡宿必刑妻德星坐於崇勳魁刑權重爵祿居於歲駕伏殺官高殺金為刃休逢刦木為災難避天雄地雌怕居祿位天耗地耗切忌財鄉論殺論刑殺重而刑不

可當。說凶說吉。凶多不可作吉言。華蓋紫氣是良辰。天乙蔭星為善。曜三方有曜。必須參詳。四角無星。未為凶斷。婦人以身福為重。官星可作夫。元只宜坐貴。不宜沖。惟忌見淫。尤見合金水桃花臨四敗。金孛咸池騎四馬。女為娼妓之流。男作癆瘵之鬼。縱有朱唇粉黛。難免送舊迎新。須是風花雪月。不無飄蓬落魄。

品格賦

果老無篇名會海截琴堂五星賦

日為衆曜之尊。月乃一身之主。太陽正照。諸星罷爭戰之鋒。孤月獨明。一世享安寧之福。日月最宜拱夾。金水須要分明。金水會垣。水忌退於金後。日月合朔。月宜占於日先。計羅明朔望之逢。火土分晝夜之忌。土羅夜遇。多招哭泣之災。金水冬生。難免孤寒之苦。水金宜附近於身命。日月喜拱夾於福官。日月次星。張有引從。端為貴格。金水纏奎壁。無混雜必主文宗。陰陽失局。到老無成。金水互垣。終身有益。木炁拱身守命。必有壽而聰明。金孛騎馬坐花。必無禮而淫亂。孛羅尅限化刑。囚人亡財散。命主化官會金水。名遂功成。火暗忌晝犯於太陽。土刑嫌夜截於孤月。羅刑寅位。有打虎之能。木印辰宮。有騎龍之德。木炁貫命。多為林下逍遥。土孛破官。徒向仕途奔走。日陷奴僕。終身不振。月居閒極。反為吉祥。木金化暗入四宮。必傷祖業。太陽帶祿居七位。定得妻財。炁孛守嗣位。男必孤刑。羅火入對宮。婦多產厄。孛居九位。中年漂蕩而無歸。羅入十宮。一世誇豪而健訟。命逢刑曜。而水孛落在厄宮。投河奔井。身在刃鄉。而火羅坐於相貌。自縊自刑。金星守命。好色慾而假清高。木德臨垣。懷慈心而負剛毅。水必漂蕩無守。火必燥急不常。土能熟慮而沉潛。計必多機而巧算。孛招怨謗。羅喜貪歌。炁好藝文。性必孤介。文人才子。多因金水木炁得垣。武將功臣。必有火羅計孛入格。福宮天馬朝陽。玉堂貴客。文魁火羅捧日。翰苑名公。極貴陰陽拱祿朝向。尤奇。最富日月拱財。坐旺享福。孤尅者木炁羅守命身。泊孤辰寡宿之鄉。淫賤者金水孛臨身命、坐冠帶咸池之上。孛主遷移。漂蕩逢生旺。多作商流。計主詭詐。奸謀更强健。必為戎貝巫醫術士。祿馬俱陷空亡。僧道高人。日獨居於華蓋。九流者土孛計同居於官祿。殘疾者火羅土雜處於難宮。白虎帶殺入命。刀訟是非之輩。福德殺刃同會。謀害設毒之徒。吉星坐實。勝似高强。凶星落空。勝居弱地。明實不如暗實。原空不如流空。原空、命空。流空、限空。有實不如有夾有夾不如有拱。空其位莫空其星。實其主莫實其殺。貴人殿駕祿馬喜扶。恩有拱不喜扶煞黨惡。身恩田財官福喜互垣坐實不喜散漫無情。用星不可受傷。身星不可落陷。天殺地殺不宜拱福拱官。駕後駕前尤怕逢刃逢的。身命逢官無實。拱職位難高福官坐實。值身空發施不出。官身俱好。既能富而還貴。恩福兩强縱遇險而無凶。恩能取信。恩一陷而信令不行。福能保官。福一空而官居不久。福嫌身弱。田忌財空。身弱福强。似病人而挑重担。田高財陷。如浪子而逞風流。忽災忽福。是煞恩相守。暫富暫貧。為亘難傷財祿。入對宮因妻致富。馬臨官位。出祖成家。主弱奴强。奴隸有欺凌之狀。命卑閑。健弟兄起爭鬪之風。男以七煞為權。女以二宮為主。主防刃宿。最畏見於刃鄉。男怕煞。星尤惡逢於殺地。天星地。煞俱要叅詳。當年流年。不宜重見化暗刑囚。真可慮坐亡刦刃。最為凶。凶星若守。窮途為禍莫甚。吉曜既居弱地。為福全輕。生星化凶。未必為凶。煞星化吉。未必為吉。凶星生吉曜。吉能制凶。吉宿犯凶。神凶能制吉。遇敵雖然有救。正生尤忌暗傷。暗耗雖逢遇生反吉。刑囚若陷。縱惡難施。主畏忌難同行。煞怕直難作黨。觀星要察性情。論限宜明宮度。垣分偏正。當知各宮生肖所屬。為宗度壁淺深。須明岐界太陽所泊為準。細觀度宿。究察命源。四空無曜。

宮主須論。本度有星。加盤莫問。無星方在外求居中則問宮神。隔界須觀
度主。凡命坐地有宮主度主二宿。如立命己。宮屬水軫度又水宮度皆水倘躔翼宮乃水度乃火。則各有兩主。據此即以居中
宮度深即以宮主論淺以度主論宮度貴乎明健。值難喜其降伏。欲知氣數短長。
須看根基強弱。身命高而根本固。又何畏於煞星。奴煞旺而身主
衰亦難問。於限主關界上。凶星迎送。必損厥身。標的中吉曜加臨。
必得其壽。太陽照煞地。能散諸凶。煞星坐限宮。妄為作福。煞星不
宜作黨。宮主須忌失躔。煞若逢生。為禍愈酷。煞星遇敵。致禍反輕。
但逢尅限之星。便是興災之日。最怕當頭太歲。亦防得勢餘奴。黃
泉路。鬼門關。無非險地。子午卯酉為黃泉辰戌丑未為鬼門刦煞頭。三煞尾。亦是戰

場眾星戰煞定無憂一煞當關真可慮若有傷奴以敵煞本主自如而無虞更看出咸君赶煞之有無須詳流年併限之善惡

增訂王氏集腋

躔度賦

土在齊吳。雖夜生而福猶昌熾。火居宋魯。縱日誕而祿自盈餘。木臨寅亥。是真垣精神百倍。水至巳申誠入局。氣象俱新。陽君先月躔獅子。普照無私。陰后遜陽次巨蟹。自安非泛。何慶基發源泉之衍。由金精循辰酉之方。曷學問富山海之藏。本計曜入荆函之次。名題雁塔。天首周邦。足躡蟾宮。太陽魯分。水日合星張之位。陞庭補袞贊昰明。孛羅同箕尾之鄉。廊廟作霖蘇億兆。金水湊於蛇穴。豈惟鶴髮而休。火土會於牛宮。不獨龜齡而已。多招橫禍。火羅犯於身命之中。廣納殊祥。金木照於方主之內。四空坐命。其人終世顯蒙。一吉隨身。此命早年亨奮。水流鵝尾。巧計千般。孛坐玄枵。權謀互變。掠他人之物以利己。蓋緣水會計都。損自己之財以濟人。必是木同紫炁。求醫何數。火在八宮。伸訟曷頻。羅窺十位。一身迍蹇。火星怕與水星交。沒齒榮華。福曜愛逢祿曜並。眉顰常不足。祇嫌水到揚州。性逸素無拘。蓋喜火臨燕地。早拋父母。太陽不喜遇羅睺。中棄妻拏。攙槍切忌逢天尾。女招產厄。暗曜傷身。男中暴災。忌星魁命。金照衛而主壽。遇熒惑而夭天年。火躔宋以為榮。見太乙早歸泉路。官星隱陷。白頭始得青衫。魁宿圓明。綠鬢已拖紫綬。孛在七宮。遇月以招妻夭。火臨五位。見木方顯兒孫。若乃初行[illegible]

限中始向榮中遇凶星末方就吉刑星居相貌三旬之內入愁門日曜居疾厄五十來臨尋死路看行年之限數加流歲之星辰別過度之順逆以斷吉凶推入宮之後先而明禍福

歷象賦

天地推遷○陰陽極玄○列萬象於宇宙○布九曜於中天○日出扶桑○遇白羊而金烏朗烈○月生滄海○到金牛而玉兔輝煌○木入秦州○旺鬼而初歸巨蟹○土居鄭國○好亢而正廟稱宮○給諫功臣○定是水臨雙女○叅政學士○蓋緣土好齊瓶○南方熒惑在卯宮○貴饒衣食○西方太白向衛分○益壽延年○要知淺薄○無過土埋雙女○欲問榮華○大抵金居亢位○尅妻害子○太乙與天尾同宮○足智多才○木星與太陽交會○中年命蹇○火孛而守酉申○末歲時通○日月定居子午○初否後泰○日月臨於身命之宮○先吉後凶○金木照於鼠牛之地○金乘火位其人

少失雙親。火入金鄉。此命早抛兄弟。妻無子息。都緣孛在七宫。子授官班。紫炁在於兌位。多榮產業。木金會於田園。少失資財。金火同居財位。水火併居田宅。破家蕩產。日木會於財宫。發福多財。財帛衰退。被水宿加臨。田業多增。定月華照耀。生來少疾。日月金水相。當處世多迍。火羅計孛對照。頻遭禍患。殺曜入於高強。自小艱災。日月不臨閒極。年年獲福。皆因三日逢金。日日有災。蓋謂八宫見。火炁羅同歩。其人好逸山林。金土相逢。此輩定能修合。三方若背。為人空貴無官。一主加臨。此命永成喜慶。

玄通賦

天地肇闢。星辰混同。循三百餘度以不息。歷二十八宿而無窮。盈虛有時。祇在夏冬之至。疾徐以望。不離晦朔之中。原夫日當獅子之宮。月為巨蟹之位。寅亥屬木而卯戌屬火。辰酉皆金而子丑皆土。水德一星。巳申兩處。兼乎四曜。分長短出入之不齊。照彼衆人有禍福吉凶之所據。觀其十一曜佈於十二宮。入於失次。則家破疊疊。守於垣局。則腰金重重。羅炁而僧道喜遇。水木而仕宦欣逢。凡星數之通變。在生時之獅龍。登明太乙之宮。金見產雙生之子。太冲河魁之位。火明主兵將之權。亥為登明。巳為太乙。卯為太冲。戌為河魁。魁星顯有震世之文。武宿高作擎天之柱。（文重魁星。武論將星。）為公為侯。順於晝夜。或天或貧。失乎向背。（日喜晝。月喜夜。凶星向。吉星背。）榮名水星遇之。登科及第。文昌金宿。見之天地都魁。歲居蟹鬼而順。將逆柳。（木入泰州。）日上戌婁而入垣三台。（日遇白羊。）斗牛之次。土德廟地。（土號太常。）星張之宿。羅曜喜來。（天首周邦。）祿馬不閑。命重使君之職。福祿稍滯。權卑令尹之才。以貧老富命弱限高。先貴後刑。主沉身顯。蝕神交於日月。父母有傷。西沒地逢煞孛。妻兒可忌。計金相見。人必彫。青水木重臨。文章秀麗。三方背而壽短。九事全而福備。（四元三限時命為九事。）官祿不逢正合。恩蔭出身。因忌若臨暗。刑徒流可畏。或文才出衆。而鄉薦共推。或祖業破散。而身命自刑。一則福星強而田園被刑。一則學問高而官祿有陷。三元俱順則富貴俱足。四空無氣則成敗相仍。限元明健。利名有成身命歸垣。衣祿不虧。疾厄遇火孛。女多產死之因。遷移犯土羅。男有旅亡之兆。有三合凶照。却一世無迍。有四直吉臨。反平生少福。子有喪敗。父犯惡逆。夫受官班。婦當命服。亦宜修人事以應天時。未可徒泥星辰之災福。

通微賦

太陽樂晝自卯以至於申。月魄逢宵終寅而始於酉。寅午戌屬火位。太陽偏樂此宮。申子辰屬水局。太陰宜居此位。泉枯牛壑須憑金曜生成。月喜畢宮切忌金火同度。木嫌坎位。月晦離明。亥子乃江湖之位。太陽不足為奇。巳午乃盛夏之時。月魄晦明為忌。一天黷淡。只緣火曜臨陽。六合溟濛。必是羅睺犯日月。弄兎華生瑞彩。日居婁宿耀金烏。木臨東井。要神首以加臨。炁占金牛。見月孛而無害。男人切忌女人曜。夜裡須防日裏星。羅睺居午切忌水德當權。太乙躔虛最喜太陰同度。計都切忌三陽位。太乙專喜夜裏生水孛同度性偏淫。水火同臨壽必損。火金子位。土孛巳宮。兩相尅戰。切忌坐命。老年切忌遇强星。壯歲却宜逢旺曜。朝雲暮雨。水孛俱坐遷移。性躁猖狂。火羅同躔命度。仁慈聰俊。木正東方。性敏巧明。火行南律。羅首猛烈。計尾陰柔。太陽為性威嚴。月孛厥星淫毒。紫炁一心兮退藏。不為福兮不為殃。計都在歷名豹尾。若非有刑必有忌。金水文辭為智巧。火孛通明必外遷。辰金巳水。為文章職學之科。酉月卯日。定卿監郎官之位。祖財困辱。田宅水被火來侵。人事和同。遷移木得陽臨照。月孛周天皆裸體。惟宜朝斗與朝天。神首躔度以橫天。所臨廟寅而廟午。金曜本性最無情。見木剛柔須相濟。水星無心常好動。向晝楚晉鄭為强。金乘火。位在西北則。輕火入金鄉。見辰方無忌。命居福德。尤怕相尅。身主逢宵好居官。祿孛羅夾命。分先後。日月同宮宜廟旺。羅前孛後以有傷。先孛後羅而無害。論星先分晝夜。此說宜辨陰陽。晝先論日與命宮。夜則言陰歸身度。三元不失。福壽必高。九曜得時。平生安富。限星俱廟。舉世昌榮。福德無星。少年多難。命星滿用。福非常。身主俱强須福壽。福德不近貴星。官祿徒為無用。有曜還宜看吉凶。德宮俱陷福無因。四正有星終作福。三方無曜吉難評。根基舊因須憑命曜居高。白此多迍。必是福星先陷。坐貴金憑福祿。壯命强無慮金火侵。

戴天不怕凶神。履地何嫌惡曜。太陰常缺。子地必圓。太陽常明。離邦必正。計防風疾。孛忌脫肛。日月夾火以逢刑。必主顛狂而赴水。孛計扶身而帶刦。當為自縊以懸樑。看星先尋刑刦。次論刃空。推限須忌天鋒。尤防的殺。一星釣用喜非常。三主俱高必台輔。月在參。日在婁。羅箕計軫定封侯。吉曜强宮福必緊。凶星失陷必災危。

廣寒賦

立儀觀象。創法筭星。推天地之有准。定日月之可憑。風雲慶會。順言箕畢之由。朝暮曉昏。但看房昴之要。曰賦爾命。月躔乃身。子夜朗耀於雙魚。亥宜逢太乙。子五更輝煌於巨蟹。未喜近長庚。金論其玉兎之形。到彼金牛之地。卻怕火羅。毋嫌土計。先觀陰精圓缺。須辨晦明。次看子夜晨昏。以分向背。職屬太后。配同母親。遇羣山先主尅母。逢惡曜亦多損身。南有張。北有危。南北正殿。東有心。西有畢。東西正垣。既曰入垣而入廟。亦須相順以相生。入胃而躔觜參。財星守命。在鄭而躔角亢。祿主居辰。六奴僕位。庶出偏生。九遷移宮。過房雖祖同水見孛兮癰疽痨瘵同金見火兮盲聾瘖啞如逢木炁山間林下作生涯若遇孛金月下花前恣歌舞其初也出於扶桑之地生於蓬島之間或掛柳稍之上或躔斗柄之前每日常行十三度逐月歷遍一周天圓缺不齊昨夜今夜晦明廻別上弦下弦二十八宿廻環禍福曉矣四十五度向背吉凶了然與太乙同坐官宮為官食祿會天乙而居財帛問舍求田古人云石崇巨富月在白羊卄羅為官月居天秤火月逢孛雖韓信未免遭刑金月遇羅縱顏子亦須短命刑囚犯月須看三方暗耗臨身猶覩四正火月入遇鄭蘇長卿卄處牧羊水月坐遷移郭會公宜見虜陣營論金

命月居卯戌火。命月居巳申水。命月居子丑土。命月居寅亥木炁。犯月。命居於鶉火之位。土計臨身。命躔於鶉首之宮。飛來羊刃鈎起三殺。重則犯刑惡死。輕則破相。壓身有救則非常富貴。無助則難免夭貧。命亥月辰。正是危宮當受病。命寅月酉。是真奴僕主艱。辛人皆曰凶莫凶於火羅計孛。吉莫吉於木炁金水。殊不知身命入魯宋。不怕火羅。身命居齊吳。毋嫌土計。大凡人生天地之間。剛強正直。有勇敢為。火羅計孛。使之然也。凡金星伴月以躔亢。水星伴月而入軫。火星伴月向南斗。木星伴月朝東井。雖然一星伴月。自古宜有。不如衆星朗朗。孤月獨明。身宮清吉。休愁爾命。

玉衡賦

年年獲福皆因二主逢恩。歲歲生災。祗為八宮見難。九宮遇孛。飄蕩無歸。命犯絞刑。死無葬地。七宮煞聚。亡劫妻主生離。五位星來六宮。子宜螟蛉。五星失陷。蹇賤貧寒。三仇高强。奔忙勞碌。田星歸命主歸田。若不大富有閑錢。水孛如居田。財難招祖業。恩星若來田宅。萬頃田庄。十二宮中須細看。守命之宿尤宜詳。太陰守命。夜裏光輝。如值難星。福減一半。木星端正清靜。火星性急無情。不受人虧。為人剛暴。土星忠厚。臨老蹻蹊。帶疾傷殘。並損脾胃。金星好色。儒雅清高。水孛貌清。貪妻愛妾。女人。過此不正。謀夫。羅星守命性格剛强男主刑妻疊疊女主三作新娘計羅優游弄笛吟歌炁星守命不貪田業八宮見火必主傷痰犯度計都病多膿血羅孛同會冷泄腰跎相貌化刑傷殘面帶羅孛命限女寡男孤婦傷胎夫限行見計女喜六陰之位男喜六陽之宮

心授磨鐫賦即琴堂恩難賦

富貴雙全。蓋是四星制難。貧寒一世祗緣仇主傷恩。恩居四正定超凡。難若當頭何足說。難星若占田財。斷無祖業。恩星如守田宅。廣制田庄。難星秉令限宮。終身成敗。破碎刑傷。財庫衣祿艱辛。忌難同行。當獲福。恩仇如遇主無成。引鬼入室。貧不自聊難星為用。不可戰。尅化難生。恩福來不小。忌會仇星。必主刑傷。恩星守限遇仇來。禍生不測。難若當頭逢用。制福卻。難量二母爭權。決不為福。兩鬼自鬪豈是無災。恩星縱顯。重見無功。難仇雖輕。重見必死。逢恩不發。蓋因恩在仇宮。遇難不凶。是由難居用地難守難宮禍不淺恩居恩地福無涯難在忌宮轉凶成吉恩居仇地縱發亦輕官星貫日定為顯達之人恩用居官亦是榮華之客恩居用位縱逢仇忌也掀彰用入難宮直待恩來方顯耀忌星守照須看三方恩用照臨必分正合恩無餘氣藉用星而解仇用若當頭儘難星而作祟向背固宜斟酌晝夜更要推詳夫妻本是難星逢剋化反能偕老兒女主若恩宿伴生旺反主刑傷忌守命宮有福有祿忌難臨身破刑帶疾青雲得地忌星身命兩朝陽白手成家命主恩星同守宅行限若遇恩星置田換宅宮內如逢難曜重疾破財辰酉命上會太陰須當獲福寅亥命金炁臨身將何以為火羅計孛本

是兇神。化恩星獲福莫量。木熬金水本為善宿。為忌难見禍最速。土命人行金限遇火不能尅金而發福。土命人行木限遇水。反能助木以生。災限逢難在高強無救必然倒限。倘若恩居忌弱有黨亦不為祥。所喜者恩星秉令。或顯逢生。最嫌者難星司權。兼忌有黨。恩居強宮逢生吉。難星秉令有黨凶。

埤言王身集所

輪宮賦

天命為最。已身欲強。值吉星之守照。獲厚福以無疆。倘入廟以清奇。更須高位。若陷囚而生旺。亦又何妨。太陽臨位。榮貴無災。月后入宮。清慈有福。惟容貌之秀美。處人事而最足。切防忌宿照臨。除年減算。尤嫌凶星對照。失祿興災。金潔體而立性。多剛。水亂眸而為人。不一非言辭之無準。即處世之多失。水須清秀。身體長而好文學。炁必寬慈。閱經史而博覽。廣識。或云孤宿亦號官星。云寡宿者為僧為道。號官星者。有職有權。孛身瘦小而人前。好說家風。羅計粗雄而膽大。性多鄙吝。喜獨居於一位。忌相會於諸星。惡曜多不自安。凶星遂成殃。釁火星赤。黑須燥暴以難勝。土星矮肥。最寡言而多慮。各分晝夜。切論晨昏。若為忌宿之臨。深作殃危之急財帛宮位。吉凶可知。遇木星而守照。無凶曜。以為奇。資財必獲榮昌。金帛盈滿囊篋。平生空乏。水土難欺。金炁臨垣。木曜同斷。日月同入財宮。必人財之兩旺。火孛二曜。須破敗以無成。羅計兩星。主雛祖而有望。　兄弟宮數。要知多寡之分。星宿推遷。須識吉凶之佐。值太陽者先損其父。遇太陰者卻無其母。土星生晝兄弟五人金星夜值雁行四箇。計羅三二。木炁還多。水土兩娘而生。火星爾我而已。　田宅之宮。惟日月之最吉。父母分業。喜金曜之極强孛計若臨而破損。火羅土照以難堪。大欣紫炁加臨。田園豐盛最喜木星守照。財産俱昌。男女宮内。得火者一雙。子孫位中。遇木星三個。太陽得位。一二人而可有成。月曜入宮。二三子一雙無禍。水星一子聰明。慧孛無男坎坷。計羅有尅。火星難保於初前。太乙多傷。紫炁頭兇決尅損。奴為惡曜。吉凶不殊。日守則防父没。月照則當母除。若遇惡星而值此。定係蓬蕽以安身。倘逢吉宿之加臨。須知僕從必昌盛。夫宮無異。妻位且同。最喜金炁相照。惟嫌日月難逢火星土宿非忌咸安。木宿端莊賢而貌美。慧孛計羅而二三多厄。水遇惡曜而鼓盆莫逃。疾厄之位兮。知吉知凶。禍患之宮。令理優理正。大陽臨位。百禍俱消。月曜入宮一身遭釁。水主蹇厄。孛守而喉腹生災。火主眼腰。土臨而心胸疾定。木金救解。災疴不致侵凌。羅計為憂。手足安能馳騁。

遷移之位。逢火孛切忌遠行。遇羅睺必須破宅。太陽嫌晦亦怕逢囚。木金多樂於風流。水炁卻豐於財帛。

官祿吉曜。職權自昌。日月相逢最貴。羅計入廟為強。孛星守而刑獄難逃。木炁臨而資財豐盛。

福德宮神。最宜明淨。此一宮之強盛。獲百福以來臨。倘逢凶曜之加。壽齡何保。縱有吉星之助。財產須傾。

相貌之宮。須識凶吉。詳推身命。禍福堪憑。

星格貴賤總賦

兩儀奠位。無非清濁之分。二氣賦人。各有賢愚之稟。日月合璧。龍樓鳳閣之人。日虛月危。日星月張。日房月心。日昴月畢。得用者貴。祿馬朝元。鸞序鴛行之士。祿馬拱身夾命。及祿馬主起拱夾身命貴。日邊紅杏早占鰲頭。木為官恩命令幹用與太陽同行是。雪壓寒梅終身餓莩。木水同躔。夜生冬值。或在子丑及水宮水度亦是。向陽花木。三台八座之榮。木為官恩命令順行見日晝生春夏佳。照水梅花。萬軸五車之學。木在巳申冬春生逢晝為美。生楊柳。合作伎倡。春生木躔箕虛。秋日梧桐。堪為僧道。秋生木遇孤寡陽刃。月中仙桂。少年平步青雲。木躔心張危畢。或秋生木月同宮亦是。日晒花枝。壯歲趨朝丹闕。木臨星虛房昴或春生木日同宮皆是。君臣慶會。鐘鳴鼎食之家。金水為官福恩令。命元朝輔太陽者是子母重逢。貫朽粟陳之宅。命主會恩。須得位得時合格。梅梢橫月。簞瓢陋巷之人。木月會子宮生秋冬。柳絮隨風。萍水他鄉之客。木星秉令躔箕度。或在巳宮巽地。雨聚花殘。窮愁萬種。春生木躔畢處。風搖葉落。辛苦無閑。秋生木躔箕度。朱衣馳日。朝廷宣使奏差。火會月與馬元同行。安車蒲輪。翰苑編修集撰。水會日與馬元同宮。梅影橫窗。一生清貴。木月冬生同在畢昴。桃花浪暖。昭代文章。木水會命在奎度尤妙。金馬嘶風。仕路銓除之速。馬元會身命行限在辰巳。而蚌珠吸月。儒林取選之高。勾陳鎮殿。珮玉腰金。土掌官恩命令同太陽躔虛星房昴日度。花裡停驂。封侯列仕。木為命官恩令。同太陰馬元在張心危畢。丹桂飄香。或貧寒猶當食祿。秋木為用神在巽巳地。梨花帶雨。縱富貴亦主重夫。春木為夫主在酉中畢處。元命馬頭帶劍。廣闢封侯。馬元會刃宮或遇刃星。北海挑燈。位居宰輔。夜火為用神居亥上。山嘯呈寶。殿前作賦聲摩空。

土金同落空亡。石礪劍鋒。塞上封侯建旌節。土金帶刃同宮。南枝向煖。相國經邦。

冬木為用神。喜居午上。或朝太陽合格。北苑回春。狀元及第。冬火為用神。居子照命身與太陽。珠藏淵。海萬人頭上英雄。土金為用神在亥子。水湊天池。三峽詞源豪邁。春生水為用神。躔壁亥為天池。乾旋坤轉有慶之人。水木扶日月於官祿。蓋乾在亥屬木。坤在申屬水。虎踞龍蟠。

當朝之士。金木為龍虎之星。各得其用。而照守命宮者。佳。雲閒鸑鷟。當為郎省之賢。午宮命。金炁入宮坐命。天上麒麟。定數東宮之貴。金在辰。木在卯。在卯辰坐命足。金冠頂翠紫誥金花。金冠指金也。頂翠指木也。金宮會木合格。玉出崑岡。羅幃繡幙。金土斗度逢空合格。鸞輦南幸。人主之尊。金水拱日在星房度。鳳駕北歸。帝王之象。金水輔日在虛昴度。據巽歸乾。

應當富貴。命在亥主在巳合格。移乾就濕。必主貧寒。命在午月金水在子是。玉兔東升。利名雙實。木為官恩與月同心。金烏呈瑞。富貴雙全。金為恩官與月在畢。風雨作霖。有濟世安民之略。箕風畢雨金水太陽躔畢箕度是。中流砥柱。展扶危拯難之才。諸星皆衰。惟一星有用為貴。老蚌含珠。鄉閭望重。土金在亥子及辰巳宮。金土為用神是。寒潭浸月。台憲馳名。月在巳午二宮是。冬生則為寒潭。河洛呈祥。斷出鴛行後序。木烝金水拱太陰在午。丹墀獨步。定主虎榜名題。身命纏柳。太陽在壘。長虹貫日。早冠判臣。火日爭光。以太陽為用神者是。太乙抱蟾。孤兒寡婦。月孛同躔。以月為夫子星是。素月流天。見金官居極品。月在午未遇金胞。寒雲出岫。遇土身隱空山。金奎壁逢烝土。要官恩之明健須身令之高強不離順逆伏留。細辯盈虛消息。

諸煞秘要賦

天之星辰苟求其故可坐而知地之神煞欲究其微不言而喻陽刃子午卯酉刼亡寅申巳亥辰戌丑未四凶煞巳酉丑上三白衣申子辰生怕行巳午未限寅午戌人忌行亥子丑位亥卯未之申酉戌巳酉丑之寅卯辰惡曜險甚薄命難禁立命子宮限斗二且看井七胃二張十四安命卯位行軫九必觀女一畢五與奎初難星倏忽來壽筭危乎此午命防申未之井酉宮畏戌亥之奎四角居命雄哉奇偉中州定位傑出魁罡四箇馬宮最怕老人不壽八宮陽刃必然壯歲喪妻刼凶出入皆凶陽刃兩頭切忌限行貫伯

兩頭。入了何愁中位。甲如入卯。尾二氐一定防災。乙若到辰。氐初軫十必為害。丙戊怕午張柳。庚畏畢五胃三。妻在孤神寡宿。到老喪妻。子居陽刃刦亡。晚年無子。別夫離婦。陽刃煞中逢孛。剥官喪職。空亡限內遇計。金孛挿花。女人色慾。土羅持刃。男子凶頑。嘍囉詭譎千般。花宮帶孛。聰敏機關百變。刃上計逢。龍斷牙僧。身居天。雄刺胥吏卒。命坐破軍即的殺卯刃帶。金病癆傷壽。亡神逢孛溺水喪身。刦煞在寅宮。金來虎咬。亡神到乙上。土會蛇傷。祿馬空亡。任是豪家必葬。刦亡帶鬼。縱他貴顯遭刑。蚤歲功名。空亡同於刦煞。老年富壽。正祿入於旺宮。少年發於帝旺之鄉。老景榮於衰庫之地

八格賦

琴堂

貴格

貴者。七政入垣。三台合格。三台金水月也官令同於歲駕。官祿主令星日月夾於命垣。命坐玉堂。主登歲殿。君臨帝座。身處崇勳。日居午。月居祿。命主得局而朝元。元生年支辰是太陽引遠而從近。計羅截斷。觀其漏出何星。漏蟾光宜值夜。不宜殘晦。又化福祿貴印為上。如化刑囚暗耗減論。漏官星值時令不空陷。官居上品。漏福星得時令。又化吉。享福。漏命漏貴化福貴乃堪財名。漏恩必得馳榮賞爵。官福朝拱。無見他方漏殺有制無危田財。二星不可漏。漏主虛花惡曜。諸星羣聚於強宮。孤月獨明於黃道。黃道者。以十干陰陽所取甲丙戊庚壬屬陽。乙丁己辛癸屬陰。且如陽命。從本生年太歲宮順數。正月至本生月住。就於月上逆數初一至本生日住。就於日上順數。子時至本生時佳。即以時上起納音之数数之。順行第幾位為黃道。逆行第幾位為黑道。若是陰干亦從本生年太歲宮逆數月。月上順数日。日上逆数時。時上起納音逆為黃道。順為黑道。天馬乘於生旺。母星也。納音数者。水一火二木三金四土五是也。占於高强。天馬申子辰火巳酉丑計寅午戌水亥卯未木母星、即恩高强、即强宮也。官福互垣貴明傑。以為上金水輔日。在停均而為佳。殿駕貴勳。互相晉攝。刑囚難殺俱各潛藏。官曜顯而福星明。官高祿厚。科甲强而爵星弱。名重爵輕。相天子理陰陽。必星聚兩班而朝。命臨兆民。行政令。乃宿分一道以輔君。主居六弱。用入四强。虛中云。命主入奴僕。議論有殊。貴為君。從賤作人奴。命田官妻為四强。身命宮居五九。恩官畏入虛鄉。虛即空亡。更覩天馬之運行。以定品流之高下。

富格

富者。毋依日月。身坐田財。田財互垣守垣。更逢生而司令。日月朝命爽。命又入局而得經。田財最喜臨身命。身命又喜傍父母。母星得拱。又臨照於命財。奴煞伏降。不侵凌於官福。財喜臨於墓庫。田忌陷於空亡。財化令令生財。必致豪盛。命入田。田入命。亦主豐腴。官福生田財。名虛利實。田財生官福。利重名高。暗耗厭見二四之宮。福祿喜居九五之位。更逢限氣扶持。必見鎡基充裕。

貧格

貧者。身命受傷。田財失陷。福祿背於身命。且居惡弱之宮。暗耗聚於田財。更落空亡之地。奴煞破庫而破祿。主星夾殺而夾。奴生值嚴冬。金水孛臨於身命。坐逢弱限。火計彗戳於田財。生忌洩於餘奴。身嫌坐於惡殺。母命虧而官禍。俱陷限主弱而難殺交侵。主入六宮。定是艱辛勞苦。命居隔界。終當遷轉流離。更會奴煞於福德之鄉。必須困老於窮途之下。

賤格

賤者。主居惡弱。身陷休囚。吉星散亂以無情。凶曜戰爭而不靜。奴宿或侵於命位。煞星或戰於亨衢。主曜失躔。奴餘反居正位。凶星當道。身命不近貴人。陰陽晦蝕以無光。金水退留而失次。身命拱

值難殺曜當權日月夾刑囚閑神擾殿無用忌奴而占貴守命得勢值難而破福傷官更安身命於驛馬之後前必效驅策於士夫之左右

壽格

壽者田星司令壽元逢生（田星乘旺納音得令二星逢生旺主有壽）身處高强無殺星而犯殿命居生旺得歲令以入垣日月夾命守田宅是壽元而最妙金水輔身臨命位為母曜而尤佳貧而壽者辱乃田財弱而身命强富而壽者榮乃官福高而母令健大喜金水日月之滿用最嫌火羅計孛之當途若田令身命之無虧必福壽而康寧倘宮度

母財俱有益當安享而遐齡

天格

天者主宿失垣身星傍鬼破局刑囚攢命位四正俱空司時殺難尅限宮三方無救母星令星俱陷官宿福宿皆空天殺會合地殺交攻祿元破壽元虧齊到殺鄉端可慮難星強限星弱纔交關界便須防更看流年星殺之併冲以斷某月何日之殞沒

賢格

賢者金水坐命木炁扶身名甲朝陽躬親臨於君闕金水秉令獨相助於月華或身泊於斗牛之間或命躔於奎壁之府日居日廟

單聯兩傍之金水月入月垣不見三方之土計更免閑神混雜端為氣質清明

愚格

愚者土孛混雜金水背馳日月沉淪又沾羈命母落限而失位或晝行於夜曜或陰遇於陽星奴殺交攻不顧其君命母失陷莫助其子身命居僕馬且受制於餘奴值難混亨衢返遮攔於吉宿若更生星陷弱必好自用而不移如是福宿殺臨雖發修省以無益

右定八者允執一中五曜四餘辯以生尅制化三方四正觀其鈞射加臨格局高低俱皆詳察星辰好樂合悉推明

六親賦

人命六親榮枯，天象五星先定。日到日躔，父基發迹；月陞月殿，母福禎祥。陽居陰位，父先傾；陰居陽位，母先逝。陽刃劍鋒侵日曜，父蹈刀鎗；產星卷舌犯陰宮，母遭血厄。月躔陽而遇孛，母誘他人生子；日居陰而逢金，父緣他處分兒。父遭水難，陽羅暗曜度浮沉；母值縊死，計月因星逢貫索。計孛如至飛廉，定主雷驚樹壓；羅計炁逢刃煞，必然虎咬蛇傷。閑主若遇水金生，兄弟多衆；極星如逢水火制，孤雁獨行。疾厄與因曜並躔，金玉光輝終帶疾；遷移同暗曜相犯，弟兄仇敵另分居。爲傳爲道，多因孛炁落空亡；好藝充軍祗為木金逢地刦兄弟浪蕩太白與囚曜同宮姊妹猖狂撓拾與咸池胥會火受生而夫顯金受制而妻傷妻亡産厄對宮陽刃過原羅夫死鎗刀對曜孛星逢刦煞嫁而還背飛來客曜無情娶而復離原守羅星有黨多傷妻則羅貼三刑重嫁夫而孛臨三煞妻通僧道妻星同忝入遷移僕引妾奔奴主傍途來八煞自小無妻孤神忌金怕火從來不嫁寡宿憎計嫌羅男娶老妻日上陽差逢刦、殺女招小婿命中陰錯會空亡妻配奩虛金星忌羅暗耗夫凶破祖火曜同孛刑因孝服娶妻因此曜官司打死是斯星妾奪夫權金遇孛妻强夫弱火逢陽桃花若值陽宮小姨暗通姊丈咸池倘居陰位。大姨奔奪妹。夫陽差陰錯重疊。骨肉消條而公。姑真假。天羅地網交加。貲財退失而岳父存亡。五位星飛起生旺則子孫特達。斯宮宿若遇暗曜。則男女難存。子養雖自外來臨。終亦難保守。水逢生旺主一人而俊傑。火入垣廟。必雙桂以聯芳。用木金而男女三四。觀土曜則子孫五六。庶出偏生。必是奴星來。子息螟蛉乞養。定因嗣曜入遷移。逢生旺而衆多。遇休囚而減數。為官為貴。定須爵祿來臨。且賤且貧。必是食神就刦。天空臨子息之宮。末歲損成家之子。祿神來男女之位。晚年招繼祖之兒。火羅字則暴躁亂逆。紫炁木則愷悌慈祥。先明六親。已定時刻。次論諸經。乃推貴賤。

推言王星集所

流年都天賦

命為本限為未定一世之榮枯星移度煞移宮決流年之休咎太歲乃諸神之統領月將為衆煞之樞機月健併煞臨身無吉曜必遭橫擾太歲趕煞入局遇惡曜定入泉鄉喪門白虎哭聲騰血刃官符公訟起孽天遊奕照身命陡損生災豹尾黃旛臨限程纏綿有疾大耗并計孛火羅於帝座家破人離紅鸞遇木金炁水於限途財豐祿厚催官星至須知恩命之榮食祿星臨乃見文書之喜添丁進口天喜更遇吉恩足祿多財三煞不臨財位第紅鸞非盡吉曜即天喜亦謂凶神須看交併何如方定災祥奚若遇吉吉斷

遇凶凶看。天蠱為血光之神。白虎為重喪之煞。紅鸞照命。有喜可
消膿血之災。大煞臨身。無病必遭刑憲之禍。木炁雖云吉星。土命
人則以為災。土孛本是凶神。木命人反能招福。水孛主腎部疾嗽。
央脱破財。火羅主心腹血光。是非致訟。欲知陰人齟齬。金孛照命
誼官符。如逢高貴提攜。炁木臨身逢天喜。財逢刦殺。須防盜賊之
侵。田值官符。未免户爭之累。擎天莫臨妻子位。骨肉相刑。官符怕
到兄弟宮。訟庭爭理。死符病符當命限。切忌浮災。大殺刦煞臨田
財。須防暗損。凶攢煞聚。九死一生之年。煞值星扶。二滿三平之歲。
馬到遷移逢紫炁。千里稱心。祿臨主限照金星。四時進喜。血刃傷

財破蕩。六害尅子妨妻。咸池併限閑[illegible]中。三煞沖身。泉路口弔客主門庭之孝。血刃主瘖疾之災。黃旛若併火羅。凶中致死。豹尾喜會金木險處生祥。凶星得用進權名。惡煞攻身防險厄。棄人間事歲君趕煞併限入喪門。從地下遊。歲君攢凶併命臨三煞。所喜左助有救。切忌後逼前空。更加闌干之凶。定斷幽冥之禍。驟加官職天喜照限。福星臨橫進資財。官祿臨身。凶曜退勾絞。四時多擾。交爭不明。劫亡歲月為災迍邅。莫免更忌星纏留退。九防煞反攻神參較災祥。酌量輕重。

琴堂指金歌　琴堂集中。多有言天官及暗耗刑囚諸論。故人謂出自耶律後。余亦未見原本。故從俗而先耶律。今考正傳。謂此篇作於唐而秘於宋。是琴堂乃唐時書也。其先耶律多時矣。觀其文闡幽發微。殊似唐人手筆。二字似用純陽先生張又不敢執以為唐書也。姑記此以俟博學改正。

人生富貴皆前定。干繫身與命命即命主。身即身主。逢生坐實占高強。名利兩榮昌。身命二星。須逢生我之曜。坐四柱支神實地。占命垣財。男妻田官福強宮。則富貴雙全。身命逢官是貴人。登駕近明君。身命主會官祿。天元祿主登歲駕。主其貴非常。身命臨財萬頃田。官福喜居垣。身命主同入財帛巨富。官福互垣大貴。福星守福為真福。財妻子祿足。官曜居官作顯官。君臣僚友歡。若是命身無駁雜。享福弗艱難。身命得助嫌虛脫。會煞逢空發。身命逢生為得助。喜實嫌空。若遇難則又喜空。會煞逢空反發。身命遇煞不逢空處世有刑凶。身命日月要入垣。失宮福不全。身星最緊命次之。恩福要相宜。身星若陷總無憑。福祿要身承。四句承失宮言。田財官祿與身宮。卻與命元同。四宮與命同論休戚。乃提出命元為重意。蓋致富貴者命也。魯邦立業水同鎮。官福俱傷盡。戌屬魯。鎮即土。戌命土為官。水為難。同度宮則受剋傷。身命辰酉都屬金。最怕火羅侵。土生金水亦生氣。因金亦同類。火畏財帛喜土生。但依身命行。火能生土亦生金。上下究原因。秦晉楚宮關土計真是太陰忌。秦未。晉申。楚巳。三宮以月水為命主。太陰又為三宮之身主。周邑立命木氣逢。此乃太陽凶。周邑午宮。太陽為主。醉醒云。只怕成林木作殃。七強五弱十二宮俱忌難星逢。各宮逢難為禍有輕重。妨害無親踈。如卯戌以水孛為難。若水孛在命。則平生晦滯。或多疾。如財帛見則不住財。或慳吝。兄弟宮見則寡兄弟。凶朋友。田宅宮見。則破祖業。尅父母、男女宮見。則男女有害。奴僕宮見。則小人不足。因福致禍。夫妻宮見則妻妾醜貌刑尅疾厄宮見則官刑訟剥。中年暴病。遷移宮見則出行危險。官祿宮見則仕途艱難。或生禍患。福德宮見則貧賤勞苦。相貌宮見則無貌破相。

年月日時為實地。禍福皆非細。日月五星守照四柱。則福不可量。凶則禍不可測。逢身宮田財福德。恩曜有用之星則為人仁厚忠信。富貴有壽。值八煞奴僕閑極無用之星則為人凶惡貧賤醜陋夭折。更胎宮有吉星。為生成富貴。有惡曜則出於貧賤輕薄。或生背父母。或父不明。

四柱有星強。四正災祥禍福應、四柱支辰有吉凶星居之。勝於四七政四餘分喜怒。逐一細詳過。火羅性最速。過之即正強宮。為禍福如影響。發亦易退。水孛性最遲。過了方發。亦難退。木炁土計性頗遲却耐久。惟金星日月。自始至終。火頭孛尾最為利害。

胎上逢恩非凡裔。庶出孛羅計。胎宮如正月生人。尸上是。若逢恩宗。為喬木故家之裔。四餘值則庶出輕賤。

胎宮帶煞尅日月。未產先流血。如十一月生人。卯為胎。或辰酉午三宮火為煞。若火與日同行。則母腹中便主傷父。與身同躔。則母必不免於産難。若火與命元同宮。則有百日周歲關。

胎中驀越稍減輕。産際主虛驚。

如子歲駕亥驀越。七月生亥為胎宮。雖不見煞臨。産虛驚。

駕前冲驀諸神煞。直難禍尤烈。

如子為駕。丑天空。亥驀越。午冲。四宮之禍福最緊。諸煞臨皆為害。逢直難。禍尤甚。大小限遇。必主惡亡。或祿馬官福及有用星入此四宮。為禍亦不少。直難即直頭星也。

大凡駕上喜日月。諸煞分優劣。

日月居駕有用。無用皆福。其餘恩福財官則福。煞難忌臨則禍。

月支一字喜身逢。行限看西東。

太陰居月支。強弱皆吉。望前喜向東南。望後喜向西北。

命守垣城福伴恩。壯歲秉威權。

垣城即日月支。若宮主命主居之。及恩在福德宮主。二十五後貴。

恩臨帝座身守福。老限承天祿。

帝座即時支。值恩臨。更值身守福主。五十年後承爵祿。

福官守籍喜相生。犯籍主刑凶。

籍時支。若官福坐遇用星生助同宮。富貴。或殺難侵籍刑傷。

恩星坐駕少年榮。時逢末主興。

如子年卯命。木入午七。少年富貴。時逢晚發。居日月中。年顯達。

忌曜於斯分頭頂。四柱關係緊。忌即難。守炁、初年艱辛。守日月中年破敗。守晞孤貧居日尤凶。祿馬貴人所專地。太歲關者是。祿貴所居。更太歲拱夾身命主關福德。以宗坐享榮華。紛紛格局且休言。最緊是流年。一紀循環須細談。原守歲相參。諸格吉凶。流年禍福最緊。原即當生星。歲即流年星。凡命看原守星。復審流年曜、互相參究。如恩財為福。難奴為禍。則災喜立驗。更將日月加臨祕禍福如符契。如命立巳未申三宮。以月水為主。喜金水月木。忌火羅土計。看流月日何宿。遇亢牛婁鬼生命之宿。則遷官進爵。近貴得財。遇角斗奎井尅難之星。則散禍消災脫厄解難。遇箕壁參軫本行之星。則室家和好。事業平安。遇心危畢張本行之宿。則明友康寧。內外親睦。遇氐女胃柳則口舌耗散災迍。若二限陷弱。身命主星。逢刑遇殺。必有不測之禍。重病死傷。遇尾室觜翊生難之宿。則顛倒災死血光。若二限空虛。身命主遭惡值難。黨起兇威。必有非橫。乃看諸星之性情。以定災福之急緩。流年遇煞喜逢空。吉曜反成凶。流年限上恩忽到。平地蒙宣詔。

流年九位逢羅火家遭四祿禍行逢限主有生意貧賤忽富貴若逢後限不如前只恐半周天言不能行盡此限極形其速也不然限歲定推遷虛實一般般虛即空實即四支不問當生流年寔則吉虛則凶若限遇二恩有用之星值空則喜流年實之尅我之曜坐空卻喜流年空之故曰虛實一般限主福薄又逢空非天即盲聾用星即限主星也如甲子旬生酉命丑限主星在戌此限主空更值甲寅太歲限又空再值流旬復初空則全無拘束如朽索之馭六駟幼逢則夭壯老逢之必盲聾年至老限俱空壯健福不虧自幼至終所歷限宮俱空若限空原命元限主居健地衣祿不虧脫歲亦空不可例言凶限既脫落當生空亡之中行限又遇流空所謂空盡最為奇空亡一訣火人知陰陽兩分推陽宮災禍應陽年陰宮減半年如甲子陽年戌亥為空戌陽全空亥陰半空丑陰年亥全空戌半空餘倣此如陽年空陽凶禍重陰宮輕流年空亡同此而推其半仍要定真

。假。輕重量多寡。真即實。假即空。輕半空。重全空。多重空二三位。寡輕減半及有真。晝日夜月難一。例。金鳴火終昧。日月無雲則明。晝日空。夜月空。金空鳴。火空發。但火有時熄終凶。小限宮中起生月名為月限訣循環逐一明災喜數週而復始。凡一年休咎。在小限宮內。若十二月吉凶。又散居於十二宮。如小限在申。值恩宮福田財吉宿臨。是年必然發福。若殺難凶星值。其年必然災禍。月限亦然。如正月看申宮。二月看未宮。三午四巳。依宮逐月數周十二宮。大抵小限看月限。值財帛遇生吉星則發財。見殺凶星則破財。至兄弟則因人薦舉。值凶則凶。朋友乖爭。在田宅見吉則宅舍有喜增進田業。遇凶則門户多事。家貲破耗。在男女見吉則生貴子。或子女有喜。遇凶則子女有凶災或損人下。妻妾見吉則妻有喜。凶則妻妾有災。餘例推。逢生遇煞逢凶吉類應年月日。生星為福。煞星為禍。各以類應。如木應亥卯未寅年月日時。金應巳酉丑申年月日時。水應申子辰年月日時。火應寅午戌。土應辰戌丑未。其為福之星。若貴人則於所應之期榮膺超擢。否則招財進喜。若遇為禍之星。仕進則降黜。庶民則破家退財病殞命。

四者。月為兄弟。日為妻。子息在於時。年為身駕。依此取。父母胎元遭刑。

記主星各看居何地。虛實從其類。此不以十二宮主為例。但取四柱支辰而論。如庚申年以水為本身歲駕。便看水星在何宮。戊寅月則木為兄弟。即觀木在何宮。丁卯日火為夫妻。審火在何宮。丙午時太陽為子息。看所守何宮。己巳為胎元。則取為父母。審水星何在。其各星逢生坐實。及遇殺星逢空則吉。或逢尅坐實。及遇吉逢空。則以凶論。

身命二星如相尅。玄機不可測。初末平分一百年。生殺細推研。凡星併主星宜相生。宜比和。不宜尅戰。如相生則一世動用亨通。如尅戰則平生處置乖違。施為蹭蹬。大抵人生百歲。以命主管初五十年。身主管末五十年。其間生殺制化之理。又宜參詳。假如命立子以土為主。喜火羅忌木炁。此五十年元守行限。逢木炁則凶。遇火羅則吉。五十年後屬身主所管。如身在寅則以木為主。喜水孛忌金星。流年逢水孛則福。見金星則災。餘倣此推。

命弱官福馬元强。雖榮不久長。身命主星無力。官福馬元强。徒不過暫時富貴。焉有久福。

立命不定或多稱身

命主兩岐。馬入遷移更祖姓。身命人無定。身命居兩岐夾界。如氏尾斗女之類。為人心性不定。若驛馬入遷移。及遷移入身命主。或身命被驛馬遷破。必主平生作事進退。非出祖過房。必移根換葉。不然萍梗之人。他鄉之客。

妄想心高不滿意。用神坐虛地。身命官福田財。有用之星陷空。則困苦心高。謀事多不遂意。

貴人祿馬官福同拱夾怕逢空。官福祿馬最喜夾。太歲衝必發。凡貴人祿馬官福之宮。得日月身命夾之。三方拱之。極吉。遇太歲冲刃起。必發福。若日月身命夾的刦刃陰者凶。太歲冲動必破敗。

煞莫夾官祿鄉。夾着禍難當。官祿宮不宜羊刃的煞夾。值煞前夾。難在中。限逢災禍必不可當。

地尾後天鋒。雖榮不善終。地尾計都也。天鋒羊刃也。壬癸生人子為天鋒。若身命在未。計在午。左右夾之。雖榮惡亡。

金木為煞星。坐煞非命遭王法。如丑命木為煞。亥命金為煞。若非臨空亡刦的羊刃甚越之上。或三方拱弔。限道遇之。更流年煞曜冲刑者。必囚梏而死於刀鋸。蓋金木素秉肅殺之權。衆煞更增其勢。豈不為禍。左右二煞月居中。仍看三日宮。如庚午生立命子。太陰卯。或金或木在寅。或水或炁在辰。左右夾之。必主自幼難養。生多疾病。蓋木炁為難。金為刃的。三日宮。即生日後第三宮。如子日生卯宮是。仍看煞以論輕重。

前後二煞夾日月。身殃母有疾。左右煞難。日明居中。生身多厄。父母多疾並有尅害。災多喜少憑何信。福曜居羊刃。羊刃之煞。在天主屠戮。在地專宰割。故為禍尤酷。蓋人之安閑勞苦。皆係福德之星。要居善地。斯能坐享榮華。若臨凶位。如羊刃之類。則平生災多喜少。

羊刃的殺忌三合。拱命禍最毒。身命主。命限宮。吉恩日月拱合。則享福。如值及的惡煞拱照。主貧且禍。

三方見煞別無忌。禍福玄中秘。對宮見煞別無災。大概少欽懷。凡凶煞吉星三方拱吊。禍福最緊。對照則緩。故行限三方見煞則緊。見恩福大。對宮見煞徵災。見恩、為喜不甚。

前是太歲後是煞。小限宮中夾。如小限卯。太歲寅。煞辰夾之。如酉宮命。小限寅。遇丑太歲。而羅在丑。逆轉火在卯。順以夾小限。此乃真關。遇之不出此年。體用尅星相戰爭。便是此中行。身命與限元同煞。爭戰於大小二限。太歲又沖照。此年必死。的殺羊刃須要畏。逢空勝為制。的殺刃舊不逢空。限遇不善終。的刃凶勢可畏。若值當生旬空。則不能逞其凶勢。若的刃劫陌。不逢空亡。限行其上必有非橫。主煞坐實又同宮。妨處要當窮。如金為王與火同躔於申。會水局則金勢盛。火失令。反為富貴。主強須要殺無氣。不能為我制。殺星與主不兩立。殺強主必失。殺微得助愈盛。受制威難逞。若還有用不為凶。權重凜威風。土埋雙女如作主。大膽力如虎。土埋雙女本凶。為命主反吉。主人心雄膽大。氣豪力勇。殺星守藉駕臨。忌身弱常憔悴。駕藉、最喜官福田財身命居之。富貴。若殺忌臨身命陷。必貧苦。官主雖強。福主弱。好處多失腳。煞星全沒身命宦。福好終身吉。恩福明健主身高。坐實老英豪。一貴當權眾殺伏。將相威風肅兩般化煞不爲忌。天祿並身主。兩般即時藉天祿及身命二主星也。如丙人木爲天祿。辛人炁爲天祿。命安于丑月在寅木炁是天祿。又是身主。故不忌。又戊壬人命巳申。月子丑。計爲天祿。爲身主。水與同行。亦不爲忌曜。忽然生煞同其局。向背分榮辱。如子丑命土爲主。火羅忌木氣煞。若火羅木氣同土躔於亥木炁壁。火羅室土在申。謂向生背殺則榮。如火羅木炁土同在寅。火羅在箕。木炁在尾。土在其申。謂之向殺背生則辱。餘倣此推。凶星渾吉吉爲凶、先後定窮通、其間轉遇生又成。氣象倍光明。凡主殺仇囚等星。同聚一宮。其吉凶禍福渾然無別、須要定其進入之先後。及所遇得失。若恐先入居垣。則以吉論、殺星進於先而得地。則以凶論。更得展轉相生。不失次序爲妙。春金夏水變爲囚。金命喜逢秋。爲春金夏水秋火冬土皆囚曜。若爲命與令不忌。蓋命得假爲權也。得令值煞煞爲權、妻子福不全。凡命元得令而值殺星。即用之爲威權。蓋煞爲權者。主其人豪傑勇猛志氣軒昂有果敢之勇有決斷之才。但只尅妻子。福不能全。其間却有玄機秘。按圖難索驥。

天地人盤識者稀。寔可尅生虛。天盤即加盤。地盤即通關。人盤即元守之宮。此虛非空亡之虛。此實非四柱之實。弔起為虛。元守為實。加盤之法。如子加卯。復以卯加子。辰加丑。巳加寅。累累順布於十二宮。若通關之法。丑通寅而寅復通丑。子通卯。卯復通子。循循逆轉十二宮。若尅生虛之法。如子官行寅限。遇木為凶。若得加盤巳申之火。通關丑上之羅。乃是伏恩以化難。反為發達之地。若得二宮有金則能制難。災不甚大。如有水助為禍則深。或巳宮有木。丑宮有氣。限至於寅。暗逢其難。必致災危。但得金在於寅。則能制其惡。又為吉限。若寅宮得水則黨助凶殺。為禍甚速。若得火化難。其禍又輕。餘倣此推。大抵天地盤為虛。人盤為實。而實可生虛。尅虛則虛不能生實。尅實惡煞。大小限無凶曜。忽然死亡。必弔盤暗伏拱夾忌曜。照身命限。弔盤暗加生助。陽陰解。祿貴照。故致吉。

並無惡煞云何滅。天機安可洩。身命宮無原流星煞

命限堂空反致發。弔盤中間活。

生曜臨官祿作殃。暗地受其傷。弔身弔限亦弔命。禍福明如鏡。恩臨官祿福德本吉。今反作殃必弔盤中暗受刑傷。若身命限宮。逢弔盤有生助尅

制則為禍為福甚明猶鑑照妍媸。天地盤中玄又玄。神仙妙不傳。左旋右轉合乾坤。星離取次論。那起飛來明此理。泄却天之髓。此三段俱申上文之意。以下又另提起。世人開口重為官。提起與君看。為官須要福基厚。福薄應難久。凡星家莫不以官星為尚。殊不知為官須要福宮遇吉逢生。坐實高強。始能享悠久之福。若根基薄弱。雖榮不久。天官守照日月扶。恩近相中書。天官即官祿主。若獨守福宮。日月拱夾恩坐強實宰相執政之命。恩星扶官身曜明。位任執權衡。福星拱夾官主身星明健坐駕籍命主高強近帝座職任權衡。官福居垣主受生。金殿玉堦行。陰陽左右處逢主。朝中貴朱紫。祿馬夾身還夾命。馬首朱衣引。身福恩官俱宜有。無拱三品斷。身恩官福得地有用必貴。然無以月殿駕拱夾。亡劫的煞佐使。不作公卿。六曹五品四品宣身祿近君前。六曹。六部也。凡仕近清光。

必身命官祿歲駕。隨太陽而覲君位。

六曹以下京官走。身祿居君後。京官散職。日近天表必身命官祿居歲駕殿籍。身強福厚所致。

宣官三品不居京。君側欠恩星。宣官今督撫之類。品位雖高。不立朝廷。乃太陽殿駕之側。恩星不到。

府州縣職俱守印。四正官星紫、守今得掌印職。必身命宮福四主居四正強宮。否則佐貳雜職。

煞雜流空身福奇。馬陷鎮邊陲。大臣將相必帶煞曜。若身命奇而馬落空陷。必鎮邊為遠師矣。

貴人不必看生星。合格主高明。貴命專看恩官身命居強坐實。如殿駕拱夾命。日月拱駕合格。

五星格局最顛倒。若貴陰功好。身命限途皆宜取。不發觀風水。士夫功名要問除。催官天馬俱。催官天馬太歲弔。合殺方遷調。凡遷調須看催官天馬。若二星得太歲月建冲動弔起。則是年月內恩寵可望。若又三方合煞超遷必然。否則遷調。

催官天馬在陽宮。東南食祿豐。在陰其年必西北。此論真奇特。專論流年太歲。

若天馬催官逢子寅辰午申戌宮。其年職任必轉東南。逢五卯巳未酉亥宮。定西北府縣。如論道里二星在四正宮則京畿直隸。四墓地一二千里。四馬鄉三四千里。

官福拱財身得地。既富還能貴。

官福拱夾財主。身命主居强坐實。因富得貴。納粟奏名。

陰陽坐鎮看夾拱田財官福貴。

日月守宮最喜夾拱遇官福貴。田財富。若四柱支辰拱夾尤妙。

身命主居官福良。帝籍號天堂。

身命最喜居官福宮富貴。若居帝籍府謂身命鎮天堂最利。

生曜隨行日月明。金玉必豐盈。

生曜恩星也或日或月與同宮共度。居强坐守分明有用。可必富貴。

財曜田星互換守。富貴真希有。

田財二星相互換。不空無煞難。必富貴。

富人之命勝為官。田財二主看。

富人清高享福反勝貴者。必田財逢生坐實。居垣得地。日月拱夾。

吏曹之人禍福專。刑害見傷官。

凡吏胥作威福。必身命帶刑害殺星傷官祿主曜居陷弱變魁制。或身命與生殺同行逢刑。所以有享用亦有刑害。然吉則由之而貴。凶則由之而刑。不可不知。

刀筆常招上貴憐。身倚

玉堂前。公卿愛寵必安身命於貴人前後左右。假如六辛人午寅為玉堂太陽為貴主。若身命立於丑巳謂傍王堂。若與太陽同宮謂倚貴。此必招上貴之怜。又如六庚人丑未為貴地。申宮命即被飛入未上安坐。或三合木炁時照丑上貴人。必招貴人憎惡雖傍貴乃艱籌待之。

坐貴向貴殺守命。刀筆操權柄。白虎帶煞入命時。公門多是非。坐貴帶殺格局好。主陷為僧道。

殺即亡劫的刃陌越也。或坐命其中。或身守其上。或與身命同宮。皆是好格。如計羅截斷漏出用星。日月拱駕金水會蛇。月居閑極。太乙抱蟾之類。合諸格而帶前諸煞。此將帥武勇之命。如主星陷弱。獨立無輔。身命俱空。一月得所。比林泉之士無疑。富人五星日月拱夾田財。身命入財帛。丑財二星居垣互換。計羅截斷漏出田財。是女冠師尼。主星多陷弱。或守疾厄相貌。或華盖守命。孤氣臨身。或命在夾界。所以一世孤寒無托。住持僧道與吏胥同。亦有權殺。只命落空陷。官星空陷反背。孤寡犯身命太歲。廒出過房入贅。多身命宮主臨四馬之地。或坐兩岐。所以事多更改。身心不定。難為妻氏。紫氣華盖主廒出尅害。辰戌丑未為華盖。凡立命四宮。多僧道林泉之客。主尅害。若身與紫炁同居華盖之上亦然。

孤寡休囚羅計尅。多為僧道格。身居孤寡休囚無生意。单羅獨計一木紫氣照命。必為僧道。

地驛餘奴前後拱。執鞭為僕從。地驛馬宮主。餘奴、炁孛羅計。如寅人戌命。水為馬元。羅奴在酉。水在寅。是為前後拱。

貧窮何用專權煞。妙法須求活。貧窮命不必論星身命財福落陷合賤格。如身命居奴奴星入命是。

命坐長生身坐虛。非吏亦非儒。官福田財失所無炁。命坐長生。身落空亡。必自暴自棄藝術之士、

命空身空陷俱弱。頭白難窓客。身命限主空陷失地。乃皓首窮經終身草茅之士。

祿居破碎刼冲時。貪酒又能詩。祿居的殺刦冲時籍。貪酒能詩。蓋時主文章。冲則發祿主酒食破則貧。

平生一文不能聚。財陷的刃攄。田財陷弱刦的占坐二財宮。則尺帛貫錢莫聚。

福重空田宅無。奔走口難餬。財福當生值空。流句又空。既重空。乃田宅又空。雖奔走蠅營。而衣食終不足。

身命俱空魁獨露。藝業多辛苦。文魁居强坐實守照身命。若身命陷空。雖有奇藝。未免艱難愁

嘆。身居閒極命天德。交情容易合。身居閒極。命坐天德。無煞煞星難相侵。則重義輕財和氣。守貌福刃并謀害沒人情。相貌宮乃人性情所鍾。善惡之鄉。吉星照臨則為君子。若煞星來據。更與福德羊刃同會。必寡情為德不仁。孤星烏宿性虛靈。雜學藝多成。心月性最靈。畢月性預知。身命逢之。主聰明博學。精通藝術。福財身命入遷移。與販足施為。水木同行財帛宮。舟楫往來通。金星與木主同宮。風斤月斧工。水德若同身命陷。音樂並漁。染生逢太白入天財。綾羅慣剪裁。主來伴月夾。榮鎮陶冶知前定。木弱如還遇火。金鐵石藝中尋。木炁二星到財帛。竹木藝為業。婦人看身兼福德。子息與疾厄。金水雖清姤淫賤。木命榮夫顯。金水乃酒色之星。寅亥安命。金水清白。主招榮顯之夫。他宮安命多為侍妾使婢。大抵婦人命。要身命福德田財夫子諸星。居強坐實。不陷弱則富貴。疾厄宮有好星。無煞難尅制。則無產厄。並刑害。若夫星坐閑極必為夫所棄。坐遷移。夫多出外或嫁遠鄉。若值祿星入奴僕。主自好庖餼。安命臨官冠帶。乃巧媚粧飾。體容姿態。好縱情於春花秋月。若會咸池驛馬。水李同居。多風流淫佚。暗中私通。否則重婚再嫁。勞碌。若天祿田財有氣。雖享富貴亦不貞潔。更逢水李火羅羊刃主血光。或侵犯身命星。或爭戰身命宮。輕則血光。重則主產喪命。大凡婦人太陽守命。若夫星陷弱。必然奪夫之權柄。心性悍暴。為女中之豪伯。

福星不起身居二。富貴榮閭里。

女命福身二主為要。如福德不起本身星守貴坐垣身主居財帛。逢生坐實。必然富貴。女命身元重。命元輕。若身坐實臨祿駕籍。更官

祿強。榮富足衣糧。

福好。必榮夫旺子。安享富貴。若身臨殺難。坐華

蓋及疾厄宮。主痼疾瘻身孤獨。

身命坐馬刦煞沖。孤獨更貧窮。

身命坐馬之宮被刦的沖照。必孤苦

勞碌。奴僕餘奴馬上見。奔淫為下賤。

如寅午戌人馬在申。寅命與氣金同守申上。雖富貴亦淫賤。

主脫若會咸池馬。花柳叢中雅。

身命主空脫。若會咸池驛馬二星拱夾。多主淫。咸池星守

驛馬宮。女淫生產凶。如寅命火星居申是咸池守驛馬。必主奔淫產厄之凶。馬星若守在咸池。酒色性無期。如申子辰人寅木爲馬星若亥命木在酉。必好色貪淫性情無定。陽命見之多薄德。性好貪花色。更兼名利兩無成。帶殺主遭刑。即上文之意。此格不惟女人忌男命亦不宜。決輕賤貪淫。利名無成。若帶殺尅身命。必因事而遭刑戮。紫炁一星躔月明。妻尅子螟蛉。炁獨隨月。尅妻害子。螟蛉難招。實則應。虛則否。若寅午戌三宮不然。值刃伴身坐日支。妻子早分離。值刃隨身坐日支。妻損害。子傷殘。縱吉不免乖爭反目。妻星遇難又逢直。三次明花燭。妻星飛與難同宮。或難飛入妻宮。遇直頭星主尅妻兩三重。魚女之宮太白來。珠蚌每雙胎。亥巳二宮皆雙。惡辰酉時生。時管男女。二宮屬金。金居巳亥是。男女宮中巳月來。必定損頭胎。小兒只要論關星。直難猶不應。小兒之命只論關星。及童限。難星直頭星不足慮。如正二三月生。日月爲直頭日月

守命最吉。若午未命日月為命主。豈有生自為禍。又五六月生火為直頭。只辰酉二宮最忌。若卯戌為主星。子丑為恩星。豈可以煞

雜論

流旬空發有神通。此本名為御史空。縱有恩星俱到此。一時空了欠從容。空則虛無冷淡。不得以從容施其刑憲。

果老先天訣

推命之術。必研乎精。先觀主曜。次察身星。當以二十八宿為本。十一曜為用。尊莫尊乎日月。美莫美於官福。貴賤定格。貧富論才。賢愚識其高卑。壽夭究其元氣。

看星法 即珍珠篇

看星之法。專以廿八宿與七政論。禍福自了然。如衆木總一木。家火總一火。或子或才。秖怕餘奴與殺星。所至之宮所剋之度。有用之度。不可尅破受傷。如才傷無才。子破尅子。倘星有一好一惡之不同則輕重詳之。限至生度破度。必事事可驗。如木為才剋水。水剋木無傷。至水木之限。木神大振。田財剋命。有氣則富。官祿得令。臨官則貴。若官祿田財失度。不干身命。則貧賤。若星不見。取四時衰旺生尅拱合而論。但日月冬夜喜火羅相傍。夏日忌火羅相隣。四餘則宜落無用虛弱之宮。如身命立四餘。非奴隸必庶生。婦女命只怕四餘。閏房（指遷移宮）擾亂見則淫賤。夫才子依前論。餘星坐疾。厄傷身命主。非破相定死非命。

看命法

先看命坐何宮。假如命宮屬水。須看四水躔何物。又看水起在何方何度。並與何物同躔。假如水命躔土。須看四土躔何物。又看土起在何宮。又看子丑二宮何物。論原守度。及論身月亦如之。原守即守宮原主星也。假如柱中急忌金。須尋星盤之金。有氣無氣否。身月即身主也。或四柱日主也。假如柱中要用火。須詳星盤之火何如。假如行水度。先看水孛起於何宮何度。與何物同宮。同度次看四水何物同躔。又看二水宮何物守何度。又看太歲冲合刑弔。便以是年斷之。又看流年何物到限。即以原守坐何宮者應騐。原守坐何度。如羅坐奎限行井斗角是耳。

論七政四餘躔次喜忌

太陽為父。在强宮。金水引從。與吉星會。主父富貴。在命宮吉。在財帛則父有財。在兄弟則父失力。在田宅則父富。在男女則父平安。得子力、在奴僕則父勞碌。或為奴。在妻宮則有好妻。在疾厄則主有疾。在遷移則父出外為商。在官祿則父榮。加吉星方可。在福德主有福。在相貌則父平平有貌。已上宮分。太陽加臨。金水拱夾有力得用。日生則父大吉。喜金見大妙。土計亦可。火入垣則可。犯陽則不可。忌木炁掩光。羅主尅剥。夜生則輕。故曰日從陽則吉。太陽無輔。名曰孤君。男人不得祖業。婦人外家零落。臨生之時。父不在家見養金水在宮及拱夾者吉○三方得吉星方可○如太陽作殺主単行○三方四正無冲激則作吉○如太陽既是殺又會殺作引從殺黨極凶○凡太陽忌殺夾若在一邊猶可○日月皆論中氣○次以月為母如上下弦是殺○論日月非中氣則有田宅○論父母

太陰為母○入强宮得經得所與吉星相會則宮有力○失經失所凶星會則尅母○入命宮吉○入財帛有財○入兄弟有情吉○入田宅則主母家有田宅○入男女先女吉○入奴僕主勞碌起家○必庶母生○不然末胎○入妻宮主因親得妻○入疾厄有權有疾○母災多病○入遷移則平平○主過房出祖○入官祿則貴○益盛○入福德則平生有福○入相貌

母貌美。坐咸池則母淫。主有外心。殺併凶。忌見土計最凶。火羅稍凶。夜生猶可。金水木相隨則吉。夜生最佳。月向中旬生者有力。下旬生者無力。凡男女命太陰皆愛清貴。及落在吉宮者妙。

木星喜春令。宜見水孛生之。寅亥二宮吉。未宮亦吉也。巳申宮受生吉。為人清秀。善惡考之諸曜斷之。卯宮多利。忌見金火。秋冬皆失令。加諸殺即凶。與太陽交會吉。必尅父。卯戌二宮泄氣平平。見土計。子丑二宮怨。見炁則餘奴犯主反孤。

火星喜見木炁相生。不喜重見。從陰則喜。犯陽則凶。夏令吉。獨行有權。卯戌二宮吉。申巳樂。寅宮吉。巳宮躔軫則受制。躔翼則朱雀

乘風夜生反吉有光明忌見水孛凶冬令不吉加羅大凶日生忌犯陽夜生則可躔辰酉火入金鄉則早拋兄弟子丑宮洩氣見金則怒

土星喜火羅相生亦不宜重見則太驟一發反見禍子丑二宮吉卯戌二宮吉辰戌丑未月得令從太陽少吉日生更吉忌見木炁相尅加計則凶忌與太陰相見入寅申巳亥宮凶辰酉宮脫氣未宮曰三垣見水則怒

金星喜土計生之從陰陽皆吉秋得令辰酉宮吉未宮亦吉子丑宮受生見火羅凶卯戌午三宮凶又金火位其人少失尊親巳申

宮洩氣見孛同宮則為花酒之客夏令無力寅亥宮及見木炁則恕矣

水星喜金相生巳申宮吉冬令吉從日月吉未子宮吉亥宮稍吉土計凶見孛則餘奴犯主加殺非夭則刑丑宮亦凶如戌土恕見陽不妨寅宮脫氣

炁星主慈善出家好道坐命及三方對冲見之必孤妻子難為行限及三方對照見之此限必好近太陽則掩光遇劍鋒殺受傷如對照先雖有妻年老亦孤居子丑則恕寅亥為奴犯主不吉卯戌則有生成之意辰酉則衰巳申受生吉居午凶加殺炁命度大凶

孛星居命。詭怪萬端。權謀百變。有尅剝。無禮義。居子少吉。居丑凶。加殺尅命度大凶。居寅尾火凶。居亥朝天。居卯未皆吉。居午大凶居戌凶主流落。奎度反吉。辰酉平平。巳申為奴。犯主女命遇孛當。頭尅夫害子。孤淫是非。单行生度吉。剝雜尅度主凶。羅星守命。為人性急燥暴。居子午日中分吉。居巳申受制。小吉居。子丑為生本宮。土命遇之為餘氣生命。忌尅牛金凶敗。夜生得用辰酉宮則怨。居未主尅剝生災官事。卯戌為奴犯主位。立命於此不吉。行限遇惡星相生則為富不仁。相尅則凶。會金加飛廉。則犯干戈及暴死。會劍鋒。非惡死。則傷殘矣。

計星居牛躔斗名曰朝斗必貴只宜獨行居子為頑土須用木炁制之方可或相冲照或三方相制亦可入寅遇金則吉入亥平平卯戌獨行吉忌申則怨未土凶午平吉會劍鋒必傷殘及惡血死

續論七政四餘分布宜忌及入格真偽

一太乙抱蟾非孛與月同行便不是須上弦及望前既望不在未上見之乃生於戌亥子丑時者方合此格如非其地其時名為抱鬼若值殘晦之月則為抱死鬼不能為福矣以既望盡巳也

一木羅會舍必在寅上為吉蓋木喜於寅羅樂於寅二星相得方為會舍在他宮則不合格

一火炁為職權。在寅卯為大吉。蓋火生於寅。廟於卯。寅為炁樂之垣。卯為炁旺之垣。二星相得。故以為職權。不以晝夜為忌。

一木孛為符印。在未為得局。蓋木升殿於未。孛入廟於未。二星得所為。貴他宮福減半。

一火羅孛計。乃四凶曜。化凶化吉。並宜獨行。則主重權。

一紫炁為災。比土猶緩。

一土星為災至緩。主病淹滯難痊。使入晦懶作事有頭無尾。或出

一月方發。

一金星不要在陽刃的劫之上。蓋金主殺。遇殺則殺氣飛騰。為殺

至重。

一羅計攔截之格，不宜太陽跳出，名曰孤君無輔，不美。蓋太陽君象，欲五星輔行或拱夾方吉，若孤立於外，主人一生奔波勞碌，少得人力，我雖親附於人，人多遠之。

一羅計截斷半天星，此格有吉有凶。或截在左，行限在右，或截在右，行限在左，名曰反背，為恨不與諸星會遇也。又有升沉之不同，或日生而諸曜截在卯辰巳午未申，行限酉戌亥子丑寅而無星者，不得體。或夜生諸星截在酉戌亥子丑寅，行限卯辰巳午未申，皆謂升沉不同，並不合格。

一太陰隨日干而化金木水火土。若太陰屬水。則不喜土月同躔。太陰屬木。則不喜金月同躔。餘類推。犯者皆帶疾。防尅。如在空亡亡神刼殺。決主其人亂說是非。言語不定。

一令星在太陽之前。名曰旺進。若爲命主在前。曰特進。名曰令星拱日。又曰令星當衡。皆主權貴。若命主及令星在太陽之後。名曰後進。其福減半。

一諸星並行。有前有後。凡殺星則欲前行。主星則欲其後至。假如水火同行。水尅火爲殺。水在火前。則爲不尅。火在水前。其殺逼身。最爲大害。經云。殺前主後。當膺藩輔之權。殺後主前。必有徒流之患此之謂也。

一諸星聚會有吉會凶會。如命度身主官魁福祿蔭貴權印。則為吉會。雖火羅計孛皆作吉。亦為吉會。若為刃刦及化刑囚暗耗皆凶會主禍

一諸星並要分行。善惡不宜混雜。故善者專為吉。惡者專為凶。福祿单行為吉。若福刑相會。祿耗並行。吉凶混雜。皆主名利有成有敗。處世無成。

一五星退行有退而有力者。有退而無力者。且如金火同行。金在前火在後而退。此殺星不敢進前。以尅金。謂之退而有力。若金星

退。遇火星順行。反尅。金星是謂退而無力。餘例推。 有退而升殿入垣逢生。皆謂有情。反作吉論。或退而失度逢殺。及入弱宮皆謂無情。決作凶論。

一退星為福為禍尤甚。蓋行遲故也。經云、星躔退度。善惡分外有情是也。

七政合四時晝夜喜忌論

太陽者君父之象。火之精也。鎮午宮。經曰陽君光月躔獅子。普照無私。部屬左眼。喜金水為恩。忌羅木為難。此常套。須活看。若生十一二正月遇金。不可以從陽為喜。蓋天地寒凍。便是徵而霏霏之

象。文與土計水孛同行。則土計為雲。水孛為雨。雲行雨施。又是朦
朧景象。日何能舒其光彩。人以日為命度。遇此定主貧寒。若单金
獨水會陽。得生巳午未時不忌。夜生得火羅飛來。助日之氣方美。
如值秋夏二令。日氣炎烈。最喜金水輔行。蓋太陽出自水底之中。
借水以潤其行。恐水力弱。要金以佐水。此金水從陽為可貴也。二
三並九十月。時際和暢亦吉。如金帶刃。水帶刼。金水朝陽固美。不
免刃刼生災。定主妨父。金水非刃刼。或化曜屬刑囚亦然。要金水
帶吉曜從陽。方為上吉。如金帶天官朝陽。名白虎從駕。水帶天官
朝陽。曰玄武持旌。此金水為恩若。有宜有不宜也。至如羅近日。人

以餌神為忌。若生於十一二正月。天時寒凍。何所畏也。又值夜生名曰首星捧日。反吉。若羅化天官吉神。即不問四時。皆為天首朝陽。俱吉。惟朔則不吉。蓋羅雖蝕神。化吉曜。不以蝕神論。即如強盜受朝廷安撫。便作忠心愛國之臣。凡星為仇難者。俱類推。若羅不帶天官。又非冬令生人。便作蝕神論矣。或掌刃或化刑囚同居命度。不夭即目廢。又如木炁同日生。春夏間木盛葉茂。便蔽太陽。見之凶害。若夜誕日沉水底。其凶減半。若在秋末三冬之際。木炁葉落。則不能蔽。反以木助日火之精。若木炁帶天官吉神。不問四時名青龍捧硯。炁會為祥雲捧日。春令晝生。更見其美。此木炁羅為難者。有宜有不宜也。至如子見父。火見陽。未嘗不美。生春冬二季。助陽之氣。火日兩利。若夏日秋陽。遇火過熾。是臣觸君。子犯父。便失格。若火帶天官。又不忌名朱雀啣符。是良臣孝子。

太陰者。后妃之象。配母水之精也。鎮未宮。曰陰后。次陽。遜巨蟹部。屬右眼。喜金水為恩。忌土計為難。若生十一、二、正月。天時凝凍寒蟾之體難舒。遇水孛則寒。兼金則飢。金值此主貧寒疾苦。若生巳午未時。得太陽同行。亦可展轉精神。或得火羅同居。挽回乃可。若火羅與水孛互度。相傷又不能助。須月居中。水孛火羅居其方右。方為得局。或单金相伴。不見水孛。或一水同處。不見金星。亦可取食。若得三方四正有火羅拱照。亦可取貴。不見火羅拱照。或日生乃可。若单金相伴。夜生得羅飛來金。羅夜會以助其月。更為上造。火星飛來亦美。若生春末及夏並秋。末金水相伴。無有不吉。夜生益見其美。单金相會。名曰一星伴月。獨水同宮。則為水涵蟾魄。此全勝之局。若火月同霄。羅月交輝。皆上格。若火羅掌官魁文印爵祿守照。不問四時。無有不貴。若在五六七八月間。火羅不掌吉曜。或化刑囚暗耗。並帶羊刃守照者。或月自帶刃。火羅相近者。或生望夜相近者。則為爭光妬明。俱是敗局。又或秋夏二季之月。火羅晝生同居者。此反為精神不足。無益有損。帶惡殺。必主殘疾。值冬月不必過拘蓋畏寒故也至於木炁蔽陰土計掩月太乙抱鬼之類如木月生春夏之際十四五六之夜酉戌亥子之時寅夘亥未之宫正月朗花容為木月清翠秋夜得之為月中丹桂至冬木既衰得其時令又無殺混為木月清貴非望時即以蔽太陰論又如炁星同月得其時為祥雲捧月失時亦作孤炁伴月娟娟蟾魄那堪土計相逢或得木炁扶身以敵殺水孛比助以强身或殺前主後有拱照乃可惟冬月逢土計多有不見其害者月乃水之精其體嚴凝尚有蘇濟之氣孛乃水之餘遇望逢月為太乙抱蟾望末朔初為太乙抱鬼然有抱鬼而貴者其格高或在禄貴之地卦氣

斗柄之宮。即冬月雖寒不以孛抱頹其秀也。若金水同行則不宜。木星為歲德之首。司春令。旺於春。鎮寅亥二宮、經曰木臨寅亥是真垣。精神百倍。部屬肝經。喜水孛為恩。忌金為難。生於正月嫩木方長不宜見金催折。天氣尚寒。那堪水孛相加。喜火羅以煖其氣。寒谷有回春之象。見日為向陽花木。春魁獨占。名利雙全。至二三四月根固葉旺。遇水孛則過盤曲。得火顯通明之氣。逢羅為會合之局。見金則梁材有用。會炁則連珠同行。夜生得月有光。為木月雙清。貴人以木為命為度者。皆有利濟。至五六月木氣漸收。七八月木氣已虛。最喜水孛滋潤。會水則母子相顧。逢孛則符印成局。

見金則折。遇日則枯。逢火則元氣消耗。加羅灰燼太過。會紫炁餘奴犯主。見土計災厄生嗔。若見金得水挽救生情。遇火羅制殺無咎。喜奴以敵殺。怕土計助金至冬、木既衰。見水孛削肌。樉折名雪壓寒梅。金會豈得為化難生恩。且無根之木。遇惡水漂泛東西。惟喜見火羅以煖其氣。日映以舒其體。

火性烈。司夏令。旺於五六七八月間。鎮卯戌二宮。經曰、火居魯宋地。縱日誕而禄自盈餘。喜木炁為恩。忌水孛為難。生於春冬二季。得木滋其長生。合炁名曰職權。逢太陽增其煖性。此全勝之局也。遇水孛為尅戰。見羅為犯主。見木炁為化難生恩。母來顧子。得土計飛來為子護母一將當關得羅為餘奴敵殺此宛轉成局又得之無恙也至若夏令炎帝司權井七八月之間天色炎熱火性益烈木炁援之火爆反成酷毒太陽會之相抗抗則有悔喜火躔水度或入水鄉或得水以照之為水火相濟決不可以水火相戰為嫌

土司四季鎮子丑二宮經曰土號吴齊雖夜生福猶昌熾部屬脾胃之經喜火羅為恩忌木炁為難若司令為土德旺見木炁尚有疏通之氣非司令之日則受尅矣生春冬喜火羅以煖其氣日以照其體在戌逢陽名土日合照不宜逢水孛蓋土既畏寒遇水孛

不免泥滑之象若值四柱空地或躔木度則此土何用經曰蕩頭急水冲堤崩潰四出非惟土壯水且水陷土矣至五六七八月之間天氣炎土性熱逢火而燥加羅則烈若土帶刃為土持刃凶頑莫解須借水滋潤水土蔭濟萬物方得長養

金為太白司秋令鎮辰酉二宮經曰何慶基獲源泉之衍由金精循辰酉之方職屬肺喜土計為恩忌火羅為難如見火羅生於十一二月並正月天時寒凍金體堅凝八九月金質頑盛喜火羅熯其氣煉其體方為利經云金羅相會閫外重權惟夏為難見之銷爍若見土計春夏冬三季皆宜若金掌田財等主逢土相生名曰

土金豪富祗秋金神司令則不宜見土計反為土埋金晦若見水
生於十一二正月是金沉水中益增其寒經曰金水冬生難免孤
寒之嘆若合孛盡洩金氣則寒氣消滑至若二三四月天氣中和
五六月天色炎蒸金水相見優恬自如至七八九月金神旺氣見
水更美為水潤金明見日春冬皆利至五六月夏日炎烈七八月
秋陽多暴見之則爍

水為玄武職司冬令旺於四七之月位鎮巳申二宮經曰水臨巳
申而氣象俱新職司腎喜金為恩忌土計為難若生十一二正月
天氣嚴凝點水成冰自不能舒其活潑之神夜生喜火羅拱照溫

其凝結晝生朝陽資其煖氣皆為奇貴故曰金水冬生難免孤寒之歎若值二三十月時際和暢金水同行相資為用精神亦可如意至四七月洪水泛濫喜土以遏之不至橫逆又宜木泄洩之方能變化至春末秋初又不能發經曰六月之水最怕火日枯涸七八月之間旱那堪土計相逢尅固為忌洩亦非福喜金水相生及歸垣升殿之地水火交戰須分晝夜如火為命與水同居交戰雖火受水尅在晝生則火盛水弱猶可及殺來夾身命雖榮亦不善終如壬癸生人立命未宮土為羊刃在申計在午左右夾之凶若同宮夾更凶

七政合四時論

春日秀麗。萬物得宜。最妙三合。引輔金水佐之。謂之向陽。花木不合計孛與日交會。夏日火烈。陽明人皆可畏。喜水孛同行。秋日方而不圓。六親早離。喜金水輔日而行。如見火星迎照。無水濟之炎威太迫。冬日溫煖。人皆可愛。午時為福甚大。夜生則喜木金水孛土計掩日光。遇之有災。

春月輝照山林。最宜太陽逢時。陽輝布煖。夜見木則為物眚。夜月見火為月交輝。不宜土計交會。謂之雲掩月華。夏月陽輝布煖。水孛潤之而不寒。火羅照之而不燥。喜水炁生扶。忌土計而掩金雖力薄。夜生喜金同行。　秋月光輝朗照。出人頭地。逢水相涵。得金為助。精神百倍。望月不宜火羅爭光。晦朔不堪土計相逢會炁為祥。雲捧月。月居兄弟。謂之閏極。　冬月嚴凝。可畏忌水孛。嫌土計關照。喜金伴之。生於晝。借日光而布煖。生於夜。仗火羅而助輝。

春木漸有生意。借火羅以煖其枝。　夏木根燥葉乾。喜水孛濟潤而不枯。　秋木氣脉盡矣。晝生忌躔四火之度。喜水孛生之。　冬木喜木炁火羅交互。日生遇火羅。謂之寒谷回春。與太陽會。謂之日邊紅杏。

春火正月之令。寒氣未散。喜木炁羅交互。見太陽夜生光輝。主富貴。夏火火入水宮水入火地名為桃花浪煖名利雙美但火不宜與水同行逢土有救。秋火亦烈借水以濟不宜木炁同照火羅會拱。冬火黑帝當權火失令最宜木煞相扶。

春土晝生與太陽交會陽火一點天地皆春若有官會祿爵印魁佐之主守成富貴。夏土喜水孛同宮以潤土之精神萬物長養遇水發生清源可愛。秋土不宜與火羅相會謂之火烈土燥晝生與太陽交會亦日烈土燥如逢水孛萬物秀麗。冬土喜日煖乃能變化夜生喜木炁火羅助土之精神朝拱太陽主富貴倘水孛同行反主貧寒。

春金借火日而助溫。謂之火煉寒金。不宜與水孛同行。春初失令。寒氣未退。無火日照。主貧。夏金怕火。借水調劑。逢水主名利皆至。秋金白帝司權。不怕火羅而制。不怕土計而生。借水生色。所謂金白水清。富貴之造。冬金寒凍凝結。喜太陽而溫之。夜喜火羅而照之。不宜與水交互。主貧寒。

春水氷霜凍冷。借木炁火羅溫之。晝生喜太陽水孛同行。名光霽澄澈。操守清吉。作事整齊。夏水洪滔。得土隄防。最為奇特。秋水七八月間。既濟萬物。不宜受剋。借土隄防。方不泛濫。冬水冷凍行權。雖曰水德用事。但斯時點水成冰。得火為上。得土次之。

七政合十二宮二十八宿總論

太陽者午爲正宮星爲正垣乃太陽爲主也如房日火虛日土昴日金皆有所屬乃日次舍若正月酉時四月午時十月子時立命在午日居正垣亦謂日陛日殿却不喜居心危張畢爲日入月宮陰陽反背偏生庶出之人日爲君主宜金水佐之金官星水福元前引後隨最貴若獨行無輔貧賤未申酉戌亥時命坐他宮見太陽亦宜有佐無佐貧賤正月酉時生人太陽在子謂移乾就濕二月申時生人主入疾厄木炁强主帶疾經云孤陽射破三分殺又曰水化伏尸遇太陽豈爲强曜得太陽能救諸凶殺不特戌上見

水。日可救。他宮餘奴得日。皆可救也。此宮最忌者木殺也。以日為君。火羅計孛雖凶乃曜也。臣豈敢犯上。木為難星主疾厄。雖至貴不能免。若太陽飛與木同度。重則夭折。輕則貧病。木在亥為難。入垣在子為難。當頭在寅戌。傍臨在卯。加入命皆不吉。炁乃木餘。與木同凶。木炁者樹木陰翳之象。能蔽日光。其次日火同行。二曜朝陽嫌處離明之地。（天二生火。火為二曜。）他宮立命見火日同行。多早喪父敗祖業。故四五月生人立命午宮。日在酉申者不利父。蓋申酉為日沒之鄉。惟行申酉限。喜逢太陽。即木炁殺星近太陽於申酉二宮。木炁絕。能反凶成吉。四正互加之宮亦宜詳酌。

太陰者未為正宮鬼為正垣乃午與未合日與月配也其次則心危張畢謂之偏垣為五太陰也月為身宮論生尅之妙者以月所泊詳其傍鬼傍母五星中月最重若立命在五太陰者尤為刑害蓋身宮命宮度主俱從焉吉則俱吉凶則俱凶五太陰以張月為第一宮何則未與午合張隣於星取日為近午為一陰始生月喜居之次則危對虛日心畢皆與日度相連月無日則無光也若命度張月近望夜生皆大富豪一生無憂夜生而在他宮立命月躔張月主一生安享命在張月在畢危心或四月度立命月亦在四月度者皆可起家成立發跡也最喜金水孛會金為金助月華會

水為水涵蟾魄。會孛為太乙抱蟾。皆為貴格。但為人獨喜金星伴。月遇水孛近身皆無貞烈。故日生喜太陽。不可獨見夜生喜太陰。却喜獨行中旬三五之月最為貞潔。詩云、殘星伴月落邊城。月到中天分外明。滿天諸星皆沉沒。只有團圓月照人。又云、五更旦氣。十分清斗落參橫日未升。相隨寶月上雲漢。惟有長庚伴月明。丑寅時生金月相隨。皆主文章。却不宜土為命度。經云、巳申二命惟怕月在土宿之中。其餘夜生月遇火羅謂之火月。齊明遇木炁福祿有用。亦吉。木炁强則土計衰。土計盛則月必晦。五太陰中有危月到天門乾有金生。質俊厚。歷試人命有子上危度者遇土計則凶。十三度在亥上立命者。度行計土多茍免。獨有鬼金度命。其人必詭譎多謀。故太乙謂月孛。南方之蓄蠱。乃太陰之精。豈曰陰柔乎。此星若得光明之時。為人相貌堂堂。肌膚皎然。但鬼月遇火不謂之火月齊明。於金有梗。見土不曰土生金。反害月焉。六木者。尾室火度。寅亥之正垣。故見水孛則大發。其次有井木。度多於二十八宿。木入秦殿三十度。近鬼者。限見水孛。減力大半。次則斗有二十三度。次奎有十八度。次角有十三度。井以末二度隣於鬼。近太陰正垣。斗以末二度隣於牛。作丑土。奎以末度隣於婁。作戌火。角以末度隣於亢。作辰金。此四木惟角木蛟是金垣。未必衰弱木在午行未限井度午為三河之地其地多風又為木入離宮化成灰多主夭折木在巳巳為巽風又屬水水能生木室尾二度見風稍輕深忌火羅火能焚木羅為奴犯亥上立命限火羅多死只喜水孛獨行或金水同行同度為吉蓋殺無餘氣木命得之多富貴金水加會有力皆為可喜如金月同行同宮不云金助月華若生冬月及壬癸年更得天元月令助之為奇

六土者虛牛為子丑正垣次則女氐柳胃為偏垣如女土近虛得子正位子為帝旺之地氐土近房亦居明堂出政之所立命於此得火能發大福官至卿相惟胃土居酉土敗之地天盤又為反吟

局多不足得火羅為上有木炁來往必困厄但酉宮土惟喜一火一羅獨行若限見火羅作黨不吉他土亦然云二毋爭權遇水孛同行土崩不可謂土尅水為財最怕木炁當權得時破垣入局大凶亦不可在四木度中謂之失次安身與火羅同度同宮皆有福人

六水者翌嘴雖火皆水正垣論度者以二宮見孛為水尅火不知水星行限怕逢孛為奴犯主此二宮命多易看盖巳申忌土計其說多驗巳之張翌軫申之畢嘴參皆水也怕土計獨有井八度屬木差輕次則辰有軫八度屬水亥有壁寅有箕壁水生於乾金分

金軫亦生於辰之金。見土計亦稍輕。惟箕水生於艮山蒙泉之地。受質稍薄、一見土計。不破則夭。故寅宮之水。金星得地。為大利。喜金水同行。或金水互垣。此宮深喜太陰與金同宮。為金助月華。深忌月計同宮。為安身傍鬼。以行限論。卯辰巳午四位不可見土無。金行限次第逢之。卯有土、十五歲中凶。辰有土、廿五歲前凶。若見金入水鄉。水居金位。皆是奇特。

二火者。七政所行各有四。而火全不與。何則、尾寅室亥屬木。而嘴觜屬水矣。水之所居不宜多有。若火之多。如水木土。則火性炎而有焚燒之患。故火之正垣。惟卯戌二位。戌為火庫。卯與戌合。卯火居房日之下。以燧取火於日也。戌火藏於婁金咼鍋之下。以金擊石乃有火也。喜木炁為上。躔在四木之度為吉。四水之度為凶。孛與水同。卯戌二位之火。最怕水與火同居亥子之地。謂之水滿江河。火必徽滅。蓋亥卯三合。水在子、卯宮加臨之。戌上安命。十五後見亥限有水。破我相貌。二十五後、行子限見之。破我福德。年少逢之多貧夭。惟喜土木。天盤卯辰之間。以卯辰之土木。加關在亥子之地。以制化其水氣。水在子。不謂之水清寶瓶。蓋水在卯。木加子。則戌宮立命者。廿五後逢、則吉。此宮喜木月同行。不喜水月同行。一金者。金度有四。而牛婁鬼各有所屬。獨有亢為正垣。曰龍者變化不測。金為凶器。若動用不可度也。次則酉宮金旺。辰與酉合為金。喜土計而畏火羅。此二宮命土計近月。不謂之土計犯月太陰。為安身傍母富貴。辰上立命行限至午。見火羅多死。午為火旺之地。又為金敗之鄉。故凶。惟酉金遇火為災。遇羅有救。蓋酉反吟之局。羅在戌計在辰。辰化戌羅在亥計在巳。巳化亥羅在子計在午。午化子天盤有解救也。酉上安命有土計在子為福甚大。為官星。為命母。入垣健旺。加以祿主為天干月令有用之星。行子限必大富貴。如辰宮安命遇土於午稍弱。於酉金奐金主不宜坐於四火度。宜在四土度上。

一論富貴命先看天官斗柄天廚天魁天月二德有無干涉於身
命欲知官居近君須看六吉神有無干涉於太陽欲知何時陞官
須看天爵星有無干涉於身命某時某度某限某時是天爵之度
取金木水火土受何等爵祿位後看爵星祿星起立何方合某省
管下當受某省爵位再觀爵星某省職隨轉某省無疑矣二者皆
然若夏天生水日同度日炎水沸反主蹭蹬名則不遂
大凡富貴人之命多是陷弱有不可觀其中有一星得用坐殺得
時及官宮有吊起吉星暗加其位者皆貴不然三方有一吉星交
照宮官主又不然有吉星交照八殺之宮此主權高祿厚

果老論命。以斗柄、卦氣、唐符、國印、天雄、地雌、為主。俗術尚不能曉其何星。豈知命乎。斗柄者、北斗之柄也。卦氣者、天祿之餘也。唐符者直指之星也。國印者、朝廷之印也。天雄者、乾象也。地雌者、坤象也。如帝王之命合格。無斗柄不能致一人之位。官貴之命合格。無卦氣不能食天祿。武臣之命。唐符不得地。不能握重權、官祿、貴落空亡。為官到任而死。或無正印。掌常人皆有天雄地雌。但空亡則此人無立錐之地。

論天官十二宮。二十八宿。度數分經。

女土蝠。乃真土。喜火畏木。不論淺深。皆以土論。

斗木獬。橋流沉底之木也。初度至三度、在寅論木。四度至六度、春生論木。七度以後、如橋木入土。皆論土。畏木喜火。

尾火虎。乃樹頭之火也。初度至三度、論火。四度至十八度、論木。

箕水豹。乃索泉之水也。比人受質薄。喜金怕土計。若當命不破則殀。

氐土貉。扶桑日出之土也。初度四度。論土。五度以後。土在火中。竟可焚木。加水則化。夏冬尤毒。反宜用火。

房日兔。乃太陽之真火也。喜木忌水孛。夏命大怕火羅。

心月狐。乃扶桑初出之月也。初度至三度。與房日同。四度以後。不分晝夜。皆以月論。怕土計。喜金水。秋命夜生人愛火羅。此宿靈通。主人多博學。

角木蛟。乃金頭斧柄之木。初度至三度。與軫水為鄰。論木怕金。四度以後。木入金孔。與金融洽。論金遇水土為福。怕火羅為仇。

亢金龍。乃金之正垣。遇水土為福。怕火羅為仇。

翼火蛇。乃漁燈之火也。一度至三度論火。春夏尤妙。四度以後。論水。忌土計。

軫水蚓。乃汪洋之水。九度在巳論水。怕土計。十度在辰亦論水。反喜金生。

張月鹿乃陽極陰生之月也一度至三度皆以日論四度以後論

月忌晦朔弦望怕土計

星日馬乃離明之精也太陽正垣忌木炁為難

柳土獐乃離明天河之土也三度在未四度以後在午四季月生

忌木炁掩忌火羅蝕此土最貴多逢孤寡

鬼金羊乃天上鬼眼之金也未為正垣夜生喜金忌計秋生畏火

羅八月土亦有礙

井木犴乃西井丹桂之木也初度至八度在申木浸寒潭體質不

堅金遇不畏遇土能沉九度至十四度亥卯未三合木局忌土

金氐奴星十五度至末蟾宮之月影忌土計掩光喜金煥發
參水猿乃寒潭清凉之水也喜金忌計土
觜火猴乃漁燈之火也初度論水一度則論火此度主流離汨沒
畢月烏乃寒潭之月影也初度至四度與金同五度以後論月忌
土計喜金
昴日雞乃西沉之日影也論金喜生巳酉丑月春夏生見土計發
用怕木炁火羅忌炁猶輕怕火羅更重
胃土雉乃泥灶之土也一度至四度論火怕水孛五度至八度季
月論土怕木炁九度至末度乃鑛金之土也論金只怕火羅不

怕木炁。

婁金狗。乃火中之紅金也。一度至四度論火。怕水孛五度至十二度論金。怕火羅。

奎木狼。乃文昌之宿也。又火柴之木也。初度至三度論木。忌金炁。四度以後論火。怕水。

壁水貐。乃文章之宿也。初度二度春命論木。三度至九度論水。怕土為輕。怕計為重。

室火猪。乃木尾之火也。初度二度論火。夏命尤妙。三度至末度論木。喜水孛。忌金羅炁計。

二十八宿限度宜忌論

虛日兼土忌木炁犯度若木火互之可解冬忌水孛

房日兼火忌水孛犯度若木炁互之可解

星日專以日論忌木炁犯度又春忌火羅計夏忌水孛羅

昴日兼金忌火羅犯度若火土互之可解

危月兼土忌計炁犯度有金水互之可解

心月兼火忌計孛犯度有木炁互之可解

張月兼日忌計羅犯度春夏怕木炁有金水互之可解

畢月兼金忌計羅犯度夏令怕火有金互之可解

角木兼金忌炁金犯度夏怕火羅會水孛可解

斗木兼土忌金炁犯度會水孛可解

奎木兼火忌金炁犯度春怕水孛

井木兼月忌炁金犯度夏秋怕金季月怕土

尾火兼木忌羅水夏忌土計卯巵怕水孛羅

室火兼木忌金羅土計惟秋冬怕水孛有木炁互之可解

嘴火兼水忌土計孛夏怕水孛為槩

翼火兼水忌土計孛春怕羅冬怕水孛

女土專以土論忌木炁見羅計犯度尤凶

氐土兼火○忌羅炁水犯度倒限○

胃土兼金○忌炁計犯度○更帶刄鋒倒限○

柳土兼日○忌木炁犯度○冬忌水孛○

亢金正垣○忌火羅犯度○有計可解○

牛金兼土○忌炁○夏忌水孛○八月忌計○壬子月忌太陽○

婁金兼火○忌水孛羅犯度○有木炁可解○

鬼金兼月○忌土計火羅犯度○有炁水互之可解○

箕水兼木○忌土計孛犯度○有木可解

壁水兼木○忌土計孛羅金倒限○有木炁可解○

參水正垣忌土計孛犯度有金木炁可解

軫水兼金忌土計犯度倒限

二十八宿動靜說

凡十二宮有所用之星宮宜四柱填實或本宿出現切須看星宿動靜何如時日動為緊年月次之如本宮星靜又宜詳合四正宮神弔照假如辰宮命命躔亢度日月俱聚四金之度此是動也又看動是何星如財帛動財貫人世如兄弟動伯仲多力田宅男動則田男多慶但官祿福德強宮俱欲動惟遷移疾厄不可動動則波浪如多疾厄之造又當細推相貌若與遷移疾厄同動方以惡

命斷之。如坐宮祿等命。不可例斷。如宿星全無出現於十二宮中。正謂靜也。靜中須尋其動。所謂處動於靜之度。勘靜於動之根者。此也。如五宮水為子息。飛躔壁水之度。謂之動。四水無剋謂之靜。如有一星剋犯為動之根。四水四火有星剋亦是。

十二宮主所屬躔度論 原題二十四字辨以宮主管上一字。躔度管下一字。理鑿而無據。故渾之。

凡看命十二宮中。誰云不曉二十四字。孰能細推。一命府屬宮是命。躔度是府。二財帛屬宮是財。躔度是帛。餘以類推。星以此斷。欲詳豐足。須知命主原與財主互換。欲議卑賤。又知奴星先與命主關照。田背命必難扱業。福貫主安樂蔭襲。屢失所偶。定是命隔妻而妻度逢殺疊疊。常憂無後。莫非命尅子而子宿遇凶重重。木遷到。命而命寄奎井。福慶中、更有萍水之遭。水病傷主。而主守箕参。疾病後屢抱沉痾之苦。兄友弟恭。兄星生臨命位。官髙禄厚。官主旺扶福宮。主到子。子寄官。冠帶自子蔭來。命居妻。妻傷財。財利随妻耗去。兄奴易位。兄賤不須言。官妻同垣。妻貴安待議。貴妻而淫奔。正因官馬坐妻。演臨遷移之位。賤子思搬業。何非奴恩扶子。潛入田宅之垣。田生兄而居遷地。兄雖異居。還有田地萬頃。奴隨妻而臨財垣。妻縱助益。當為婢妾千般。主居妻垣。妻度逢疾曜。因宿媢屢招惡疾。命臨田位。田星值官符。為買田常被官司。官非疾度。

帶刑囚傷兄手足作囹圄之鬼遷在疾宿引淚流尅子兒孫為波濤之人無端却死繩下疾變貫索傷主刃幾次坐病災中疾逢血刃尅命垣命在遷宮逢疾度之變殺化刼須防捐軀道路主居金地值疾星之帶劍挾刃宜慮損元凶災疾逢凶曜傷奴尅田田地終遭死奴賣盡官化惡宿犯妻傷財財利又為亡妻喪了相度值疾厄之尅傷四體必有一損日月逢首尾之相侵雙親安能兩全一十二宮已詳一百四十四議二十四字須研三百八十八談是以有女無男宜曉子星被制而度慶無傷有田無宅安知田主生扶而度背失陷妻度得令妻賢再羨妾美財度失局財輕又防串

傷損兄而弟雁失羣因兄星逢凶暗會度去遇恩化吉妬妻而妾偕鳳侶奚非妻被殺潛使度來貫命成祥度相生而奴星背僕勝婢女百億星隨命而福度佳德與五福皆備德星生臨子位子必積善昌後弟主當居田宮弟之發靱可嘉田生女星定知嫁女自有奩田帛臨妻度又知娶妻廣多嫁奩女主男宅正是宅主先與女主相逢弟任僱工莫非弟星與奴星同度宅到度而子星遥尅廣厦遭子變賣田到主而妻星拱生大業由妻招來田宅倘與兄弟交接兄多田而弟輪奐堪羨男女若與妻妾關通妻產男而妾育女又多娶妾多帶産厄厄在子位傷妾主買奴屢遭詞訟奴黨

官星到命垣○刼水破田田受淺○田終遭水崩陷○刄火冲宅宅逢傷○宅必遭火灰燼○一生常憂遺失○命帶亡神○傷財是定○幾番偶逢拾遺財在遷○度生命何疑○遷耗帛○主衣服不待脫去○奴寄遷宫○厮輩每逢跳走○妾多姦宿○正因禄馬生妾居命度○男屢蕩浪○孰非子度臨馬遇遷神○男女兩旺而相傷○即舅皆置度外○兄弟得令而比和○伯仲宛同胞中○次女貌醜○羅化貌星臨女度○長男丰姿○水變貌主會男宫○月男遇計貌之相犯○男須右眼有傷○女日逢羅相之交掩○女又左目難全○弟患心疾○何非疾主帶血傷弟度○女常不調○正是疾主變刄冲女位○木疾破男○三子慮瘋疾之難○治水疾冲○女長男

憂痢病之難調。女子疊興詞訟。天官符與女主同度。男兒屢被苦擾。地官符與男星同垣。男星同奴宇。男多與奴往來。弟主逢遷羅。弟屢同兄起居。兄欲學道。悉化遷移居兄位。女效奸雄。計變官祿守女垣。女逢遷馬之關洩。女須被人拐迯。月遇遷日之鬪。傷母又遭父變賣。弟賤兄貴。莫非兄逢官而弟居奴僕之宮。女富男貧。正是女坐財而男坐遷相之内。財生命而命尅帛。衣雖百結。還有積玉堆金之鄰。量移隨命而主隨財。錢縱萬貫。須憂朝秦暮楚之無定。一星失陷。自有一星之禍福。一度逢生。必有一度之祥瑞。三百八十八訣。總歸二十四字。一百四十四議。要歸一十二宮。一之能通。百自可覓。

宮度前後淺深星行遲留伏逆及太陰移動論

一十二宮。原有前後。三百六十度。豈無淺深。主在末。難在卯。怕而不怕。凶居申。身居辰。憂更可憂。相冲更逢歲曜。死之不測。兩合倘無年神。生猶可談。要知富。恩演已趕生丑主。倏然貧。身居丑徒望有恩。財為富之源。文為貴之根。文魁同度居主前。終老巖穴。科甲隔宮立背後。即輝朝廷。顯中晦。多是文　星趕主又被尅。窮而通。莫非魁星生身又有黨。用星帶主無難。総　是閑神。惡宿尅身逢用。又是吉曜。勿云恩可喜。勿謂難可憂。主恩　共度。無情莫論。身難隔宮。

有制須言魁生甲甲生身極賤之中極貴主趕文文趕魁至貴之内至賤莫云賤無文文星被制趕主亦是枉然莫云貴有魁魁星有氣離宮亦作吉斷酉戌二宮無間有相通之氣婁奎二度被隔無交接之情一要文魁不雜二要仇難有制仇星黨難逢恩星危而安文魁照耀值餘奴章而鬧奴犯主有難堪用恩生身逢仇莫究高官多是假殺不貴又是徒恩殺星帶魁居主前鰲頭獨占仇曜化文躔命度斬首猶榮欲許榜首須究歲恩演魁甲要談魁甲宜究文星值年宮太歲本是凶神趕魁入命其貴無比天空又是要曜值難在宮其凶可解文魁星身遇天空臨科不第魁甲立命

值太歲遇考利先衆魁度主非太歲用之不力獨魁隨身遇太歲使之有功太歲若值羅計後六宮有星皆動太歲若值日月前六宮有星難潛木為文而遇歲計木皆隨計運用以其對宮有羅水為魁而值歲羅水皆為羅照耀以其對宮有尅日月反背太歲不能兼令羅計失躔太歲僅能自威木文逢秋金文星顯而不露水魁值冬土魁星動之有力歲卯文井文星有退縮之意歲寅魁戌魁星無韜藏之心歲科失宮失躔亦當自刻空文同度得宮焉能成章魁星扶主主星怕其失氣科甲入命命主怕其逢空文空魁實命主妖假手登科財重官輕身失氣黜額懷歸主要旺旺則衆

吉收之不漏身怕衰衰則羣凶攻之不敵存乎命者莫怕乎失宮失度取之身者莫貴乎歸經歸垣小試論文文不露而主旺決然徒勞大試問科科星顯而文衰又是虛願月文生身最喜者十五十四水魁扶主最憂者三春三冬文星到度逢歲星此朝斷之顯耀魁星失宮值空神茲日議其落寞前五日逢難後五日文顯無名有縉紳之喜後三日逢難前三日逢魁有名無榮華之期文化難貴從險來財生魁富因貴去衆文弔動遇主旺之齊貴之楚更榮諸魁秉令逢恩難此人收而彼人不第無意得名多是弔動暗文生主有功去位莫非趕來仇星傷恩文到難到須作顯榮之鬼

恩無難。無預卜庸常之夫。先知前後淺深。次究遲留伏逆。逆難在前。非險死定有一凶。伏恩居後。雖引薦惜其無成。留文待主。正謂去還有意。遲魁趕命。又云來却無情難雖遲。遲前有後日之憂。恩欲留。留後有伏持之美。難逆用伏。凶災不能解脫。文伏魁逆吉。凶又難並臻。主伏不顯。倘逢難未可吉斷。恩逆不祥。設生主不可談凶。諸星皆畏後難。日月獨異。衆曜俱怕逆恩。羅計不同。水左旋計。右轉水逆。正曰避凶。金居前。羅居後。金逆又曰假殺。殺去怕逆恩。來怕遲。恩遲迎命。非是同宮。千里之說。主逆恩。伏又非隔宮毫釐之談。主午恩戍。主不怕逆難。卯注亥。主又怕遲。三宮貴詳。行逆六合須別伏現凶行倘遇用伏益肆憑陵之威逆主設值難逢難免莫極之禍刃難帶魁臨命宮威揚四海科刃帶凶居主度殘賊一家文魁怕伏倘伏命而伏身又為學山學海之輩科甲貴顯倘現仇與現難又是說地談天之流庸愚雖是主星暗伏燥妄又是主星太旺主旺倘無文魁拱照徒勇一方身衰又逢科甲重臨恩承三代當貴不貴蓋因限度不早不賤而賤又是命主不堅假殺不欲殺迎逢恩又怕恩行主子恩辰行之貴而逆之賤主未恩亥留之吉而行之凶凶莫凶乎流難尅主美莫美於逆恩迎身一生屢逢恩掩恩流命度半世多病沉綿難逢主宮土星演遲吉之久而

凶亦不暫。水星值留。榮之速而辱亦不遲。然時雖十二。曜原十一。不移不動何貴何賤。欲究貴賤之分。須尋移動之宿。是知命主不輕。固知身主更重。春月水凍。金水近之不貴。秋月光輝。火羅照之何榮。計犯月不夭。亦主失明。月先土後。高壽抑能榮身。月不怕朔有火耀之反福。月不怕望逢木掩之反殃。身意安適。為月居參度獨照。勞心勞力。為月演氐度無光。望月若居亥壁。梅林學士。晦月更加子虛。畝畝耕夫。子時賤而丑時貴。正因子昴丑畢。寅時富而卯時貧。莫非寅鬼卯柳。月掛柳梢。畏生季月。月到天門。怕誕午時酉若同難戍。若脫便是富貴之別。貴只貴於一度二度。賤亦賤於留宮過宮月去逆計後生不如先生土來趕月此時更强彼時木居月前無計名曰雲雨金居月後逢冬又曰氷霜身難到亥離一度就是離難仇月同宮別一宮何非別仇仇立難度趕月甚凶倘一過度便作榮顯之客金居衛分扶月最吉設一過度但為冷落之人早登龍門每因牛末尚未交於女遲掛虎榜何非心初鄰暫離於房三時而貴賤霄壤者月先土土後月土月無絲毫之分一日而貧富遼均者金同月月同金金月無纖微之差月不就木而就土木雖尅土無益（設木躔婁二土躔婁三月亦躔婁三是也）土不迎月而迎木土雖尅月何妨（木躔婁二逆土躔婁三月躔婁四行是也）計犯月須分月後計前月被土又

别月前土後。月躔四土。春秋生之不怕。木演四水。春冬生之反憂。胃非女之類。氐非柳之儔。欲井月殿須居畢。欲歸月垣怕逢張危。心生子時至貴。倘生季月子宫宜防危墻之厄。心生酉時有光。倘生夏誕午時須謹炎烈之禍。

增言五星集所

談星奥論

一排命先求星歷端正。太陰晨昏起度不差。取三方對照生尅帯貴殺若何。夜生重身度要緊。觀命局面。在乎變通。假如四火為命。或失經於水。得木炁為援。吉若水孛又高於木炁。展轉相生亦可取用。飛廉守照。遇制伏不為害。諸星沉退。一星滿用。大貴。

一看命度帯殺。限度重併。遇生星即死。如庚戌八月生人。安命室火。木為刦殺。土為浮沉。火為劍鋒。飛廉。三十二歲行斗木。水中死。

一官福星宜守照身命。若化禄魁天地人元大吉。

一恩星隨身為富格　假如坐四土度火為恩與日月同行又是夜生得令得時更遇生旺諸吉扶之為一二品之貴

一飛廉守命主夭然須看格局格局高强有救援水命不忌　如丙子正月生命泊尾度孛守照土在命為援又如在室火安命正月水為飛廉守照若值太陽或木土同宮反吉若坐的殺刲刃行限弱必凶格高不忌

一八殺朝天或守照得所皆貴人　如戌亥安命金火獨守照得令得時為上如泊命柳土翼火者金土為八殺主獨去占天門得所為貴

一命在刄不宜金守照。加火羅愈惡。壽不長。木命人不得其死。逢空稍輕。

一流刄并天雄遇木炁。為殺最重。坐命四土或四月度者。或原月與木炁同躔。行限直刄有災。家口不寧。限雖不遇太陰。逐月行宮遇刄炁。決主刑杖。或墜跌之災。丙辰刄氣在張。行限見之多災。流行太陰遇之。同日受杖八十。如命在女。炁月同度在亥。丙辰。年壬辰。月戊寅。日太陰直流炁木在角度。小限並刄值月宮。符大限在氐值病符。原炁三方切照氐八度。忽高樓跌下。半月不知人。事此要原守星與流年星度限度參詳有准。

一月殺飛廉最要看。　如我命入月。月殺在亥。太歲值亥。木嫌炁月同躔室。度所喜炁生身。度火與彼有情。作事儘有方。畧未免亦有險撞。

一看命不拘晝夜。須看太陰落在何宮何度有無拱夾吉凶。與命相参取用。又看本生日干。化曜金木水火土。加在月上。與別曜有無尅制。　如我命甲子日干。甲己化土。太陰即屬土。不宜月炁同躔。主有疾。炁為財福。又日生人稍輕。行四月度主脾胃疾。炁若帶殺。瘧疾終年不愈。脫限外方可。

一看命度帶殺與不帶殺。起在何宮度。有無相戰。方論吉凶如金為命度。又是飛廉陽刃等殺。或與火羅冲戰。或與太陰同道。決主重疾。若帶孤、刼、刃、。亦主孤之。故命度帶殺重者、主殘疾。逢戰尅、主夭。若帶殺升、殿入垣。更三元會者。皆是顯達上格。

一入殺宮刃雄并。或身命主星坐臨此宮。或殺星臨照。皆主重疾。入殺主守照得所主權貴。

一入字中諸刃刦併在年時上。主疾。否則夭。若諸吉貴、禄、注受、斗杓、符、印在年日時上吉。如甲辰甲子甲申九月十一月注受、禄、馬、生旺在寅。寅時最好。

一命坐刃鋒。逢空加福官國印。得力貴格。

一天元星最要緊。或守命得令相資。或是身命。主聰明。加生旺貴祿為奇。　天元者。如甲天元屬木。而木星守命。或命度純木。尤奇

一同年月日時之命。出處不同。以太陰交宮過度。有淺深先後八刻之分也。如前四刻月在心五度。論太陰行事。後四刻到尾。論火取用。如何能同。夜生人身度主為要。因徃推來可驗。

一三元最宜照官祿。若安命在奎婁。更天元星。得令得地會官福。必中進士狀元。

一身命坐空。怕及對照。主夭。行限見凶星難過。坐命對照。生時又遇殺守照。亦夭。蓋命既坐空。已險危矣。奚堪殺難冲照。死亡必矣。

一四金泊命主起殺宮則殺氣太重命不長久若福祿身好發用只宜引陽貴

大抵看命要分寒暑大寒不可背太陽火羅近水月孛不利太熱反是

一縊死必犯闌干殺蓋闌干主殘自縊之禍若遇官事主徒杖等刑子年在午丑年在未對冲即是如命在度有惡殺相併決主非災而死有甲戌生人柳土泊命土起亢羅守照一生發用五十七限脫鋒入刄自縊死　又甲寅生人寅時軫水立命月起官祿參水四度十八歲限入張為生員自吊死以亢軫參度數為闌干故也　又乙卯生人壁水命日月夾水中進士官知縣六十

二行卯限末將入刄縊死何也蓋宮火怒畢也原闌干殺起畢七與孛同道命水又是廉刦主不宜夾拱故縊死不獨看闌干但諸殺并沓壽元根基淺薄亦主橫死

一月帶刄不宜與火羅同躔主目疾若在巳上主耳聾火羅帶煞險火命人稍輕如巳未生人二月九月又是未申泊命月是殺主最嫌與刑金同宮若得令先榮後刑　又丁丑二月生金月在子火在午亥宮泊命金為兄弟帶煞行殺限被弟持刀殺死

一寒月要隨陽日月同躔又是四月泊命更官福田宅又好為上格

一看官魁最要緊。名利人根基既好。更官魁在命。或在官福。或在八殺獨行得令。為顯官。　如甲壬生人丙月為官魁。乙生人水日是也。

一五星帶天雄陽刃近太陽。主目疾。四月泊命尤驗。日守照亦然。若日帶孤寡刃守照。或遇煞星夾輔。俱主夭。

一用星或命或官本弱。得援星親切者為上。

一命坐孤赧。或孤赧星守照。必主害六親。各有輕重分之。

一命坐酉。金土對照。金勢強。假使金木同度。決然不利。因財致禍。刑殺重并者尤甚。

一冬令金水嚴寒若守照或是命度乃孤乏之人也

一計羅截斷跳出一星五殘守照經書甚有理中間多有五殘守照而富貴如白布政已亥四月二十九日子時危十二度泊命計羅辰戌漏一炁在斗木到大梁月孛胃宿土同躔諸星皆不可取年少登科想月為天元禄主身度起高故也　又已亥七月卯時柳土泊命炁漏關日月五星夾拱早妨父母出外發跡此格可准又六月午時氐土安命五星南離趨拱此是貴格　又已亥八月十四日午時寅尾泊命炁在斗月在危脫氐土身亡想月帶雄刄不宜與火巳亥對冲加金羅三方對照謂三方四正俱是殺故也

一經有太乙抱鬼之說。又有秋夜半不可孤居之論。但觀貴命多有月孛同行。或前或後。或沉或晦。亦在辰戌丑宮者不妨。此殆不可執一論也。

一婦人命最難看。有坐臨官馬者。有咸池守照者。身星清吉。亦無他事。雖發用。一生多病。若殺宮安身命。終帶妨尅。

一女土泊命。木守照不妨。行限好。即發用。財福尅命之故。

一看太陰要緊。李侍郎已巳十二月十四日亥時。程副使十三亥時。俱翼火度泊命。監生舉人出身。諸星無異。止是月躔畢度者。一生為風憲官。五十八致任。富貴極厚。七十一歲死。月躔井一度。一生為部郎。五十九病。六十死。

一諸星拱西北。一月順而當陽。宮度俱强。亦為大格。行限弱則不能。吉如壬申四月亥時。在斗。泊命。壬戌日者。月坐官祿。官至一二品。乙丑日者。月坐福德。官至三品。俱六十二。入午限死。太陽在西孤立。癸酉流年。陽刃在命。俱死於官。唐符卦氣在午。結果甚美。

一火羅攻破日鼠。有太陰得所。火羅不得令。水火土生人不忌。

一元武引駕。水在日前。又值吉神。化三元最妙。太歲躔之為上格。四水泊命取之。在午未辰巳。愈妙。以太陽得地有光。

一朱雀朝天。或捧御单。行得所為上格。化三元最妙。如戌亥安命火守化為三元。或木為三元。三方宮度相資。亦上格。
一昴日安命。刃火與日同躔本凶。若逢夜生。秋令不妨。更得金水相扶。主貴有壽。
一身命空亡。名死窟。加刃拱禍偏烈。太歲實之。死於非命。
一日月引領。諸曜拱朝帝闕。及文武兩班。天地開明。大貴格也。
一宮主尅度輕。八殺不宜尅命。遇之不吉。格局好。雖不妨結果終不善。
一土計羅帶天雄陽刃。夜生與月共度。必有破相之疾。太陽帶之亦然。

一丁酉十月丑時翼火泊命金守照月與火同度在軫十二三必是瞽者金能音樂月帶刃煞最不宜火逼故也

一身命坐八煞得時得令諸吉扶之貴格如丁卯五月五日午時軫一度泊命羅計截斷寅申一金漏出在酉本美無奈殺土坐命水在鬼月帶刃同水坐祿見水妨妻三十五行水身為內使刃尾劫首見計不好總論一金得力故也如戌亥子坐命入殺守照更遇吉神大貴

一諸星皆晦惟一福專權又化催官或值三元又值祿旺之地不以晝夜為忌此是大格局雖有官祿從陽若在弱宮與命相戰皆

不取用與身命相資者貴。

一勾絞二星加三刑主刑囚。如卯刑子是子安命者。八字日支又是子者。四旬外行卯限犯刑而死。又丑刑戌身命主起在戌。又日支是戌再行殺地。必犯刑死。若日干不相犯。行殺限或獄中死。八殺或犯殺主生毒死。守星善。二煞犯者終非吉。

一身命坐刼、廉、刃、鋒。無星壓者。若星得局主發。用貴顯限遇諸煞並沓重者。亦主死於非命。或見凶星火羅計孛。發惡瘡死。又有坐吉星限遇殺交并亦主横死。如壬申生人七月卯時星日泊命水輔陽在午。唐符卦氣在局中。年保為訓導。癸酉流年六十二。歲限交室火見計。六月被同僚打死檢屍。此是陽刃與木對照於命。申反刑。亥加勾紋七神貫索。在亥炁月在丑。羅火在巳酉。諸煞交攻故也。

一安命立身。坐寔占高強。且如六辛生人。酉上泊命。遇丁酉日最佳。若身命福祿星好。一二品格。成為刃處安命。遇戌日凶。大凡命坐日支為第一。年月時上次之。如金星在巳。遇巳巳日。又是巳上安命。文旺宮高。又如木旺到卯。又遇卯日。更在卯宮安命。大貴。

一八字有合天月二德。命度身好大貴。或時帶天月二德亦好。如已生人寅戌爲天月二德。日月時有寅戌相合爲奇。

一四月泊命。月起失經。土計或羅孛夾拱帶殺。夭亡。金水雖好。若帶重煞夾拱。亦不久長。大抵太陰只宜獨居、夜深火金與月助光相宜。帶天元中舉。與孛同躔妨毋。若有坐位已不妨。若寒月不可孤居。

一孛隨火後行。火限忌之。若四火安命。或火命人。主壽不長。火旺猶可。隔二三、度主夭。十六度外有援。亦不妨。

一四木安命。木土同度。得躔又得生旺。財帛擁。進更財福二星有吉星扶。爲上格。

一四土安命宜火得令獨居守照或居近土為上格再不宜近羅謂逢生不宜重見若火太燥為下格

一四日泊命不宜木炁與日同躔日生人主夭若火羅日同躔只不益親於已不妨惟四日不怕廉火

一妻星入遷移招重婚之婦遷移主不宜守照主遷移

一身命坐孤刼無吉星輔者結果欠好縱有福祿享用到底不得力或死於外方不見妻子面凡殺宜空福祿吉星不宜空

一看命格最要緊中間辰星有吉有凶　如火羅計孛守辰戌丑未或月坐殺得地先貴後刑

一命坐旺地行庫限不吉或死亡或剝官有援不妨

一壬癸生人土為陽刃又為血支血忌若四水或月孛安命土計魁孛主血光之災如五六月為飛廉主必夭若金命人見土不甚凶

一命坐天狗無子如癸酉年五月未時命坐角丁酉日者木月同孛在室有子無官戌戌日者木月躔畢水有官無子蓋身孛主朝天月為天狗得水光彩所以有官無子木為刦殺五月木盛之時足以蔽月天狗官星俱晦故官祿不得遂天狗不得肆所以無官有子 如坐天狗加火孛不吉照命限必然無子須得吉星方有

子天狗在男女宮主受尅亦絶嗣

一太歲填實惡星或在命限主災犯者死

一兩歧斷躔處立命主夭否則貧乏乃坐處不得安穩故也二十八宿交界之處有盈有虧須考究推斷如乙卯九月十四日戌亥時生人胃土十五度坐命殊不知戌亥時胃氣盡矣又入昴初管事最忌火羅為鋒若太陽坐殺或犯火羅此十三先尅父十四後尅母交限斷躔故也

一星對照如金在畢九度行限尾五度其年應尅妻奎木安命其年不安如壁水安命生我者吉

一日月食時生子。主夭。或瞽。蓋天神威怒之時。到老有非常之禍。

一月兼身命。若起坐孤刼。廉刄雖有生旺扶助。亦主夭折。

一刄刼首尾交界兩岐立命。主夭。夜土晝火。謂五殘星。非貧則夭。

一命度主或身度主為天元。若守照或起得所。為文學科名造化。

一四金泊命。金與水守照。金助水力。乏則不能尅木為財。行四木度不利。

一經云、官禄宮主忌見天雄。　有戊辰生人。正月酉時。張七度坐命。土守照。月傷女土。金日在危。犯天雄。乃酉限三品。奎二品。七十致仕。蓋木命不畏土也。

一經云、四月慶坐命。惟土計。可怕。有辛卯人。十月十五日戌時畢十三度坐命。土計月在昴。早發甲。四十外三品。蓋水日在卯玄武引駕。夜生人用身。慶昴日為主故也。然土為八殺還移退行與月有情。母子先伶丁。被人劫去。後顯復姓方與母同居。

一男女宮見太陰並金水。先得女。羅計在五宮主執拗。性情多有尅害。如逢木土太陽主男。如夜值之恐難存養。

一羅近太陽父凶。又有壽考者。謂首星捧日。夜生者吉。蓋夜日無光喜羅火故也。

一經云、八殺宮兼閒極。身命所臨皆不取。　如甲辰三月戌時亢坐命土資亢火守照為天地人元又命犯鬼金死在途無子件件無成以金為飛廉劍鋒夜土愈凶　又甲辰七月巳時亢坐命土資亢木在角金拱日貧乏

一身起死敗地行衰限破家行限見敗星或天地耗及對大耗皆耗財

一殺宮坐命不喜殺星來生主夭如甲辰生人亢坐命金帶劍鋒或飛廉最不宜土來亢上蓋土為雄虎的殺若身吉貴若羅孛犯身賤行鬼金即死

一命度帶刼刃廉的耗符殺併重及遇生星其勢愈惡行殺限夭

七。如癸未五六月生人。女土度安命者是也。

一四水坐命。遇金帶長生貴祿守照。或生水大吉。愈老愈健。如癸酉生人。金帶鋒廉守照。雖生水貴亦夭。

一身命二宮會注受斗柄卦氣生旺本吉。然本原受虧。名利虛花。百無一成。

一水為孤。劫計為雄。刃夾日。主胎中妨父。刃雄星與太陰合着度上。即妨母。

一流年星如井木安命。木入亢婁。火帶殺入命。宜謹身節用。

一土躔牛居垣而洩氣。木躔斗入廟而退行。得失相半。

一命躔角斗井奎。甲乙年生又屬木。納音又木。純作木。論春令極貴晝生。尤妙。盖得五行類象。所以受尅。主一生平安。

一羅計躔日度。太陽飛入神煞。或在陰宮。父主早亡。不得善死。若羅計犯月度。太陰飛入惡殺。或在陽宮。母主惡亡。羅怕頭忌帶刄。孛怕尾忌帶浮沉刧耗的殺。炁怕冲忌掌飛廉。計怕怒忌為刄雄。依此斷之。

一日躔月度居月位。月躔日度居日宮。謂之陰錯陽差。主傷父母。亦主妻子難。但凡月勝者尅父。日勝者尅母。餘倣此。

一身命躔陰度者。主次胎生。或小胎之子也。又一家晝用日躔夜

黔月躔陽度者一三五七九。陰度者二四六八十是也。宮身度三。主俱躔陽度者。主富貴謂之三陽開泰格。男純陽女純陰。為妙

一刄星不宜輔陰。陽主父母癆瘵氣疾身亡。若命身度躔日度或月度者主夭折。否則帶疾蠢魯。論之如甲生人火羅晝生逢陽。乙生人金星不宜輔陰。陽辛火。羅壬土。計丙戊丁巳陰陽。為刄如為宮度身主輔。陽自身榮。貴父母終是不利。

一日月犯魁罡。辰為魁。戌為罡。或日月臨者。或合朔之時生者。的魁父母。亦恐壽難長。

一日月剝。蝕命安四日四月度。主夭折愚。魯如限再行日度決死。

一日月合在田宅官祿妻宮。或夾官祿田宅吉。福命斷之。

一日月會貴人之地。無凶星破者為上。或夾貴。乃尊貴斷之。

一日月拱斗者為上格。或夾崇勳無破者。乃享福之人。

一日月拱夾太歲宮者大吉。或拱夾歲殿亦吉。丙寅生人辰上是歲殿也。

一大小耗宮。或耗星日月夾拱者。必貧賤。有始無終之人。

一日月夾拱雄雌。再加惡殺得志。似虎添翼。若守命得用日月拱夾有權柄論之。

一日月拱夾亡刼。兼命度主弱。乃貧賤孤獨。宜入空門也。

一日月不宜拱夾的殺主無後財若風中之絮水上之萍

一日月夾拱陽刃宜作武職軍人吉士庶不利利於公門刑法中人女人犯此產中亡矣刃在命又喜日月拱夾大權武貴驚人之勢要也

一炁星守命三方見木若木星守命三方見炁對宮見炁其人多博學藝術只恐妻子執拗首尾有尅

一水火同躔未發其釁再限行火或水度中喚醒為忌主夭壽

一金木相戰或木盛金弱兩邊傷力未多害焉如木為度主再行金運決死斷之

一木土相尅。辰戌丑月生。土星旺。未發其惡。再限行木必死。

一金埋土晦。秋月生人。金與土計同。行埋金失色。加限行土度必死。遇水孛洩之為妙。

一土渾水濁。春夏之水汪洋。漂泒。濁渾不清。不宜土計。更見火羅聚集。一度敵强有損。

一晝生火勝於水。不忌水孛同道。夜則水勝於火。不宜見水。再限行水度。必夭。

一納音之星。司令之星。不可與值。難相戰有損。否則帶疾傷妻子。

一命坐兩歧。若非過房出祖。必自移根換葉。否則兩頭烟爨居之可也。

一月在初度兩歧之間。身重婚。必叫兩母。否則過房入贅。遷變基址。巳亥宮尤忌。

一星在初度。或二三星交過宮。必須出祖過房。自成自立。生來勞碌。心常不足。有頭無尾。

一尾婁坐命。難為子息。

一井斗安命。主重婚。其人敢言敢斷。機謀不露。惟井度坐命。十有九弱。限途多舛。假饒承蔭。終見破損。

一孛在前。月在後。謂之太乙抱鬼。貧賤夭折。冬生尤畏、一月在前。木在後。未上安命。謂之桂林一枝。

一東井度。水火土。或水火孛。或金木水。或土孛羅在上。交戰不能施為而無禁忌也。

一金助月華。主聰明。有文章。然寒月遇金。又非榮顯之人。若金月同在巳未申三宮最貴。

一落木寒。蟾非榮達之士。主貧困。或孤辰當頭主孤。

一夜生人。獨火居子。為一陽來復。女土安命尤奇。

一寒月孤居。主母寡。逢水孛。主母淫。自貧賤。

一日月卅殿。入垣者。主父母富貴榮達。

一火羅怕頭。水孛怕尾。木炁怕冲。土計怕怒。及金各怕掌刃、雄、廉、
鋒、耗、符等殺。五星各隨其所尅者。以斷其凶
一太陽太陰。掌刃、雄、廉、鋒、耗、符等殺。又羅計火孛犯日。土計侵月。
行限四日四月度主凶。又主父母骨肉難為。或妻子刑尅。
一木嬰於風。謂之風搖葉落。主倒限。行限木宮木度者是。
一寅刑巳。巳刑申。子刑卯。卯刑子。丑刑未。未刑丑。丑刑戌。戌刑丑。
辰午酉亥自刑。其刑冲逼壓。專看太歲流年神殺之星。蓋運限在
神殺之宮。戰尅之鄉。最怕刑冲壓逼。如庚子生人運限在巳。太歲
在亥。謂之逼。見此又見忌宿主災厄

一行運限。切忌元流二冲。尤怕流行戰魁爵禄。人冲禄馮。遷官進職事必有動。

洞微百六限説

原夫洞微一百六。布於周天十二宫内。然濶狭不等。同異互陳。命與禄十有五。福與妻十有一。田宅子孫各四年半。而奴僕隨之。財帛兄弟各五。而相貌獨管十年。疾厄遷移退以七八。所以然者。不外乎河洛之数也。子午卯酉居陰陽之中位。命禄妻田謂爲四强。管年四十有五。而巍半歲計日一百八十分。而四强各得四十五日。乃涵洛書四十有五之妙也。寅申巳亥辰戌丑未八宫當陰陽終始之地。管年五十有五而無奇。乃具河圖五十有五之妙也。又限步之説。命宮以卯為首者。盖帝出乎震。太陽方升。從乎晝也。萬物於此發生。啓蟄為人共稟五行之積數。且官祿十五。配以遷移八年。成二十有三。是居坤策二十有四而不完者漸虧也。復以疾厄七年足成三十者。是合二四六八十之地積數三十者。夫妻屬於酉宮酉沉之地。日入於酉。月生於庚。從於夜也。十一者。天五地六。中合之數。夫妻之義。陰陽之合也。配於奴僕男女宮各四年半者。戍亥之位。正陰之宮。數虧之極。應五行三數不完也。田宅者子之正位。一陽方生。亦四年半者。陽氣未有積也。兄弟財帛各得五年者。陽氣已生。乃得五行之正數。自命宮至疾厄宮。屬乎晝。總六十六年。一三如乘五之數。盈一年也。自夫妻至財帛宮。屬乎夜。總三十四年半。以應乘五之數。虧半年也。

洞微中五百六相乘數

一三五七九。　一得五乘五。　三得五乘十五。　七得五乘三十五。　七得五乘三十五。　九得五乘四十五。　五與六合而生六數。

增言王身隻所

論命限

論命、有命宮命主之別。命宮者、命之堂室。命主者堂室之主也。命宮固喜恩用相從。忌仇難相尅。然堂室之地。又豈不喜光昌而顧容毁瓦畫墁乎。若以命宮與命主較。則命主尤切於命宮也。論限有限宮限主之辨。限宮者、命所經行之地。限主者、司吾命經行之官也。限主固宜健旺。而不容有所損傷。限地又豈不宜安靜而顧容煞難守之。若以限地與限主較。則限主尤切於限地也。以身命與限元論。則又有體用之分。身命、體也。限元、用也。身命之吉凶。乃一生富貴之定體。限元之吉凶。乃流行禍福之應期。故以身命限元較則限元之吉凶尤重於身命也。使身命限元主星或與恩用相合。而太歲冲之。此限此年必應發福。或與刑煞相戰而太歲冲照。此限此年必然夭死。此流年之禍福尤急於限主也。故行限原守推詳。流行尤急。凡既行度之後。即以所行現在之限。現行之度為主。而當年本宮度之恩難。則在所輕。兼看活看焉可也。故周天之度。均宜細詳。如虛房昴星四日在天皆為一體。拱合對照不同。禍福自異。

水火相戰其勢俱敗。雖水為命主。火受尅亦不寧。即同室操戈之理。

大抵行限以大限行某度。本宮三方遇某星為主。有煞刃者。遇太歲必傷。無刼刃。雖凶不死。行限在刃度若頂難星為刃中帶煞大凶原度無難流難尅之亦主破財行限遇刃尅我度主亦凶刃兼官符雖不剋度亦主無安之災總之命限之主星必看當生之強弱然後以流年之神煞飛冲鈎合參看庶萬無一失

歌云刦煞怕頭三煞尾陽刃兩頭皆要忌陽刃若在相貌宫破相毁形端的是此煞排歸八煞中太陰飛到凶無比陽刃刼煞扶兩旁禍起之時難廻避

凡五星行限如吉星陷逆則福慢強順則福緊凶星陷逆則災慢強順則災緊行限吉凶當生星辰最重遇吉則吉遇凶則凶守限則交入一二年見應對冲則三四年見應三合則五六年見應假

流年恩曜到限。又得太歲填吊。當生恩用。必主其年月日。為官者。
蒙超遷。誥勅之恩。為士庶者。有財帛進益之喜。若行小限中。見當
生恩星。亦同此斷。
凡限中。有災星。有忌星。然災慢於忌。如計孛為災星。行限、剋官妻
身。憂撓疾病。更同忌星。先災後亡。如忌星限內。有福星照臨。或是
災星同祿主。必主稱意中亡。否則僅能延年。至限末也。凡人正行
不吉限。前後又是凶星。則不待交而死。如遇交木炁金為吉限。不
待交前限一年。便有利名喜慶。一限中有二灾星臨照。灾煞重併。
雖有吉曜。不能救。限星命宮廟旺。又正臨本度。必得祿秩。常人得

横財及意外之喜限星本宮入廟增四年笑旺樂增二年算須是其星臨本宮方加

凡五星行限入宮淺發早十五度前入宮久發遲凡限本宮有星災福之應十分對照七分三合四分本宮有星先論本宮次取三合對照本宮無星先取對照次及三合若限星在於終末之度則災福側微不可以定數言之

凡一限之中吉凶混雜同聚一宮即以入宮先後及逆順以斷禍福先入宮深者先得用後入宮淺者後得用

凡初出福限入凶限災發遲方出災限入福限漸見亨通所謂初

出吉限尚有一二年剩福纔離惡曜猶防三四載餘殃

凡遇本宮及對照三合並不見一星雖不落空亦名空限主圖事無成若限主當生强順雖空不畏登科食祿亦間有之惟官祿宮中落空行限最凶必於四十六七歲死

凡當生吉星照身命者主中年富貴縱逢災星直至限末始見災危若當生凶星照身命者中年雖逢福限四旬以後亦須蹇滯至限末方為福大都吉凶之應全藉根基當生有祿則吉限上應無祿則吉限亦難發是猶無根之木雖逢春中不能葩花而成實也

統論限說

凡洞微所急者、限主之星也。所貫者、祿星也。所重者、諸曜順行也。所發者、廟宮也。所畏者、忌星也。所好者、吉神也。所輔者、行年也。所助者、三方也。所惡者、孛羅計也。如善星陷逆則福緩、順行則福緊。凶星陷逆則災緊、順行則災緩。如遇吉星順行、即得本宮加數。若遇惡星他宮、則其數減半。大概吉星居七強宮為福緊、臨五弱宮為福緩。災星在強宮為災緩、五弱為災緊。凡限本宮見吉凶星、災福應十分、對照七分、三合四分。凡限星在終末之度、即災福其力微、不可以定數言。凡忌星在好樂宮入限、在年内為福、三年後為災。凡限逢忌星不死亦災。若火在陰宮、土在陽宮、或為三方主。

雖有厄而不亡。故曰夜忌土星晝忌火。三方不是死無疑。此星若是三方主。雖有災侵命不離。火陰土陽宮尤妙。好樂位中別有奇。是也。凡災忌星生時在伏退限內。災福祇有三四分力。福星生時在伏退。亦只有三四分力。蓋被太陽所伏。如臣居君側。包藏光美之象。凡一限中見吉凶星同聚。即以入宮先後及逆順而斷吉凶。故先入宮深者先見。後入宮淺者後逢也。凡遇本限及對照三合。並不見一星。名曰空限。主多災。凶圖事不成。若得限主當生有力之位。則反為吉。惟有官祿宮上逢空限最凶。必於四十六七歲死矣、凡當生吉星照身命者。主中年富貴。縱逢災限不妨。若當生凶星照身命者。中年雖逢福限。四旬之後亦主迍滯。大都吉凶之應。全藉根基。當生有祿則吉。限上無祿則難、發猶無根之木。雖逢春終不能發而成實也。經云、若無一曜臨身命。自是賢愚別有因。

童限定例

行限從本生命度行起。如推童限。從命宮躔某度某年行幾分幾度在命宮度上論恩難至某歲。出童限行相貌宮方推大限之度。不可用一命二財三疾四妻五福順流行之說。沈緝文云、童限宜依一命二財斷屢試皆驗。仍之。

論限行度訣

命宮行度隨淺深相貌一年三度立官祿一年兩度通遷移三載共一十疾厄一年四度強三年之上同加一福德妻妾三度移三年減一為端的奴僕男女并田宅一年七度三減一財帛兄弟合九年一年六度行不失但能依此論行年分明歲歲加凶吉

定行限度分杪訣 百杪為分百分為度

福德妻妾三限宮每限管十一年一年行二度七十二分七杪四箇月十二日行一度

遷移限宮管八年一年行三度七十五分三箇月零六日行一度

疾厄限宮管七年一年行四度二十八分五十杪二箇月二十四

日行一度。

奴僕田宅男女三限宮。每限管四年半。一年行六度六十分六杪。一箇月二十四日行一度。

相貌限宮管十年。一年行三度。四箇月行一度。

官祿限宮管十五年。一年行二度。六箇月行一度。

兄弟財帛二限宮。每限管五年。一年行六度。二箇月行一度。

出門自相貌直至男女行年逐宮分躔度。順行宮逆行度也。

附查行限法

假如戊辰年九月二十日生人子宮虛日安命。太陽掌陽刄。土星掌飛刃天雄。命坐天雄之宮。月躔陽刃之度。乃身命凶神宮度也。所喜命度登駕二主。會魁壬辰年。春月限行斗木初度。命限吉星相助。且宮度兩強。中春榜。選推官。至夏限轉豹水十度。九度水星躔軫水十八度。朝陽升殿。為佳。但忌日土掌原流刃雄。兩夾。況壬辰年子宮又為雄刃。太陽又掌雄刃。原流太歲三合命宮。流土秋月在午。合照豹水。此謂煞疊煞也。八月殂。　凡星失時最怕餘奴經云。刦煞抗中。威烈以忠。如壬子生人命立巳宮。乃的煞之地。又刑居其上。是煞見煞。限行此必凶。餘可類推。

看限度訣

行限無拘竹羅三限與洞微星格當以大限某年行某度本宮三方遇某星或喜或忌或恩或難頂照關會吉凶瞭然故論流年吉凶必以大限為主看其高强柔弱用命度合乎恩難應如桴鼓一說謂行限祗看限度為主不必兼命宮論恩難假如命安丑宮躔斗木度流年行亢金祗查當年金星强則發福弱則破耗若金星登殿或土金同躔行金度者必然利路亨通事多輻輳若金躔火火躔金或金水互躔或金孛同躔遭其尅洩則行金度必災耗重重作事淹蹇餘度倣此此說脱根應依前說録此以備參考耳余不從

飛限起例附

大限衹看本宮所守星。及限主、限度主。然求流年災福。全在飛限。詩云、洞微何要妙。要妙在飛宮。一二本宮裏。三四對照中。三合五六載。依舊歸本宮。陽前與陰後。飛行看吉凶。

限度主論

夫限度主者。有限宮之主。有限度之主。二主皆要得地。不可失於偏廢。即如看命宮命度主一樣。如限宮主受傷而限度主得生者。或限宮主得生而限度主受傷者。如此則知一吉一凶存焉。或限宮限度皆強者有之。或限宮限度皆弱者有之。如宮度兩強者必主發達。或宮度兩傷者定入幽冥。又有宮主受傷。而度主得生者亦死。又有宮主得生。而度主受傷者亦死。何者、蓋有刄星。非合於宮即合於度故也。

論行限

經云、原守推詳。流年尤急。註曰、如火為度主流年水星到命宮。犯、我所躔之度。若水星掌太歲的劫天雄。月建又犯凶煞。主有重災。如水掌大小耗。又是浮沉煞。不宜行船交財。且防脾痢。隨其所遇斷之。如火星遊行。是我度主遊行也。看某月流在何宮何度逢生。或受魁否。或流於水宮水度。看此月水星衰旺。又看三方對宮有木炁相救否。又看水孛受制於土計否。若水孛旺相。火星衰弱。又無恩星救援。主大凶。若度主火星生旺。水星休囚。雖有災不妨。按此是以本宮度主為主。看流年難星旺弱皆於宮度主內斷吉凶也。然既行限之後。宜以所行現在之限現行之度為主。而當年本宮度主之恩難。則在所輕。兼看活看焉可也。故經又云上盤下盤加合參商。註云、命宮所謂天官地位十二神煞消息。其中一看行度則加合之中宜細推詳。有加着加不着。宜看太陽過度二盤尅合。各於上下二盤寫一星。看恩難仇用。如在行限度上否。人云周天之度皆宜細詳。如虛房昴星四日在天皆為一體三方對照。宜詳察之。水火相戰。其勢俱敗。雖水為命主。火受剋而亦不寧。即同室操戈之理也。行限總以大限行某度本宮三方遇某星為主。有煞刃者遇太歲必傷。無煞刃雖凶不死。行限在刃度若值難星。為刃中帶煞大凶。原度無難。流難剋之。亦主破財。行限遇刃剋我度主亦凶。刃兼官符。雖不剋度。亦主無妄之災。總之命限之主星。必看當生之强弱。然後以流年之神煞飛冲鈎合參看。庶萬無一失。歌云。刼煞怕頭三煞尾。陽刃兩頭皆要忌。陽刃若在相貌宮。破相毀形。端的是此煞。排歸入煞中。太陰飛到凶無比。陽刃刼煞扶兩旁。禍起之時難迴避。

論行限

行限先看命躔何宿。如木為命度。限行亢宿。俗以金尅木為難。非也。須看四金度何物躔之。如火羅俱棲四金度。則火羅遥盜木精而洩其氣。細看火羅屬何宫。木命火為男女。亦為相貌。限逢之則刑子血疾災瘡之患。如日月同度。必主目疾之類。大抵限度不可冲破刑尅。若冲尅則是賊來擾度。度已自不支持。雖官禄主亦難扶救。命度行之。亦因所屬而被害。譬如家寓客。主人被人扳害。則客亦因難留。所謂無主難依棲也。如限行相貌度。帶官禄遷移。無尅制。又日月次度。流官流到限。自是高陞。若冲破。更兼四餘流入本身度。必因陞中致死。或遷福帶財星入命。便以出外得財斷之。若相尅、便是財失於外。大抵相生則吉。相尅則凶。假如寅命限行相貌。日為遷移主。水為官祿主。限行心月土躔畢火躔危金水聚月之度。月為疾厄之主。又為八殺之宮。有官祿命之是有權柄之度。又入月限。便是財帛壓疾厄。去疾消災。子孫光耀。官高祿厚。此八殺有氣。又當辨日夜朔望。如初旬月暗。或逢火羅主子孫大明。如中旬夜月皎。其中妙不可言。假如畢限月主帶火遇疾。土流入必死。又如星限日帶羅遇紫氣到限。必凶。如木躔土計躔井氐不死亦賤。不死者木帶火以救有援也。餘可類推

行限星度論

論命固當星度互斷。行度又須星度詳觀。一星出現。原有一星吉凶。一度又有一度喜忌。晷一事則失一事之理。談一星有見一星之驗。一度須有三事。諸星豈無四端。

行限逢金有四事。以金管辰酉二宮。又有一生一尅。故曰四事也。又或遇木化科當貴一事。又一生一尅。故云三事也。

禍福見之本主。雖現吉凶。應之生尅甚明。

如巳命。金是財。丑土是子。申宮是官。行限遇土。先以得子一事言之。

逢生喜洩生尅不讓於本主。
如土生旺得見之後敗官立見。
倘衰畏縮本主 安見其生尅
倘土衰得子 且緩安見生尅
是以遇星當究度屬何物行限須尋誰當時令春木化科亥命、說
貴又宜說財
亥命遇木化 科是命主化科當貴行限遇之故斷貴又木能生
火故斷財
夏火化甲辰命 諱貴不可諱災弄璋隨名繼至定知文度原是子

恩。

行限遇文當貴。但子又待文生之。故云繼至。

凶災因妻帶來。須曉妻主即是殺曜。殺生財。病在床。而財源混混。

子黨殺子既產。而病根綿綿。妻因子亡。多為子度傷妻。

行限遇子度。當生子。倘子尅妻。故云得子失妻。

禍帶財福。孰非限財是福。得財反遭喪命於兵器。決為財度暗伏。

劍鋒尅主。榮名轉欲棄位若浮雲。又知科星先藏亡神。逢身限逢

柳已命斷難。必須先斷財度。逢氐丑命。言子亦貴。先言利。臨危遺

腰蓋。因命申遇土於胃。至凶取利。又是子命遇木於斗。寅逢軫水。

逢恩之後、尅子莫怪。申遇妻金。夜妻之前添丁無疑。酉蹤室尾。須防妻妾起禍。辰踐翼觜。又恐財利藏災。先得財次得妻。戌之行牛亦可許。憂其父喜其財。卯之到井也。莫諱星度既殊。吉凶權斷行限到女。倘女上有星。權其輕重斷之。女度逢炁。春取炁星斷之。有准。木星到尾。夏取尾度。談之無差。水躔水度。午命之得財也。若非一萬。必有一千。金演金宿。申命之産子也。倘非有四。必須有二。

季土倘逢戌奎。難以二事而談。

季土雖旺。但寄木巳。先受尅。安有生之尅之之理。

冬月再逢辰亢。又有四端可議。

冬水已旺。又兼生度。故四端也。

木屬子而躔鬼。限到此尅子。只須一事。

木屬子而逢尅。是木已先受尅。必無生彼尅此之理。況已先尅

又安有生之事。故云尅子一事耳。

金為財。而演女度。遇之生財。亦無兩端。

金為財。女土生之。必無金星轉生轉尅之理。況女已生金。女無

再尅。故曰無兩端。

然星度依此可斷。而弔星亦當言之。盖加木會土沖金不一。兼會

日合月弔水更多。使無定見。安有定識。於是始尋太歲。到此須看年神。冲合雖是甚於加會。伏現又更切於前後。衰旺詳之。為先生尅研之甚明。坐生逢旺。居前莫究。值尅而衰。在後須言。伏見若逢年神之弔。動子之早而財亦不必。冲弔又遇太歲之加臨福之盛而禍也不輕。

命限恩難論

命主與限不同。恩難與用攸關。難星到命。須有異災。限度到難亦有凶變。難流入命固凶。難到限度亦然。流土星固自無礙。難殺一體關照。是以當死而死多是難到殺到。宜生不生。又是限凶主凶。主值井流凶最怕演井限到奎行恩又喜逢軫何必命虛而非望恩之到角何必限午而非忌殺之當翼流恩入參是謂命亢所喜流難至昴又云主房所忌忌星入命遇太歲當無室家之寧刃殺趕主值年神奚有手足之安木恩再遇主星於斗扶持當非一次金難又加命度於亢困厄是必多端莫云凶到命斷凶有准莫云恩到主斷福不臻一文趕主當貴談貴不失二難到限當凶斷凶無差卒然凶災多是流刃倏來主位偶爾榮華又是科恩加臨命宮命躔鬼難已過柳無憂主演壁凶始過室可懼主參凶井當喜凶災已脫前日限罡文張又望功名還在後期愈試愈高正因文魁漸漸逼主一

考一退。執非科甲步　步背命命去望文。如命在昴文在翌行是　求名徒多引
。領魁來就主。如主在柳六科在柳四五是。取榮只在反手。文科迎生於命度通。
考每冠多士。刃殺流　戰於宮。主疾病屢至凶人。流凶入命。問其孰
弱孰强。行科到限。究其何去何從。難星已去而後。留斷吉尚有餘
。凶恩星已來而被制。言福未必全美。伏科趕主。顯中多藏暗晦。遲
恩背主。蹇滯還有引。掖不可以恩斷。美不可以難談。殃無制之恩。
入命有益。被魁之殺。趕限何損。殺星恩臨限。强雖凶化吉。科文被
制入度。縱純亦疵。流　星雖與當生之星。輕重當生不以流行之星
淺深。

查行限法證論

限雖以限主為聚○行限尤以度數為詳○如立命子○土為主○行丑限○牛度屬金○必須穩行○斗屬木○係難度○須視木炁于涉得躔何如○若木炁三合正照○或居垣升殿○主多災厄○如有水孛引助木炁○木又司令○壽止斗度○如或木炁失躔受制○便主斗度平安得意○行至寅限難宮○且要木星失躔受制○箕度屬水○水能生木○縱吉亦凶○行至尾度○便許光齋○如或木躔廟樂○四正照見○大限又逢水孛黨木○木又得時寅限之中○決死無疑○設木得地○而有火羅金計守照○相引解化○去木星之禍○可許以壽○不可以許發福矣○行至卯○以火為卦○先看火星得失如何○如木炁在卯○此木炁生卯上之火○乃化難生恩○反許發福○或三合正照○有一火一羅○必許大富○如火羅因則福輕○若木炁居卯○三方見水孛○傷恩魁火○水孛助難○生起木炁○不但貧寒○必主夭折○心房氐三度○三般取用○心度必招妻招妾○或遇陰貴○房度男女有喜事○氐度本土平平○行辰限如金星與木炁同宮○或泊本宮木度○制煞為吉○與亢度同論行角木度○必主重重災厄○甚者死○如金躔火度○與火羅同○辰限發福○至軫限水○水能生木○如水星失躔此限便好○或水得躔

近太炁又泊木宮木度便斷重禍限至翼度三方四正木炁單行有水孛相揆的死如木炁行限有金計火羅皆不死凡限至恩宮度皆吉難宮度必凶並以此例推假如戊辰年九月二十日生人子宮虛日安命太陽掌陽刃土星掌飛刃天雄命坐天雄之宮月躔陽刃之度乃身命凶神宮度也所喜命度登駕二主會魁壬辰年春月限行斗木初度命限吉星相助且宮度兩強中春榜選推宮至夏限轉豹水十度九度水星躔軫水十八度朝陽升殿為佳但忌日土掌原流刃雄兩夾況壬辰年子宮又為雄刃太陽又掌雄刃原流太歲三合命宮流土秋月在午合照豹水此謂殺疊殺也八月殛　凡星失時最怕餘奴經云剋煞杭中威烈以忠如壬子生人命立已宮乃的煞之地又刑其上是煞見煞限行此必凶餘可類推

六木立命度行四水或逢土計或遇水孛加官進財行四月度逢水得福逢火發達忌逢土計發服重重行四火度若見金臨官災

破財或造屋宅行四日度無咎無譽行四土度平度無災逢火發福逢金決死行四金度必主大凶遇孛反主發福決因禍以致之不宜見金金來則死

二金立命行四土度主大發福行四日度吉凶相半日乃火之精故金亦受制日賴金水護故云半凶半吉得貴扶持行四月四水度見木發福見炁喪服木乃金所制者故發福炁乃餘星故不發福反為凶如見火羅莫涉險阻行四木度如遇火羅決死有水制之不妨行四火度如見土計發福見火必死

六土立命度行四日四火發財加官或因致貴行四月四水平平逢木炁死如見火星造宅置田逢金平平行四木度大凶遇木則

死。
一日及二火立命。行四水逢水則死。見孛溺亡。行四木度日命災迍。火命大發。行四土度必主孝服。行四火度順利。行四金度加官進財。
五月及六水立命。行四火度。見土疾。跌見金稱意。行四木度辛平。行四金發福。行四月四水比和順利。行四土度見計則死。見金則吉。行四日度平平。見羅主患酒色。或因婦人破財。
看倒限訣。須詳十一曜生尅。並須詳各宮煞星。如命立寅亥。所怕者金。或金居於三方四正。有救援者不死。或金在巳酉丑。三方照見命限。蓋巳酉丑皆金局。縱有援。不甚親切者必倒限。有一般凶星。行限有惡死。正死。夭死。必從當生神煞正度定之。所謂凶隨煞轉是也。若枉死。從疾厄羊刃破碎官符血刃等星。當生化難。泊於身命上取斷。如橫事惡死。從飛廉上取斷。水溺惡死。伏屍闌干卷舌陽刃貫索浮沉上取斷。如遇空亡解神赦文。俱可以解。高壽不可以限度定。止從難星上取用。若難星俱受傷。合主高壽。如立命辰金為主。火羅為難。火被水剋。羅被孛剋。各受制。的許高壽。縱使限到難度。亦不為害。如或火被水剋。羅難無制。不可斷壽。必二難俱受制。方可斷之。

小限起例

以生年支加在命宮。逆數至太歲宮是。其法假如生命生人。係子年生子宮安命之人。子上起子向逆尋。一年一位。以憑推究太歲到處小限名。即於小限宮中起生月為月限。論月將吉凶。訣云小限從命宮逆行。一年一宮。要論當生節氣交之。又看太陽入宮幾度。其小限亦從本宮第幾度起。十二日行一度。如遇原恩又遇流恩。則應其吉。如遇原難又遇流難。則應其凶。

看流年訣

學得生尅制化餘。外又有十條。一曰太歲尊神加宮摺攝。二曰無中生有弱處高强。三曰得宮失次。細辨虛盈。四曰身傍母吉傍鬼者凶。五曰同宮千里異宮尺寸。六曰黨母福多藏鬼禍大。七曰元首已詳流年又急。八曰當生變曜流年飛星。九曰限并諸殺貴祿不臨。十曰臨年諸星無礙柔曜熱平。十條看流年各有奇驗

清廖瀛海◎撰　北京學易齋刊行　鄭同◎校閱

增訂天官五星集腋

［下］

華齡出版社

影印四庫存目子部善本匯刊［十四］

謝路軍◎主編

躔度分金論

角木蛟自初度至三度與軫水為隣論木而畏金自角四至十二與金氣融洽雖木亦以金論而畏火矣亢金龍乃金中之金自初度至九度遇火羅皆凶氐土貉自初度至四度與辰為隣辰為土局故以土畏木若五度以後如土在火中質皆紅烈遇木而反焚灼見水則自渙散雖土亦以火論矣房日兎太陽真火也喜木炁忌水孛心月狐自初度至三度與房為隣晝生與房火同論自四度以後不問晝夜論月喜金火相助忌土計晦蝕尾火虎自初度至三度在卯論火喜木而忌水孛羅自四度至十八度在寅乃木

臨官之地。專論木矣。喜水孛。忌金炁。箕水豹左尾右斗。宜作木論。忌金計相加。若生三冬乃可論水。但受質稍薄。最喜金生。忌交土計。斗木獬自初度至三度在寅。自然論木。斗四至六度。春生亦以木論。而忌金。七度以後。正作土論矣。牛金牛土之正垣。爊木炁相攻。喜火羅相助。遇水孛同行。謂之引鬼入室。大凶。女為真土。喜忌自明。虛日鼠亦然。但所忌者炁計耳。非畏木也。若水孛單行至此。皆能為福。蓋坎水正中之地。不嫌其來。與牛金不同也。危月燕自初度至五度躔於虛。當以土論。自危六至十五度。作太陰論。喜秋冬夜生。忌弦望晦朔。喜火羅金助其輝。見土為禍輕。見計為禍重。

惟在亥宮者。木氣尚微。土計俱禍矣。室火豬自初度至二度論火、忌羅孛、自室三至末度。乃長生木。當以木論。忌金羅。壁水貐自初度至二度與室木同論。自壁三至九度。以水論。蓋乾中有金。不甚忌土計。只怕火羅併之。為真殺耳。奎木狼自一度至五度。與亥為降。只以木論。忌金炁。自奎六度以後。又當論火。不論木矣。婁金狗火之正垣。自當論火。並忌水孛。胃土雉自初度至三度。與婁火同論。自四度至十度。與戌土相近論土、胃十一至十五度為酉金。畏火羅而不畏木炁。昴日雞只以金論。喜生巳酉丑月。及秋令。忌春夏失時。見火羅速禍。見水孛猶緩。見孛則洩氣。見土計則滋生。畢月烏自初度至四度。晝生與昴金同論。自畢五至十度論月忌土計羅。喜金水。十一度至十六度作水論。忌土計。嘴火猴水之正垣。論水分金極淺命泊此主流離汩沒。參水猿長生之水。喜金生。忌土計魁。遇奴孛犯亦主凶。井木犴自初度至八度。在申宮者。當作水論。自井九至十八度以木局論木。忌金土亦嫌奴炁。自井十九至三十一度以月論。畏土計。喜金火。鬼金羊乃正垣之月。夜生喜金忌計。秋生偏畏奴羅。見火不畏。惟申子巳宮安命者。見土有碍。別宮不忌。柳土獐當火之旺地。此土最貴。喜生四季月。未宮忌木炁輊。午宮忌木炁重。其喜火羅生則一。星日馬太陽正垣也。喜金水輔佐之。忌木炁掩蔽之。羅睺薄蝕之。春夏逢木羅則重。秋冬稍輕。命泊此主孤高寡合。張月鹿自初度至六度。月本借光於日。太陽同論。自七度至十七度。論月怕土計及行土局。翼火蛇自初度至五度。與午火為隣。當以火論。忌孛喜木。水宮之火不宜制滅。自翼六至二十度皆論水。喜金忌土計孛。軫水蚓屬水。在巳宮者無論矣。外有七度在辰。水過宮而猶濕。兼辰又金垣。金能生水。亦宜從水論。但不甚畏土計。惟孛羅并臨則作梗耳。凡限到二母爭權之地。多不為福。惟单行者妙。二殺順逆遲疾之間相向不背者忽兩鬼自鬭。為禍亦輕。单行有黨。則禍烈矣。

遲留伏逆論

凡星辰離太陽六位及對衝皆多遲退在三合四位皆多遲留一位二位三位多疾大抵先遲次留次退退又有遲有疾也與太陽同宮多伏異宮近度者亦伏同宮行緯度者雖近亦伏其餘遠在二十二三度外多見在二十度內多伏命中所喜者宜見忌者宜伏喜者在前而行遲則吉忌者在後而行疾則凶經云順則優游逆則退縮留則拘係抑欝伏則韜晦無光如午命太陽忌與木同躔木前日後退之為禍日前木後退之為福留者用星留於寔地為福遠久殺星留於實地為禍不休逆者退也有退而升殿退而

入垣退而逢生退而朝君皆為有情作吉論或退而坐殺退而逢殺或退惡弱之宮皆為無情作凶論凡身命主見則人品高明官福星見則貴顯田財星見則富厚文魁星見則名甲聯登餘例推

生尅制化論

看命最重生尅制化生我者為恩尅我者為難只此兩星可以斷
人禍福但貴巧於取用耳如恩星一般照命有貴有不貴難星一
般照命有賤有不賤又如恩難混處雜照而出處不同恩難同宮
照限而生死不一此際正當辨別盖恩難並行而化難生恩則難
從恩論如仇來破恩生難則恩從難論合先於身命二主所泊定
其輕重次看空冲刑害時候晝夜如恩星司令不陷空亡陽星晝
現陰曜夜逢又坐生旺鄉照身命田財官福便為吉斷縱有難照
不能為我害矣如難星司令反來坐實陰星晝見陽曜夜逢又泊

乃殺鄉侵犯身命田財官福便以凶斷縱有恩照不能為我福矣又有殺星化用如子宮命木為財寅宮命金為福財福不忌尅命反主掌握重權又有身強殺淺假殺為權如金為命主與火同躔入申宮申乃火病地金旺鄉又會起申子辰水局金得權而火受制反為我用也又有明殺暗救險處獲福如木為命主與金同守寅宮火居午地金星方與火交鋒不期木星牽惹午火却來制金反為吉兆又有近處被敵遠處逢生如命在卯水守之本凶我命主火星却落別處逢木炁滋生為吉又有近處逢恩遠處被尅如命在戌木守之本吉我命主火却落別處逢水孛夾尅為凶凡恩

星若陷仇宮。或為仇星所傷。或與用星相戰。或竊於餘氣。皆無力。
難星當頭秉令。或為仇星所黨。或為地殺相併。尤可畏矣

命重宮度尤重行宿論

天行運動不息。星躔與之轉旋。所以命之根本。固宮度並重。然究之還以行宿為重。彼夫衰木演入巳申之内。枯槁亦當萌芽。猛水流注於子丑之宮。泛濫還可砥柱。寅亥遇土宿加臨。春斷夭而夏斷吉。卯戌值水宿入局。冬談富而夏談殃。抱大器而莫展。正云金入金鄉。蓄厚利以貫盈。孰非土居土地。未為蟾宮。木化桂。月化娥。而火當長夜無光。午乃金殿。水為相。金為將。而火又永晝不熖。奎至井。是謂兄臨弟所。室至斗。寄非子入母宮。君臣喜起。参軫每與星房互換。朋友締結。危畢又與箕壁易垣。柳喜見翼。遇觜非比之斷亢怕見尾交冬依彼歡談火星躔亢倘入箕壁之度無害水星躔女設在奎井之中有妨參度立命遇恩最怕演仇斗位安身值難又忌行角斷天不夭水躔尾而尾在亥遇壁談壽不壽金躔軫而軫遇丑值女女若見木行宿要來見婁胃若逢火行宿怕去逢軫然命度固當詳究而身度又貴稽查月遇參而參逢氐乃是源清流濁之說日值奎而奎值尾又是根甘裔苦之言秋木最喜柳養設柳流在亢婁之内柳當先斧木根夏火雖畏奎扶倘奎移入氐女之中奎必暗損火氣水躔軫十畏逢子午卯酉時辰土演尾三怕遇辰戌丑未歧界逢凶斷吉正為木度限逢亢可喜談憂能

非金居斗度限遇室衰旺取之生尅成敗斷之吉凶限度移居實地吉能受而凶亦能敵旺主倏入弱宮凶不測而吉還不堪不魁不文倘在魁文之度可貴化科化甲設非魁甲之度言賤有官無位正因官印隨身而流入空亡之地有職無祿孰非職印背命而居祿行祿之邦科去就文徒閑門於孫子官來背甲空題名於雁塔日遲天一度月遲日十二度雖流行各別月依日立度而禍福有准然日三百六十日而與天會積廿九日而與月會抑何日行速而會天緩月行遲而會天速耶於是就日採禍福緩就月採禍福速故就緩論命不若就速論命

行度論

角井斗奎安命以木為主行四水度或逢水孛發跡貴得之進爵加官行四月度亦好逢金半吉逢火發達若逢土計喪服重重行四火度不宜見金主官災破財或作土木造宅行四日度平平無災禍行四土度平坦發福逢水孛驟發逢金決死行四金度無救大凶逢孛反大發決因禍致福重見金則死

亢牛婁鬼安命以金為主行四土度大發行四日度吉凶相半如有大凶得貴人扶行四月四水度見木則發見炁主孝服見火莫登高涉險行四木度遇火羅決死有水制之無妨行四火度見土

計大發。見火必死。

氐女胃柳安命。以土為主。行四火四日度發跡。貴則加官。否則納粟奏名。行四水四月度平平。逢木炁則死。見火主造宅置田。行四金度平平。行四木度大凶。見水必死。

房虛昴星尾觜室翼安命。皆以日火為主。行四木度大發。行四水度。見孛星主落水死。行四土度。主孝服。見火生男。見金生女。行四金度亦發跡。

心危畢張箕壁參軫安命。皆以月水為主。行四火度見土。主餓死。行四木度平平。行四金度大發。行四土度見計必死。見金亦好。行四水度平。平見羅主酒色之患。或因婦人破財。
已上星度論。其得失窮通夭壽。不過以生尅制化而取。又有本主行本度。亦有災亦有福。如水行水度。有水極盛則泛。火行火度。有火明則滅之論。須察氣候。兼守照星辰斷之。訣曰、更將宮度兩參詳。所謂宮主得生。度主受傷。有災必死。有度主得所。宮主受傷。及星合度。亦死。總須留心詳察而斷可也。

諸星聚會論

凡諸星聚會。有吉會。有凶會。蓋命主身主。官魁福。或化權貴蔭印。皆為吉會。雖是火羅計孛。亦無不吉。如不為前項等星。而為的刼刄直等主。或化刑囚暗耗。皆為凶會。

凡吉凶混雜。以先入為尊。如土命而木火同臨。若木先入。則土向受魁。火星後至。不能生土。以難尅之力為重。若火先入。則土向受生。木星後至。即從火化。以恩生之力為重。

諸星互換論

五星互垣互經如身入命。命入身。此內外兩台台諫之格。身命入官福。官福入身命。有官有福之士。身命入田財。田財入身命。有田有財之人。身命與妻男互換。佳婦佳兒。身命與奴僕互換。勞心勞力。身命與遷移互換。非廢出即離祖。身命與疾厄互換。非夭折即刑傷。身命互閑極者受孤貧。閑極互福德者享清福。遷主換殺難。客死之媒。財主換遷移。經商之計。妻主換奴僕。或以妾為妻。或妻通其下。官主換財帛。或以財發身。或因財敗名。蓋輕易重。重易輕。二者必須明辨。至於水火木金。相互戰尅者。必作凶殃。身命互經者。亦爲內外兩台。官命互經者。貴財命互經者。富恩命互經者。至老康强。命難互經者。少年早死。

星度互斷論

文無科甲不顯。科無文魁不達。官印為及第之先。資職爵乃出仕之權柄。論命不過論理。觀星又欲觀度。度居翼須究火變何曜。命演軫須研水化誰星。水魁入命而生躔軫壁非是愚魯之輩。木文隨身而主演井奎又是敏捷之人。詞源三峽。定是主臨魁度魁官。

如土化魁而丑卯魁宫。斗即魁度。而女氐柳亦是魁度也。

學飽五車。莫非文來命宫命度。

如木化文入命宫命度上是也。倘在命主之度亦是。

命化科。度化甲。

命化科、如辰命遇庚辛之年是度化甲。如甲居水而纏水渡是也。

起選先居榜首官即命印即身。往仕歷盡官途。職隨命。爵隨身高官而談命。魁職爵又難位卑而斷。

職星以年干壬甲亥乙癸地以卦氣順數至命得何

干。以此干化祿為是。限非催官之度。陞受無由。命非科甲之星。貴顯何自。的殺化科。武之發跡也。有威亡神華蓋。變甲文之榮貴也。無權字為刼殺。當曉觜為守善之度。火化文昌。又知房為聰穎之宿。水背身而度躔翌火。倘化科貴也。何難金隨主而主演亢金。設遇空賤也。不免限值傷官。雖恩亦有顛倒之嘆。度遇天厨。即難亦有幇粮之喜。四七之宿。由星貴賤。十一之曜。從宮吉凶。中年而太陰到度。不可以陰弱取斷。寅年而羅星臨垣。又難以炎烈而言。室翼尾觜雖馬喜居之地。婁亢二金。正貴不臨之邦。戌命而主臨軫度。死為奴僕之輩。未命而炁臨命位。生為下賤之流。土躔斗而木躔女。倘為官何榮。火躔奎而木演室。若為財有益。火會四金。辰酉立命終必礙。金臨四水。巳申為財益知盈。命躔危張。最喜太陰變作吉曜。主到辰酉。又要金星化為用神。金帶劍鋒尅命。主到箕壁無妨。水逢浮沉傷主。命躔奎井有救。度主雖有貴賤之別。宮神又有榮辱之關。命到昴。庚辛之年還有榮華。主臨午。戊巳之歲豈無顯耀。亥宮立命。木來午未必須貴。卯位安身。日去戌宮安不賤。翼觜為水孛之主。室箕又為木炁之神。金星被制。未宮終嫌未美。日神遭挾。子位安能盡善。計為主躔房。火星須詳吉凶。炁為命臨翼。水星正係貴賤。賤輩每因六主傷身。貧流又是四主背命。命也主也宮也各別。度焉星焉宫焉同歸。合而能會。斯分而能言矣。

恩難遠近向背論

凡命主與恩難同行。須分度數遠近。如翼八度立命。土金同在巳宮。金張十七。而土翼七。是即有難無恩。如土為命主。在虛七度。木火同在子宮。火虛六。而木女九。是即有恩無難。三合對照皆然。如在七度外。吉凶皆不相涉也。又須分前後。如難星在前。而主星在後。則主能見難而避。若難星在後。而主星在前。則主不能見難而難卻見主。將追而及之。豈不危乎。

望斗經云。同宮千里。異宮尺寸。此當以向背決之。假如羅計左旋。五星右轉。羅計在卯宮氐度。土在卯宮房心度。雖同一宮。而生尅制化不相干涉也又如五星之中有留而不行者有退而不進者如水雖木星之恩而水在氐度或留或退木在房心度而不留不退則亦相背而不相向生尅制化亦不相干涉也又當以遲速決之如土星行遲金水行速土雖金之恩星而金在房心土在氐度雖不留不退土行安能及金即欲生金不可得矣土雖水之難星而水在房心土在氐度雖不留不退土行安能及水即欲尅水不可得矣此非同宮而千里者乎假如羅計在寅宮尾十度方向卯宮而來五星在卯宮心尾將向寅宮而進此雖寅卯異宮而相向之勢特尺寸耳如土在卯宮氐十度金水在辰宮氐度此雖卯辰

異宮而相及之勢特尺寸耳又如木打寶瓶打虛不打危金騎人馬騎尾不騎箕是亦同宮千里也如四正宮神互相管攝是亦異宮尺寸也

増訂玉壺集所

照臨拱夾論

星之照臨拱夾最為喫緊。假如子宮危十一度立命。火恩在張十二三度。或張八九度。雖偏也照着。些如在星柳、則無涉矣。此言照也。又如火恩在辰順行向子。羅恩在申逆行向子。則相生有情。若羅在辰向巳。火在申向未。為背我而去。更羅躔辰軫。火躔申參。愈無力矣。此言拱也。又如羅在丑逆行向寅。火在亥順行向戌。亦為背去無情。此言夾也。又如土主飛在卯宮房初度順行。遇火在氐八九度、則為向。若遇羅在氐三四度、則為背。此言臨也。又隔宮之相照為漏關。四正之相照為弦照。度數相對。則禍福切驗。如在三四度外不論。

四柱論

年支為歲為君駕也從本支起甲遁至歲干為殿君位也尊莫尚矣故喜日月臨之貴多近君限主臨之一限內亦多近君拱夾同論若星辰與駕殿宮相得尤佳時支為籍宮籍上有恩星守照或日月拱夾更籍主入官祿官祿主入命宮必貴籍主與宮祿主互換或與命主會官祿亦貴惟忌刑殺占籍駕戰恩用縱身命合格難免升沉日月支為垣城身居月建多文學命守日支多顯達又日支為妻位喜福恩居忌刃殺伴月胎為父母宮遇吉星則生來富貴逢凶宿則出自寒微如戊上胎元而水字作刃直居之必主

胎中孝服尅父母琴堂云、飛星破駕終是廢人如甲辰生金為駕主更辰酉命金為命主若火羅飛入辰宮乃為害曜破駕必貧賤

四時論

三冬之木。遇水而寒。九夏之土。逢火而燥。秋金埋土而反晦。冬水混土而致濁。無根之木。遇惡水、而漂泛東西。受制之土。見水孛而崩潰四出。春金見月。淡泊無成。不能助月冬月遇金。肌寒削骨。火逢月望則無權。金得火明而煥發。秋金喜火寒月最喜近陽。夏火不妨見月。月陰、精能解炎火得金能助月。未宮安命。行限太陽則柔而能剛。星度為元。太陰為用則懦而無力。星度陽限。陰則陽從陰制遇太盛夏之火。何須木炁生扶。六月之水。最怕火日枯涸。夏金遇日。銷鑠無聊。夏金遇日必鎔忌限至此。秋木逢陽。凋零何補。成垣之火。取用與卯垣不同。戌火弱最怕水孛火惟冬月怕水孛卯酉宮之金行限與辰宮有異。辰土不甚畏火羅。冬水喜於南奔。戌火忌於發露。居婁宿則吉。徵弱宜藏。冬令之木見日即為向陽。氷凍之水會火始能發用。月圓火焰奈爭光而失威。水冷金寒縱相生而不發。寒土何生金之有。秋水非滋木之時。木衰不受生。身安辰酉土犯月而反佳。卯戌安身。孛抱蟾而反畏。殘晦之月見火增輝。剛燥之土遇水滋潤。諸星皆退。主星獨順。乃中流砥柱之人。羣曜皆衰。一星有用。扶身拱命。亦獨步軒昂之士。土在子。子命。木在午。似有冲而無害。命在申。土在亥。行此限亦不妨。土在亥則受制。妻乃金石之火。觸日而發。妻金安命限遇太陽始發。箕乃觜泉之水。見金不清。金尅寅中木。艮土便混水。惟參軫議論不殊。與元星取用歸一。丑宮命不以木爲刑囚。星柳垣豈以木爲難曜。木失地不甚忌有水中之火。巳火中之金。戌金垣之木。辰木垣之土。寅冬水爲命。太陽行限。財不足而福有餘。春金作主。土星發用。彼無力而我何藉。春金本衰。土又無力。火本畏水。在巳翼火則登殿。金本畏火。又戌妻金則得垣。木本畏金。辰宮角度爲廟樂。土本怕木。寅宮艮土反長生。論星先要論時。論氣無過論理。

形氣論

四柱為氣。五星為形。形氣不相離。論命不可偏廢。先看四柱透出何用神。除受傷者不取外。如透印為用。則要印星得地。居強主利名雙全。若失次陷弱。必才望俱庸。如透官為用。而官在官宮命宮。爵必顯矣。在遷移則頻遷轉。在福德則享威福。在閒奴則居冷曹而勞苦。如透財為用。而財在財宮命宮。財必豐矣。在遷移則得外財。在宮祿則添官俸。在閒奴則主虛花而身賤。餘可類推。又凡命恩宮福田財有用等星。如作天元月令最吉。如為刑囚暗耗殺難最凶。盤中有吉星。與四柱地支相合。最吉。有凶星與四柱地支相

○刑最凶

氣運論

天地氣運。噓而為風。震而為雷。凝而為雲。和而為雨。倏然雜亂晦冥。忽然光輝瑩潔。迅雷風烈。氣之怒也。霜飛月暗。氣之慘也。雲行雨施。氣之暢也。光風霽月。氣之清也。人脫胞胎。氣本天地。感和氣則氣因而和。感戾氣則氣因而戾。故雲雷方屯。平生昏昧無成。日出地上。一生聰明早顯。命主太陽而生。值晴明。必膺榮華之福。若值陰晦。多致蹇滯功名。命主太陰而生。遇黯黑雹雷。定主慘切之咎。若值氣清雲斂。必然名利光輝。風清月朗。產兒可得貞良。雨驟風狂。生子多應不肖。春夏木星值雨。反被滋潤。秋冬木星遇風。決主凋零。夏火遇雨。既濟受福。冬水遇風。飄蕩多災。

身命論　存叅

夫論命必言身。論身必言命。二者皆出於一體。或者不知玄妙。但問命宮宮主有何戰尅而外。以太陰身主怕火羅土計。孛躔金水木度悞矣。蓋有隔日同時立命一般。而太陰所躔不同。禍福頓遠。又有同日異時。太陰同躔某度。而立命不同。禍福愈遠。此曷故哉。祇以立命言身便可見之。且如子丑命以土為命主。月為身主。亦以月作土用。並忌與木炁同宮合照。兼土月躔木度。泊木宮。即有禍。如土月躔火度。會火羅獲福必矣。切不可以身命為兩用。

太陰躔度次舍關人禍福最緊。有同年同月同日同時而出處不同只是太陰交宮過度有先後深淺之殊耳如前四刻月在心五度論太陰行事後四刻到尾初度則論火行事矣夜生人乃身度主為緊身度主喜居官祿強宮忌居遷祿弱地喜升殿入垣忌失躔留退大抵福祿要身承賢愚貴賤實於身度主可別也

五星最重者身命主若諸星沉退陷弱而身命主起居高强不值殘晦亦主其人卓立所謂諸星沉退一星滿用為軒昂獨步之人諸星皆入垣升殿而身命主獨陷弱受制如病人負重鮮不仆矣正所謂一星背而莫救其非羣曜吉而不能為福

大限論

經云、命弱限強。如槁苗之得雨。此甚言限度之為重也。然吉凶之應。全在根基。當生有吉星照身命。逢吉限、驟發。當生有凶星照身命。縱逢吉限、不發。譬之無根之木。終不能葩花而成實也。

凡行限本宮見。星災福之應十分。對照七分。三合三分。又如限星在伏段。為災為福。亦只得三四分力。蓋為太陽所伏。光芒不遠也。

凡吉星陷弱、則福緩。順行、則福緊。凶星陷逆、為災緊。順行、為災慢。

凡限遇火羅為難。望見生災。水孛為難。過去為禍。金為難。對度方凶。土為難。則緩而重。木為難。則吉而輕。蓋火未然而先烟。水既往

而猶濕金正遇而相傷土之性緩木之性柔故耳

凡難星忌入局如金為難而居巳酉丑命主忌臨鬼局如木為主而居巳酉逢限多凶　凡仇難星當限恰身命在對宮無救援者凶如不干身命者須論限度之吉凶以定災福

凡命坐敗宮身入死絕大限又逢死絕小限原犯旬空天空多死

凡限忌凶送凶迎如辰宮命前限有火羅尅奪後限復有計孛作忌謂之抱關難進交脫多危

凡限嫌戰鬬如火羅計孛名剛星帶戰極凶古歌云假令火星居角一羅角十度正交鋒限行角宿五六度命如主弱定須終又有

當生限内無星而流年凶星戦鬭者如火孛計孛羅孛水計會殺相戰不問有無干涉皆非安靜之所係男女尅男女係妻妾尅妻妾尤忌孛羅交會

凡限忌刑殺相戰刑者三刑如申生人寅上安命巳上有土計乃犯刑局若行限到此更難星得令居之主官刑又如卯刑子子上安命八字日支又是子行夘限見殺難必犯刑又如丑刑戍身命主起在戍上八字日支又是戍行丑限必犯刑若日支不相干則輕

凡限忌入空闕三合對照俱無一星而原守有及陰的刦纔遇流

年惡星冲併極凶官祿限尤忌

凡行限本宮坐刄對合有的刦此為坐殺向殺又有上盤是的刄下盤亦是的刄乃原殺再殺又有上盤是刄下盤是刦乃將殺就殺又有前是刄殺後是的刦乃出殺入殺縱有吉星及日月居之無救所謂天星不能制地殺也

凡刄殺並臨之限乃為真關如丙戌生人羊刄在午限行星度而遇木炁即是刄中藏煞又如甲辛生人火為刄主限行亢牛而遇火羅即是殺中藏刄皆主倒限

凡的刦及驀四宮原有殺難居之不遇空亡限行其上即防非橫

之禍病符官符臨處惡星坐其上限逢亦凶
凡論倒限遇殺及有當死而不死者祇因有殺而無及有不當死
而死者乃是無殺而有及若犯原及更加流及及有殺戰必死
羊及飛及夾命夾限看宮度主强者生弱者死宮主受傷及星合
度者死度主受傷及星合度者死宮度主俱受傷及殺同到者死
及星直難一迎一送者死前後俱及傷限尅命者死四正互加亦
凶劉庭蘭進士戊申年九月壬午日亥時生申宮參五度立命命
主水星與命母金星同躔辰軫十四日角月虛拱於三合孛為天
官躔寅箕對命穿度允為科甲之格但木為官祿主躔戌奎與金

水相對極切一生一尅庚辰年大限行奎六得水生而發甲辛巳年即止壽乃木畏金尅也原刄在午合限壬年流刄又到限木是原直難宜不能脫矣

小限論

小限所值之宫。如遇喪門弔客白虎飛廉披頭天哭。更加難星同到。主孝服。難星不到則外服。飛符亾神主官非。死符病符主病疾。的殺刦殺主盜賊。大耗小耗主破財。浮沉主水厄。血刄血支主産厄。劍鋒伏尸憧憧往來。以上諸星。如其星主所臨。亦同此斷。如一星化吉凶二曜。則吉凶之應。亦各從其類。凡論小限。又當論月限。蓋吉凶尅應之類。必以月限填鈎冲照而應也。

大限論度主。先看當限之度上及四月經有無忌星。次看限度主起處有無傷尅。如原有傷尅。又遇流星來剋度則凶。若小限只論

原命宮之恩難流年遇命難則有災遇命恩則獲福限主之強弱不論大限應緩小限應速

琴堂云前是太歲後是殺小限宮中夾此最利害如小限在卯太歲在寅殺在辰夾之又如酉宮命小限在寅遇丑太歲而羅在丑逆轉火在卯順行亦為夾小限此乃真關斷不出此年也

凡行限躔度與流年星宿不可一箇放過看五星如看病用藥先觀本原何如欠缺何在受病何在則調之以躔度又調之以流星觀命宮之對宮三合以調宮觀躔度之對宮三合以調限又看原主之飛處有無生尅以定吉凶凡躔度之法若躔好度好限流吉

星一照、即發福雖凶星來照、亦無大咎。限行極吉之度。即無流吉星、亦發若躔凶限凶度。流星雖吉、僅可免禍。倘再見凶星禍不可言。其禍福之大小。又視其原命之合格與否而斷。不可謂流星一好。便有非常之福。流星一凶、便有非常之禍。

流年論

凡流年禍福。必從當生禍福為宗。以命宮為定。方判吉凶。且如一般行限。一般流年星辰到而禍福不同。必須先看身命限度當生有無吉凶星守照。方可言之。如立命子行限寅。當生難星守於大限。流年難星亦到。甚者死。輕者病。如有天地官符並於祿田財命限則有官刑輕重一般斷之。如有天官符喪門白虎守命限則有孝服。如當生無難。流年有難星到命限者有禍。或當生有一恩照則吉。餘倣此。又如立命子木炁為難。火羅為恩。若火羅照命限必得意。遇紅鸞天喜有喜。若逢陽及亡刼空亡太歲亦不降福。如逢流孛難星。到火羅亦到。是他星反激火羅。又不能降福矣。又如木炁是流年難星到命限。或對合。必主不寧。亦須看當生星得地否。更看流年限到何度。若是限到難度。當生難星明健。必生重險。如限到恩度。當生難恩柔弱。流年難星來禍。亦重。更須詳細分別病訟孝服等事。如逢歲破太歲亡刼天地官符。必訟。若流年喪門白虎天哭弔客。輕則外孝。重則親喪。如孽遊病符死符披頭血刃有病輕重生死。依當生限度上定之。有無重疊。但是凶難守照命宮禍輕。臨照限宮、禍重。吉凶亦然。所繫憂者太歲。有太歲守命限。一年平安而又喜吉。有太歲守命限。一年凶災疊出。或孝服重重。止從納音生尅。與命宮限度。有情無情。冲守有偏正。正必禍。偏無妨。更以當生星辰冲併。吉凶斷之。使從太歲上數起。一太歲。二太陽。三喪門。四太陰。五官符。六死符。七歲破。八龍德。九白虎。十福德。十一弔客。十二病符。從命所臨之地。或限所臨之宮。以流星辰凶吉定其禍福。火羅頭見。計孛尾見。木炁向時。皆主未闕之事。全在太歲神煞上取用。故云。太歲乃衆煞之主。入命未必為凶。若遇戰鬭之鄉。必主刑於本命。太歲者。年中天子。如子年在子。丑年在丑。衆煞次第從之。迴而復始。以布吉凶。

流年論

凡流年要看限度主化何星。吉則吉。凶則凶。如行水度其年水星或化天官生官。决登科第。或度主原作天官生官。其年又化天官生官。主生子。或化文魁。或度主又在文昌之宮。遇考必利。或化喜神。則有門庭之喜。或化羊刃陰的刼。則主丁口之災。或化傷官。則主子女之晦。更加歲運不睦。或反吟伏吟。尅子必矣。凡流歲君所歷。能鈎起三方之星。趕起前迎之曜。本宮則填起。對宮則冲起。須關會身命二限。主其災福立應。如不關會即輕。

凡太歲赶殺入身命極凶。假如身命在巳。而辰有土計。乙卯流年

刃反居辰乃太歲趕殺到身命若無天月二德救者危
凡原守流星見重羅疊計而遇太歲填鈎者隨其所在之宮為殃
咎凡身命限主或與當生恩用相合遇流歲冲鈎即發福或與刑
殺相戰遇流歲冲填即發禍
凡流年遇恩星到命限得太歲日月鈎拱文昌誥官貴之星扶合
仕者遷官庶人財喜
凡的刦羊刃等殺日月身命夾之限遇太歲冲起大凶如六庚生
人日戌月申或身命二星夾此羊刃限逢卯太歲冲酉表出羊刃
之凶其年非刑獄即死於水火

凡流歲君冲命冲限亦主口舌破耗除是喜神恩星可以壓殺免
災惟子午二宮不忌冲

果老云限到神殺之宮尅戰之鄉最忌流歲君刑冲壓逼如限在
巳流歲在亥謂之冲限在卯流歲在子謂之刑限在辰流歲巳謂
之壓限在巳流歲在辰謂之逼再逢忌宿定主災厄

凡命不要見一難星到命便言凶見一恩星到命便言吉假如立
命子宮木為難火為恩有流火至而全無生意流木至而又不興
災有流木至而興災有流火至而發福蓋以土居子宮則恩難立
應如飛出別宮則以所泊之宮生尅言之如命主土飛入辰遇流

木入我度。其禍機已兆。至共度過度之日。禍斯應矣。此為內會。若流年土星與木炁相會。則為外會。可勿論也。

凡殺星。初到見禍。去而後來者不妨。

凡看子息。行天官生官度。生子。傷官度尅子、及虛胎。男女主被傷、者常主虛胎。行月度多生。女如金行水度。而火羅太陽在上。則生子。有喜神到身命限度上。知有喜。天狗星到度。決不生子。

凡看孝服。限遇仇難。更併喪虎刻應。木化哀星。炁化孤星。行木度。必主孝服。不論鈞照。

凡看官訟。命限見仇難。會二符。更併廉刄劫殺。必招官訟。貫索主

鈎連闌干主杖責卷舌主口舌皆身命限所忌臨者也又云官符怕原流交併怕水併

凡官禄主尅命主横事

凡看發財命限見財星恩星或太歲鈎填財恩闘會身命二限更無刼耗而有天喜必發財

凡看婚聘男子限到月躔招妻招妾女人限行木度尅子尅夫流年天喜紅鸞喜神照命皆主夫妻喜事

凡看登科行天官度或行生官度或行滿用之星度滿用者一星作二三吉星如官魁福禄文貴身命也行限吉而太歲填鈎對沖

天官生官。不拘照命照限。皆吉。難星到命限。亦不甚妨。如行傷官度。必難發科。須要太歲填鈞生官。方許。亦不能做官。脫此度。方可出仕。如填鈞天官。反不中。以傷官能生生官。而傷天官也。若星格不甚美。而天官得地。止許鄉科。雖行天官生官度。亦不能發甲。除是天官朝君拱命。方許甲科。科舉年。如不在天官生官度。但不在傷官度上。或三方對照遇天官生官。俱好。如三方四正不遇天官生官。又不遇其度。但遇制傷官之度。亦發。蓋格局既好。只畏傷官。故最喜制傷官之度。如傷官不與天官對宮。不忌。

凡行限而遇年干之卦炁。或加盤又見卦炁。其年小試必利。

看遷宮。以天馬加流年。要帝旺長生。必有遷轉。若休囚死絕之鄉。必遭罷斥。天馬加流年法。如歲在戌。戌即從戌上起甲乙丙丁。順至寅得戌。即寅為流年。即火昇天馬。

凡陞遷先看吉曜。次看祿神。次看祿馬合。恩馬無鞍不走。鞍無馬不行。如巳酉丑馬在亥。以木為馬。元木為丙之天元祿。丙與辛合。辛之天元祿是炁。炁即鞍元也

子午兩宮。見鞍不可騎。祿無官不動。官無祿不陞。馬不攔不住。歲君趕馬。馬走不停。無攔住者。官不陞也。如亥馬而巳年冲之。未亥宮安命。則攔住馬矣。

祿不冲不發。如丁年生人。祿在午。行子限發祿也。官祿得冲元坐貴人之上。限行三方合祿。對宮冲祿俱不陞。所謂坐貴不宜冲冲貴見合不宜見刑也

凡辰戌丑未安命。催官遇羅火水孛四者。的應。巳酉丑月陞遷。子

午卯酉宫安命。催官遇木炁金水土計六者。的應巳酉丑亥卯未月陞遷。

凡馬元祿元恩曜。三合橫冲。鉤照。小限謂之三方有喜飛來鉤最吉。

吉凶雜論

一凡火羅在子丑不尅金。金在巳申不尅木。木炁在卯戌不尅土。土計在辰酉不尅水。水孛在寅亥不尅火。此從尅而生化也。水土同度不戰於申。水火同度不戰於午。土木同度不戰於辰。此從其制也。

衝干對禄論

十二宮安命。惟辰戌丑未、無禄可衝。其餘皆有衝干對禄。如乙禄卯、卯中有乙禄。辛禄酉、則辛金衝兩宮之禄。皆相對而干相冲。凡立命子午卯酉者。衝干之禄最多。惟以柱透一禄為妙。如命坐卯。本宮有乙木之禄。柱喜透乙。蓋以透出為我之用。無相害矣。或透丁巳。或透辛癸。亦佳。此干禄之妙用也。子宮命尤重。如命主在卯。太陰在酉。四柱或透出丁巳禄在午。此極品貴。若四柱俱不見禄。而混以刑囚暗耗等星。定主刑傷破耗、若四柱透出卦炁。亦以吉論。

干神安命論

世人論命止論十二支於甲庚丙壬乙辛丁癸乾坤艮巽皆不論星盤之中且不知十干安知其中妙理蓋支神乃殺神所居而干神乃天德月德月合月空歲德所會神藏而殺沒也子宮危六至亥宮室四屬壬丑宮牛二至子宮女八屬癸寅宮箕六至丑中斗十屬艮卯宮心初至寅宮尾九屬甲辰宮亢三至卯宮氐七屬乙巳宮軫一至辰宮軫十六屬巽午宮張一至巳宮翼四屬丙未宮鬼一至午宮柳十一屬丁申宮井三至未宮井十五屬坤酉宮畢初至申宮畢十三屬庚戌宮婁七至酉宮未十一屬辛亥宮壁二

至戌宮奎九屬乾凡命主臨干神之上者多富貴然必本命爲歲德月德月合月空卦炁六合有用之地方妙其人資性明白所以稟陽德之剛明絶陰柔之晦惡也地支安命亦有富貴者但必其星度十分合格耳。

歧界安命論

凡立命在歧界。如寅宮尾三度之類。主過房出祖。或不住祖屋。遷移不定。生時父必不在家見眷。凡坐度兩歧間。多偏生庶出。耳主無壽。以坐處不得安穩故也。假如胃十五度立命。戌亥時生。胃氣盡將入昴初管事。最忌火羅干犯太陽。主童限便尅父母。

初盡度安命論

凡初度盡度安命。須有分辨。如水火初度。始然始達。木居初度不禁霜雪。土居初度。力弱易傾。金居初度。易制成名。日月初度升明之象。木居盡度。生意已完。即局格十全。亦不能大發。金居盡度凶禎已滅。火合格局。多成富貴。土居盡度。亦有秀氣。但土脉已盡。後嗣不延。日居盡度。溫和可掬。入格者一發而死。月居盡度。光微源竭。勢難遠到。

椎言玉屑集所

加盤論

天以日為紀綱，命從日而分度。欲識諸星屬度之先後，當觀太陽入度之淺深，以立命之度。加以房一，則夫妻之宮正於昴四。星六為天心官祿之度，虛七為地下田宅之中。如日在角初，女雖田宅，而却男女；日照尾二，星本宮祿，而在遷移。蓋異一日有一日之差，屬一宮則占一宮之事。此加盤之度數有淺深，而諸宮之星辰有變遷也。地盤之福禍，乃衆人之所同；天盤之禍福，則我命之所獨。地盤實臨之星，生尅之力至重；天盤虛照之星，生尅之力為輕。視其所加星辰而論其制化焉。地盤以有星為實宮，無星為虛宮。實宮以加盤之星為緩，虛宮以加盤之星為急。是故正生暗煞轉福成禍正殺暗生轉禍成福如立命子火在申為正生也若木在卯以加子。為暗煞入命。必主貧夭。若限行寅。值木炁。此為正煞必然凶禍如得加盤巳中之火。通關丑上之羅。乃為暗生。伏恩以化難為發達之地反正煞暗制。雖災不重。正煞暗黨。為禍非輕。如土命木守加盤有金則為暗制。有水則為暗黨。暗煞正制災變為吉暗煞正黨其災當重暗煞正化其福卻輕。如巳宮有木。丑宮有炁。限行至寅是暗逢煞難。必致災危若金在寅。則實能尅虛。以制其煞此為正制。卻為吉福之限。若寅宮得水。則實能生虛以黨其煞。此為正黨。其限之災反重。若寅宮得火則實能化虛以化其難此為正化。其限之禍卻輕。弱處還強。不可例以為弱。無中還有。不可執以為無。緩中有急不可忽以為緩。或凶顯而吉隱。吉顯而凶隱。或幾雖微而勢甚顯。此謂顯中有隱。隱中有顯。如命立辰。亥為奴僕。與命相關。身星入亥又不為陷。此為弱處還強。

如立命子。火在卯。以加子。則子亦有火。是無中還有。如丑命、土在福德。而木臨三合。以卯加丑。則反為命害。此緩中有急。隱中有顯。是命限無星。而加到有星。如乙人祿卯立命丑者。通加盤之祿。此命隱中顯有祿矣。顯中有隱。如命限有吉星是顯。加到星辰之度伏殺則是顯中有隱矣、是以恩臨官福、而反作災殃。煞臨官福。而反無凶害。有命限無凶、而忽然死亡。命限煞照、而反多福祿。皆係加盤暗伏恩忌故致吉凶反復如此。此正盤之所不及。而加盤之妙用也。

通關論

通關之法。是以天門而加地户。復以地户而加天門。天門、乾也。奎之初度、天門之樞。地户、巽也。軫入七度、地户之軸。故自奎初至軫七。軫七至奎初。反復互加。故丑寅相關。子卯相關。辰亥相關。巳戌相關。午酉相關。未申相關。若有星曜照臨。所主吉凶。隨加盤所入之星以究關照。則官度無泥。所關之變。吉凶莫遁矣。

通關例。從卯起子。逆行十二宮。以子加卯、丑加寅、寅加丑、卯加子、辰加亥、巳加戌、午加酉、未加申、申加未、酉加午、戌加巳、亥加辰。

摭言卷皇集所

通加論

西天宮隸宗六合也。合法有六。天日交也。天順日逆。歲一周也。法有通關六合變也。六合有變。從歲差也。天盤動運。一日一夜遶一周也。地盤定體。雖歷千古。靜不變也。命立地盤。賦有定也。限行天盤。運無方也。星曜照臨。加盤為重。通關次也。伏局論刑。經緯變也。反吟論冲。天地冲也。三方四正。連間德合。各從其體。以致用也。體用無常。惟變所適也。

體局論

七政四餘運行於辰宿三方四正的射於命限如卯宮立命天地相加諸宮無變其體謂之伏吟以照臨本宮為重須觀所入之淺深以定其體之遷變正則體局不變偏則體局變遷矣辰宮立命則辰下有卯辰上有巳寅宮立命則寅下有卯寅上有丑其體謂之連茹是左右有互加之妙故以左右之拱夾為重巳宮立命則巳下有卯巳上有未丑宮立命則丑下有卯丑上有亥其體謂之閒關是閒位加臨當以閒關為重午宮立命則午下有卯午上有酉子宮立命則子下有卯子上有酉諸宮皆以四方互加其體謂

之四正故以四正為重未宮立命則未下有卯未上有亥亥宮立命則亥下有卯亥上有未三合互加其體謂之三合故以三合為重申宮立命則申下有卯申上有丑戌宮立命則戌下有卯戌上有巳其體謂之德合故以德合為重酉宮立命則酉下有卯酉上亦卯其體謂之返吟以對冲為重星曜守照隨其體局之所重以斷吉凶各宮體用論備於十二宮安命論中茲故不重錄

品格論

琴堂云、貴人不必泥生星。合格主高明。故官貴命須看格局。然格局有在天者。如日帝居陽水清寶瓶。計羅截斷。四餘包七政之類。在人者。如官福歸垣。主星升殿。官星貫日。命毋朝陽之類。與其在天不若在人。蓋在天者衆所同。在人者我所獨也。

凡看功名身命。宮身命主欲見官星。官星又欲見太陽拱歲駕。更用恩掌魁文福祿便主科第。又有官魁守命。或穿度或同經貫月。雖不拱駕朝陽。亦可發科。但身命二主必要得地。不可損傷。以日月為第一。天官為第二。生星為第三。逢生合格。晝東南夜西北日

月宮福拱夾身命或身命坐籍駕祿馬貴人之地或祿馬貴人之星飛入命度晝生日臨夜生月臨不落空脫不為殺星侵犯乃為奇特

凡命主朝君主貴如亥命木主起朝君居前為引居後為從必貴人也若水孛母星朝日月必富命也又陰陽拱駕者貴拱祿者富

凡富命亦多合貴格但其間或體弱用强或相生中又帶相剋故止發財又有二主臨財財星入垣逢生田星居强坐實或命恩與日月同宮共度只官福主稍弱皆富命也若福官二星拱夾田財宮或田財主必納粟奏名也

凡武官。必合貴。格而帶殺。如格局既好。而殺被流旬所空。身福既。奇只馬落陷。此威鎮邊陲命也。

凡吏曹命。官福田財皆好。但此等人。刑星不守相貌。必守生時。或身星。逢刑吉處十分吉。凶處十分凶。所以有享用亦有刑害。若官福逢生。坐寶定因吏而得官。

凡貧賤命。不必專求殺曜。但看身命所忌。或與三六互換。日月反背。恩曜遭傷。暗耗占於田財。官福化為刑忌。皆主貧賤。又有在驛馬前。安身更值餘奴。侵舍者必為僕從。

凡僧道命。必紫炁木羅兼孤寡華蓋照命。而身命主又陷於閒奴遷貌弱宮妻子官祿俱背。

凡過房離祖命多是田宅遷移宮不足或馬入遷移之宮或生月上有刑星照破或身命上坐四馬之垣及歧界之度所以事多更易又有身守遷移主居三六者亦必離祖。

凡高壽命命主必得地正難次難俱吝受刑壽元星得令歸垣忌星落陷命毋當頭縱限到難度亦不妨如只一個難星受制未可以期頤許也一法以令星決壽夭春木夏火秋金冬水四季土令星不甚怕尅惟怕泄及居殺地死絕地如在長生帝旺臨官則長年矣。

凡天命身命受尅殺難同行毋曜遭傷仇星黨惡五怒當權限元無氣更在隔界安身命者多夭

凡非命死但看刑囚夾身或一難一囚或一難一刑夾身定主惡死有不盡然者更從當生神殺上定之且如疾厄主化難帶羊刃破碎官符劫殺泊於身命官訟惡死無疑有血光惡死止於當生血刃劍鋒流霞上取斷有橫事惡死止於當生飛廉上取斷有投河自縊惡死止於當生伏屍卷舌闌干貫索浮沉上取斷女人產死止於羊刃血支產星天羅難星上取斷若遇恩星天月德可解更看身命限度有無惡殺方可言之

凡客死命身命入遷移逢殺難或犯攔馬殺或會殺於天涯地角或會殺於寅申巳亥又遷移主與八殺主互換更看壽元星與馬位何如若壽元帶囚忌與馬相衝決死他鄉

凡師尼命相貌疾厄兩宮多不足夫子星必陷或在隔界無分曉處婢妾之命夫星多在閒極或遲奴其月多不得地若男女主逢生坐實亦生貴子因有稱呼　娼妓命必有桃花夫宮必雜夫星必陷相貌宮必好男女宮必傷如男女主飛出合格者仍從良得子

凡女命之所忌者月孛金水之星咸池驛馬之地然必身命會咸

池或咸池會驛馬或水孛會咸池或金水臨沐浴方以淫賤言之

又云君前父側不行淫此以朝君登駕者論

凡女命先看身命次看夫子宮又看遷移宮福德田財宮疾厄宮身命喜坐祿貴即有稱呼身命入閑極主貞潔坐隔界者淫奔不定如命主即為羊刃主者多尅夫夫子同一宮者艱子夫宮有吉星子主不受尅遷移疾厄宮又好則夫賢子貴亦無產厄田宅宮有刑囚暗耗驛馬入遷移照命皆敗夫家

凡女命坐臨官馬者坐咸池驛馬者若身星清潔亦無他事生旺即發用但一生多病若殺宮安命終帶妨尅又有太陽守命而夫

星失陷者主欺夫奪權兩貴夾一祿流落風塵夾一馬終年辛苦
凡女命最喜坐實占強如辛年祿在酉酉上立命又是酉日生若
身命福祿更好一二品夫人之命又有金生在巳生於巳日而在
巳上安命木旺在卯生於卯日而在卯上立命皆大貴
凡小兒立命於殺宮更值四正皆見殺而身命主立其上者必難
養命主躔於殺度者為關鎖直難見羊及關於命宮命主者死難
星在命作殺主者死又云命主坐及的封宮為關命主同難星為
鎖命主同難星而身星傍母者亦死或流年殺併亦死
又云小兒命命宮三方忌逢白虎天狗主難養過五歲方不論

品格論（即總斷法）

凡論五星重命身主而恩星又身命之本也先看三主落在何宮以虛實強弱拱夾沖驁定其人品出處高低次以福身恩官田財六主定其貧富貴賤真假重輕又以七政四餘天月德的及劫亡三殺白虎華蓋六害等神煞守命安身以分君子小人如身命恩三主所守升殿入垣居強坐實吉曜拱夾又得逢生而無凌犯各居高強斯為上格田財坐實官福明盛富貴兩全田財強而官福弱富而不貴官福強而田財弱貴而不富田忌財空財旺而田宅豐隆官喜福厚福薄而為官難久身命俱弱恩星坐強尚可與其

富貴身命強而恩星陷或身命陷官福祿馬俱強未免朝榮夕瘁若三主俱陷輕則貧賤重則夭折或更有惡星傷犯身命不得其死大抵五星不戰則吉七曜相淩則凶不生不尅踪跡浮沉不吉不凶行藏汨沒一忌臨官難居富貴一吉臨財饑寒不迫身好命不好有福無壽命好身不好有壽無福身命俱好福壽雙全或四柱實地俱有吉曜用星守之三方左右拱夾有力福身恩官田財各居強實真富貴也或日月拱夾一星伴月建節封侯或身命在日月左右引從夜生二主隨月晝生二主隨日二主或隨日月或日月前後而行又祿馬二位夾身命主或日月夾貴祿夾官祿或

身命夾之。或官福入垣。身命受生。俱為上格。皆主大貴。如日月拱夾田財。身命入財田。田財二星居垣互換。計羅截斷。漏出田財。皆主大富。如衹有一二處守吉星。又看所守是何宮主。如田財主則富。身弱限強。則自家發達。日月田財身命都守實地。又在強宮。則其人必多祖業。承蔭不受辛苦。或身命主坐官祿。或坐天月二德貴人祿馬實拱夾者。其人文獻衣冠故家之宦裔。有德有守之士。或身命坐文魁文昌七強實地。須分晝夜看。其人必多學識才藝聰明。或命坐的殺亡劫咸池六害之類。又或諸煞守夾身命二主者。其人界乎君子小人之間。或天馬守地驛逆空。身命與同。乃幫閒遊食隨時附勢之徒或命與金孛同守天空或入兄弟宮者浮浪江湖醫卜命課在命宮在奴僕宮貴人祿馬冲夾者其人爲官府皂隷之類却以大小二限太歲流星流旬直難真實遞年有無貼襯以斷其發達衰迍好惡生死如身命並限星或值流年旬空須看拱夾若值難諸煞拱夾身命行限其上防凶死

晝夜

火羅金月陰星不宜晝見夜生皎潔木炁水孛土計日陽星不宜夜見晝生光明晝生從日喜居六陽之宮夜生從月利見六陰之地蓋日月二曜陰陽之精五星之綱木火土司春夏之令屬陽星金水司秋冬之令屬陰星太陽具木火土之質太陰具金水之質其生尅制化當循此論之如晝忌火夜忌土若火為官星夜生官高晝生不顯土為難星夜生災重晝生災輕太陽為君為父晝生如值土計在一度二度內非惟父母有傷自己自疾難免太陰為身為母夜生如值土計同行不獨自身帶疾母躬亦見災傷若陽

星居陰分夜見。陰星行陽道晝見。謂之反曜。俱凶。若巳水、亥木、丑土乃陽中之陰。其居陰分。夜見不為凶。行陽道晝見。反為忌。戌火、辰金陰中之陽。其行陽道。晝見不為凶。居陰分夜見。反為忌。大抵以陽從陽。以陰類陰。得其用助。不相尅害。造化之理。至為妙也。
琴堂之論五星。分天地人三盤。論行限兼竹羅洞微。理俱微妙。但今時通加二盤竹羅三限。鮮有談及。雖列入集中。誰為寓目。余謂百六可以該三限。故録洞微而去竹羅。虛實不能盡加闕。故集加闕論於集中。先集天地人三盤圖於卷首云。

强弱論

子午卯酉四正之地謂之正强寅申巳亥四生之地謂之近强但以火臨申位水生於申乃八殺之地不可謂强故止七强以辰戌丑未四墓之地謂之四弱并八殺申宮故有五弱以十二宮論七强者命宮官祿妻妾田宅為高强男女福德為次强財帛為近强五弱者相貌奴僕為惡弱兄弟為半陷疾厄遷行為次弱凡得用之星喜居强宮煞難之星宜居弱地用星臨弱為福不力惟月臨兄弟反為福是宮雖有强弱而變又隨乎虛實如强宮落空不可以為强弱宮坐實不可以為弱以虛實為之通變而强弱於是乎

無定○然此論其宮之强弱○未及其星之强弱也○星之强弱○有以經宿論者○以升殿入垣為强○失度受制為弱○有以纏星論者○以逢生有救為强○受尅無援為弱○有以顯晦論者○以輕清著明處為强○以重濁墜暗處為弱○故能據宮分之强弱○而通以歲時之虛實○又參之以經宿之得失○纏星之生尅○升沉之顯晦○五星强弱之變斯盡○

虛實論

虛實之論。星家重之。蓋四柱為實。天空旬空為虛。吉星喜實。凶曜喜空。天空為緊。旬空次之。如亥空而四柱有寅合起。卯未會起。有巳衝起。有亥填起。皆為空不盡。又云。晝喜日空。夜喜月空。金空則鳴。木空則折。水空則竭。土空則崩。火空一發而成灰燼。又云。木空會水則滋長。水空會金則逢源。土空會火則為補缺。會金則為嘯寶。是空猶有救也。若木空會火則焚滅。水空會木則脫氣。是空者愈空。

顛倒論

語造化之生尅難以執經悟五行之顛倒可以通變蓋生尅有經而顛倒無體或以所生者顛倒以為尅或以所尅者顛倒以為生假立命辰命元屬金是金乃一元之會田宅屬土喜火以生遷移屬水忌土以尅兄弟屬木遇金能制此五行生尅之經也然我命屬金則身亦金田宅者金之田宅也遷移者金之遷移也兄弟者金之兄弟也故雖土月同垣是謂安身傍母更不論其土犯太陰田宅之土是金而土火不能生而反相尅遷移之水是金而水土不能尅而反相生兄弟之木是金而木非惟土不為木尅而反有

以滋木。諸宮之喜忌。皆隨命主為之。則諸限之喜忌。亦隨命主為之。凡所經行無非金路。故亦皆喜土而忌火。是五行之生尅皆為顛倒。然各主之生尅。雖由之顛倒。而我命元之生尅實未嘗顛倒。顛倒生尅。還生尅而五行顛倒無顛倒。

歌曰五星生尅顛倒顛玄中又更玄。身命屬金都是金。最怕火。雖侵土能生水亦生焉。因金從金類。水為財元喜土生。但依身命。行火能生土亦生金。上下究元因。五行顛倒舉一例。觸類盡其義。

又議如命主火。恩主木。凡諸宮皆喜見之。如恩木會土顛倒。不以木尅土而反謂顛以生土者。須火得地。乘時逢生。有顛木之勢。則木從之。挮其尅土之性而顛以生土。如火失地失時受制則火之力衰。不能降木。木焉肯拂性以不尅土而顛以生土。是知木之顛生土。若非木也火也。覩其火之强弱。木之降否。然後可以語顛倒之理。若執恩木同土而遂謂木顛生土悞矣。如恩之顛殺以生。命殺之顛讐以生恩。其義一也。

陽刃喜忌論

甲年卯宮火星為陽刃。若為命度主頂宮魁不貴。脫一二度貴。乙年陰刃在辰。魁星金煞最重。水為天官頂之破貴。丙年日為刃羅頂之破貴。丁年月掌刃。若刃月頂計破格。因刃中帶煞。若計月同宮離三度外發甲分行尤妙。戊年日為刃合孛不貴。若度主不是日而頂天官不妨。己年月為刃宜頂火發甲。庚年金刃不犯魁罡天官金頂火合格。辛年火為刃罡神煞重天官木頂之破格。夜火為佳。壬年土為刃頂太陰天官大不佳。脫度不妨分行亦吉。癸年土刃在丑太陰頂之主中土掌刃星又化天官。不宜頂木。為及中包煞。不貴。

四餘性情論附

炁乃木餘仁之小者所知者百子之書所能者九流之枝煩心好靜事能多曉到七宮妻主無男到五宮兒多僧道若居財帛不取無義之財若入命宮妨妻害子實其性之孤高爲南方之强也若會計都巧言花語又非前論

孛乃水餘智之小者所知者功利之私所能者眼前之巧誇多鬬靡矜己忽人喜從諛不喜箴規愛人情不愛清致泊陽刃咸池則賭博爲生會計都羅睺則巧言令色與炁同會反爲柔弱之人只是內藏奸計到天門着朱衣外貌有餘愛聲名喜功利到獅子狠

而無禮饕而有餘到磨蝎則暗計難量外假尊重內實嬌淫為妨夫尅子之星為鼓盆絕絃之曜

羅乃火餘禮之小者性至燥燥必厭煩煩必生成勇敢蓋火餘而易滅一怒而易消事曾為而後悔心剛勁而膽寒居十二宮則面斑有麻到八殺則酒痔氣疾或主損目女常血撓如居官祿惹是招非若在七宮妻多反目

計乃土餘信之小者機巧有餘能言之士內外異態二三其心所作非常所謀不一到中年方保可安安之則刑六親孝服常見

四餘妙論

貴人之命多是四餘有足羨者賤人之命多是四餘有足怒者如一命在寅躔斗木木酉胃金卯氐羅辰亢孛丑牛炁計戌奎夫以木到大梁弱矣兼金卯氐又無餘奴救敵殺難格低矣且羅辰亢而破福炁計奎而犯主孛丑騎牛不亦賤乎然而科甲聯登官至青鎖吾以為貴在四餘蓋木到大梁對逢金星困於難甚矣妙羅亢制難之凶孛牛洩難之强炁計奎扶命之微是四餘反益於主故七政無大好其四餘一二得用者巡撫之貴若三四俱得用皆宰輔之職又如一命在丑牛五度土子女木戌婁金辰亢火卯尾

羅成婁計辰角氐未柳人莫不以為土號太常難困婁金福官歸垣矣然終身貧寒吾以為賤在四餘土誠歸垣不宜氐在柳金為官用居亢强矣不宜羅在婁以氐傷主羅破用也故有餘難以傷主主雖高而亦卑有餘恩而破用用雖强而亦弱況計角又為本奴降殺孛尾又為仇奴侵福奴不得用而為殺所用福不能享而為仇所奪有權者固如是乎總之四餘宜生我有用之星不宜剋我有用之星宜扶我身命之微不宜助殺之雄得是四者之妙精究於星之外星之中兼以時候喜忌參之無不中矣

四餘顛倒論

人生何以奔波流落。四餘混遷移。何以傾家蕩產。四餘戰田宅。何以幼失父母。四餘掩遮日月之前。並貼其後。遇救星即父母高年。難免勞碌。何以全無兄弟手足不和。四餘入其宮。且交戰。其度遇戰成空逢尅。不和何以失長子。羅侵男位。男度何以女子當頁疊出。孛奴占女星女度。水月並臻金星透辰。何以賭博蕩散。四餘侵財宮財度。並主被尅。而命坐遷相二宮。何以夫婦不和。四餘擾妻宮。何以數科不第。四餘侵官祿。餘奴尅限。孤月獨行。故人命多凶。皆四餘顛倒。俗人以生尅論恩難。須干命度者。方能關人之休咎。

五行生尅自然之理。凡五行相生尅。必以命度之恩難。觧人之休咎。

餘奴頂主貴賤不一論

甲年炁化天官頂。木主大貴。辛年孛化魁次之。壬年炁同。已年炁化文亦然。庚年孛化生官主富。戊年炁化傷官頂木為賤。若會生宮異路功名。丙丁年炁化生官天蔭頂木多有巨富。丁年計化官魁土若頂之最凶。戊年孛化天官頂水妙。

餘奴傷主論：

如炁傷木。或木炁同躔。限至木度決死。有水孛星在木度可解。水孛則能生木。見金則能制炁。又如秋月斗角井度最忌。奎度可解。餘月亦同。

如孛傷水。或水孛同躔。限至水度決死。参壁箕度忌之尤甚。犯軫。禍輕。當水敗失經背令不忌。有木炁土計在水度可解。木炁能洩孛。土計能制孛。

如羅傷火。或羅火同躔。限至火度決死。惟尾室二度極怕遇之。翼度禍輕。惟正三四六八九十月忌之為切。有水孛木炁在火度可解。水孛尅羅。木炁生火。

如計傷土。或計土同躔。限至土度決死。有火羅木炁在土度可解。

火羅生。土木炁制計。

剋度者。餘奴傷主也。傷要傷正度。如限行木度木升木殿。並無火羅金殺犯度。遇流年紫炁躔度太歲陽刃飛刃劫煞的殺天雄地雌至其宮者。必死。餘倣此。

凡諸星當令。怕死。不怕尅。只怕洩。所謂當令不生抽氣也。

凡一星為禍。諸星皆助。定倒限。

凡日度。单羅計木炁犯者倒限。

假如金躔翼火。火躔亢金。謂之金强火弱。有災不死。如金躔室火。火躔婁金。倒限無疑。餘倣此。

摭言王氏集附

剋度論

剋度、星家止以立名。不究其實。即有偶談剋度。亦俱以原躔度主為主、行着忌怕之度為剋。又或以餘奴犯主為剋。皆未盡其義也。蓋剋度餘奴同怕傷主。而七政亦怕尅泄。故日月五星之原度主行得帮生之度。便是好度。行得尅泄之度。便是凶度。如太陽怕木。炁太陰怕土。計木怕金。金怕火。火怕水。水怕土。土怕木。此尅度也。謂之真剋。看他原主何度。現行何度。據以斷之。如木躔火。火躔土。土躔金。金躔水。水躔木。乃泄氣也。洩則多疾。或不聚財。不為真剋。若洩太過。亦死。年老怕洩。病久怕洩。遇之亦以凶斷。倘陞殿受生

化難生恩或旁星有救皆作吉推

論剋度星

凡身命壽限主星所泊之宿。最怕難忌在前。剋破多死。並煞及尤凶。若在後剋之。又輕。難星剋度。如日在火宿怕水同在火宿行土宿。怕木同躔土宿。行日宿最怕水孛計羅。如六巳寅命若及月與木同躔奎井角為剋。木度必主死亡。不死亦多災。惟斗木見月反吉。五星類推。忌奴剋度。是主星在本宮忌奴星剋度。主如木在斗而燕剋四木度是也。剋法至毒。有土在危三度而發福。在危五度行土限而遂死。然亦有不能剋者。如行木宿逢金春林剋脉不斷。行火宿遇水夏生剋脉不斷。金值火宿秋生無害。土行水宿冬月

不忌四季之土遇木何妨又如孛剋水宿冬水秉令反為奴主相扶奴燕羅計皆例推

剋度不剋訣

角木遇金不剋。以金宮之木。金不能害也。翼火遇水不剋。以水中之火。水不能滅也。張月遇日不剋。以日宮之月。日不能掩也。房日遇月不剋。以日當初升。月不能抗也。奎木遇金不剋。以火中之木。金不能尅也。婁金遇火不剋。以火中之金。火不能制也。日遇月為剋。晝生為剋。夜生不為剋。以夜無日光。不掩月也。月躔日為剋。夜生為剋。晝生不為剋。以晝無月光。不能抗日也。四水遇土皆剋。以土宮無水也。四土遇木皆剋。以木宮無土也。金遇翼火不剋。以水中之火。不能尅金也。宮主與度主俱傷者必死。

一剋度之法不一有難星剋度有餘奴剋度有化曜剋度有神煞剋度有命度被剋有淺氣倒限又有大限有原太歲陽刃流年又遇歲刃此限又值限內度主交接之際而倒限者又曰刃頭煞尾皆是凶關又有難星未至度而死者又有過其度而死者雖云凶迎凶送塡間亦是極難處

一剋星剋度者如金星生於夏季或金火互躔或金羅同度夏月失令之金限行金度或原暗頂火羅或流羅入度或流火到宮熬煉不過再加金火掌煞必然倒度若原星高強雖剋無礙

一餘奴剋度假如木星度主金木同躔或木火同躔又生於秋夏

之月限行木度暗頂炁星。或流炁到度。或三方拱度。多有倒限若。
若生春月不犯尅泄。雖剋不死。
一辛年化曜剋度。假如木化天官。行於四木之度。計化傷官。或明暗頂木度。或計星流入限度。或三方吊合。多有倒限。若計星躔於財度。或躔四土印度。得制化之力。雖暗頂拱合無害。如頂四月度天官頂囚洩氣。災耗必重。焉火化生官正財。或原頂金星七煞。又兼火星柔弱。倒限有之。
一甲年太陰化生官正財。忌水星七煞相頂。若限行太陰度。忌原水明暗頂。乃是財生七煞。十有九死。或頂原孛劫財。或流孛入限。

防鼓盆之歌。否則小人侵害。災耗不一。凶有八九。其餘化曜剋度、倣辛甲二年推斷。原頂孛最重。流孛行限稍經。

一神煞剋度。如行太歲剋原頂。陽刃星或頂白虎星。或刃度頂太歲白虎又病符度。而頂死符星。再加尅泄更凶。凡凶星凶度十有九死。或見刑傷可免。

一命宮度主原犯水孛浮沉。行限度明暗頂原浮沉星者。防覆舟落水之厄。

一女人生産忌産星頂度。當防臨盆危險。

一金星掌刃木星掌刼。明暗頂度。度主更掌雄雌。必主凶死。經云、金星掌刃休逢。劫木為災難避。劫煞之星又盜賊之流。恐為綠林人犯害。

一紅鸞天喜剋度作難。度主柔弱帶煞者。主血光死。

一血刃風煞例剋度作難度。非血光之災。則主筋骨疼痛風疾。

一四耗頂限度。其年大耗財本。又有耗化生官而頂天官度者。其年反加利益。

一官符星頂限度者。其年防雀角。此皆神煞剋度。餘倣此斷。

一剋命度主。假如立命丑垣。躔斗木度。當以木星為主。或原木三合頂金。或金木同躔一度。又係秋木柔。弱流水飛入亢金遲留不

行。又值流年或三合對照亦有剋死。一四木度主生於交秋。原頂
火羅。流木或躔火度。羅星又到。或火星遇木。洩氣太過多死亡。一
木星度主。原火羅相頂。或頂金星。其流年木炁相頂亦多喪亡。
一癸巳生人命立丑垣。躔斗木四度。丑宮陽刃未宮飛刃地雖。六
十二行未垣。巳亥大限命宮二刃相冲破財。至辛丑年太歲干於
命限度行井木二十並十九度。乃係關煞之度。又兼大限以煞會
煞。是以倒限。　天官微論云天度五行井木。十六至十九度屬木。
井木二十度至二十七度屬金。金木相交。乃係關煞之度。不宜大
限帶煞。最忌流年會煞。是以倒限。餘可類推。

倒限總訣逐宮限度

倒限之法。逐度細詳。子宮危月。土計為嫌。冬月尤甚。虛女二宿。木炁眞凶。惟有牛金。獨炁為害。丑宮斗木。金亦為憂。寅宮豹水。水木兩取。土木最凶。金亦可畏。尾火度內。寅卯兩端。寅宮屬木。水孛禍輕。卯末尾初。羅水必死。心月所忌。在羅土計。房日從火。惡水孛羅。氐土火垣。木弱不尅。辰宮末度。木炁必傷。亢金堅實。不畏火羅。怕逢夏令。角木焦枯。嵩嫌火羅。金亦為憂。軫界辰巳。土計俱傷。翼火水垣。冬嫌土計。惟有張月。專畏木炁。星日最嫌。木炁孛羅。柳土一星。午未兩界。午怕木炁。未憎計奴。鬼畏羅睺。井怕秋金。更惡土計。

參嫌孛奴土計亦忌畢月忌炁土計不問申酉皆然觜依水論忌土計孛昴日最忌惟在火羅胃土箭怕刼是炁計婁金火垣極惡水孛又嫌羅奴奎遇金炁是為凶神壁水忌逢土計孛炁室火所嫌羅奴金孛總之有煞刃者遇太歲必傷無煞刃者遇凶神不死於斯審詳萬無一失

倒限直指篇

倒限之說。為例不同。不問坐命何宮何度。但一歲之中。只看限行至何度為準。如限現行土度。則看原土起得何經。或土起逢生。或土起值尅。由此以決吉凶。

且如土躔木。木躔土。限至土度必死。若土木二度中有金炁計火羅可解。有一星會亦可解。若會金。解則是土生金。金去制木。無害子能救母也。若會木炁同行。則是二殺。不攻一。或土計同躔則是一殺不攻二。或逢火羅則洩木生火。助土為吉。或木秉令及生旺之月亦不可解也。

又如土躔火。火躔土限至土度必發。倘土火二度中犯水孛金計滅力。火遇水孛受尅。土遇水孛相敵。金火戰争。土金洩氣。土遇計為主奴。同金火會木炁則福厚。火羅同度夏月生人乃謂火炎土燥。失之太驟。又云二母争權也。

且如木躔金。金躔木限至木度必死。若有火羅水孛炁星在金木二度中可解。若火羅與木同躔或单躔木殿則是木生火。謂灰飛烟滅。行木度亦死。若得冬令可解。但得夏月火羅犯金度可解。水孛解則金生水。水生木。炁解則是一煞不攻二。

又如木躔水。水躔木限至木度必發。倘水木二度中犯土計火羅炁孛者減力。如木遇土計則相敵。如水遇土計則相尅。如木會火羅為洩氣。如水遇火羅則相戰。如木見炁謂主奴同舍。水孛同躔。乃二母争權。更值冬生。名曰雪壓寒梅。非但冬月。春生亦不宜矣。得水金相生。其福倍增。

且如金躔火。火躔金。限至金度必死。若有土計水孛羅在金火二度中可解。若四五月、火羅生旺。亦不可解。土計解、則是洩火生金。水孛解、則是金生水。水尅火。羅解、則是二煞不攻。一或羅傷金度。亦死。惟丑牛辰亢。非夏月火羅。則不可倒限。

又如金躔土。土躔金。限至金度必發。或金土二度中。犯木炁水孛計者減力。土見木炁則受制。金見木炁則抗敵。金見水孛乃洩氣。土見水孛為戰爭。如金見土計同行謂二母爭權。乃姑息。太過。金見土計单行則福力尤佳。但秋冬亢牛二金遇土。又謂金埋土晦。反為無益。

且如火躔水。水躔火。限至火度必死。孛犯火度亦死。有木炁孛羅土計在火水二度中可解。七八月及冬令亦不可解。水孛掌值難。木炁解、則是洩水生火。孛解、則二煞不攻。羅解、則是一殺不攻。二土計解、則是土尅水。

又如火躔木。木躔火。限至火度必發。有土計金羅炁在火木二度。

者減力。如火見土計為洩氣。木見土計則戰爭。火會金而相尅。木會金則受制。木遇炁則二恩不為恩。火遇羅則謂主奴同舍。如夏令火炎木炁太盛。反不為美。如遇水孛輾轉相生。其福最厚。

且如水躔土土躔水。限至水度必死。有金孛木炁計在水土二度中可解。若土得令生助。亦不可解。惟五月不忌。反以水孛傷土則限至子午土度。凶金解、洩土生水孛解、一煞不攻二木炁解。則是水生木。木尅土。謂疎土縱水。計解、二殺不攻一。

又如水躔金金躔水。限至水度必發。有火羅木炁孛在水金二度者減力。水會火羅則相敵。金會火羅而相戰。水見木炁乃洩氣。金見木炁為仇怨。水會孛謂主奴同舍水金會土計獲福無量。冬月水冷金寒。縱相生無益。

且如日躔木木躔日或炁日同在木土度。限至虛星二度必死。有火羅同度可解。是洩木生火助虛日春夏星度見之倒限惟金星制木解。

又如日躔木木躔日或炁日同躔。限至房度必發。若木日度中有金羅則減力。以金尅木以羅洩木。

且如日躔火火躔日或羅日同躔木日度。限至昴度必死。有土計水孛可解。土計解則是洩火生昴日金水孛解則是尅火生護昴

日金

又如日躔火火躔日或羅日同宮限至虛度必發若日火度中有

水孛則減力

且如日躔水水躔日或孛日同躔日月水火度限至房度必死有

木炁可解木炁解則是洩水生房日火木解較輕炁解尤切

又如日躔水水躔日或孛日同躔限至星昴度必發若日水度中

有土計火羅減力

且如月躔土土躔月或計月同躔限至四月度皆死有金木水孛

在土月二度中可解金解則是洩土氣生月水木解則是踈土助

月水水孛解則是抗土助月水大凡夏末秋初金令禍輕惟畢月度怕火羅炁犯之必死秋令尤重

又如月躔金金躔月或金月同躔至月度必發若金月二度中有火羅土計減力金見火羅則金受制月見土計則月受傷如金見土計則洩土生金金能助月倘冬生月寒金冷又非所宜也

以上所論限主互躔生尅也又有限主互躔尅彼生他者尅彼則損力生他則洩氣皆無益於我惟限主入垣升殿則皆利矣

倒限總訣

倒限一說。跟挨度數而推。有殺刃者。遇太歲必傷。無殺刃者。縱凶不死。子虛女度。木炁真凶。丑宮斗木。金亦為憂。惟有牛金。獨炁為害。箕水寅宮。木水兩取。土當火令。水弱不傷。若逢春令。秋間不能為害。尾火度内。寅卯兩端。寅宮屬木。水孛禍輕。卯末尾初。羅水必死。心月之躔。最忌土計。房日之宿。怕見水孛。氐土火垣。木弱不尅。辰宮木度。木炁必傷。亢金堅實。不忌火羅。怕逢夏令。角木焦枯。專嫌火羅。金亦為憂。軫占辰巳兩宮。土計能傷。巳宮之水。炁星能奪。辰宮之軫。翼火水垣。最嫌土計。星日太陽。却忌木羅。午宮張月。木炁土計皆凶。巳宮張宿。怕見土計為殃。柳立土宮。未土忌計。午柳忌木。鬼金正垣。忌計。忌羅。井嫌計土。又怕金旺。參忌奴孛。土亦為憂。畢觜忌計。又怕土計為災。不問申酉二宮。最怕計炁燋渴。昴日胃土。見木為凶。婁金火殿。又忌水星。設逢夏令。最嗔羅睺。奎木金炁。皆是凶神。壁水忌土。又怕孛奴。室火木垣。金炁羅計皆凶殺。若同行其度。不以為利。更看命在何宮。限主何處。於斯消詳。決不失也。

倒限訣

問曰、學士談生根本。以宮主為重耶。度主為重耶。曰、宮度並重。詰、曰宮度並論。固矣。且如金躔丑宮之牛。金宮土度金。限行火。一生。一魁何以為斷。於禍福何以為憑。曰、憑。刄有刄迎送者死。有雙刄拱命限者死。有刄相沖者死。及魁限者死。有命坐二刄宮者死。有刄星守命限者死。有限主受傷。刄星合限度主者死。刄中包殺殺中包刄。又有刄中包刄。須辨強弱。限宮限度。度主強者生。弱者死

倒限詳論

倒限之說。盡在眞指篇中。然亦有未至其度而死者。或有過其度而死者。有當死而不死。有不當死而死者。須看陰陽二刃為準。更會源流二刃為斷。若無刃煞。豈其能傷。經云。晝忌陽刃。夜忌陰刃。有雙刃迎送者。有二刃夾身夾限者。有刃星冲撞。有身投二刃。有宮主受傷。刃星合度。有度主受傷。刃星合宮。有刃中包煞。有煞中藏刃。有刃中有刃。强弱平分。如丙戌生人。大限行星柳虛女。若黽柳虛女度內有木炁計。即是刃中藏煞。或土出度內有金。是謂刃中有刃。對合四正同。甲乙庚辛生人。行火金二度。若水孛火羅關攝。是謂煞中藏刃。丁巳壬癸生人。行土月三度。若帶木炁土計。亦謂刃中包煞。皆忌之。

倒限拾遺

火羅同木曰飛灰夏日限木死莫疑木炁不宜居土度限經土宿
有災危水孛經躔犯火宿限入火宿當損壽金躔見炁火羅同限
屬金經入莫救土計同躔水宿看數逢水上為凶斷金星秉令木
之躔限度木躔應住箕水孛同躔水不利計土同水亦不忌木炁
同躔木受殃孛水同羅火不畏土計同躔土受虧水孛同火又無
疑火羅同居金喜神水土孛同危解厄炁火羅能損金宿土計氷
孛原無咎箕軫壁水木火垣土計逢之應損壽參度本嫌孛與炁
土重亦能為禍至危張心怕土計臨炁至張危猶可畏心張二宿

怕羅躔。畢月嫌羅炁計穿。星虛二宿怕木炁。夏月之時又不然。星度昴日火羅忌。不問四時皆不利。鬼婁又怕火羅侵。夏月亢牛同一例。四金奴炁皆傷我。水孛逢婁數難躲。角井奎度忌火羅。又以奴炁為惡果。斗中金炁不堪言。秋月忌計最堪憐。室尾秋冬嫌水孛。又怕奴羅犯本躔。翼嘴水孛禍非小。更嫌土計來相擾。亥奎辰角井斗間。春逢水孛皆刑天。大凡二煞不攻一。一煞分明不攻二。限經失度太歲傷。刃殺縱無亦難度。

總斷法 以加盤虛實合斷之

凡看命大要十二宮主緊要去處吉星坐實勝在強宮凶星落空偏勝弱地明實不如暗實源空不如流空有實不如有來有來不如有拱空其位莫空其星實其主莫實其煞貴人祿馬殿駕喜扶恩有拱不許扶煞黨惡官祿田財身恩喜互換飛出坐實不喜雜煞散漫無情用星不可被傷身星不宜落陷天殺地煞切忌拱福扶官駕前駕後最怕逢刄逢的身逢官福無實拱祿秩難高福星坐實值身空發施不出身官俱好既能富而能貴福恩高強縱遇險而不險

如身命二主並限主或值流旬一齊空看限宮有直難天地二殺夾身命則限至其位却妨凶死但遲一步耳大抵恩能取信恩一陷而信令不行福一空而居官不久福嫌身弱田忌財空身傷福强如病人挑重擔田高財陷如浪子逞風流忽然福忽然災煞恩守命暫時富暫時貧直難傷財論尅父母古無此說今以生尅之理言如計犯月夜生必先尅父羅犯日晝生必先尅母此乃陰陽相射子午流注之理或日月同宮謂之合朔日生必先尅母夜生必先尅父蓋取有光無光之象如日生太陽落陰宮躔陰度父多先亡夜生太陰落陽宮躔陽度母多先尅此取陰陽反背之義

如病人問生死好人問壽數長短應何年月日者只把各年太歲逐宮輪轉看其宮分原有何吉凶星守或太歲帶刃填取殺星冲尅命宮並大小二限斷是年有災病破財或官祿主星在限被當頭冲破或填煞入官祿之宮又直難的刃重見太歲填實則知是年必因官事囚禁破財大不稱意有官者剥官停俸次年有恩填實赦文可解或太歲煞入福德田財則主破財營運失利門户疊擾却無他重災其餘妻子奴僕依例推如身命二主逢空大限主星又空後限主星不如前流年太歲二運赶起的刃三煞到身或到限其年小限主星又作煞並月令透赶二煞又直難坐實限值

之則其人必於此月令所透之日死於非命如無直難填實病得善終若太歲一般赶煞到身或到命限其大限主星不空多工作勞役雖苦身未即死凡逐年看星辰必須看流太歲以太歲能弔三方之星如太歲在中能弔子辰二宮得力不得力之星皆動對宮皆冲起歲所守星並填實歲前一位有星並迎空宮之星吉凶動靜亦皆相應如士大夫問名陞除則以催官天馬天祿之類用太歲弔起法斷之萬不失一

碎金備旨

寒月不宜孛抱最喜火羅侍衛晝生金水相從夜誕火羅侍衛若

是身命度官福五主定取功名如拾芥尅我之星喜居其前生我之星喜居其後看身關命度主若辰酉二宫坐命土計犯月而尤佳火月同宵最為嫌所謂忌曜總恐傷身安身傍毋必尊榮官福尅身或尅命以名立身以名敗身殺金為刃休逢刼木作災難避星朝北地真奇命宿拱南方真貴人日月同宫月要居於日前金水同居水忌退於金後晝生專取日木土夜生单取火羅月八煞有星權不小官福拱照命為奇殺星照宫反為亨主在別宫生格高星困秀而不實空其位莫空其星實其主莫實其殺身命度與福官妻子田財九主並用星吉宿宜實不宜空諸凡天地殺宜空

不宜實。亦不宜拱夾。九主。凡殺星、不宜得令、宜失令。用星吉宿、要得令不要失令。身命居八殺。功名須早。發八殺入命。來災殃安可脫。

斷父母

十二宮、分為二十四宮。何知父母之星。須看日月二星。如日被遮掩。夜生則先死母。如月被遮掩日生則先喪父。如晝生日月俱陷、欺夾。四面又當細尋審得氣否。而斷先後。夜生亦然。月陞日殿、行陰度。幼年刑父。又有日掩於晝而喪父。月晦於夜而喪母。又當推其如何欺凌。如何掩蝕。以斷吉凶。或正死。或非死。又當看日月帶厄星以斷。萬無一失。其斷何星入命宮。即以宮屬何物斷之經云日為父。逢火羅、當愁祖父之不辰。月為母。值土計又愁生母之不壽。

五星男女歌訣

男女之星最喜逢生陞殿。更忌尅洩失躔。怕逢孤神刼財華蓋天狗相兼。無傷無洩。早年多育多成。休囚失次。未免少實多虛。郭家蕃。盛定是登殿又逢恩。西京並茂。蓋因天官為恩宿。卜商喪明。只為孤神尅嗣。李亞多子。皆因龍德同宮。田宅作恩。當獲成家。後代耗煞相侵。定産不肖之兒。天官守嗣。自身不貴。子當顯。魁宿嫁兒。

居强合格産麒麟。孤神守命子失躔。無兒代老。華盖天狗掌難宿。伯道自孤。孤神尅難化天嗣。若然同度反多子。炁孛孤寡若頂命。珠翠多人總是空。天嗣喜星不到。徒有紅鸞天喜。主弄瓦。天狗星為恩不忌。若為難尅命度。主尅子。且子被犬傷。最忌伴命度主及子星。

對度文

如冲度三方四正、須論正垣之宮神。但以十度為差別。其餘、午為正宮。星為、正垣。如房日火、虛日土、昴日金、也。然皆為日。未為正垣。為日配妃。不對自對。其次則以畢張為偏垣。為五太陰。然總一月也至於六木者尾室實寅亥之正垣其次有斗角井奎至於土亦有六虛牛爲子丑土之正垣次論氐女柳胃若六水者翼觜壁火皆水正垣其次辰有軫亥有壁申有參寅有箕至火何爲獨二盖火太多便有焚燒之患惟戌婁房日爲對度間金雖有四而婁牛鬼各有所屬獨亢爲不變合酉畢爲二金苟不知居中間宮神與隔角同度主何以論之又火羅金月爲夜間之宿土計日木炁水孛爲日間之宿陰星晝見陽星夜見爲恩難俱輕

琴堂總訣果老云　一寸金

金歸西局大器超越木向陽和榮朝北闕水轉南方神藏煞沒火

歸卯戌慷慨必發。土歸四野。福源不竭。 金歸火局。家計消亡。木
入金鄉。一生愁嘆。水歸鎮狄。名利不成。火入巳申。他鄉自立。土歸
寅亥。家業氷消。 身入鬼鄉。渾家失業。財臨陷弱。一世貧窮。毋坐
煞宮。終身蹇滯。合毋傷損。身自貧寒。金星尅毋。貧困已久。 五星
六曜。逐宮移。日月得地要明知。忽然落陷無遲疾。没處有星仔細
推。 惟有金空空則响。火空則發。土空陷木。空則折。君須記水空
河海能枯坎。 日在子兮月在午。移乾就濕天而貧。若遂日虛月
張位。何愁南北與東西。 人生日月要分明。惡曜來侵禍不輕。金
水若還來扶助。不教富貴也聰明。 官主朝陽定作貴。福星隨月

福須攀太陽落陷人終賤身主逢刑處世難　太陰生來在陷宮僥倖吏輩遲英雄府縣廳前聽呼喚上弦月皎福亦豐　諸星會惡為交戰人命逢之禍不輕惟獨朝天居亥上反為伏化吉星名、若有星辰在命多必看星辰果若何須取强星來作主若是閑星莫羨他　各各宮中只一星對宮虛拱最為榮命中極喜相逢月得地當為世上英　男女宮中多寂妙日生最怕太陰照夜誕亦忌太陽臨縱然有子無兒吽　男人限行見太陰娶妻招妾每年尋忽然金字一齊入咏月嘲風使萬金　四月生人帶卯時斯人不壽報君知若教父沒身隨後三十年來父不隨　十月酉時月在卯宜躔房宿始為奇若還晝誕行巳限夫妻不死也分離刃星最怕惡星同行限逢之定主凶女命定然遭產厄男人亦是惡疾終 陽刃最嫌自刃宮戊午丙午最為凶壬子癸丑相逢着決定危亡不善終 水孛木土照陽宮命招父母主强凶殘身壓疾宜到老必然染疾到臨終 人生命度若逢羅決定其人口啃多必是語言難受觸斯徒豈能學溫和 金羅會日是陽宮父母官災不善終不見瘟瘟並瀉痢刀兵之下教相逢 金羅會月一般同重拜雙親得始終生母不須相送老必遭離嫁或疴凶 金月交輝夜最明功名不問一般情假饒身命俱高盛紙上文章舉

筆成。太歲臨人主重災。命中切忌此星來。家中若無官事撓破。財疾病兩三回。兩宮進貴三朝富。二主臨財萬頃田。更得木羅來會舍。定教榮貴握重權。孛星若也守命宮。不可逢之便說凶。必定為人多巧計。相交未可許其忠。妻宮若見月華明。定主佳人淑懿清。不特持家能主饋。更兼財穀自豐盈。人命刑妻理應籌。皆因命限見羅睺。獨居午上無凶攪。又主齊眉到白頭。孛星若是守財時。必定其人不茍私。又主慳貪無厚捨。何曾財上用心機。彭祖如何得命長。雙魚太白在其堂。後人若也相逢着。何慮夭年打此亡。財星化耗待如何。來也多兮去也多。若遇刑囚來會合是非林裏笑呵呵。日月同宮照四正。富貴雙全無比並。若加惡曜亂縱橫。便主終身多疾病。壽星逢奪壽難延。五福之中俱不全。若更受傷並受制。白玉樓成在少年。退路炁星對又虛。更兼三合不相隨。流年若逢吉星照。恰似他鄉遇故知。時爲帝座切須知。日月逢時奇又奇。若不貴時當大富。更須見子捷秋闈。金星合時逢水孛。化耗仍教到計都。女作送迎娼妓。男爲穿窬庸嘴夫。孛入五宮兒不孝。縱然得力多爭拗。除是尅破後方成。白髮養育方賢肖。

五星總訣

金歸西兌大器成材木向陽和榮華有準水轉南方神藏煞沒火歸卯戌慷慨春風土歸四季福壽無窮若金歸火局家計消亡木入金鄉一生愁嘆水歸夷狄名利不成火入巳申他鄉自立土歸寅亥家業氷消

身入鬼鄉渾家失業財臨陷弱一世貧窮母坐煞宮終身蹇滯令傷母損出身貧寒金星尅母貧困已久子宮安命寅亥不宜

五星命度要訣

凡看五星之法先究命安何宮躔於何度二者酌之專重度主何

也宮猶州郡度猶縣邑縣為切近所以度主重於宮主假如命立子垣躔女土度專以土為主以火羅為恩木炁為難忌金洩氣忌計奴欺主如躔虛日度喜金水忌火羅次忌木炁如躔危月度不分日夜生人皆以太陰為主忌土計為難喜金水為恩不忌木炁次斷恩難吉凶自然無差切不可如琴堂以宮論恩難也一難星尅命不可便斷為凶假如命立子垣其中十五度為正垣二宮財帛在亥以木為財帛主若木星飛入命宮頂躔度主乃係財福尅命反為上格主巨富不以木打寶瓶論凡一切難星化官魁頂度者當主貴顯天蔭生官頂度者當主財豐又有傷官生財會度主

無破局。多發科甲。如難星化凶尅命。當作凶斷。凡十二宮命。依此推之。

次當論身。亦為切要。只以太陽為主。遵果老。不用琴堂。故以月為身主。必查其時刻。晨昏數。其某度安身。假如正月朔日躔斗木廿度。係子時生。逆從昏數之。得躔十七度。得遇官魁同度。或官魁同宮。必發科甲之秀。無破為貴。又看度。不遇凶星。不頂傷官梟囚。方是真貴。如度頂傷官梟囚並七煞。縱身命合格。不貴。又如身主與財主頂串。度主若度主頂大耗小耗。乃是身富命賤。不作富論。凡富格。先重主星高強。次重身星合格。方是真富也。假如丑宮安命。

以土為主喜太陰身主同度乃是身星頂財必然巨富不以土星掩月為忌又云辰酉二宮坐命則從命屬金不以土星為主為難再者土星掌官祿田宅縱尅身亦作吉論惟丁巳二年太陰掌刃忌頂孛星為刃頂七煞反為破格縱丁年計化天魁巳年計化生官乃無益之格若頂土星亦刃中帶煞身星破格不作吉論壬年身主化巳土天官忌逢孛星傷官極破貴氣須得炁星制之為貴再得金星正財木星偏財化之更吉經曰傷官生財福自天來此之謂也惟癸年月化煞文星頂土天官多有科甲合此如會木星魁星乃文魁相會多發魁元假如太作度主不宜會月為財生七

煞反破貴氣須得食神制煞或得水星化煞或得土星頂月掩月之光還從貴論否則不可問名又如丙年身主化巳傷官喜遇辛炁生官正財水星天蔭偏財會合衝照極貴頂度者尤貴也亦要天官高强忌逢甲火梟囚如天官頂囚乃官星破壞縱身主合傷官生財亦不秀矣假如官星不壞不逢梟囚不頂餘奴欺主又看破傷官忌頂正印正財忌刼財偏財忌頂比肩合比者皆苗而不秀又如傷官不逢印綬官星亦强財星頂刼者縱入泮不登科第又有正財偏財二星併頂度者多有富而不貴是二毋不生一子純雜不清再又財星合煞不貴凡七煞極為破格傷官亦忌頂囚

皆是濁格。凡遇傷官生財。又有安命正偏垣之論。假如子垣女土十度至虛危月四度皆土正垣。女土。論土。虛日論日。危月論月。一定不移之說。二宮以木為財主。四宮以金為田宅。五宮以水為嗣主。此係正垣之格。假如躔女土二度。以土為主。危月十三度月為財主。奎木二度。以木為兄弟主。胃土四度。以土為田宅主。畢月七度。以太陰為嗣主。井木九度。以木為奴僕主。柳土四度。以土為妻妾主。又如危月六度。亦是偏垣。以壁水四度為財帛主。婁金九度以金為兄弟主。畢月初度。以月為田宅主。井木二度。以木為嗣主。鬼金初度。以金為奴僕主。張月八度。以月為妻主。此乃偏垣之秘格。

五星分金斷法

嘗聞命不一端。總祗一理。如分貧富。以田財為轉移。別貴賤、以官福為改更。判壽夭。以恩難為主。張假如人之富。豈在財之逢年。得地亦得時耳。第猶有疑焉。假如木為財在春。春木旺而逢生不已。生扶太過乎。以富斷何以當之、曰春木宜逢金。夏木宜逢水。秋木宜逢水。冬木宜躔火。夏火宜逢水。春火宜逢土。秋火宜躔火。春金宜逢土。夏金宜躔金。秋金宜躔火。冬金宜逢土。春水宜躔金。夏水宜逢木。秋水宜逢木。冬水宜逢火。春土宜躔土、夏土宜逢金。秋土宜躔火冬土宜躔火反是非天地之和則貧不免命星如之惟身乃月也非五星之類彼如春月火羅照之不燥金水扶之有光夏月逢金無益值木益損不惟土計是凶即火羅亦難水孛扶之斯元精不散秋月不妨獨行何用金水惟冬月失之大寒火羅相照無嫌若壽夭如主失地難得時固相逢成凶又或殺前主後殺逢用制尤為假殺為權壽而且貴類而推之何以初鴻冥而後龍飛何以始在天而終潛淵亦職爵之遲速耳彼如入學問文鄉試問科大試問甲陞官問爵子息問子得財問財如立命在申未上文星躔井限至戌奎宜遊泮設奎上逢難受尅則不能進必至亥危

始得。設危上有難。則亦不能進。其餘陞官子息財等。皆依此類推。故曰文陷不入、學科陷不中舉。子陷不得子。財陷不得財。主陷非禍則病。至財陷之度非耗則夭。子陷之度非無嗣則得於晚年。文陷之度非名落孫山則步於後塵。爵陷之度非罷其職則落其官。至難之度非奠其楹則採其薪。又或至財之難。子之難必事事見也。又問曰、一生得失固在行度。然子息一事。何以有三子四子之別。曰、豈不見水一火二木三金四土五乎。然此亦成法也。倘逢生則倍而增。逢尅則倍而減。倘弱土寄水。未必五不變為一。乾木寄火。未必三不變為二。旺水寄木。未必一不變為三。燥火寄土。未必二不變為五盖以在其位則安其數也居職之品級何如曰只以爵星取論設不知官居何省則以躔何度取論以各省分野有各宿所管也然職之近君則又以命爵居午未之宮或近日焉陞官遲速何如曰亦在行度也至爵之度或爵之恩則逢拔擢至子之度或子之恩則主弄璋至財之度或財之恩則得其利至科之度或科之恩則得其名至甲之度或甲之恩則得大魁入局或生恩之星或恩星又逢恩度則事事和順倘財至此度而旺子至此度而衰未必得利而不失子爵至此度而晦子至此度而顯未必不憂其官而喜其子又問曰禍福得失固依主星而論然何以未至

度而先亨。有過度而後見。曰强弱不同也。彼夫春木得時。一望亦當情適。冬火失令。既過始能神怡。夏天之金不可云速。秋時之水豈可云遲。驟然發福。因以火而夏生。延遲生災。誰非土而值春。春火如在丑鄉。有福不須引領。夏木正逢午地。亨通豈非運掌。土生秋。當作速斷。木居冬何必緩談。然以星而論生於何時。必以宿而研立與誰侶。火而值水是先損其元氣。水而值土。何能振其餘威。凡亨而不亨。觀之土而逢木。若發而不發。誰非木而遇金。金星火伴。雖恩亦須待後。火神木相即用亦必先光。發福者木依水養。後亨者。土被木傷。以水而有金。應為早得。以金而有土。豈為後通。得志見之東隅。土火同泊。遂意不必桑榆。火木交加。火值木而木值金。尤是善終。木值水而水值土。能非晚。蓋不能早。登科第。多因水之有金而無金。又須得之白髮。誰非金之有土而無土。土近火而若遠。雖亨亦難。火就水而若疏。凶亦豈易。臨難苟免。水無土尅。因吉而後災。土被木傷。木本怕金。遇水未必即凶。金本怕火。遇土未必遂害。禍害未必為厄。火畏水。水反被制。凶災而立至者。水畏土土反得黨。得失決之恩難。生死決之主殺。有初值殺而即死。有屢值殺而又生。蓋其殺有強弱。其主亦有衰旺。如主旺而殺強。凶固可必。倘殺弱而主旺。亡猶難期。土中之金不可怕。火水中之木何必畏金。丑雖土而木神至此而折。寅雖木而金星到此而挫。何必辰金而非盜火之精。何必申水而非洩土之神。火本怕水。水到戌而反無權。月本怕土。土到井而反失氣。安在尚升之日而非喜木。安在受生之水而非愛土。反煞為恩。不可斷之以夭。反恩為殺。安可決之以壽。用神失局。亦有亡身。度主受尅。豈無喪命。遇太歲之及殺往往立斃。值逐月之流亡。在在何存。子年而丑命。乃謂趕殺。寅殺而申年。又云吊凶。凶居卯而遇亥。未當難安。康殺在辰而值辰年。豈能自適。雖決死斷之五星。而取用在二十八宿。危行房乃死期之立至。星履畢豈生日之猶延。女到角而尤佳。尾到軫而盡

善土月相加當作泉下之鬼木日交掩孰是世上之人土臨亢當
因子以喪母日到箕誰非臣以亡君土雖尅月心月何妨木雖尅
日昴日何害觜火寄水遇水未必捐軀角木寄金遇金豈即終世
斗值火因凶化吉壁遇水因喜生憂婁本金值火星若當同氣角
本木逢金神孰非比肩申中之井不母水而母金巳中之翼不子
土而子木安知丑斗而非木以自夭安知未柳而非土以取亡燥
火不容鬼金乾木豈傷危月雖子虛而因木以生災至若房則當
木而無害土非壁之難水原尾之恩室值水不惟生而且榮張逢
土不惟死而且凶安在宿不可論而星宜專詳細兼星宿而研之

可矣。

論五星虛實（即論五星四時交會）

五星制尅。抑强扶弱。如土受傷。助金制木。虛則補母。實則洩子。子孫忌孛。妻妾宜金。金水互垣。水宜退於金後。日月合朔。月宜占於日前。九流者土計孛同於官祿。殘疾者火羅土混於八宮。烈孛守嗣垣。兒多受傷。火羅入疾厄。婦多產難。朝君者君南臣北。隨母者子後母先。奎壁為文章之秀。鬼柳為狡盜之星。牛濁心清。危淫尾燥。坐翼軫雍容揖讓之士。向心井親近侍從之臣。水羅不掌大權。非春夏而見土頗不為嫌。月忌土掩其光。遇寅卯之盛。木制而不畏。冬日泛水成氷凍。中秋雲掩雨元宵。夏日炎炎。無水必成大旱。秋日杲杲。逢水愈見嘯風。春夏木旺。見土雖云。不忌亦須會水為宜。冬日嚴寒。水會愈見氷凝。非遇火羅誰解。八月十五秋月。正月十五夜月。最忌土計。午未月中夏日。申酉月中秋日。俱喜水、隨。夏日無水孛之相從。酷烈不生萬物。秋日與木炁之相會。刑尅多見生平。夏天水生木炁。用重恩輕。秋冬水逢金星。用輕恩重。春不逢土計。木炁重疊。氣出幽都。夏不見餘奴火羅炎烈。源絶涸壑。秋金生水。會土不凶。冬日水溶。無金亦吉。水盛無土。隄防何功。一木架梁。終成漂蕩。金生春夏。喜土化火為榮。逢水益側。金生冬月。火羅相照為妙。遇孛益淫。春木旺而土崩。須藉火生。見木益削。冬水旺而金寒。喜得火暖。濟水成冰。冬金遇水。須土扶持。水孛再侵。益成淫蕩。四季土旺。金木踈淺。火羅夏會。愈見焦赤。火生秋冬。土計亦貴。火木秋空。終成煨燼。木火春見。愈見呈祥。夏火巳炎。無水何能既濟。秋風泯焰。見日亦可助身。戌火冬生。空土宮福。當以不能尅水為凶。卯火生秋。空水福德。反以不能尅身為吉。秋冬火水孛會。火空必凶。九夏火木炁。臨羅見愈燥。

論五行相生

火宜獨居。生星不宜重見。如木生不宜更見炁。

木喜水孛生。須要得時。如秋木水孛同生則浮。限行殺地加浮沉主水厄。

上逢火羅夾生。根本雖固而失之。驟若守命主必非疾。似疾加殺則疾顯揚。

金喜土計夾生。根本固。但發遲。遇生旺則高

水宜金生。但秀而不實。蓋金水皆秀星。不若木土火羅之盛。

論五行相尅

金遇火羅尅最凶。加羊刃飛廉重殺則傷殘。故金不宜為飛廉羊刃。羅火不宜為天雄地雌。

木不宜為金尅。若金為飛廉羊刃最凶。他殺稍輕。

水忌土尅。强過則水不順流。加計則水竭矣。或主氣滯。女人主月水不通。

火忌水尅。加孛則凶。

土忌木尅。加炁則重。主疾。限遇之。難療。或瘧疾。加殺則經年不愈。

五行落空論 附

凡水火木土皆能自生自旺。惟金得火而後有用。無星輔皆主不好。蓋金為天地肅殺之氣。收斂萬物。秉權則生意斬然。上帝好生抑之不使肅殺之氣盛。故四星有餘。金獨無餘。以此凡土陷山崩枯枝敗葉長江浩蕩爛斧綉鍼爝火大明吉凶救解最須詳辨。　如土落空謂土陷山崩必主退敗可畏如逢惡星降夾逼迫多氣慼噎吃之疾主倒限如火會謂塡凹補缺金會謂山嘯呈寶又主利名發達。　木落空謂枯枝敗葉如金會則斧削成材火會則焚折灰滅水會則漂槎泛筏不免流蕩　水落空謂長江浩蕩退敗無餘如金會則洪水滔天常有不測之災　金落空謂爛斧綉鍼又金空則響且是常用之物又主利名有成　火落空謂爝火大明乃是離中虛火俗云火空則發反主發達夜生尤妙。

論命中帶來

看命之法須看命中帶來如帶官祿福德或官祿福德臨田財等主官福互換便以富貴論帶来之法有局全必棄有破中必用假如局全格備帶來奴疾官福無剋此亦不過高談之士又有官福帶來命度疊出有氣又來相生雖四餘躔度拱夾此是主奴大成高官論之又有官祿畧透夫干支亦不主大器只許秀衣而論又有四餘侵擾逢制田帛疊出或星曜俱會而四餘又侵擾亦不可傾蕩斷之只以來路不明論又有官福躔命度又帶餘奴者便出文入武武職之類又有官帶來而福不來者此寒窓之儒非成大

器若福集命衆主皆福此亦大成之造命度生田財及官福便無祖蔭係自做來的若田財官福生命者主有祖蔭如無田財入命俱用田宅中物或刑冲即不得帶來矣若命度剋遷又剋相及奴剋財及病者此奔波之人肩擔背負之徒又當看相生相尅何如先富貴後貧賤先貧賤後富貴其始末殊途必有一星曜得位不可粗畧放過如令星不尅是也假如寅宮坐命木為主須看四木躔何物或金水剋四木度此是官福剋度命帶官福而來也若躔尾火又剋金水土木之宿此極富貴之造若限行財官福主遷移皆成功名必至各省用事之官又四木疊出或五星日月俱齊次

於四木之度。主其人身際王側。翰院部正京堂一二品之官。或帶有官福而無祿。只以鄉科論。若官福坐命。官必至尊。有官福而無祿亦不主。有權。若官化天刑。隨中即死。或官福照命不同度。正以遥生命官。或得氣又當令。此亦功名顯赫之士。假如不剋官福之度。木為命。水為官。木躔亢、水躔鬼、金躔牛之度。此類皆主功名烜赫之士。並近太陽。或同宮同度。皆主三台九輔之職。又如寅命木為主。金水為官福。木躔亢金帶福(命。福互垣)入奎。土坐虚。計躔房昴。此遷移(遷。移主)主鬧熱。午時不怕薇空。此官福有陞遷。遇强限、顯發。莫當並羅入命。皆殿上策首。兼以流。双其權莫比。若福主獨曜。平命七强。俱會有冲動尅制亦主大成又動又刄不及官而剋皆財疾等主遇冲方發所謂破中有用也又當審正垣為根苦現前官福無剋而正垣之根皆剋之亦主大成器如巳宮翼為正垣非為宮主命主屬水躔翼此為貴格雖火為相貌亦不論也蓋以根苗本貴遇羅刄逢官福皆能大魁若七强會福亦官剋度主殿元論身月亦然須細玩之生年即年辰月會日主也假如功名不就小試又顯終身不得泮者命尅官福剋度如命無尅又無刑冲必四餘掩之無截無制又無餘奴相犯當審分野土色不屬此宿者乃如是也又當細推有餘不足之數或水不足如夏生則水絕如柱中壬癸疊見

地支有根。雖水被四土所尅。亦不以相反斷之。如水躔箕孛到亢。則星不絕。了透柱中壬癸地支申亥之類。乃水長生便是不絕。若坐帶依然。官福命主近日亦能光。寵紫殿蓋從來。已無俗氣。便是大貴人傑。所謂命傍君有用是也。如奴獨動非度命剋坐亦能得貴。又以日月坐命帶度。雖日化疾亦主貴。日月換度金火退舍官福根命見尅遇冲。大總兵師。蓋疾為權殺之主也。假如寅宮安命木為主躔四木度。剋相貌。又剋疾厄。命主臨尅遇冲。四餘裹之。此廢人殘疾之命。雖坐官福而帶疾厄。即富貴亦不免有疾。又看疾厄中所坐何星。如勾絞貫索臨疾厄。必死繩下。天刑官符入厄宮。

必死獄中。如炁餘坐華盖暴敗之星。必死於道途。如紅鸞、血刃臨之。必死於鎗刀之厄。若火羅夾庚辛火中之客。水孛浮沉困守丙丁水下之鬼。假如四餘剋四木之度。又坐偏垣。此乃庶出之兒。若過宮出此入彼之際。或坐遷移奴僕入躔。便是奴中生子。如纏四餘。又化天暗。心緒虧。卯員活巧詐奸强盜賊。此皆命之帶來。又正神入剋。同月守四餘命度。日月被尅。定主顛狂。如四餘刑、冲、尅害、反擾田財等混雜不明。皆以流丐不偶論之。故云坐度貴深不貴淺。居垣貴正不貴偏。深正者、多公道而福壽。偏淺者、多巧詐而貧夭。遇火日亦主公道。偏度、又遷、又奴、又厄。不論深淺亦變遷之患。

論吉星守命。

木主慈清修近文。加水則文章蓋世。安於巳或未或奎為上。
金性剛烈。主燥不藏。事得所則好義。遇水則淫孛次之。見炁孤硬。
水星多智巧。無善星三方照對。則性流無定。遇孛則泛濫。遇土同
躔。如水命人及坐命於水。則沉晦。如主為奴。原非生旺祿貴宮。而
為大小耗天地耗併。則為潛偷之人。終身晦滯無能為。
土主厚重得局守信。如在巳雖破局。或土命人則星照本家。或長
生祿馬貴人加臨。皆作好論。如壬寅壬申生人長生貴人在巳是
也。火羅助之。其性不甚爽快。貌亦不揚。土計同宮。其人執拗自是

室塞不通。

火得局好禮。化耗、反主好財。虛花使用。若不得地。則弄巧成拙。加殺急燥。主身帶瘡痍。或至於癩。而壽不久。

日喜金水同宮。則人材美貌。或能言。日忌與羅同守命。非足疾則目疾。日遇孛在前後。皆不吉。但後重於前。亦主有疾。或瞽或目疾。或主傷親。火甚尤忌。但火主上。孛或上或下。

月喜望後。或上下弦。宜金命火助之。孛在後則好。在前則不吉。月遇計則主目疾。月與土計同躔。亦與火日同論。凡日宜晝。月宜夜。晝月守命。或遇火羅則晦。亦主人貌黑。土計宜晝不宜夜。炁木亦然。凡紫炁守命。皆主多鬚。躚水土度者多。金度者少。又夜火好禮。晝土持重矮肥。木主慈愛人。必清秀。金性剛不藏事。遇火則淫亂。在妻宮加殺則妻淫。水木多主清秀。如會文昌或巳亥學堂。或奎井亥宮。皆為文章之士。夜火奎壁火命。亦然。奎木伶俐。三方咸池或遇金孛主風流。奴主高則為樂人。水土守命晦甚。晝火坐命。夜土切煞。亦然。晝火暴怒。夜土愚頑。

天經地緯。拱身照命。皆為上。只不喜遇斗杓。指破斗杓居官。官不起。亦貴格。

五曜聯珠。四餘不雜為貴。但不宜背命。五星聚天門。命坐其間大

貴亦不宜餘氣間之

四餘七政皆欲得所。宜向東南不宜西沒。雖居離明。又不宜背命。或五曜聯珠。命坐其間。亦富貴。如命在卯。七政在南。趨從必貴。位至八坐。凡觀五星。皆宜拱命。不宜背命。格高命高主富貴。雖居暗地。不可作下論。或巳亥有星。其餘皆無星。巳亥安命。主貴。大抵巳上不如亥上為妙。

論殺星守命

刃併天雄劫加地雌。守星善則險處獲財限路危則亡生喪魄。飛廉羊刃忌見羅計　官符病符天符不宜重見見則有囹圄之患天馬地驛會木孛一生招是惹非天耗地耗守田宅終身貧窮偃蹇。若大小耗並刦盜辱身　刦刃地雌遇妻星揚鞭再醮　天雄白虎入官宮多招横禍羊刃在命性必横刦殺在命性必孤又云天雄在命性必雄陽刃在命必有疾加天雄必破相　炁羅相會亦主孤大小限見月符又須傷上損下孤辰寡宿會刦刃華蓋則為泉石間人天耗會的刦刃亡非雷傷則當虎噬度健限强亦主身亡不知暗殺加臨三方切照財福失經命元雖弱而又榮華蓋緣挾拱有力。日月目之象。六親之象。計羅近之則目有疾。陽刃極重。天雄地雌。劫殺飛廉次之。父母之忌亦然。日月犯刃火羅帶殺守命。必傷親。或目疾。日月逢蝕。非眼盲則足跛。　金火不宜同途。羅孛次之。如乙亥生人。又是正月。此水孛為劫主。又是飛廉。或五月十月。是耗主。况乙亥火命人。水孛為殺太重。女人則夭。男人尤重。　如壬午癸未生人。得孛在卯。貴旺同鄉。此人必發生旺。皆不宜重見。或生地坐命。不宜行旺限。老人遇之則死。否則衰敗。還移主冲。主徒流。若限主前殺。主後亦有此患。　遷移尅破田財度主衰弱。主破家蕩産。或我生他。主晦。限亦然。為其泄氣故也。　身命二主怕逢奴元。奴僕之主。不宜守命。主勞碌。　凡用星皆不宜見奴元。　官祿宮主忌見天雄。　官主不喜尅命。　福德主尅命乃為上格。財元尅命亦可。田宅次之。須加貴人生旺祿馬之屬為美。大槩財主官主與命會為吉。　朝陽之星喜官星命主度主其餘不可概論。如行限再見此度中決然利遂。　如殺朝陽則勢張惡為扶陽勢。命限犯之則凶。　八殺主不喜朝陽。亦不宜尅命。不宜尅官。　假如酉宮命限行子宮遇木。此為殺尅官也。禍害躔綿若胃土安命。為禍尤重。或尅納音之星。若朝陽再行此度。輕則出百端之禍。重則決死。斷之。但論諸煞守命。要命度身三主無相尅犯。又在強宮。諸煞臨之。則無害矣。

論經緯

七政運行度有經緯。自角初而抵軫末。東西轉運為經。自黃南至黃北。南北升降為緯。先賢以經論星生尅之情。猶未盡通緯生尅之理。有恩星同經不生。而難星隔經相尅者。以緯恩遠而難近也。有難星同經不尅。而恩星隔經相生者。以緯難遠而恩近也。至於制化。其理亦然。如經度火木同躔角二。水躔角七。其經相去五度。論火木生之親。水尅之踈矣。緯度水火同躔於黃南八度。木在黃北七度。其緯相去一十五度。則經同而緯遠者。力不及生經遠而緯近者。勢實相尅也。豈得謂火木相生。而水火不相尅耶。又如經度木金同躔角四水躔角八其經相去四度論木金尅之親水生之疎矣緯度水木同在黃南七度金在黃北六度其緯相去一十三度則經同而緯遠者力不及尅經遠而緯近者情實相生也豈得為金木相尅而木水不相生耶故惟經緯兼論兩取其度之親疎以經從緯通變其情之生尅斯得生尅之實矣

緯尅經論緯者十一曜也經者二十八宿也此言星主得所而度數受尅

五星本自得經用當有力或被忌星淩犯本殿本垣之內受制於彼力不可得勝也或已失經尤不宜矣木星有用忌金星侵犯斗角井奎之木殿及寅亥之木垣火星有用忌水孛月侵犯尾翼嘴

室之火殿。及卯戌之火垣。土星有用。忌木侵犯女氐柳胃之土殿。及子丑之土垣。金星有用。忌火羅侵犯牛亢鬼婁之金殿。及辰酉之金垣。水星有用。忌土計侵犯箕軫参壁之水殿。及巳申之水垣。太陽有用。忌木炁羅睺侵犯於虛房星昴太陽之殿。及午宮。太陽之正垣。太陰有用。忌土計侵犯於危心張畢太陰之殿。及未宮太陰之正垣。凡所忌之星。非惟不可犯其垣殿。亦不可照臨身命。亦不宜限度。就之值此者。須求援捄。使其無救。則必然凶矣。若忌星坐垣殿之上。有強星凌制者。反以為幸。謂彼既遭傷。則不能逞害人之勢矣。

論經尅緯　此言星主受度數之尅。

夫經尅緯者。五星躔於受尅之垣殿。在天則或色不正。或隱不明。猶身自救不及。奚暇與人為福。若木炁緯於牛亢鬼婁之金殿。辰酉之金垣。火羅躔於箕軫參壁之水殿。危心張畢之月殿。及巳申未之水月垣。土計緯於斗角井奎之木殿。及寅亥之木垣。金星緯於尾翼室觜之火殿。及卯戌火垣之內。水孛緯於女氐柳胃之土殿。及子丑土垣之內。俱為受制。故用星緯於受制之度。力固不及。或凌我者從而欺之。辱尤甚也。或生我之星復傷本殿本垣之中。謂表裏遭傷。其害重矣。當求救援之星。若居受制之度。或遭凌犯。

已身既危。何暇援人。又須求星救彼。然後假彼力以救此。若為害之星。緯於受制之度。反以為幸。謂彼既受辱。而無復有凌人之勢也。切忌反有星以救彼。危其勢再甦。為害益甚。

論拱

星辰拱向之義。取三合拱照。如申子辰、謂之拱。然拱有恩煞之分。有虛實之辨。假令子上立命。以土為主。申辰有火星。則為恩拱。有木星則為煞拱。四柱支辰得申辰為實拱。申辰為四柱之旬空。為虛拱。凡恩拱為福。煞拱為禍。恩用而得實拱。其福尤宏。煞難而有實拱。其禍尤烈。凡值虛拱。是恩是煞。俱失利。拱歲謂之拱。偶拱時、謂之拱帝座拱亥謂之拱天門如拱駕主執法之權拱帝座主輔弼之任拱天門主翰苑之榮或日月或恩用或官福或祿馬或文魁或田財如拱身命俱主富貴如拱限地則利名超達之時也

論夾

夾者左右夾輔如子寅夾丑之類假如丑上立命以土為主子寅有火羅則為恩夾有木炁則為煞夾四柱支辰得子寅為實夾若子寅是四柱之旬空為虛夾恩夾為福煞夾為禍恩得實夾為福愈厚煞得實夾為禍尤慘恩逢虛夾不能為福煞逢虛夾不能逞兇如丑宮落空得子寅以實夾之不以空忌此空處不空憑拱夾

也如丑宮坐實值子寅以虛夾之難以實論此宮實夾不實兩頭虛也

論冲

冲者衝分天體對相冲也如子冲午之類子上立命以土為主午有火羅恩冲為福午有木炁煞冲為禍四柱支辰有午冲動本宮謂之實冲本宮更有子實雖冲不動不畏冲矣如原守星辰五星十二辰落於空亡生殺無力若值有實冲起方成禍福故用星落空喜實冲之殺星落空忌實冲之惟原守歲駕所冲其宮雖實亦主禍流年歲駕輪填各宮冲動恩殺禍福立應惟命與太歲相冲謂之

冲馮主。最凶。

論鈎照

假如立命子宮女四度。木星為難。值當生原木星在戌宮奎八度。十歲滿童限。出門十一歲過丑限。二十一過寅限。寅午戌三合原木為難。寅為福德之宮。以三度作一歲。筭從戌宮胃三度數至胃二度。至奎八度有二十四歲。作八歲。筭以二十一歲過寅。加此八歲共有二十九度。是二十九上吊木難。星次三十二過卯限。四十七過辰限。辰戌又相照。前木難。辰為遷移之宮。以四度半作一歲。亦從戌宮胃三度。以四度作一歲。數至奎八度有五歲。以四十七

歲過辰加此五歲是五十二歲復弔木難是也吉凶於此而定三合對照弔難度依此無失餘命倣此

論淺深

一宮三十度有奇七政初入則謂之淺將出則謂之深如太陽入淺躔在氐三度內天盤卯加辰地盤寅加卯太陽入深躔在尾五度內天盤辰加卯地盤卯加寅須當論其逐度漸淺而漸深不可執泥便以為深也不特命宮太陽當論淺深十二宮之七政皆然以卯為命宮入淺而論則十歲是卯至十五歲是卯加辰辰所主也若以水星居之則辰金生水為災愈重十六歲至二十一是辰

加辰二十二歲至二十六是辰加巳巳上有水為害曜入垣能制其火三十七至三十四是巳加巳三十四至四十二是巳加午四十三至四十七是午加午四十八至五十二是午加未以卯為命宮入深而論則自一歲至七歲謂之卯加寅雖坐命於卯而一半在寅行限實自寅起所以卯加寅者此也自八歲至十五即是卯加卯自十六至十九乃辰加卯二十至二十五又是辰加辰二十六至三十是巳加辰三十一至三十七是巳加巳三十八至四十五是午加巳四十六至五十二是午加午五十三至五十五是未加午五十六至六十是未加未六十一至六十四乃申加未此伏

吟加盤之類。他宮倣此。

論先後

夫恩仇用難同聚一宮。吉凶渾沌無別。須察其所入之先後。論其所遇之得失。如恩星先入居垣。即以吉論。煞星先進得地。當以凶言。又審其黨援之强弱。以定其禍福之輕重。若得展轉相生。固為美矣。展轉相尅。能無危乎。

論引從

日月乃諸星之領袖。不惟以得時得地為貴。尤以得引得從為佳。

凡星在日月之前為引。在日月之後為從。以前三十度内為引。後三十度内為從。引可遠進從莫退後晝生從日夜生從月喜見身命官福忌逢煞難餘奴故日月分明吉星引從方是真貴如晝生而金水從陽夜生而火羅衛月或身命官福從陽或日月拱夾身命官福皆得貴近君或有凶煞忌奴間之若君側之有讒佞雖貴不久或久不顯如日逢羅木炁臨午月逢計天乙趕月或諸煞侵犯日月皆非吉論

論攔截

羅睺為交神之首計都為交神之中乃首尾之曜作攔截之用中分五五可分日東月西前後三三更取魁元引從巳亥為乾坤定位平分諸曜拱天庭寅申乃陰陽兩關橫截眾星朝帝闕辰戌丑

未。號曰首尾橫天。子午卯酉。名曰陰陽居正。倒置能分輕重。制向又怕失躔。身命得地。福祿高强。左右有情。功名莫比。又有背截漏截之殊。所謂背截者。如截斷身命諸星在右而行限在於無星之左。或日生而斷截諸曜在於當天升明之陽分。（卯辰巳午未申陽分也。）行限從陰分無星之地。（酉戌亥子丑寅陰分也。）或夜生截斷諸星在於沉晦之陰分。行限從陽分無星之辰。皆謂背截。以限度不與身命諸星相遇也。所謂漏截者。如計羅攔截半天。星曜漏出。蟾光朝在東南。暮在西北。皆主富貴。如太陽漏出。名為孤君遠遁。如漏出一星。或是命壽福祿財官權爵。夜火晝木土並主富貴。或是刑囚暗耗餘奴及

的剋及之主星晝火夜木土並主貧苦勞碌不吉更有科祿諸用吉曜背命背陽偏行於背宮斯不為貴若得計羅在後攔截則為截轉用星反美

論向背

生煞同垣須分向背背煞向生福莫大焉背生向煞為禍甚矣是故煞星前去謂之背煞生星後來謂之向生生星前去謂之背生煞星後來謂之向煞煞星在前而逆來相向者其勢實有以相向而不可以謂其背煞恩星在後而退不相顧者其情實有以相背而不可以謂其向生煞星在後而退不相犯雖謂向煞而實有

相背之意。恩星在前。而逆來相親。雖謂背生。而實有向生之情。是知生煞分於向背。而向背之由在於順逆也。

論疾遲

五星行近太陽。其步過於平行。為疾。疾者步速之象也。肅容疾趨以奉上之意。若疾行於太陽之前者。敬也。疾行於太陽之後者。懼也。順疾而有用者貴。必擢異無所留滯。惟有得經失度之異。疾步於宮殿垣廟之地者榮。疾行於失度戰鬭之地者辱。有救者辱輕或加助怨者禍尤甚。

五星行遠太陽。其步不及平行。徐緩曰遲。遠君順去。初無所拘。如宮秉政於外施為甚便遲於前者嚴謹侯駕登君殿者恭肅上命皆其榮也用之無疑但無速化之望若逢遲行於太陽之後趨趄怯弱不敢進趨值此以求榮進不易得也苟或遲行於受制之度不惟艱進又恐重辱於淹留之地矣

論明晦 俱以日月在命宮為主

懸象著明莫大於日月然論其吉凶則有明晦之分焉太陽出卯為晝則明沉酉為夜則晦太陰遠日則明生合日則光晦故日月同行月在日先向明為福月在日後入晦為災如日為命主夜生則日本無光怕與月同宮月為命主晝生則月本無光怕與日同

宮若日月同宮是謂爭權到底無光如日食朔（初一為朔日食專在朔日）命立於四日度月食望（十五為望月食專在望日）命立於四月度或於日月正食之時以日月為命主其星既食晦而無光此命皆不能為福

論合伏

五星躔次行近太陽與日相合則伏有類臣居君側包藏光美之象翼輔君王正容恭肅故謂之伏伏有前後與得經失經之不同前伏若伏於太陽之前若登殿之君迎而伏之貴莫大焉伏於太陽之後猶駕前行台座侍從擁伏於後伏以隨駕亦莫大之榮伏於君殿伏於垣殿皆榮地也量用星以斷之有用之星或伏於受

制之度。則榮中之辱。假富貴穹隆。亦難善沒。若有救援間隔。或可倖免。凡用星近太陽為榮。或被飛星間隔。不得繼於太陽之後。於榮處有間關之嘆。若仇讐攻犯。則不特間關之嘆也。或讐曜近君。得操下石之謀。或有救星間隔。反而為幸。

論留退

五星見太陽。俟駕行而不敢動。曰留。亦有前後之異。留於宮殿垣廟之上者佳。留於君殿之上者尤貴。謂處於有用之地也。或留於受制之度。則辱甚焉。留於太陽之前者。故以俟駕。留於太陽之後。懼而不進。此榮辱之不同也。得度者庶幾。失經者禍甚。

五星見太陽○望之而返步○曰退○有前後之不同○前退者、覲也○後退者怯也○去而復來者、情厚也○來而返去者、意薄也○退而覲君○明良胥會○有不求自至之榮○即退於君殿之上○或本垣本殿之中○皆榮也○於殿垣而退○亦有出入之不同○已出而復入者佳○方入而退出者怯○用之者尚可貴○或退於受制之地○未可言吉○亦有去就之不同○退於太陽之前而受制○謂去而復來以就辱○徒有覲君之望矣○於受制之度而退○去則漸有退厄之○日退入受制之度○反罹陷穽之凶○如有救者害○輕加助虐者害甚○已離受制之度而復陷者○必有重來之禍○仇讐之星○退入受制之度○反而為幸○退脫受制之地○

無異出柙之虎。為害愈甚。

論虛

空者、四柱旬空及流旬空也。凡陽干空陽。陰干空陰。遇空、而得支以塡者為輕。以連空二三位者為重。以不空不實者為平。推本空亡。乃是陽窮之煞。故五星落空。有喜好之殊。又有助脫之變。如日空則光明。月空則皎潔。晝生喜日空。夜生喜月空。金空則鳴。火空則發。主利名顯達。然金氣夜肅。火光夜明。夜生尤妙。土空則崩。木空則枯。水空則流。多主家業破蕩。若木空會水則滋長。水空會金則逢源。土空會火為補缺。是以有生若為得助。空不為空。若木空會火則焚滅、水空會木則泄精。土、空會金為嘯竇。是以有脫為竊。耗。空益為空。若命限恩用之星值空則喜。流年實之。煞難之星坐實却喜。流年空之。所謂得助。嫌空脫。遇煞逢空發。或身命或恩福坐空亡。而限又值空。非貧即夭。流年復惡多死。非命。如甲子旬生酉命丑限土星在戌。此限主落空。再值甲寅旬。則限宮又空。更值流旬星復空。限惡多死。有自幼至老所歷限宮俱值空亡。陷弱但得命元限主居強。一生衣祿猶可無虧。所謂一星得地飢寒不迫。或限星當生落空無生。而行限又遇流旬空之。乃反為吉。蓋限主值當生空亡。則當生空。亡固能空我之限。又遇流旬空亡則流旬之空。能空其當生之空。而當生之空不能空其限矣。所以謂空亡空盡反為奇也。論空者皆是星辰陞殿入垣而有此格。故不可以身命官福諸用陞殿入垣。即作吉論。

論實

實者謂四柱支辰。或遇流年。其支填起各宮也。所分吉凶之星最為切實。凡我生之星。喜坐實地。尅我之星坐實忌之。如身命田財官福逢生坐實又居强宮。則主名利榮昌。年支謂之歲駕至尊之位。吉星居之為福。凶星居之為禍。如身命逢官登駕貴近君王恩星坐駕少年榮顯。日月支謂之垣城。若命主居之更恩星伴之則主壯歲操權之人。或陽刃伴身坐於日支。主尅妻子。時支謂之帝座。一名帝籍。若恩星臨之。更值身星守福德。主老限承受爵祿。若初限。吉又當別議遲速。若官福二星遇有用之星。相生相助而同守籍。必主富貴。或與煞難共登籍。侵犯必有刑凶。仍看身主強弱以定之。或流駕輪環塡。起各宮若塡有用之星。名太歲有情。則一年凡事如意。財喜進益。若塡煞難的刃。名太歲塡殺。則一年災敗。

論貼襯

貼襯者。帮貼襯副。謂表虛而裏襯之以實也。或本宮落空。而主星坐於實地。是其座雖空。其星襯之以實。固吉。或主星落空而本宮坐於實地。是其星雖空。其宮襯之以實。此亦為吉。但實其宮者。不如實其主也。又如官福田財等主有用之星。飛起別宮。或值四柱空亡。及流旬空亡。本不為吉。緣他主星雖空。若命限宮辰。主星四柱有塡起。則為貼襯有力。雖危無咎。更值流旬來空。命限。則襯貼無力。一空即沉矣。是諸用主星之空者。不如命限之實也。

論殿駕

歲殿者、乃太歲之尊位。如身命官福祿權名甲諸吉。居強臨之。是謂登殿。並主富貴。若殿中無星。如身命福祿主星。或日月祿馬官。魁三合對冲拱照。亦主大貴。若客曜臨朝。囚難加臨。飛星破殿。不爲福矣。如主星臨殿。又爲煞星客曜混雜刑尅。設或富貴。苟非得之艱辛。亦必難享久遠。

例以當生歲支所占之宫爲駕。天干所泊之宫爲殿。如丁卯年生。以卯爲駕。以丁泊午爲殿。

歲駕者。尊猶萬乘車輦。卑猶五馬旌旗。如身命主星居之。是謂身命登駕。官禄福德居之。是謂官福登駕。凡勳入禄宫爲崇駕。上安勳。是謂崇勳登駕。並主大貴。或日 月宫主臨駕。或駕上無星。得身命日月福貴官魁禄馬拱照。亦主富貴。如主星登駕。復爲煞難混尅。縱得貴。或是蔭封。雖見禄。亦多磨難。若客曜臨朝。飛星破駕。乃為大凶。

論驀越

傌後一位謂之驀越。蓋歲傌前輪。而此殺在後以赶傌。有驀越之意。乃悖逆之象。五星居之。俱無光耀。日月居之。則不為忌。凡用星逢之。為福減半。若煞星逢之。或化直難。以併身星。或值陽刃的煞。行限見之。流年太歲塡之。多主惡死。太歲冲之。謂之冲驀。必主官訟災晦。蓋冲驀直難為最凶也。

論時令。

星曜錯列。要辨生尅制化之機。時令迭更。須明旺相休囚之候。以令為旺。令生為相。生令者休。尅令者囚。令尅則死。以旺生相。相非泄也。相受旺生。旺非食也。旺不假生。休生過也。休來生旺。為旺食也。死不受生。相難生也。相徃生死。相徒泄也。死以無生。何生囚也。囚為母。死無所依也。囚氣既廢。難生休也。休會母囚。子母依也。旺不忌尅囚難尅也。囚往尅旺。適自斃也。死不尅休。休何忌也。相被休。尅休尅疲也。相來尅囚。囚受尅也。死被旺尅。受尅死也。以旺尅死。何假力也。能制能化。從旺相也。無制無化。自囚死也。故以得時為貴。以比和為美。得時休論陷弱。失令莫問高强。恩用為福。乘旺則厚。若死則瀼。仇難為禍。乘旺則大。居死則輕。

論分隸垣殿

太極既判兩儀肇分天形於上日月星辰著焉地形於下華嶽河海載焉未嘗有分界隸屬也羲黃立極地以震為東天以暘谷為東屬蒼龍木辰分寅卯辰宿列角亢氐房心尾箕地以離為南天以日中為南屬朱雀火辰分巳午未宿列井鬼柳星張翼軫地以兑為西天以昧谷為西屬白虎金辰分申酉戌宿列奎婁胃昴畢觜参地以坎為北天以霄中為北屬元武水辰分亥子丑宿列斗牛女虛危室壁每方七宿隸以七政天為十二宮地配十二野於是天地有分界而五行有隸屬矣至唐袁氏譯西域步星之法以

午未隸天午屬日而未屬月以子丑隸地俱屬土如天地定位於上下也以寅亥屬木卯戌屬火辰酉屬金申巳屬水以木火金水秉春夏秋冬之令如四時運乎其間也於是逆分安命財帛諸宮之界順分命貌福官諸限之界自後諸賢以垣有偏正之異度有分經之殊更詳加盤淺深照臨屬度之辯又發同宮千里異宮尺寸之論分隸之說為之益詳生尅之論由之愈密

論星怒宮

五星怒者已盛而凌彼也西法云木打寶瓶金騎人馬土埋雙女火燒牛角水浸白羊本謂一宮皆怒矣中法衰歐輩始有垣宿之

分。謂木打寶瓶。打危不打虛。金騎人馬。騎箕不騎尾。土埋雙女。埋軫不埋翼。火燒牛角。燒胃不燒昴。水泛白羊。泛婁不泛奎。以木緯女宿二度至七度。制太常土垣。又緯於危四度至九度。攻紫微土垣。土受木制。非木無力也。若木緯於虛日木登君殿。冠裳恭肅。其敢怒乎。金緯於箕宿七度至南斗二度。制中台木垣。木受金所制也。若金於尾宿火殿。已自受制。自救不及。奚暇凌人。土到軫四度至九度。制太微水垣。水受土制也。若土緯於翼宿火殿之中。子歸母室。有愛敬之心。其孰敢怒。火緯於胃宿七度至十二度。凌天市金垣。金受火制也。若火緯於昴宿之君殿。亦非作色之地矣。水躔於婁七度至胃初度。攻崇勲次垣之火。火受水制之。若水星緯於奎宿以生其木。此母之顧子。有生育之仁。何怒之有。耶律用偏正垣法。所謂木打寶瓶。打虛不打危。金騎人馬。騎尾不騎箕。土埋雙女。埋軫不埋翼。火燒牛角。燒昴不燒胃。其打虛者。以虛日土垣也。不打危者。以危屬月也。此與以危屬紫微土垣而為虛日殿者殊矣。餘星以類推之。但五星怒宮雖所當忌。又須視其救援之情。為之損益於其間。如木打寶瓶。羅救解。是木生羅。火而羅生虛土。土埋雙女。炁為良。是翼水生炁木。而炁木制土。星是怒有所解。凶變為吉。不可執以為怒而概棄之也。袁氏云。金乘火位。火入金鄉。必失尊親早拋兄弟若命在丑午必遭刑憲之辱辰酉金命尤當終於非橫豈止少失早拋而已若命居申亥反膺富貴兄弟父母又何害焉至謂金木反盈豈能邀福若命居申亥不問貴賤並犯凶刑木命得之歿於刑戮豈止不能邀福而已若命在酉戌即有生煞權衡謂不能邀福可乎又云叅政學士皆緣土在寶瓶若命在酉戌子宮或有此榮如命居寅巳申位必因之召禍召刑何恃乎土火燒牛角命居丑牛誠凶命金尤慘若安命未申亥子反祿重權高火木之命又享遐齡豈得拘例執以為凶

論神煞

凡命、星曜或同。而干支不同。神煞便拘了宫星。是以論命必須問。煞有煞方別吉凶。命以破碎劫煞羊刃為最凶。如火羅計孛是難。星若傷官星干涉陽刃劫煞破碎無不禍傷。又如計都為地尾羊刃為天鋒。壬癸生人以土為天鋒。若身命在未。土在申計在未左右夾之。雖榮亦主惡死。或水孛金與太陰同處。干涉冠帶咸池驛馬無不淫蕩。多為娼妓浪蕩之輩。如同坐守田宅必因花酒廢家。如祇有金水同行。其人相貌清秀。止斷有花酒之樂。終不至淫蕩。如金水坐的池與日同宫。有制伏之道。雖樂而不淫。或木炁計孛火羅餘奴等星干涉孤寡華蓋六害無不孤尅。已上神煞須看身命限度。夫妻男女。有無干涉。一一取斷。

凡煞主星尅我命主。乃為真煞。生我命主。則不以煞論。故天祿與身主化煞。不為忌也。的煞羊刃其凶可畏。若有所制則不為忌。如水為的煞。土能制之。然制不如空。如值當生流旬空之。則不能逞其凶勢。所謂逢空勝逢制也。若的殺羊刃刼殺。驀越四宮無煞星居之。則無妨害。如值惡星臨之。不逢空。凶限行其上必有非橫。

主星與煞不兩立。煞强主必失。我强須要煞無氣。煞不為我制。身命逢煞不為殃。妻子有刑傷。若還有用不為凶。權重凛威風。煞星入命反為通。主在別宮逢。正煞暗中還有救。凶煞亦無咎。煞星喜合不喜冲。冲起必爲凶。對宮見煞別無災。大概欠舒懷。災多吉少憑何信。福曜居羊刃。

論煞刃

殺與刃、實操殺柄。刃比殺、廣有神威。威權萬里者。命即刃。刃即命淹滅一世者。命非殺。殺非命。命度逆尅。殺刃顯中亡。身殺刃扶立命度險上榮。名求官而被斬。多因官帶殺刃傷。身索債以致死。莫非財坐殺刃尅主。妻刃暗來尅度。不被妻殺。亦因妻而喪。命兄刃顯來傷身。非惟兄管。亦因兄以取亡。奴謀主。奴刃旺尅主。宮子殺父子刃盛傷父。命。命坐相貌刃地。因貌取斬。主臨田宅刃。宮爭田被誅。移居被殺。命去遷宮而逢刃。祈福遭凶。主來福地還是殺、妻宮殺刃盛制。妻、懸梁尚有餘殃。奴位殺刃暗魁。奴溺、水後見稀微。兄弟死於非命。刃魁兄神。財帛被於强徒。殺傷財主。少謀長。子神隨殺刃來傷子宮。妻殺妾。妻刃坐扶殺刃去魁偏主。斬絕衣食。刃不魁田、即是魁福。依稀榮華。刃雖傷官、還去扶陽陽光魁主。無刃尚當焚屍。水神傷命。非刃還作泥骨。妻刃生身。妻能家、而庭闈無牝雞之禍。子刃生命。子經國、而邊疆有射虎之威。身財帶刃傷奴。打死奴而銀埋無伸。陰陽逢刃魁妻。殺死妻而忤逆告屈。身被殺而累子。蓋因子衰救主成凶。妻遭殺而及夫。孰非命空制及反咎。

月身日命。逢土孛之頂度。定主瞽而終危墻。坐巳臨寅。值木孛之遇殺。非惟瘋而且被凶棍。究當生之星。推流行之限。限未至尚渺。度過去談真。孛星即以孛度而推。勿云至星方見。弔宮即在孛宮而談。豈謂隔宮難尋。木孛尋角。倘木躔金而亢度亦須究勘。火命畏水。設水躔火即火度終是尅身。及被制。行去制之度。而禍患不測。殺黨孛。至蓋黨之限。而災危難言。諸語雖是理論。逢度亦當詳審。殺孛之星。生死之關係焉。

論流命。流身

如火為命主及火星流行即我之命主流行也。故火星流躔水宮水度犯流行。水星更原守。水星高强。限是煞地。三方無救。必然大凶。見土制為有救。或水星流來犯我。其星又乘强旺。亦主大凶。若我生旺流水休囚。則無大凶。

太陰為身。行度甚速。故日月之災福係焉。如命坐未宮。以月為主。喜金水月木。畏火羅土計。看流月值何宿。遇亢牛婁鬼。乃生命之宿。仕者遷官進爵。庶人近貴得財。遇角斗奎井。乃尅難之宿。散禍消災。脫厄解難。遇箕壁參翼及心危畢張。則室家和好。姻朋親睦。事業平安。遇氐女胃柳煞難之宿。遇尾室觜翼尅難之宿。則口舌耗散災迍。遇星房虛昴太陽。則財帛進益。大抵恩度恩通。仇度仇達。如行恩度為仇所破者則不為恩。如行難度有恩守者則不為災。身星喜忌當隨命主此以未命月主而言故喜亢牛婁鬼若木星為命則又為忌。

論內會外會

要審流星吉凶須分內會外會。流星與原守相會謂之內會。流星自相會合謂之外會。相會而來生則吉相會而來尅則凶若內會流星如來相尅在原守宮宮則有官事擾括在奴僕宮來則門墻小人相犯在福德宮來則因酒食致災招非如來相生則言有人添氣力財宮來則得財田宮來則得文書或物業相增隨十二宮類神言之。如孛星則言婦人。紫氣則言僧道之類。若外會流星。亦看原守是何用星。在何宮分。隨其類神以意斷之。假如火金相會。金是命星。其年災撓。火是命星。其年得財。金命會土於官宮。則言官事之榮。金命會水於財宮。則言財帛之利。或生星相隨。或生星在前。使非有喜事相臨。則主有引薦相成。內會最緊。外會次之。須察原守之星有力無力。及流行節令是何星為得時。有力生尅吉凶。皆重誠能察外會之盛衰。而本內會之生尅。以論禍福。斯為神矣。

論太歲附

行限須防太歲冲。不能尅破亦能凶。若還災禍重重見。行限亭亭在此中。要免此災除是喜。二神當道煞逢空。若從太歲上行限。災難無侵福更隆。

太歲之神大可畏。行限若冲太歲。必見尅破在中心。對冲更害事。除非有喜方可壓煞。不可不謹。

論流星

凡論流星須叅原守。原守吉流星亦吉。則能成其吉。原守凶流星亦凶。則必成其凶。如流火為恩。冲照命限。必原守身命限有火。然後流火成吉。如流火在午。夏令火旺。午月為火直事。則主大吉。如流木為難冲照命限。必原守身命限有木。然後流木成凶。如流木在卯春令木旺。在卯月為木直事。則主大凶。亦有凶而無凶者。如命立於辰火羅為難。流年火羅到此。固為凶。然當生或在冬月夜生此火有用反得財。更當生羅被水孛所制。是以流年無凶也。至若流年禍福依煞取用。如命亥木主大限有煞星流年太歲金作白虎守小限於辰。斷作災病。此不必太歲吊也。如流年天官符地官符守命限冲命合限。必主是非破財。喪門弔客必主孝服。又以流年恩仇忌難看在何度。逐月以斷禍福。假如六月二十八日生人。立命申限在亥。流年土星在亥。六月月將合亥。本當有凶在於七月者。以流年節氣補當生節氣故也。歌訣云、大抵凶星最怕流。流星流布最多愁。下年太歲逢迎着。不見災殃也不休。

論流星克應

恩煞流星流炤命限。為禍為福。克應之期。有以日時守照而應者。如某日恩星來守限。某日殺來照命之類。有以年月日時而類應者。如木星應亥卯未寅年月日時、火星應寅午戌巳年月日時之類。值福貴人、榮膺超擢。否則招財進喜。值禍、仕者降黜。庶民破財。病者殞命。囚者遭刑。吉凶克應。無不如期。

論子息

一子星化天官躔傷官囚度無子。一子星化正財躔七煞度無子。一子星主度正財頂七煞者無子。又如子宮安命躔虛日度參水三度是子度不宜土計木炁孛諸星頂度。又如午宮安命躔星日五度寅為嗣宮尾火十七度為子度若有羅計水孛占於十七度者。此乃子宮受制無子送終凡難星暗頂亦不吉偏垣論度者更干刑魁。凡子星坐生旺之宮嗣主化天嗣升殿三方無難星必有燕山之桂。如子星天官躔財度者必多忠孝之子英雄聰明俊傑之兒。一子星頂恩星者多子。一子星登殿不逢孤寡神煞者多子。一招子之年得行天官生官度或行恩度或限度上逢生又值紅鸞天喜塡限。天嗣冲合命宮無凶曜。限度無難。星定產長庚之兒。又有天嗣頂限度者、得子。紅鸞頂限度者得子。若紅鸞天喜作難星頂限度。必主血光之災。煞重者喪命。見喜不成。又子星忌與刃星同頂度。子多不育。如子星掌孤神或掌月建。孤神而頂寡宿。必難於子、。又嗣主頂難星者。亦多刑傷剋子。木星頂炁者。剋於子息。書云。餘奴欺主。主必無光。一孤神寡宿拱命。及子星失躔者。無子。一子星躔刃度者。無子。縱生多育少。一偏垣論。度子宮掌刃子度掌刼財。早年多育。老來無子。經云、陽刃刼煞。晚景無兒是也。

論六親

一身之說備矣。六親之談宜詳。財立妻宮生命。每多致富於閨闈。子來財位扶身。文屢值貧於兒孫。疾病得子。何非厄宮即是子曜。才利。憂妻是乃帛位。反傷妻神。妻無正室。正因妻宮逢難而星有暗忌。子祇螟蛉。莫非子星被制而度喜暗扶。三子不有一貴。木值生於奴位。四子卻無一賤。金得躔於官宮。官不生命而尅命。難免囹圄之禍。妻又同身而傷身。屢招反目之憂。慮無嗣而娶妾。多為妻失氣。尅傷子曜。憂繼妻之鬪兒。孰非子得度。受制妻神。日為父。倘逢木炁。當愁祖父之不長。月為母。設值金水。又喜生母之有壽。月失度而身居奴宮帶魁。雖為厭出。亦有登龍之喜。日得氣而命居難位逢刃。縱然襲蔭。必無折爵之時。日為兄而變魁化文、兄當接踪。父職月為妻而帶刃逢凶。妻又應同狼心。兄刃傷身。必有操戈入室之變。命旺尅兄。難免破斧東征之兆。文王無憂。正是文魁暗生子。日虞舜號泣。何非晦月屢傷身。主身命受制。財位必遭求利喪命。文官暗損。命根難免。取名亡身。妻殺夫。若妻帶刃殺。潛居弱夫之內。奴盜主者。奴逢旺相。暗洩衰財之根。貌黨財神。趕命屢因美貌取富。遷隔田主扶身。正謂移居起家。妻尅主而暗受生扶。當作有妻無妻之斷。子背命而獨旬生旺。又為有子無子之談。遺腹高官。衰子帶魁居命位。如巳命衰土在立命之處。手足卑賤。旺兄逢遷在奴宮。如子宮逢羅金在未宮是。刄兄尅財。當有因兄累去家財一半。魁子生身。又有貴子蔭來顯榮全家。未妻先子。出限旺子演妻度。不病即死。歲凶過度傷主曜。妻命相生。夫婦宛若魚水。月主相傷。子母又如冰炭。主去妻宮逢福。主入贅看厥後之昌。子殺命度遇空神抱養。無繼美之後。命主既堅。萬物皆備於我。命主不堅。我何以觀之哉。

女命論

婦人之命有淫亂孤尅有凝福旺財有夫榮子貴有先貧後富駁雜淫賤者多懿德四全者少在於三從以定吉凶須要身命官福田財夫子諸星居強坐實臨祿登駕必能旺夫益子安享富貴首以夫星為主看起在何宮若得位或吉星生之或從陽三方對照加吉星者必嫁好夫可從人盤逐宮推詳入官祿得地主夫貴入福德主夫有福入財帛主夫有財入兄弟主夫見棄相嫌恐與兄弟有情入田宅主夫有業入奴僕主夫勞碌喜爲庖厨或與奴僕通入男女主有子息入七宮或因親而成入疾厄主夫有疾入遷

移主夫遠出或離祖或嫁遠鄉並羊刃居之則離鄉別井入相貌主夫有貌入命宮吉星加臨得用相生富貴雙全又看得失經何如或加煞或加四餘三方對照逐宮細看以定貴賤吉凶再看身主最要清吉金水相從太陰則吉逢惡曜則凶忌三方血刃加沓計羅照命或入刃宮或刃守照必主血氣疾亡大忌飛廉雄刃交破丁巳人太陰為刃主逢飛廉大凶次看福主若失經入弱宮必無福入强宮得所則有福次看疾厄若有吉曜無煞難尅制則無產厄並形善若身臨煞難坐於孤寡華蓋或伴紫炁疾厄主痼疾纏身一生孤尅若身坐驛馬被的刼冲照必勞碌孤苦欲論出

身貴賤。止於田宅上定。奪是本生父母之家。如有恩星干涉田宅。田宅星泊恩宮度。及兒夫田財主加臨。即知父母家有福。如計孛及難害到田宅。即知父母家貧薄。嫁後父母冷落。女必嫁夫以遷移為切要。如遷移有吉星。必嫁後旺夫益子。有凶星。嫁後多禍。如命主與男女主同在遷移。主帶子重嫁。如見桃花煞居遷移有合。則主淫。安命臨官冠帶者。乃巧媚粧飾。縱情於春花秋月者也。若會咸池驛馬貴人。水孛同居。多風流淫泆。暗盻私通。否則重婚再嫁。若得官祿田財有氣。雖不貞潔。却享富貴。惟寅亥安命得金白水清。主招榮顯之夫。他宮安命金水雖清。乃酒色之星。多為淫佚婢妾夫子二宮並不宜難星刃蓋碎刼孤寡等星干犯亦不宜夫子二主泊於神煞之鄉躔於難宮難度在夫宮則傷夫在男女則傷男女如夫子二星泊於休囚死絶之鄉又泊恩宮躔恩度與恩星同宮或恩星正到夫子二宮必主夫賢子貴更忌水孛火羅羊刃或侵犯身命主或爭戰身命宮行限值之輕則血光躔身或血經不調重則加以刃難的殺等星必主產厄甚者產死太陽不宜守命若夫星陷弱必奪夫權心性悍暴為女中之豪霸最忌四餘星旺皆主重婚月孛當頭伶俐太過尅夫害子猶有醜聲多淫下賤若命坐咸池者必淫行限遇之淫而凶土孛淫穢金炁無擇水

火淫而刑。火土孤孀。或男女星旺而得地。可生貴子。有稱呼。又忌命坐驛馬。帶水孛。照身命。或在弱宮。主淫奔。故娼妓之命。必犯桃花計孛。金孛水孛。福德不好。夫星不陷。必駁雜。相貌好。男女宮受傷犯惡星。

女命賦 琴堂果老應天諸家並集

若論女人之休咎。又非衆學之能精。首論五行。次言四正。祿馬旺生而帶貴。臉媚肌香。太陽水木以逢金。夫榮子貴。女命宜帶祿馬貴人墓庫。祇一重生旺則吉。更太陽水木守四正。美貌賢明。益夫利子。吉著財福。星會紫羅。龍宮鳳閣之華姿。霞帔金冠之貴氣。凡四正財福宮有炁羅日金水。主人額堂高深。謂龍宮鳳閣而貴顯。或值兩重權煞兼逢一座貴人。貌須賽於西施。賢有同於孟母。故推女人之命大與男人不同。子平八法純和清貴。濁亂淫娼。至論五星非僅格局取用。耑求用曜精神。身命安清。財福無破。出身貴賤。視田宮之星曜。女必嫁夫。看遷移之住宿。或以性宮為重。古人以財帛為性宮。故有先論性宮之說。或以夫主為君。身主入福。坐財須歸富室。夫星化貴陞殿。必有稱呼。陰陽並明。一生專擅家政。日月同宮。必生朔日。月占日前。必卑夫奪權。自能創立。兼知書數。夫子坐貴。兩誥寵賁褒封。生子能賢。五宮主入官福。嫁夫業厚。七位宿列田財。嗣宿怕遇難傷。夫星畏逢煞觸。太陰陞殿在福位。可貴於子。太陽當道。臨對宮必尊其夫。命為官。身為福。必居恭淑

。夫化貴子。化祿。可任封章。金孛不宜臨身。馬刃莫教坐命。男女體
用。怕者值難。作黨陰陽宮度。喜者相合相生。金孛同宮落咸池。婦
命切忌。閒主月孛坐敗地。棠棣私淫。主去通奴。六主會同月孛奔
淫下賤。馬上對合奴星。咸池星守驛馬宮。淫凶生産。馬星或守在
沐浴。好色貪杯。命立巽乾。必淫冶而誇色。（亥為登明。巳為太乙。）孛星見晝在
巳尤以為殃。羅睺相向逆行。血經來往無定。火孛同行午未。癆怯
到老須招。八煞遇熒羅。災病胎前産後。（女命以火羅主血經故忌。）女人嫌水性。
水伴命度。佞淫閒居。命裡守孤幃。主到閒宮眠半被。金水雖清淫
而妬。木命榮夫。魚女之宮太白來。珠蚌雙育。貌勝西施。容慶集（金木）

水日月會於貌宮。主貌若西施。賢如孟母命歸基。夫婿寄生一七主星互換。公婆
真假。二三四位相依。一七、命主與夫主星互換也。二三四位、財帛兄弟田宅主星相依也。鳳眼桃花。
外假慈悲而尊重。鼠眸祿馬。內實淫蕩於私期。鳳眼、庚辰人見酉。以雞為鳳眼。鼠眸、
甲戌人見卯。取兎為鼠眸。太乙獨占咸池。風流倜儻。水金如臨沐浴。泛濫妖嬈。
兩賤扶身。煙花粉黛。雙凶夾命。自縊投河。兩賤、金孛也。雙凶、計孛重疊也。棄舊從
新。大忌賤垣合馬。賤垣、月孛金水會也。合馬、長生臨官馬主相合也。未婚先產。尤嫌水孛
相冲。逞扮者身臨四敗。子午卯酉四宮。衆憎者命會孤辰。渡水從夫。鳳眸
順視。風塵之女。月孛逢金。見紅鸞、惹王孫之腸斷。逢喜神暗韋公
子之魂消。貌似阿那。僧名。貌極美。羊刃倒戈兼亦害。腰如夜叉。凶星落

陷於八宮。長生聚煞以招淫。在室先產。寅申巳亥四長生馬。如帶咸池七殺更水孛入命。主此。日上臨官。如帶旺。怒婦仇夫。鴛鴦合起咸池。質定花衢艷柳。主脫會動祿馬。日換綉褥牙床。歲殺重逢。禍延其父。旺神蓋頂。醜及其夫。歲煞旺神。皆名咸池。且言天乙之星。乃是文昌之曜。若夫女命。切忌貴人。一重則喜。多見淫賤。生旺疊逢。羅綺叢中作活計。囚鄉重見。煙霞深處好安居。尼姑多居深院。罵殺時人。白虎宮中逢雙刃。公姑真假。逐馬局內見陽差的煞聚於二刃。遇刑囚必主橫胎。劍鋒會於四凶。遇冲傷必犯惡血。火羅計孛為四凶。天狗華蓋主絕嗣。孤辰寡宿必刑夫。官星可作夫元。良人祇須一貴。只宜坐貴。不宜冲。惟忌見淫。尤見合金水桃花臨四敗。金孛咸池騎四馬。縱有朱唇粉黛。難免送舊迎新。指金歌云。婦人看身兼福德。子息與疾厄。紫木太陽臨四正。益夫蔭子定福星不起。身居二富貴榮閭里。不起守本垣也。二財帛宫也。身星守貴坐祿强榮富足衣糧。女命身元重命元輕。身命坐馬刼煞沖。孤獨更貧窮。奴僕餘奴馬上見奔淫為下賤。

閨門篇

婦人之命。根底宜静。故取婦閨於遷。以其動處要合德也。所以不與男子同。男重官祿福德。方識人品。女認閨門。方曉德性。若四餘戰入閨門。闕度無明照拱照。便是月下風人。或閨主與奴兄又同坐馬。不論親戚。夜枕語情。如四餘擾亂。或在閨門、在度、在命。有陽君拱。或夜羅照。德邪而反正。如四餘獨戰。又逢冲。閨又帶、馬極。淫。海內奔淫。市井娼妓。命度俱搖根賤。躚奴疾之類。此亦淫賤。如帶厄。又遇。羅定主產厄。亦是因子而厄。如宮閨犯餘奴。偷情無夜。日不畏人。反以得意。並夫主受制。便是任妻自主。淫妓之造。若閨帶財。餘奴生主。便因妻致富。如閨主被擾。夫子帶官禄。主貴。帶馬坐奴。不免夜伴三夫。或多嫁。閨門被尅。夫子坐破。夫星疊出。花燭不明。如主尅夫破。守幃呼天。紫炁水扶。玉潔氷清。餘奴與夫。同在閨中。寡而偷情。閨主疊見。再嫁興業。疊而帶奴。又來冲尅。暗夫起禍。

田財坐兄弟之宮。當分外戚之業。故女人夜生。當見輝光之星。日生當見正大之星。若烏合餘擾。閨主不明。皆淫佚之命。閨主正方、看夫子自然人品不謬。

貴賤詩斷

眉拖翠柳臉如花。祿馬長生貴氣賒。紫木太陽臨四正。益夫蔭子會持家。女命祿馬會於長生。或帶墓庫。一重貴人。又紫木太陽守四正宮。主有貌有才益夫。

福氣若深多美麗。紫木羅陽星主貴。定有楊妃美貌。名貞潔華堂增福祉。

一重亡劫及逢羊。天乙逢生祿馬鄉。絕色過人貞且潔。榮夫益子熾而昌。

祿馬多逢子卯時。臨官帝旺更咸池。持家愛

為他人慮。喫飯何曾信甑炊。祿馬一重則吉。太多而有子卯無禮刑。及臨官帝旺者。皆主自家煩惱火、受別人煩惱。多多愛差排。愛閑管。不信心。不信人。身閑心不閑。喫飯不信甑也。咸池亦然。

亡劫孤刑寡隔雙。平頭華蓋一般詳。寶香薰被成孤宿。忍對朱簾月半床。

羊刃劫亡休合動。合動高堂雲雨夢。合貴合馬合咸池。必定其人假尊重。

生月那堪合上宮。更兼持合眾凶同。外容尊重非真實。內亂猶防不善終。上宮者。上首干支也。如月以年為上宮。時以日為上宮。合之則不祥。

婦人亡劫最非祥。時日逢之性必剛。死絕黨多兼剋破。相生合起亦為殃。

更逢多合皆為賤。旺甚尋夫出外鄉。妯娌公姑多寡合。官司內起醜聲揚。

一坐貴人為好命。兩坐貴人心不定。三坐貴

人定作娼。晚年或作豪家正。休囚死絕又無妨。不可一途而斷命。太陽紫木命宮安。淨潔慈悲心性閑。壽限百年人仔細。蟠桃花發照朱顏。紫木羅陽四位排。貴人兼印煞沖開。夫榮子貴人端厚。紫誥金花天上來。

簾幙歌

婦人造化在於身。不論朝昏看太陰。太陰得地立高強益夫旺子壽而康。太陰帶殺土計夾。若非產難木石壓。至論婦人夫貴賤。夫星坐祿夫榮顯。女逢水孛是娼優。不是娼優緇素流。若要論他子與息炁羅相遇真難得。婦人衹要羅計全。羅計得地主重權。朱門出身主豪貴。定為豪貴結姻緣。 女人愛祿不愛馬。坐馬之命好淫冶。生來若遇馬啣花。未及笄年須早嫁。 女人不喜見金水。金水分明多傍貴。玉容花貌又妖嬈。行止猶如娼妓輩。 婦人最喜見木羅。一生更有福德多。金炁相逢在其命。蘭心蕙性伶俐過。 婦人不喜見水孛。白帶之疾不時出。衆星不雜性最清。壽山高兮福海潤。 婦人不喜金水並。若非忌曜權最盛。流年惡殺併其身。產難之時應喪命。 婦人若見金水孛。三嫁夫兮有何說。咸池帶水與孛星。朝雲暮雨情不歇。 婦人須是看遷移。遷移得地福自宜。夫星高兮夫顯貴。必為命婦光門楣。 第五宮中帶孛炁先生女子方得地那堪七宮主星陷剋夫害子常守制　孛星若也坐咸池巧粧雲鬟畫娥眉六街不作煙花女定是豪門一小妻　婦人金水孛星迎身命同臨性偏淫更兼沐浴在其内離居奔走落風塵　婦人最喜金木炁旺子貴夫常有利官福宮中若得之必得鳳冠及霞帔　婦人最怕見水炁剋夫害子何所恃空亡華蓋居中間修指早入叢林裏　金火羅兮原不吉芳年却受産中疾咸池華蓋若臨身送舊迎新接不一　主星切忌坐桃花殺曜臨之定破家若是於中逢水孛自然淫蕩好奢華　望前木炁望後火女命逢之為最怒不因産難喪其身嫁夫殺子應無數

甲科之造

命主化天官頂生官魁星不犯刼財梟神七煞必中元魁度主化天官躔生官度或躔偏財度更生官合照文魁同宮魁元台閣命主化天官躔生官度逢財合照翰林極品　天官守命宮或伴身命主或三合或對冲兩榜之造更得偏正財生貼仕至一品天官躔梟度洩氣合於身命又生官天蔭助之亦中科甲名逢梟有救　天官明合暗頂身命而絕無財星生貼財官弱矣亦登科甲官止四五品　天官不逢財度星而官躔財度甲科二三品之官　天官躔偏財度傷官亦躔偏財度乃傷官也則更會身命主

一品。天官會合身命。或守命。並不會財。五六品之官。度主化偏財。頂科名梟印。而天官逢財。傷官生財。合於度者。科甲仕至六七品。丙生人多合此。度主化天官。傷官正印雙頂。而傷官得制。又財星冲合傷官。三品之貴。命度主化生官。合照傷官。乃傷官生財。兩榜官至一品。命度主化傷官。而頂合生官。天蔭甲科居風憲。命度主化傷宮。會合天官。而天官暗頂正印財星。科甲。若正印度主頂傷官。止許入泮。命度主合傷官生財格。而財星被刼。雖中官止六七品。經曰財刼官輕是也。天官得位不逢傷官梟。因而身命不逢官星。更得文魁拱身夾命。甲科。天官躔傷官度無財星助者。官星壞矣。不可便云無官。若命度主化生官天蔭。得傷官頂我命宮躔度。或命度主飛出別宮明頂暗頂。皆中科甲。但官不高。若度主合傷官生財格。雖天官失躔無妨。惟度主傷官不見財星。或度主不化財星。則為忌格。凡天官所忌之神。命度主忌會。若頂度尤忌。雖作恩星不秀。命度主化梟囚而會天官。或對合官星。乃天官逢梟。忌格不貴。須梟囚頂財。或天官逢生。亦中科甲。惟戊年四木梟囚安命。若天官會合命主。亦中科甲。庚年四土亦同。其餘年分不貴。度主化傷官。並無吉星相合。雖文魁守命不貴。度主自化賊耳。若太陰身主清高。合頂天官。又逢吉星相助。亦主發科。度主化傷官而會合天官。又文魁同宮。須生官天蔭拱合。方作貴格。若無生官天蔭。財星秀而不實。度主化梟囚星得天蔭同宮。正財會合。亦主秀氣。會文魁更貴。

鄉科之造

命度主化天官。與傷官同度。得生官天蔭同宮。或拱對近度者。鄉科。命度主化梟天官。不宜會合。若會官星於別宮。須躔刼度。或會刼星為妙。還須命宮合傷官生財。或文魁拱合。鄉科。天官三合梟囚生官。又同傷官刼財。乃星格混雜不清。主不貴。但官逢梟得財之助。財被刼。得傷之生。鄉科。度主化生官魁星冲照刼財為忌。暗喜傷官頂度。乃生官逢傷。甲科之造。設傷官掌流霞桃花不第。若身主清高。會合天官。亦可發科。命主會天官而官星又無破格。主貴。但身主魁星頂合傷官者。鄉科。三四品之官。命度主化生官天蔭。而合天官。暗頂財星。又化為難星者。減秀。正五行亦要顧

度主化傷官。偏財合命宮。乃傷官生財。更天官得位。主貴。不合度主傷官。飛出別官。不與財合。鄉科。

天官守命而魁星暗頂餘奴。假如乙日頂羅。丁計頂炁。戊火頂羅之類。凡魁星頂五行尅泄之星。縱身命合天官清高者。上中一榜。

一庚年四土安命土星化梟。金化天官。梟泄官之氣。而正五行土能生金。會合有情。可中鄉

科此年與他年不同如金為命度主對頂土星不犯傷官止可入泮土為命主頂金天官還發科　戊年四木梟度安命天官孛星守照即躔四木度亦發鄉科如木與魁星會甲科　天官與傷官同宮官星失躔傷官無印以制無財以化如水為傷官或頂度或孛奴頂水則水自無用矣再得文魁拱合身命或生官躔傷度為救合頂亦佳又身命頂天官亦鄉科　凡鄉科格局必有一處破綻故不發甲若天官清高出仕亦可兩榜之官　抉微云五星格局不甚美而天官得地可許鄉科若天官朝君拱駕可許發甲

貢生之造

天官頂七煞。乃官煞混雜。而身命化吉宿。或合傷官生財。或合文魁入局。貴士何疑。惟壬年土為七煞掌刃。巳年孛為七煞頂天官。不貴。梟神合天官。官星弱矣。或身命合傷官生財。又合文魁。拱照身命。貴士。惟辛年身主化梟頂天官不貴。天官躔財度主秀。生官化咸池而頂天官主出貴。官魁伴身主而傷官躔印度。三合命宮主貴。度主化正財而頂刦財。或化偏財而頂比肩。又三合冲照官魁。而刦財無制者。主貴。

甲年身主化魁。天官躔偏財。官魁會於一宮。但傷官暗頂天官。妙在天官躔財度。雖傷官頂天官無妨。此格與梟頂天官。同主貴。

乙年四木安命。以木為度主。化傷官三合財星天官為秀。但對沖計星為忌格。凡傷官格忌正印破局。孛羅木分行。還作貢士之造。丙年度主化傷官。與天官同宮。天官逢傷。誠為破格。孛財星拱合傷官生財。轉賤為貴。所嫌孛星正印又對宮沖破。貢士之造。若正印頂傷官破格。不貴刦財頂身。生員而已。

丁年土為命度主。天官亦坐土度。乃天官躔傷度壞矣。且土星飛躔正印火度。是傷官又被正印所破。孛土星又頂生官天蔭。合傷官生財之格。主貢。 若度主不頂財星。乃白衣之人。土星若躔水度。又頂天蔭財星。科甲之造。又以太陽為命度主。是年刃月 頂計。

不貴可知。假如月躔翼二。計躔翼二。相迎頂度破格。幸計月分行終不相尅。主貴若計居翼二。月居翼一。乃相撞頂度破局。戊年宮躔梟度。冲合身主。官星不旺。魁星不拱。只有文星守命。主貴。

己年四木安命。孛星七煞守命宮。火化天官。火日合拱。廪貢之造。但火為太陽之難。孛為七煞之星。格局不清。决難登第。

庚年四土安命。官魁不拱。只有傷官生財守命。主貴。

辛年木星命主化天官。佳矣。但三合傷官頂度。得正印土星切近。制去傷官為妙。然無財生助。終是官輕。主貢。必得財星化合傷官便中鄉科。無財化又無印制者。白衣之人。

壬年生人。文魁拱度。主佳矣。但天官木星頂炁。乃餘奴欺主。主必無光。官星有損。主貢。文魁合身。主貢。　天蔭可制梟。梟神無制。文魁有情。入泮而已。

癸年四木安命。木星化魁。同天官一宮。但木星頂炁。炁掌餘奴梟囚。破格不取。牽刼財洩梟之氣。終是餘奴欺主。貢士而已。

入泮之造

天官不合身命。不中。

甲年月化生官。頂金星傷官。科甲之造。只嫌金掌咸池。破秀氣。

甲年四月安命。月化魁。羅化文。頂月主貴。但羅計同格。羅頂則計亦頂。計掌梟囚。為月之難。入泮而已。若會天官反為破格。白衣之造

甲年命主頂七煞。身主會文魁天官。入泮而已。蓋命主不清貴也。若四水安命。命主自掌七煞。頂合天官為貴。奚畏孛奴欺主。

甲年四金安命。金化傷官。妙與身主生官同宮。而太陰又頂命主所纏之度。大貴。但嫌七煞水星刼財。孛星與金月合拱。雖不頂身。然財生七煞。遇刼為忌。格局不清。入泮而已。

乙年四日安命。命主化魁。與計會一宮。乃文魁相會。無別格者入

泮而已　計羅乃太陽所忌。豈可與命度相會。惟此年文魁稍可。

乙年丑宮斗木安命。日在酉宮化魁。頂合命宮所躔之度。月亦在酉宮。為身主伴魁。且命度化傷官。最喜三方偏財拱合。只嫌羅梟囚逢天官。又照魁星。入泮而已。

乙年角木安命。計星化印守命宮。乃度主傷官所忌。惟喜土星正財冲照。破印為吉。若無者。白衣之造。

乙年四木安命。度主化傷官兼頂。計為正印。冲照天官。無財以化。入泮亦難。倘得身主會天官。科甲之造。

乙年四土安命。命主化生官正財。又會天官。美矣。只嫌火為刼財。

暗頂度主。只可廩貢。
乙年豹水為命度主。化天官三合生官甲科之造。止忌文星計都暗頂羅化梟囚亦頂命。洩水之氣。入泮而已。
丙年四日安命。太陽度主會羅星天官。乃陽刃會難。不貴。羅星天官亦不可破。
丁年太陽為命度主、同計星天官。又同孛星梟囚生宮水星共一宮。此嫌孛近乃忌近而用遠也。天官守命孛梟三合無制。只可入泮。官魁不會身命。單取生官暗頂天官亦入泮。又官魁不拱身命。只取文星頂命。或頂身亦入泮。

丁年文星會官魁於一宮。水為命度主。三合頂学星㬹囚。只可入泮。雖會炁星以偏財制㬹。終是餘奴欺主。

戊年天官不拱身命。單取魁星。頂身頂命。皆元魁之造。若魁化咸池。入泮而已。　天官不會身命。單取金星化文星。頂會身命度主。亦入泮。

巳年水為命度化傷官。縱同文魁不秀。得生官羅計會合。乃成傷官生財格。料甲之造。但恐主星暗頂七煞為忌。破了秀氣。只取身主頂天官入泮。可見身主格高。度主格低。終不能大貴。

巳年木為命度主。木炁同度。魁星守命。天官拱身。入泮不第。何也。

蓋奴犯主。是以次之。此年因炁化文星。間有發科者。
庚年文星守命。官星拱照。主貴。因官頂梟神。魁頂傷官。與孛。只有文星無破。主入泮。
庚年木為度主。暗頂金星天官。宜中。只嫌又頂炁。是奴欺主也。入泮。賴天官能制殺炁。功名尚可小就。天官屬丁。炁屬辛。火尅金也。
辛年午宮安命。天官躔張月梟度。文魁天印在子宮。冲照月梟飛在奎木。木月互躔。官星弱矣。得辰宮水星洩梟之氣。得子宮偏財助官之力。入泮。總之躔梟合梟。大減分數。若梟無洩。而官無財助者。白衣之人。　官星可以制刼。刦躔官度亦妙。

辛年火掌陽刃。又化生官。若頂天官。大減秀氣。

壬年土為命主。化七煞掌陽刃。若頂天官太陰而無制。入泮亦難。

同度尤凶。差二三度為脱煞則吉。若三方拱合不妨。可中。　此年

官星忌水化梟。忌頂七煞。忌遇孛星傷官。命度亦忌會之。

癸年土為度主。化天官。不宜太陰七煞頂之。　凡癸土為命度頂

月者。入泮之造。　若月為命度而頂天官者。必登金榜。　凡命化

吉星。不可頂神煞。若命化忌星而頂吉神者吉慶。

癸年木為命主。化正財。不喜會太陰身主。乃財生七煞也。須孛星

食神制之。

癸年四月安命。若有木會。即為文魁相會。經曰、左文右魁。文章冠
乎天下。多入翰苑。凡度主化傷官而會合天官。須得生官天蔭二
星化作傷官生財。方可甲科。否則尋常之造。如得正印以制度主
止可入泮。

癸年文星吉凶不一。如月化文魁七煞為命主。木化魁星與月會。
是文魁生官生我貴格也。若木為命主而遇太陰文星七煞。是我
去生他。破貴格矣。如他度安命。則是魁星會身主。作貴論。

考等第訣

身命立四日度者。限入考案首。限上或吉星排列居日前者。亦考

紫首。原日得地照命行四日度。考紫首。凡人多考紫首者。定四日度上多星。凡限行日度。在本度必應。過日一二度猶應。以日每日行一度。其性主遲凡限遇之星。與日同例。縱在前列無不考紫首。蓋日為星之領袖。再加文魁天官催官吉星對照合拱。更當生流年魁星頂命限度者。紫首何疑。

定補廩訣

凡人命原坐祿宮祿度再行祿限。遇祿加流年魁星。或當生魁星頂命限度。主紫首補廩。差三四度者。在三四名補廩。祿星原照命限。遇流祿亦然。若原命宮。命與天廚祿勳無干。又廚祿二星。不會照命宮命度。縱遇文魁頂命限度主者。雖補廪終不能出貢。天廚在巳水星是天廚。甲年祿在寅。木星是祿勳。

武貴格。

武貴與文同。但文重天官魁星文星。武只重將星並唐符國印。即天雄陽刃亦是有用之神。星如命度掌國印。而頂唐符將星。又官魁合格。身命與天官符印有情。必中武元。經云。魁星顯耀。作震世之才。文武宿明。為擎天之柱。假如申子辰生人。子宮屬將星。以上為主。又如甲年酉宮唐符。以金星為唐符主。火為國印。如天官照命。暗頂將星。如魁星守命。暗頂將星。又如金星為度主。頂唐符國印。火為度主而頂金星。皆是武格。亦要天官無破。乃是真貴。假如官魁不會身命。徒以唐符國印合於身命。或星格混雜。必無實授。乃標下之員也。天官坐刃坐煞。與刃煞同度同宮。或煞化文星。文星坐刃坐煞。多主中科甲。驗之武科。十有八九。

異路前程

異路功名。或度主受難之制。或化魁星而頂咸池。又如戊年生人。頂金為文星。頂羅為偏財。羅金相抗。爭戰不寧。乃格局不清也。又如度主化凶星。而頂吉星為難者。縱有官魁。不是正途。

乙年生人。斗木安命。木化傷官。頂土生官。美矣。但計星正在巳宮軫九度。三合命宮。凡度主化傷官生財。忌正印破局。幸而計在軫九。應頂女一。與斗木稍遠。雖不頂木度命宮。亦忌異路功名不大。若頂本度斗木。不必問功名矣。

壬年角木安命。身主化天官。躔氐土九度。羅居氐十。計星撞月不貴。再得木星偏財在巳。孛星傷官在亥。度主冲照。合傷官生財。異路功名。　凡梟神守命為難。身命主遇官魁天官高强。異路功名。

丁年生人。水為命主。躔軫水十三度。孛為梟。躔軫十二度。為餘奴欺主。得炁星偏財。躔虛日三度。三合得制。且計為官魁。躔虛二三度。合財大貴。終嫌餘奴之破。異路功名。若得炁星頂孛制盡為妙。

則是科甲。

吏員之造。或命主化天官。而梟神照命。或官星照命逢梟神。或身命會官魁度主暗頂梟神。或餘奴化傷官。或生財頂於度者身主合官魁而度主化文星。三合梟神。格局不清。三考而已。

恩蔭封贈

如恩星朝君。命度化蔭。主受恩爵。如丙午年八月二十三日巳宮軫水初度安命。炁化生官。守命朝君。天官魁星對照命宮。身居官祿。命度財垣。水木化祿蔭二星拱身。乃傷官生財格。身躔參水。命躔軫水。水化天蔭。炁化天貴。輔陽官居司馬。封蔭承恩。亦仕至郡

伯如受子封者子星亦如此論官魁頂會子星者受封

定科甲訣

扶微云一天官　生官同　二太陽　三太陰所躔之度不准　四太陽前後一星度如欲定每年科甲首看太陽內外前後一星謂之朝陽名曰榮度次看天官魁星催官文星生官喜神三者限行何宮何度四看命度主星要緊當生主星飛入何宮何度與何星共度同垣須要明其喜忌若論發科甲之年必以當生天官魁星生官天蔭爵印喜神等星為準流年文魁天官喜神次之若當生所喜之星流年與命度主星會合頂照或三方對拱命宮再看流年天官

魁星文星生官天蔭吉星會合。對頂命度。又看一切閑神忌曜。盡要制尅降伏為妙。流年化曜亦然。俱要拱合對頂如法。則其年定擢高科。若有忌神相碍。名落孫山。

乙年四日度安命。化魁星。同水星。為官魁同度。主中狀元。忌木為傷官。炁為七煞。喜生官天蔭以化傷官。亦是翰林。官居一品。其財星忌頂比刼。不能生官。若財頂七煞而不顧官。亦是破格。如七煞頂官頂命。俱不貴。再頂羅。羅為梟神亦忌。須太陰偏財同頂為吉。蓋偏財可以制梟。食神可以制煞。仍是科甲。若頂火。火奪陽光。不利。

四月度安命。忌木星。忌頂炁忌頂計。不忌土。若土月水日會

一宮。或三方拱者。亦中元魁。如水天官得位。合照傷官木。而無財
制化。暗得炁星頂木。乃餘奴欺主。以制木傷。亦異路功名。
丁年日度安命。羅為難。計掌官魁。若羅日同宮。離二三度。或羅日
分行。則計對冲為貴。忌頂度。火化文星。遠日月二三度為妙。喜水
星生宮。紫炁天蔭。忌土傷官。忌孛梟囚守命。　四月度安命。度主
掌陰及。如頂天官不貴。須遠三度。或分行。主科甲。如此年計月同
頂度。共度不拘立命何宮。皆主不秀。又忌土月相頂。
戊年日度安命。掌及。羅化生宮。火掌魁星。頂日則破格。其年孛化
天官。頂日尤忌。經曰　孛坐玄枵。冲陽不貴。此年忌格。他度安命。太

陽不忌頂孛差一二度主貴木化梟神忝化傷官忌與太陽度主會。四月安命最喜孛頂度又喜火頂月必中月頂羅計生官天蔭主富再得官魁有情翰林之造　凡度主合官魁中魁元中科第頂天官金榜題名頂魁星狀元及第

一功名看官祿主而天官星尤重天官之度若屬身命主身命之恩星行限遇之固能為福若屬身命仇星亦不為禍蓋天官主賜福之權人人得而發用也

凡天官要與度主有情喜與生官相遇天官重矣然官非魁莫誘其進以魁掌文章之宿奪元魁之曜煥發斗牛間也故文星明朗

而魁星失陷。小考每利。大場偏作敗軍。魁星明顯。而文星失弱。小考雖鈍。大場必為飛將。魁星所躔之度。號曰魁神。限遇之主中魁。若官魁作命限度之。煞星亦喜照臨。限度不作煞論。

一流年行催官之限。或催官星在限度上者。主發福仕則陞。試則中。小考入學。商賈得利。必驗。

一天元即仁元星干是也。如甲乙年屬木之類也。此星又為科名星。文士命中所喜。為度主官福田財得位。秉令主富貴。惟壬年水化梟。神與天官不合。有阻功名。天元星最喜照官祿。若安身命在天官。官魁度上者。流年限上遇之。主中狀元。更天地人三元星照身命宫主官祿主。亦貴天元身命宫中守之。或是度主星主聰明生旺貴鄉尤貴。

一令元星如月建屬木。木即是。若掌身命度主主福壽。經云天元得地行用者昌。為命主官祿。恰高强得生助必貴。月令當權乘氣之旺。同上。

科第總論

凡看科甲要有格局。不好者無論矣。如貴格宜中者天官生官星。最要高强守照。朝陽伴月或拱合對頂。皆為貴顯。如天官受傷須生官拱頂。如不逢生官生扶。縱合格亦不能發高科。或遇傷官官逢傷剋。若天官逢生旺。居强宫。即為科甲。若天官照命拱合。不遇生官鄉科而已。天官朝君拱命為元。官祿守命亦為元。天官被傷。異路功名。經云。青雲登第天官照會生官。黃甲占先必是天官近日。又云、天官守命。精神國脉以揚休。解云。命主為天官而居垣者、為守命。若在命宮更妙。又經云、主貴得地得宮得度。格局清高。主者命主也。得地者、居强坐實也。得宮者、入於官祿貴人祿馬卦氣之上。更朝君登駕是也。得度者。或命主躔天官度官祿主度。或天官官祿主纏命度。無冲尅失陷之類是也。命主既好。便要以天官審其高下。經云、格高貴顯名播京堂。是也。官貴者、天官化貴。如化為官祿卦氣祿馬科名甲第星是也。化官祿者最貴。更守命主元魁。入命之垣者。為天官守舍。京堂之造。又天官最喜日月夾。如張聰閣老午宮命。金為官祿主星。日月夾於斗度。行婁金度。拜相。蓋日月夾官祿者。亦是日月夾官也。官祿主化天官。日月夾之。主中魁元。

一庚年生人。四木度主。化魁星文星七煞。而頂金星天官。兩榜之格。如安命金度。天官自已清貴。而頂木星七煞。入泮而已。

一癸年月化七煞文星。會木星正財。必登魁元。亦要天官無破。方成貴格。若四木為度主。化魁星正財。會太陰七煞文星。必無貴氣。以度主正財反生七煞耳。如得乙字食神制煞。或頂煞。更美。若食神頂木度主必能發科甲。如無食神制煞。或得正印化煞。或躔印度。止可入泮。若無正印頂七煞。其煞無氣。亦多科甲。或得土頂以掩月光。亦多出貢。或計星掩七煞。亦多入泮。

一戊年火為七煞。化為魁星。不可與七煞一例凶斷。若官魁同步。亦發魁元。惟忌水星頂度。羅星傷官。因星頂度。犯者破格。

一已年金星化梟。因又掌魁星。最是清高之宿。若金作度主會天官。科甲之造。若火星天官是度主。忌會因剋。反多不貴。必得財星會合生助制因。方作兩榜之格。若非天官作度主金火冲命守命。俱不以科甲斷之。

一辛年木化天官。火化生官。又兼陽刃同宮。或鈎合。極貴。只忌木火頂度。乃官星頂煞。刃大破貴氣。乃財福之造。納粟奏名。大抵身命度主。坐文魁生官之度。居祿馬殿駕之宮。又化天官掌文魁。不犯傷官。不頂七煞。梟囚咸池陽刃。格局斯最清高。

抉微云、有行傷官度。或太歲塡傷官星。而其年反發科者。非傷官在生官度。即傷度有生官也。

論富格

凡看富格。必以財星為主。宜頂身命主。方是巨富。偏財頂身命者。中富。又偏財正財化曜之財。逢傷官生財。如頂身命者。上富百萬之造。又二宮財主化財而逢傷官助者。雖不頂身。其星得助亦多。巨富田宅同。又如財星化天官逢生官。亦是富格。田宅化天宮逢生官者富貴。命入財垣。財入命垣。不頂身命主。小富。財星登殿無破。中富。若頂木星食神。則巨富。如乙年生人身主天蔭化偏財躔木度者巨富。又有財星頂身不富者。以命宮度主明暗頂耗星。又度主入別宮。明暗頂耗。必不巨富。雖富亦不久。終身不過平常。又有財星頂度不富者。因財星化天耗大耗小耗。度主亦化耗神。以耗遇耗。亦非富貴。又有財星躔於耗神。縱頂身命。不過小富而已。又有財星化耗。度主不化耗星而頂度。亦當萬金。又度主化耗財星化吉而頂度者。亦為中富。蓋凡遇耗者。起跌不常。亦非全瑜。經云天官無傷無洩。世代敷榮。此之謂也。又看富格最要看內財外財。如外財失陷。內財高強。頂於身命。巨富格也。假如田財高強得化天財頂命度者。巨富上格。倘田財失陷。亦發數千金。又有一等富格。如命宮偏垣。晉事甲年生人。柳土四度安命。以已宮張月十五度為財星。化生官正財。得金星傷官頂張月十五度。是傷官生財。發數萬金。或木星食神頂之。亦是富格。但恐化曜之財頂於命度主飛出別宮。反頂刼財難星。不以富格看矣。如庚辰生畢月十六度安命。生官孛飛入田宅已宮。躔軫水蚓。太陰為身度主。又為財主。飛入巳宮軫四度。巳占高强。妙在孛星化天財暗來頂度。是為天財星與內財星串度。故發數百萬之富。又有財星化天官頂坐官者富。財星化生官頂傷官者富。蓋天財內財生化。非比尋常之田財也。

增訂玉壺集附

十二宮安命論 此卷集抉微大畧以琴堂爲主

子宮

子宮危六度至十二度屬壬之正三月生天德二七十一月生月德正五九月生月空丁壬年歲德合吉丙人七殺亥人天鋒不吉女八度至女二度屬癸之半七月生天德戊癸年歲德合吉丁年七殺子年天鋒不吉以土爲主忌計奴剋度辛人不忌土喜登垣殿入局登籍坐貴與宮神太歲相關吉如凶忌刑難混雜則不爲福吉凶相等則中常子宮三宿獨危夜生在弦望有月之時從月取用無月取土用雖在望前用月中間亦不離乎土虛日九度至

初度皆以土論怕木炁喜火羅女宮宿皆土怕木炁忌水孛喜火羅此宮所重者火羅為恩為官夜生得火尤光明身主臨之謂安身傍母傍官高强無忌曜侵之晝見亦能為福如火獨垣前後無雜是官星明健起命前即為滿用貴金星為田為用木雖為難却是財福財福不忌尅命第主其人瘦小少飲食有脾胃之疾惟要土星生夏令及四季月不然木氣剛强雖旺財福未免夭折若太陰遇木為安身傍鬼如木入命值留退不分晝夜皆以凶斷若木火交合則吉水交合凶若納音屬土月此為奪星九十月為直難尤凶土躔四日度為科甲度虛日土之正垣星房昴日皆四正强

宮。大吉。躔四月乃奴僕賤度。不貴。躔四土度為陞殿。見火羅大吉。戌胃為恩宮。辰氐未柳則弱矣。躔四火為官祿恩度。室尾富貴。雙全。觜則無氣。翼實見火羅大吉。不可以疾厄論。躔四水仇度。申參巳軫皆凶。縱見火羅亦減力。箕壁則富。躔四木難度。春生無火羅救者夭。四金雖洩氣。惟鬼金欠美。木烝躔火。火羅躔木。四星相會難化為恩。木金互躔或相會。土厚得地得時。則金尅財福。吉中之凶。若金躔水度又吉。土原失地失時。則金星制難。凶中之吉。若木躔水度又凶。金火互躔或相會。則恩用無功。惟俱躔土度吉。水木互躔或相會。主健則險處逢財。主衰則難中見鬼。最喜命宮官福互垣、官福日月夾命夾官夾福。火羅夾命。夾主或命度。大吉。四正三合。喜見日月火羅。土申、水子、尅嗣。水巳為仇難。星入局秋生會金。大凶土弱忌。木烝夾命。寅為月德。木居寅害曜入垣。或臨亡劫刑囚。終為凶忌。太陰在寅巳宮。為四正逢刑。若有一火星。謂官星得局。更得土在寅巳祿馬在命寅。限名利可以有成。火居卯。或三合。見火貴。若無火有木。更太陰在亥卯未。即為土得木局。主夭折、亥、財酉、田、金木同行於命前後或交命度。田財二用吉利。若冬月、金木交於命宮。多不仁而富。春月庶幾。命安女十。虛九。戌亥時生。名斷。邐非貧即夭。命安女二三。子丑時生。危十一。二戌亥時生。皆

根基不穩吉多亦過房離祖內藏坎卦戊人卦氣戊癸歲德戊子
尤妙甲子人殿駕丙人天厨癸人祿乙巳人貴丑歲合年月日時
胎喜子夘酉寅亥宇實吉壬人羊刃巳酉丑人六害未人穿心寅
人天狗申人地符凶亥夘未人咸池淫餘年凶煞正度命躔之限
遇之須要吉神解救諸宮倣此
此宮以土為主火乃官星命宮無火而得夘宮有火夘加子亦為
官星守命若四柱有壬巳土為正官巳土卦氣在離離為火火星
又為卦氣此乃官星滿用一品之貴若年干納音屬火貴居二品
且享遐齡如子宮有水以傷夘宮之火則虛名虛利若火非四柱

有用。而變冲干。亦異路功名。如子宮有木以生其火。主先艱難而後獲福。以凶中隱吉。又如甲日生。甲祿在寅。卦氣在亥。金為我之卦炁。木乃我之祿神。如二星加合命度。極貴。春月金木土同宮。是土助金而傷我祿神。木乘怒而傷命主。必帶疾。四柱透出庚辛者尤重。木乃財星。而丙丁日主。則財能生我。豈不榮華。若戊巳日主。則財能尅我。覔剎艱辛。且有脾胃之疾。火為兄弟。火星得用。棠棣敷榮。若與水同行。或天盤暗傷。必有交爭之禍。且不得力。金為田宅。若入命宮。主富。或四柱以庚辛金為財。尤美。如金不在命而在酉宮。子加酉。猶在命也。申乃男女。如水在申。為四柱正官。子必貴。

如非四柱正官化為吉星亦美若見土傷得子必遲亦為虛花之子未乃奴僕若太陰守命穿度六巳六壬六甲六庚日主則奴僕得力家業亦盛若非此數干為日主者必奔波勞碌之人午為妻宮若太陽守命其妻必能助家若太陽不在命而在酉宮者猶守命也巳為八煞若身居之水星更入命少年多災若四柱以水為財官印綬則雖有災而富貴辰為遷移若金在命之度或與日月同經為離鄉之客在財帛與月同經為求財而離鄉在官祿與月同經為求官而離鄉餘類推卯為官祿若火與太陰同經無所傷貴寅為福德若火居福宮此為官入福宮祿同山峙若火不在

寅而在亥亦佳火在亥者不利於冬生人若年干納音是水雖有官福亦不能久享若日主水則能謹守而有財但不免於災病兼多口舌命主屬土土居丑亦為命主入垣或丑宮有木或戌宮有木乃命主遭傷非惡疾必夭

丑宮

丑宮牛二度至女一度屬癸之正戌癸年歲德合七月天德吉丁人七殺子人天鉾凶斗十度至斗四屬艮之半丙人卦氣八月天德吉亦以土為主與子命不同子不忌木此最忌木並忌太陽子不重金此最重金其喜火羅忌計剋喜生夏令四季則一正二月

生。太陽直難為凶。夜生不妨。若秋冬。雖晝生。行太陽度。福亦輕。木炁為嫌。晝生庶幾。金官。火福。二星有用。晝生功淺。夜生用多。若火高強明健。雖晝生亦可發福。如壬甲人見火。乙丁人見金。其福尤大。獨羅有用。炁計無成。若混刑囚直難。當作凶斷。此宮斗牛二宿。斗度命。甲乙人。或納音木火命。更春令生。以木論。亦不離乎土。見字有功。火亦得用。金為礙。若戊己人。及納音土。雖春生。安命斗。不論木。以土論。一云斗木橋流沉底之木。初度至三度在寅論木。四度至六度春生論木。七度後如橋木入土。皆論土。畏木喜火。牛度四季。不得離乎土。土者金之母。若夏令亦怕火。以金性存焉。若秋

冬得金獨異無雜功名何疑此宮命無祿馬辰戌未丑四位皆煞
命妻官田總局若命丑身亥是身入鬼鄉寅午戌生為三煞多凶
害木若照臨為禍尤甚不以身入閑極為喜土躔四金及辰宮官
度貴躔四木斗屬土火羅照吉或金亦吉奎火局吉角木水局宮
宮見火羅吉水孛凶井難局無火羅化凶不可以強論躔四土女
大富胃嗣氐福吉午柳難地填實遇火羅亦吉否則虛名多疾躔
四日虛房昴有財福帶暗疾星日病患凶惟填實會火羅吉躔四
月科甲度巳人尤好張度無力躔四火雖恩福皆陷弱如無實字
止是虛利躔四水仇度下賤金居辰酉會土計旺宮旺子火羅居

夘戌會木炁。有福有田。木炁单行落空陷。或會金星躔金度。或會

火羅躔火度。背吉。大喜。二恩夾命。或主或度。大吉。大忌木炁单行。

或會水孛。則仇難。比周。大凶二難夾命。金火同行為害。尤甚。故官

福不喜。互垣惟金火躔土度。或各壓本殿。庶可觧。日居午為難星

入局。喜木同宮制之。又喜火星居之。三合見土謂之土得火局。吉。

巳有金為官星入局。照命無尅。晚年發達。月入辰為身入官鄉。金

入為官星入垣。貴如木炁臨之。是木入水局。土主不宜。為害。曜破

官。若土在寅亥。火羅合之。亦鄉相造化。若单行三方。又為凶局。若

身與火交。是安身傍母。身與木交。為安身傍鬼。故四正三合喜見

火羅土金最喜命官命福互垣官福夾命日月夾命夾官夾福夜生忌日守命年月日時胎喜子丑辰戌卯酉實字內斗廿四牛六戌亥時生名曰斷躔斗四五子丑時生女初一戌亥時生度淺無氣凶甲戊庚貴人辛亥卯未人祿馬拱會子歲合皆吉癸人羊刃寅午戌人三殺巳酉丑人華蓋卯人天狗辰戌丑未人的破未人歲破凶

此宮最喜金星居辰謂之官星入垣在丑為官星入局為命母為福德或守命或歸垣皆貴格也若金不在辰而在卯以卯加丑即得上盤之金以照命若不在卯而在亥即得下盤之金以照命火

星亦然。其餘官魁仁元。亦同斯論。所忌者太陽。如變為直難。必為害。如不為直難。得金火居之。此為八殺。有星主少年科第。若金被羅傷。火被水尅。則尋常之命。如火在午。或水在辰。午加辰。巳年卦炁在午。其貴尤顯。丁之卦氣在酉。天盤午加辰。辰與酉合。亦為合卦。俱非凡品。此皆以八殺有星而論。如午宮無星。非此論矣。辰為官祿。月喜居之。如木炁同太陰在酉。辰是亥加酉。午加辰。辰午酉亥自刑俱全。此為不足。夘為福德。土星臨之。是土入火垣。有情生我。如木臨三合。破我福德。夘加入丑。又為我命害。非刑即夭。丑宮本無祿。若乙人祿在夘為加。盤之祿。甲人祿在寅為通關之祿。壬人祿在亥丑加亥為下盤之祿皆為有祿辛人祿在酉丙戌祿在巳此合照有祿又不可不觀子寅若火寅金子為官福夾命日月在二宮亦妙日在子月在寅為上日寅月子次之

寅宮

寅宮箕七度至斗二度屬艮之正丙人卦氣八月天德吉尾三度至尾九屬甲之半甲巳年歲德合六月天德二六十月月德四八十二月月空吉戊人七煞寅天鋒凶此以木為主忌炁剗度六辛人不忌最重者水星恩官科甲湍用丁人尤緊土仇金難又為財福然金實為忌害秋冬之際常行於外辰巳之間是時木瘁而衰

金强而怒。晝見有灾。如金水會日。猶可為用。若無水日制化。三合左右有太陰助金。臨於木上。禍必難堪。金月本非晝用。況難星黨鬼。又身與鬼交。此為慘毒。此宮尾箕二宿。尾乃火之垣。寅午戌乃火之局。似宜論火。然火乃木之子。木乃火之母。若舍木取火。是有子無母。寅尾命。晝生論木。夜生取火。水雖忌不為害。獨丙丁人及納音火人害緊。他命不忌。一云尾火乃樹頭之火。初度至三度論火。四度至十八度論木。箕度四時俱取水用。水乃木之母。先水而後木。蓋水星一為命母。二為命度。三為官。諸用畢備。若水孛交。計水會。水火交徵。水土相廹。均為凶忌。如春夏生。水休囚。故是不足。

生於冬水旺。命官秉令。凶惡夾之。反為輔衛。居高強。富貴可必。苟失地。亦不為凶。古云、人命臨箕。多疾害。箕星好風。主播揚。身命忌曜交夾。或星曜戰鬬。主災病。縱有官。亦多讒謗。人馬安命。多好動。主遷移。火為嗣用。喜春冬生。忌秋令。木躔四水。宮度無土計混者。大貴。躔四火。乃四正強宮。見水孛。貴。躔斗奎角。皆吉。井雖疾厄。木局亦吉。躔四金。水孛照解。為福。大火羅照制。為禍輕。若見土金。縱有財福。亦主夭折。躔四土。凶。四日離祖。四月多疾。水星最喜強實。躔金度。會金星。金星亦喜。躔水度。會水孛。俱忌。躔土度。會土計。如木弱金強。喜火羅與金同行。格中。官命互垣。最貴。見金亦佳。若木寅金已。忌水在亥。金向水背。是為無情。忌土計作梗。水軫金亢。為官福守垣。水亢金軫為官福互垣。木戌火寅為子母相顧。皆吉。不喜命福互垣。日月夾命。蓋日移月疾。較他宮為減力。金丑木寅水夘為官福夾命。又殺前主後。極貴。最喜水孛夾命夾主夾度。限入午戌。見水孛為兩恩拱照。吉。年月日時胎。喜寅巳亥辰丑字實。申子辰甲人祿馬。寅午戌甲人坐祿向馬。壬文昌庚天厨。巳正官祿。辛人貴吉。甲戌的刃夾命。巳酉丑刼殺。戌地符。子午雌雄。凶。內尾十八箕九。戌亥時生名曰斷躔。尾三四。子丑時生。斗二三。戌亥時生主人心性不定。為福亦淺。

此宮屬木。以丑為通關。以亥為加盤。此二宮星辰最緊切。若天官官祿居之。猶在命也。更六丙生人。卦氣在寅。六辛六甲生人祿貴在寅。尤貴。凡水木同經同宮守命皆吉。金水二星為官福。若歸垣或互換。金入水。水入金。極貴。只怕金水交合。而混之以火土則賤命也。巳為官祿。木居之。為主。到官宮水居之。為官星入垣。若金水朝陽。金水會蛇。貴無疑矣。夜生金星傍月。不妨。以金火無夜凶之理。若晝月逢金。不免有災。辰為福德。金守之則難守難。宮月居之則身入鬼鄉。木居之則木困金垣。定主貧薄。倘有一水合之。又能轉禍為福。辰宮無星。則以通關亥上取其休咎。亥有金水行辰限發。用亥有土金。行辰限為禍。巳戌之相通亦然。午為遷移。六巳人太陰臨其上。大吉。以巳之卦祿在午。上盤未。又太陰之垣廟也。疾厄是。未此宮與他疾厄不同。緣我身主相干。若身更入厄宮。申來加未。未來加午。忽有忌曜。為前後三日胎元見殺。陷凶。天若木起入未。一則木入秦州。二則八殺有星。更得吉星扶之。不貴則富。

郊宮

郊宮。心二至尾二。屬甲之正。甲巳年歲德合。六月天德。二六十月月德。四八十二月月空。吉。戊人七煞。寅天鋒。凶。氐八至氐二。屬乙之。半乙庚年歲德合。十月天德。四八十二月月合。吉。巳人七煞。郊天鋒凶中藏震卦庚人卦氣以火為主忌羅奴剋度六癸人不忌喜春夏生所重木炁恩嗣財𣲖用夘主陰夜生用火金月金火有情處高明為福必矣晝生則用輕若木火土同度不為田財之用而為陽明之助火為木類春夏當權雖晝生不忌但夜更有功一火𣲖用此為最切必有謀畧又謙恭起於太陽前後為命主朝君廊廟之士也若會於午最明若在陷宮則減力水雖為福又為難生春夏火木當令水力終殺七八月值之以難加直凶月近水為身與鬼交多主暗疾生冬月水常經寅夘間此時木火衰弱水正得時見之不利若水星合木化難為恩絕而復續若助金孛其凶

尤甚。如金水交行。難星得黨。愈肆其毒。此宫三宿。房日太陽之眞火。性與火通。依火行。心月夜生。太陽爲主。金火助。吉。忌土計。陰局命。亦嫌土計。晝生從火斷。秋命夜生愛火羅。此宿靈通。主人多博學。氐土土從火出。必有火而後有土。初度至四度論土。木。碍五度後火中之土。勢可焚木。宜論火。此宫命。無分晝夜。不論四時。必藉太陽臨之。吉宿輔之。更吉曜守官祿。則功名顯達。苟陷惡弱。混以刑囚值難。必凶暴之徒。每犯刑憲。此宫所繫者四正。吉凶虛實。與命宫一體。田宅妻妾官祿。俱相關係。況四正本爲四刑之地。四刑者。闌干貫索伏尸卷舌也。吉則有驟然之福。凶則有陡然之禍。始命宮。次官禄。終。妻宮凶吉倚。伏設丙戊人官宮主事。此為天地盤中上下交。亦若日月福禄臨之多。是發福中主暴天。如子午有羅計方可禦。患故論貴則太陽。論富則土計火躔。四日度最貴。房星為上。躔四月皆能借月之光。危之交界。經商得財。張之交界。離祖得官。畢之交界。出贅致富。躔四火尾為火局。室木局。翼福地。皆主富貴。惟觜弱無氣。躔四水以參為最毒。箕壁軫度財福而天。惟見木炁返凶為吉。躔四木雖恩實陷。惟井木入局。木火三合相見名母曜歸巢。福壽雙全。躔四金下賤。鬼稍可。躔四土子酉富。夘午見恩貴。四正三合。喜日月木炁火孛拱合。最喜木炁日月夾命。日月夾福。已有獨水入局。返凶。又木孤夾午。午宮無星。火躔子宮虛度。謂之返照。大貴。身命朝陽。亦貴。水孛依月為傍。鬼。凶木火土喜同行。水木亦然。金水不喜同行。水躔四木不妨。水會土則制難。金逢火則制仇。皆吉。金木同行。恩仇交尅。凶。躔四水。解。木土同行。田用受尅。凶。惟喜躔火度吉。大忌水火同行。躔四木可解。四餘同論。互垣統此。乙人祿。癸人貴。文昌。成正官祿。戌年歲合。年月日時胎喜卯子午寅巳字實。皆吉。甲羊刃。巳天狗。亥地符。酉歲破。刑耗。凶。寅午戌咸池。淫。會金水喪身。氐十六房五心五斷躔。主貧夭。氐二三尾一三交界。皆凶。

此宮命為伏吟。若酉年生人。則為反吟。夘酉上有星。所關最重。子午有禄。為四正局。若偏於寅。則為諸不入局。夘卯加於寅矣。偏於辰則為六害局。夘卯加於辰矣。在交界三四度之間者。是凡寅辰上有星俱相關也。若火在夘。為歸垣。若偏於寅而火在寅。亦為得局守命。偏於辰而火在辰。亦為主星守命。甲日身偏於寅者得寅宮甲木生之。偏於辰而在乙之半。又得乙木生之。乙日生。如命度立於乙之半。為命度逢恩。若火飛在午宮。子宮而以度對之。如得偏於乙之半者。亦逢生也。飛在子乃有田宅之人。飛在午乃功名利達之人。如有水孛傷之。若局格高。雖不妨其名利。而災病在所不免。此宮坐命。有淺深互加。以淺深互加言之。一宮三十度有奇。日初入則為淺。日將出則為深。命度入淺則八歲至十五歲是卯加辰。若有水在辰。辰金生水為灾愈甚。十六歲至二十一歲是辰加辰。二十二至二十六歲是辰加巳。巳上加見辰水。謂之宮躍入垣。能尅我命主。如命度入深。則自一歲至七歲是卯加寅。雖坐命於卯。而却一半在寅。起自八歲至十五是卯加卯。此伏吟加盤也。大抵日漸淺而漸深。不可便以為淺。便以為深。返旋加減。則命度自明。若行限。又要看中氣在何宮上。如逢職元局主卦氣天馬。必能為福。逢歲殺刑囚。直難必能為禍。不可一例推之。所謂番覆互加卯子加夘丑加寅午加酉未加申吉凶可以通斷要之十二宮之最切者無如戌酉以其關我官福有好星在土則吉有惡星在上必凶其次申未蓋遷移與八殺相關難星居之俱不足月臨之亦未善更火星臨之為灾愈甚太陽為官祿之主最喜入命輔以吉曜更加月酉木未斷為金紫金土羅同在夘或金在夘而水土羅在亥未皆主刑傷羅在夘而日與計在酉主孤日與火孛同入夘計寅羅申或月與羅同在丑日與火計孛同在未皆主路死此宮所忌者水孛若生於春夏木火土令我强彼弱水力終殺生於七八月者以難加直愈凶冬月水宿經於寅夘之間此時木衰火

死水正得時。若得水星合木。木能生火。乃絶而復續。只怕助之金字。夭折必矣。

辰宫

辰宫。亢四至氐一。屬乙之正。乙庚年歲德合。十月天德。巳酉丑月月合。吉。巳人七殺。卯天鋒。凶。軫十六至軫十屬巽之半。辛年卦氣。十一月天德。吉。以金為主。喜秋生。及冬月。庚辛人吉。最重土計。田嗣恩星滿月。又重日月為官福。火雖為難。却是財妻科甲。夜見為福。晝則無功。戊庚辛人多為不利。甲巳丁人見之為喜。秋令則名利兩全。夏令則名為利奪。行陰道。財福最多。居陽分。人多貪吝。喜

遇土計躔土度若受水孛尅縱不為禍亦不能為福木炁水孛為
閑星其空陷無甚關係中有軫角亢三宿本同水在金中土不為
忌角木春生陰依陽用如甲乙干納音木先忌金羅次嫌火炁其
他干音不同一云角木乃金頭斧柄之木初度至三度與軫為隣
論木怕金四度後木入金孔與金融浹論金喜金水仇火羅此宮
命生冬月金依太陽行東方躔尾箕皆以金騎人馬為忌酉宮命
晝見為凶辰宮命夜生有禍金躔四金陞殿帷婁金火局無土計
觧者富貴而天躔四木强半吉亦以奎木為忌躔四土恩度大吉
胃度雖陷亦是金鄉躔四日四月皆大貴躔四火難度又是弱宮

辛甲人為羊刃。最凶。惟遇土計塡實返吉。躔四水出始離鄉。土計最喜會火羅。丙戌人尤妙。木炁會火羅。主星強有福。但末路崎嶇。主星弱凶而早夭。日午月未為官福守垣。反此為互垣。金未月辰為命宮互垣。又為內外兩台。金子土辰為子母相依。土計隨月為安身傍母。皆大富貴。忌命妻互入。金巳水辰閑神入命。主弱。冬生能令主虛。並火羅夾守。皆凶。最喜日月土計夾命。四正三合。亦喜見日月土計。四柱胎元。喜辰午丑未卯字實。酉歲合。未天德。亥月德。壬癸貴人夾命。乙亥卯未祿馬夾命。更卯巳實。大貴。申子辰華蓋。午天狗。卯穿心。戌歲破。子地符。乙羊刃。辛飛刃。凶。內彰十七角

十二亢九九斷躔軫十底一交關皆凶

此宮以金為主巳亥兩宮禍福最緊宮屬四庫祿馬不臨六害為體蓋以丣屬火火加入命而辰金受傷故為丣害辰若金火木會於一宮極凶火在亢金不美在角木秋生又無害金水同經冬令夜生更入格亦可許科第但官不尊若背太陽坐濕宮則淡薄之命人皆以金騎人馬為忌不知此與酉宮命不同蓋以丑加寅金得天盤之局若甲戊庚人有祿馬貴人是上盤之貴合下盤之祿馬奇中之奇只怕金乘火位火入金鄉不吉亥雖奴僕與命相關蓋戌中有巳辰中有亥若太陰在亥而丣未有土合之是以下盤

之亥木局入上盤之戌火局。火生土。土生金。身命相關。大利。所謂得天者貴得地者富也。午未為官福。若日月分明。歸垣得位。祿厚官高。如官福天官居相貌宮。未可言其落陷。因命官得下盤之吉以照命也。辰乃天涯地角之所。合以驛馬。臨以水孛。多是離鄉之客。若交紫炁。是僧道之流。

巳宮

巳宮。軫三至軫九屬巽之正。辛人卦炁。十一月天德。吉。翼五至張十五度屬丙之半。丙辛人歲德合。九月天德。寅午戌月月德。申子辰月月空。吉。庚七煞。巳天鋒。凶。以水為主。為官。忌孛剋度。乙人不忌金為恩財木為田用科甲並重喜強實與命相關但不宜同行則恩用相尅惟躔水度吉土計火羅並忌喜空陷畏同行為仇難作黨最凶惟土計會金星躔金度反吉土埋雙女見木炁不忌若火起高強見木炁亦為禍土為奴僕犯命臨身生來輕賤雖有基業之人亦如奴僕奔走火為疾厄犯月晝尤利害入命生來多帶殘疾雖有享用中年亦主殘傷金木為田財之主晝用則利輕義重夜用則義輕利重春木敷榮秋金堅銳雖交凶神田財亦利冬生水秉令會土計不大忌反為輔衛水會金財官得勝進身仕宦多溺貪污水會木雖生草茅亦篤文學水朝太陽為官命朝君少

弁科第。水背太陽。為官星隐伏。老無出身。水臨月孛。多貪酒色。水近太陽。多逢官貴。水逢紫炁。勤儉立身。多主僧道。水會計都。多能計筭。必熟商賈。此宮軫水翼火。蓋翼乃漁燈之火。一度至三度論火。怕孛。四度以後論水。忌土計。若云冬令火不勝水。夏令水不勝火。黨木則為火勢。臨金則歸水性。猶屬騎墻之見。軫乃汪洋之水。九度在巳。論水怕土計。十度在辰。亦論水。反喜金生。水躔四。水陞殿。貴。參度見金尤妙。躔四火。雖為四正。倘見土計。更辛甲生人大凶。躔四木。辰財。水局。丑嗣。恩局。井福亦吉。躔四金大吉。婁亦然。蓋戌與巳通故耳。躔四土難。度見金星可解。躔四日四月。非實。不吉。

月為福度。較勝。此宮最喜金水會蛇。或水申金寅巳亥。皆大貴。如福星守福。逢水為水涵蟾魄。望前後生合格。巳人。尤妙水未月申為官福互垣。水亢金軫為金水互經。日月夾命夾官。三合四正拱命。皆吉。水丑土巳為命難互垣。凶。土計在申則破宮。在未則破福。更水陷者賤。甲年生天厨文昌守。巳獨木為名甲守命。貴丙戊人祿壬癸人貴。申年歲合。亥卯未馬。四柱胎元。喜巳寅申未辰字實。皆吉。子午卯酉的殺。申子辰劫殺。未天狗。丑地符。凶。內張十六翼十九斷軀。張十五軫九交界。皆不吉。

此宮以水為主。水生冬令。得時為貴。天元屬水者昌。或三元合為一星。或日月夾三元。或經緯夾命。皆上卿之職。辛人卦炁在巽。得之最貴。此宮安命。謂之閉關局。亦謂之制局。三位互加。與卯未相關係。若火與土計守命。極凶。遇木炁制之則吉。若土計巳而木炁在卯未二宮。為無曜有曜。巳戌通關。戌為疾厄。為番覆下盤乃寅午戌上盤。乃申子辰。若火土臨之。是火生土。土尅我水。其凶可知。若三合有金。反成申子辰水局。為通關吉。上盤加申與官宮相關係。下盤是戌與巳相往來。禍福攸分。宜細詳之。命主臨於未宮。為主居福德。天盤以巳加未。猶在命也。水為官。月為福。水月同行。為官福交會。未申通關。官中有福。福中有官。若有一宮得吉。前後皆福。一星為凶。彼此受灾。未宮亦與巳相統攝。申乃官。巳乃命。禍福往來可以取驗。

午宮

午宮。張八至十四屬丙之。正丙辛人歲德合。九月天德。正五九月月德。三七十一月月空。吉。庚人七煞。巳天鋒。凶。柳十至四屬丁之半。丁壬年歲德合。正月天德。二七十一月月合。吉。辛人七煞。午天鋒。凶。中藏離卦。巳人卦氣。吉。以日為主。金水為輔。金官。水福財。火田。忌木炁為難。春生尤甚。夏忌火羅爭光。喜晝生。以四孛言。晝以木土別其用。夜以金星為權。秋令得。金官星秉令。冬令得。水財星居旺。夜水為凶。晝金用淺。以水木為文經。以金火為武畧。得水土木。為人必賢良。得金火羅計。人多勇畧。體段稍大。吉星助。凶星衛。即大貴。非小小守土官也。酉為官禄。最要緊。通加關。是命中有官。官中有命。金星入垣。多行於春夏。晝會太陽。亦貴。但為官。多有讒謗。金居田宅。多行秋冬。夜會太陰。名利兼全。秋金主富。人多義氣剛方。冬金主煞。人多精强勇敢。金生在巳。居官多主貪汚。金絕於寅。為官必主激駁。若金水得經純粹。亦為富厚之命。木兼殺難。生九十月。木起高强。臨官福命宮三合。人必多厄。若臨疾垣。是難星入難。為災尤甚。烝同木斷。惟晝見為小忌。或臨於日月及福禄二宮中年多殘疾秋冬生金主令木終衰害輕若金居午月居酉身入官官入命當為公相此宮三宿固為日宮但張月乃陽極陰生之月一度至三度以日論四度以後論月怕土計星日離明之精太陽正垣忌木炁柳土離明天河之土四度後在午季月生忌木炁並忌火羅此土最貴多孤寡日躔四月諸吉躔則陰陽合德諸凶會則陰陽反背望日忌躔畢月雖官宮乃西沉之地更酉戌亥時生者天躔四水四火惟室壁見木炁為主入難局餘水火財福田度吉四木難度且陷最凶四金官度貴吉四土賤度惟在子午夘酉更戊子人為名甲度吉七月夘時生人星度立命金水或柳

張未巳無混者。極貴。餘或正四十月。日在虛房昴。金水左右夾輔
者。皆貴。又喜官福守垣互垣。金水在巳酉。皆主貪汚壞名。蓋官不
宜生財也。火羅壞金。土計壞水。皆賤。惟宜金水與日有情。秋生旺
官。冬生旺財。木炁在巳破財。申破福。酉破官。遇金可敵。亦宜木炁
空陷。或日戌月酉金水無混。亦吉。喜日月夾金。夾水皆吉。四柱胎
元。喜午巳申酉夘坐實。丁巳祿。辛人貴。辛夘貴殿。乙天廚文昌。庚
天官祿。未人歲合。皆吉。巳酉丑咸池。遇孛淫破。丙戌羊刃。子歲破。
寅地符。申天狗。凶。內梛十三星六斷。躔梛四張十四交界。凶。
午為離明。四位互加。夘加午。午通酉。官祿最緊。六巳人卦祿在午。

午以太陽為主。金水為官福。若金水日在命。為官福朝陽。極貴。若太陽在未。而太陰在午。須要金助月。水助陽。方合格。否則為身命落陷。若金水日在酉。天盤以午加酉。在夘天盤以夘加午。此皆大貴。月在戌而日在酉。雖曰日月西沉。實是日月入垣。若庚人卦氣在震。則卦炁加入命。若午未生人。又是日月登駕。此皆卿相之命。若太陽與木在巳。太陰與炁在申。更混以刑囚直難等星。四柱再有寅申巳亥。其刑害可知。若太陰在戌。天盤未又加戌。日月同宮。此為君臣慶會。更有金水居辰未戌三宮。宛轉互加。皆是日月夾官夾福。若柱中透出午宮之卦炁。或透出午夘酉之卦炁。或透四宮之祿。皆及第命。若日月不會。無足取。此宮人多以火羅計孛為嫌。不知太陽當空。群凶自伏。太陽君。火羅計孛臣。臣豈能犯君。且羅計中分五五。是首尾攔截。人多超達者。更加善星在巳午未申。此乃吉星為助。凶星為衛。必有制闔之。權惟木炁星為疾厄。雖至尊不免。故為忌。若化直難。近水孛。加入身命。尤惡。更有日在外火在午者。多主父子不和。或兄弟失倫。行限見木炁。非犯刑定惡疾。

未宮

未宮。鬼初至柳三屬丁之正。丁壬年歲德合。正月天德。三七十一月月合。吉。辛人七殺。午天鋒。凶。井十五至井九屬坤之半。乙癸人卦氣。二月天德。吉。以月為主。所重日財。金恩福田。火官嗣。喜强實。忌土計為難。木炁為用。水孛為閑星。喜空陷。着成何格局喜秋令望前夜生。忌朔晦晝生減力。此宮以火金月為局。主月與火會同功一體。夜生火金會月。為官福會身。福大而緊。金會月為長庚伴月經云、金星伴月。常俗曉。迎朔相逢。事業宏。此金月火。體用最大。蓋未屬陰。以陰屬陰。以陰類陰。其用備矣。或金火月。晝會只軟弱。亦不為忌。日會星為田財。相會吉。土難遭遇。陰消陽長。不甚為災。夜逢必為災厄。木炁制庶幾。火羅助過速不惟災厄。傷身亦且壽元不久。此宮三宿。柳土與井鬼差殊。不以土為難。火為忌。羅孛臨之亦無患。月躔為月掛椰梢。鬼金天上鬼眼之金。月之正垣。夜生喜金忌計。秋生畏火羅。八月土亦碍。井木西井丹桂之木。九度至十四度。亥卯未三合木局。忌土金畏炁。十五度至末。蟾宮月影。忌土計掩。光喜金煥發。大抵未宮命。土星高强為忌。戌為官祿。夜火顯用。官高名重。晝火無光。有官不顯。夏令得時。官途炬赫。水孛合火。驕淫敗亡。木炁合火。清廉見用。月躔四木度。乃四正强宮。吉。甲人尤喜。但稍勞祿。躔四金恩福度。大吉。庚辛人尤喜。躔四土。柳財氏嗣胃福皆吉。戊己人尤喜。惟壬人羊刃在女土者凶。四月度陛毁。危月喜會金火。躔四日。能借其光。惟朔日生者為忌。而虛日為

土難正垣凶四火官度丙丁人夜生者吉尾觜晝生凶躔四水巳
軫為月居閼極利壬癸丙戌人亥壁亦吉箕參平平喜孛月躔鬼
更利乙人喜長庚伴月更利丁人金酉為福星守福火戌為官曜
居官日星為財星陞殿大貴月辰金巳火夘為官福夾主金申火
午為官福夾宮喜官福守垣忌互垣蓋火破酉金金戌受尅也土
計入命三合木局無妨忌火羅黨之不免殘夭土計入酉為生福
不為壞福四柱胎元喜午未辰戌酉塡實此宮命與午不忌空亡
蓋日月喜淨也甲戊庚貴午歲合戌天德寅月德吉丁巳羊刃亥
夘未華蓋酉天狗辰三殺夘地符丑歲破子六害凶內井三十一

鬼二戌亥時斷躔井九子丑時柳三戌亥時生名交闕皆欠美此宮以月為主金月火乃王方之主也其關係最重夜生明健富貴無比若晝生亦無凶害但少力耳卯亥有星最緊吉星臨之十分吉凶星臨之十分凶金為福德火為官星若火在亥卯未三宮謂之文昌局其人必發高科若獨一太陰在亥火卯金丑此乃漏闕格卿相之命土計乃吾之難一云守命最凶若三合有木炁臨之是土居木局木能制土未必為害若有火居三合或火與木炁同行是木生火火生土殺星有黨豈不為禍若水星與月同居未宮謂之一星伴月若月居午而日居未此為日月並垣輔之以金

水未有不貴又為内外二臺乃給諫之命巳酉丑為福德之合金
居其上為入局若木星臨金局則受制多破蕩火星臨金局則尅
金為破福皆不吉戌為官禄忌見水孛與巳相沓復但恐戌中無
星巳中有曜是暗中有害即不可救雖寅午戌三合得吉輔亦為
外助不能制内患也子為疾厄太陰居之為身入鬼鄉若戊生人
則卦炁在子癸生人為祟勳子生人為歲駕不可概言凶

申宮

申宮井二至井八屬坤之正乙癸人卦氣二月生天德吉畢十三
至畢七屬庚之半乙庚人歲德合十二月天德巳酉丑月月德二

六十月月空吉甲人七殺申天鋒凶以水為命主為田木為用為官為科甲與寅之沐通論月為財金為恩為嗣諸吉最喜强實所忌者土計喜其空陷與金同行水月為田財夜生得用生理厚實木火為官福晝則喜木夜則喜火春令木强官星得勢雖逢金不忌官必顯達夏令火炎福星得地雖遇水不畏福氣尤重申為水長生地與絶處水不同土不能勝水不能滅遇金亦熾遇火亦熱四時不竭此宮四宿井水初度至八度木浸寒潭體質不堅遇金不畏遇土能沉雖云晝生畏金亦不忌春夏木盛火熾金雖高不懼若秋冬金行東南徵忌然生夜望亦不為凶參水正垣寒潭清

凉之水。喜金忌土計。觜火水垣忌土計。此度主流離汩沒。畢月寒潭月影。論月忌土計。喜金。須尋太陰所躔。若居陽分。雖有土計無傷。居陰切忌。水躔四金度。最忌與火羅同躔。火星與善同則為福。與不善同則為仇。惟視主之强弱如何。喜生秋冬。忌季月。喜躔四水度。與金同行。喜日月夾命。三合四正。喜見日月金水。如水參日畢月井。主星陞殿。日月緊夾。一品之貴。躔四火福度。丙丁人尤妙。但忌與土計會。躔四木井角奎。皆貴。甲乙人尤妙。惟斗疾厄欠美。躔四金恩度。皆吉。丑雖疾厄。喜是金局。墳實大吉。躔四土難度。最凶。惟金可解。木炁可救。躔四月財度。主富。四日度平平。月入未為

財星入局。更與金水會。可比素封。躔張月度為居閉極貴。水入辰
躔亢。金入申。躔參為子。母相顧。或水亥木申為命宮互垣。貴不喜
命福互垣。土雖為難。入辰見金反生命生嗣。惟入未破財。入巳破
田。三合見金方吉。金雖為恩。入寅亥與木星會。反尅妻尅官。會土
計尤甚。如金躔箕壁。木躔尾室。凶中有吉。四柱胎元喜未申巳亥
戌五字。實庚人祿。庚午寅戌祿馬會。謂之飛騰祿。最妙。丙戌文昌。
巳天廚。納音水人為長生。申子辰命為生氣。皆吉。亥夘未刼殺。巳
三刑。亥六害。辰地符。戌天狗。皆凶。内紫火無氣。不宜安命。多夭。畢
十六參十斷躔畢七井八交關凶

此宮為諸不入局。未宮星宿。亦畧相關。丑上星辰。乃吾至緊。雖所屬與巳相類。而實不同。巳宮見土計大凶。此則怕計為重。怕土為輕。蓋土雖申宮之難。亦是三限中之一物。若六庚六辛生人。稟西方金氣。是土生金而金生水。況申宮原有庚金。四柱又透出。豈不能化土而生水。此乃干神妙用。若戊巳生人。又值夜生。未必無灾。木為官星守命。最吉。如值秋金剥削。乃虛名虛利。乙癸生人。卦炁在坤。五星合格。官至卿相。縱主星背命。亦有外藩之望。所忌者。晝之火羅。與孛交爭。若四柱有寅巳。又怕太陰在巳。此為四正逢刑。更加亡刼羊刃火計。其凶難免。如金與水在巳。則為金水會蛇。貴格若金水日月居午不作閼極落陷論乃子母日月同宮更六丁生人必大發福戌為火局水居之一則失其本垣二則破我福德若得木到水隨木化反凶為吉亥為官宮木居之為官主入垣火居之為變官為福若月在亥水在巳為錦上添花更火星在未而木在卯官福俱入明健得之極貴子為遷移水星居之逢生旺則吉受尅則凶子又為帝座如生冬月有日月左右夾之必三臺八座丑為八殺水星居之既為八殺有星申加丑又為命主入垣皆吉但恐土計加臨反廢疾早夭寅為妻妾水居之木泄水氣必是寒儒如火羅同入寅照命又入貴格

酉宮

酉宮畢初至畢六屬庚之正。乙庚年歲德合。丑月天德四八十二月月德二六十月月空吉甲人七殺申天鋒凶胃十至四屬辛之半丙辛年歲德合四月天德正五九月合吉乙人七煞酉天鋒凶內藏兌卦丁人卦炁以金為主喜秋生及季月所重土為恩為官水為用財嗣最喜強審稍生火羅為難喜其空陷喜與土計同行並躔土度忌與木炁同行木雖仇又為福主星合格水孛滋扶能為福止有暗疾甲乙及納音木人皆好命主不合格則水炁不喜生扶酉宮金主土生四季官高祿厚水日主田財晝見田財必厚惟火與金勢不兩立春月金行西方氣質尚柔誠為忌火夏月金行午未間金火相刑戰必敗至秋金臨辰巳間金主得時火不能勝不貴亦富縱不得地命亦安强冬月金行丑寅左右水司令金水相依水强火伏金星又勝火金會合亦可無凶此宮三宿畢月初度至四度與金同晝生忌火昴日西沉日影雖曰太陽只從金用喜生巳酉丑月春夏生見土計發用怕木炁火羅怕木炁輕怕火羅重胃土泥灶之土五度至八度烝月論土怕木炁九度至末度又鏞金之土論金只怕火羅不怕木炁諸宮之切亥子以至於寅官祿子四正往來若羊刃加刑中年反復初主有變若四正無

凶羊刃有吉曜臨之則為富貴癸卯癸酉子巳卯巳酉篤丁卯丁
酉午此六命官祿為吉以有崇勳四正為得也丑遷移土為主以
未加丑是墓木制土太陰居之為吉金躔四日昴卯為正垣虛官恩
見土計大貴房科甲亦吉躔四金惟牛為金局會命主貴鬼亢無
填實寔無土計止是虛名躔四土恩度皆大貴躔四火難度巳翼
亥室會土計者吉尾火入難局惟土計水孛解之無凶四水財度
平平惟箕不吉冬生泄氣四月度四正吉四木見火羅大凶子午
卯酉巳丑見日月土計金者大吉月居閉極亦吉金子土酉為命
官互垣金申水酉為財命互垣金巳水申為子母相顧皆吉喜兩

恩夾命。忌兩難夾命。土計為恩。不宜與水孛同行於申巳。能尅財子。若土計入此二宮。不見水星。是土能生金。亦生水。乃五行顛倒之法。火羅雖難。却喜入子丑。遇土計。如二宮四正三方。不見土星。是火能尅金。亦尅土。不吉。水星不喜對照。與火星會。主尅妻宮福不喜。互垣。四柱胎元。喜申酉午子亥。實字。六辛人祿酉。丁貴丁巳。文昌。壬天廚辰。歲合。皆吉。庚羊刃寅。申巳亥的破。申子辰咸池亥。天狗。巳地符。皆凶。内胃十五昴十並胃四畢六戌亥時斷躔皆不吉。

此宮以反吟為體。若四柱透出乙木。又透辛金。是為反吟之體。有傷始終欠美以其透祿而傷之也金為命主土為官星如金居官祿而土入命宮者必貴宮神兑丁年生人得卦氣最吉或用神是丁亦美若入入命宮不作木到大梁乃是祿星入命若變為天宮星酉中有辛或年干又是辛有辛金以傷木福主傷縱生豪富之家不免有禍若有水孛入命以財星而生福主名猶可成但恐生冬令為落木無用金喜土計怕火羅如寅午戌三位火羅居之是鬼賊交橫要路混之以木炁則黨惡為凶混之以土計則轉禍為福若命主在辰金星入垣不以奴僕弱宮論若火星在戌辰加戌戌加辰俱是刑星為忌若水在辰金反生水水能剋火是子禦寇

也。若金在午。土在子。子午相加。土金相生。互換皆見官禄。金在巳。木在亥。亥巳相加。又是命主與福德互換。若木巳土午。巳加亥福德入垣。午加子官禄入垣。皆是富貴之格。寅為八殺。木居之為難星入垣。倘申又有火居之。木火相煽為害必矣。

戌宮

戌宮。婁九至胃三屬辛之正。丙辛年歲德合。四月天德。正五九月月合。吉。乙人七殺。酉天鋒凶。奎八至奎二屬乾之半。壬甲人卦氣正月天德。吉。以火為主。忌羅刻度。癸人不忌。宜春夏夜生。宜丙丁及納音火人。所重者土。為用官。福宜守命與火會大貴。木炁雖陰刦是恩星。但忌與土同行。金雖仇刦是財帛科甲。第嫌與水孛相會。命主弱大凶。水孛喜空陷。與木同行。躔四木度則化為恩。此宫二宿。婁乃火中紅金。金中無位。惟生秋月。喜得土生。斯逢火不畏。取金用。餘月通以火斷。經曰、水泛白羊。躔婁最緊。若生夏月不論。婁奎皆以火論。奎乃文昌之宿。天府閣書。命居之多俊秀。為官必居清要。在草茅亦老於文儒。又火柴之木。初度至三度論木。忌金炁。四度以後論火。怕水。生春令。得水遇金不怕。以火中之木。金不能為害。戌宫命。命中有卯。對宫有酉。卯酉辰戌為六合。體官祿在丑。田宅在未。子午加之。刦為六害。六合則多和合。六害則多讒謗。

火躔四火陞殿。觜無氣。翼亦水垣。尾火局。室木局。填實而遇木炁大貴。躔四土官福度大吉。惟夘喜實。躔四木恩度大吉。躔四金科甲度亦吉。惟四水最凶。得木炁土計解稍可。四日四月俱吉。房心惡弱。無實者凶。最忌日月夾命夾官福。辰戌丑未及寅午宮。見日月木炁火土皆大吉。喜木炁夾命。官命命福互垣。日戌火午寅木炁大貴。木炁不喜與土會於子丑。獨木炁在子丑。又吉水孛會太陰為安身傍鬼。四柱胎元。喜戌酉丑未子實字。丙丁雙貴。夾命辛已酉丑祿馬夾命。夘歲合。已月德。丑天德。皆吉。辛雖羊刃。有文昌亦吉。寅午戌華蓋。子天狗。午地符。酉天空六害。皆凶。內奎十六婁十二斷躔。奎二胃三交關。戌亥時生。皆不吉。

此宮以火為主。六合為體。以巳為番覆。以邠為加盤。邠之關係猶輕。巳之關係尤重。此宮無祿馬。無卦炁。須以番覆觀之。若土守命宮。謂之官福守命。更是丙生人。乃九卿之貴。若與水同行。則水濕其土。滅戌宮火。所謂魯邦居業。辰從鎮官福俱傷盡。反為貧賤。戌命以太陰居未。為真入格。若太陰不在未而在寅。是未加寅。得上盤之田宅。金居酉則為財臨財。若金不在酉而在辰。是酉加辰。亦無中有曜。皆富命。若太陰守命。是為田來拜。主田地豐肥。倘混以刑囚暗耗等星。主門庭寂寞。丙丁生人二貴夾。命得吉者則腰金衣紫得凶者六曹吏也天盤以戌加巳若水星加巳是為難星入命化吉則吉化凶則凶若火居巳宮不為命主入奴僕乃命主歸垣也更陞殿朝元必登甲第丑為官祿火星居之以午加丑則曰命主乘旺最奇或太陰居之則曰日中見斗乃得中之失再論水之為忌居命則水泛白羊生於春者水從木化雖凶亦輕其他時節雖不居四正之位但是命宮合之限度合之却為利害冬月火衰已甚水又司令若無日制其災更慘

亥宮

亥宮壁四至奎一屬乾之正甲壬人卦氣五月天德吉室四至危

十三屬壬之半丁壬年歲德合三月天德申子辰月德正五九月
月空丙人七殺亥天鋒凶以木為主為官最重春冬生以水火
為田財火月夜生得用身主臨財又勝火獨行宜夜並行宜晝若
夜生水火交行是客星攻主金在命左右春木盛金柔不足畏夏
月金犇馳於西南火盛金衰不能傷木惟秋金主煞行東南冬金
行東北晝見或木金合度或木行金後皆為害曜命遇之主殘疾
甚而夭若有水火以濟庶幾見土計助為毒尤大此宫三宿奎木
忌金烝壁乃文章之宿初度二度春命論木三度至九度論水怕
土輕怕計重以亥夘未皆木局與他宫立命土星躔壁取用又差

只此宮。惟土不入命。但居於强猶不碍。若木居别宮。三合見土與
難星同一斷也。室火乃木尾之火。初一二度論火。夏命尤妙。三度
至末度論木。喜水孛。忌金羅炁計。蓋室宿乃亥之正度。是木宮之
火。四時俱不離乎木。以木母火子。必有木而後有火也。金居福德。
雖曰土垣。實為金局。身主臨之。難為福德。木到丑。亦為木入金局。
有水化方得用。木躔四木。惟井木最吉。蓋木局木庫。又母去附子。
會水孛者大貴。躔奎木會火星。亦主貪財壞名。丑斗福宮。忌逢金
尅角疾厄。喜填實。會水孛。躔四水恩。度喜金照大吉。四火財度。四
正吉。四金本難度。婁金為財。鬼為子。牛為福。亢雖為難。然是水局

四度見水孛皆返凶為吉躔四土福度戌之胃未之柳丑之女猶為福酉之胃午之柳辰卯之氐子之女皆為凶壬癸人忌度大凶見金夭折四日月皆為不美而月猶為男女心度稍可忌秋生所重水孛為田妻恩火為財用金同水孛躔水度則有功同火羅躔火度則無禍忌與土計會則益其惡水火不宜同躔則戰惟木度無害太陰在酉為傍兔日月水木居四正及卯未拱命皆合格最喜日月水孛夾命夾主不喜官福五垣土尾木斗稍合格日月五星守寅丑子為朝天門極貴四柱胎元喜亥寅申戌丑實字寅歲合壬祿巳酉丑馬丙丁坐貴向祿癸巳酉丑坐馬向祿庚文昌癸

天廚皆吉。寅午戌劫殺。丑天狗。未地符。申六害。皆凶。內危十五、室十七、壁九戌亥時生曰斷躔。危十二、子丑時生奎二戌亥時生交界淺度皆不吉。

此宮以木為主。以三合為體。大概與未相同。木在亥寅為官命入垣。木居遷移亦為吉。用木在未得上盤亥字。猶在命也。如在辰為八殺。或以金傷為碍。不知八殺有金則忌。無金有水則是申子辰水局。是水生木為吉。只怕木與太陰居酉為身命入鬼鄉。或見土計助之。尤慘毒。木在丑亦為木入金局。不可以木尅土為財論。寅為官祿。木臨三合。為官星得地。晝見居強。又為官祿貴格。若夜得火强。為財局。却主富厚。如木星得局。失於戰尅。雖有官亦多譏謗。火星得局。失於戰尅。雖有財亦常耗散。土為福德。若土星居亥。是為福星守命。亦有福人。若與木同宮。乃同室操戈。必主骨肉不和。六親冷淡。且以命主而傷福德。壽雖永而福不十全。縱財星歸垣。終是勞心費力。若孛居戌而火受傷。貧困可知。炁星守命。亦為官星入垣。以寅宮論炁也。若炁土同居命位。不為同室操戈。乃宮福守命。又以貴格取之。壬甲生人。卦氣在命。必主清高富貴。若以壬甲為用神而守命。加以日月朝天。或金居衛分。而水星與木同居巽宮。四柱又透出辛金者。必卿相。

會合星辰九云百六者。乃洞微百六限也。

太陽星同宮

日月同宮更並明。文章華國舊聲名。晝夜分司兼旺廟。德孚明主秉鈞衡。

日木同宮君得臣。日如為主反災迍。木星是主兼乘旺。必作當朝上貴人。

日火同宮火氣炎。禍盈百六莫逃潛。天災遇此民遭厄。秋冬夜值不為嫌。飛限數有不及者。乃百六限交飛限亦隨交故也。

日土相逢慶瑞饒。庶人龍首佐皇朝。星臨百六邦家泰。萬福攸同災禍消。

金水朝陽福慶盈。人生值此賀昇平。若逢百六加官祿。天育奇才播大名。

太陽紫炁喜相逢。澤潤生民稼穡豐。百六遇時祥瑞應。人生會此必三公。　日孛同宮最不嘉。只宜為旅不宜家。生逢白晝多災疾。夜則康寧無嘆嗟。　太陽朔值計羅侵。奔走衣祿難稱心。若無災疾侵雙目。椿樹早凋禍患臨。

太陰同宮

月木同宮瑞世兒。文過賈董貴人知。如當百六真為福。男主封侯女作妃。　月火同宮最不宜。平生好惹是和非。却因繼母生災厄。壽至中年七十稀。　月土會遇必為災。偏產頑愚稚質骸。父母兩重人夭壽。忠臣失職竄天涯。　月金二曜喜相交。百六逢之慶瑞色。天產奇人扶社稷。官居列土與分茅。　月水相逢是福階。天生七步好奇才温純德厚榮尊爵。百六當之瑞慶來。 月炁相逢大吉祥。少年滿腹盡文章。若逢百六官高貴。福被生靈慶且昌。 太陰若與孛同宮。太乙抱蟾格喜逢。如是火星爲命主。奴煞監身便有凶。 太陰天首喜相隨。智將鷹揚塞外威。只恐望霄生叛逆。禍臨百六可傷悲。 太陰天尾望霄同。爰産奸凶不孝忠。不在望時終怯。質投河毒藥或瘟逢。

木星同宮。

木星會火喜偏饒。値此官尊福壽遥。百六會時家國泰。忠臣孝子滿皇朝。 木星與土喜同宮。百六逢之祿穡豐。會此乘軒衮冕貴。

名標青史著奇功。

木金相會異諸星。喜曜如同萬福興。百六會時多吉慶。功名指日顯朝廷。

天命之宮木水呈。一生聰俊才莫京。三方更在高強位。金榜魏登第一名。

木星紫炁福偏隆。百六逢之慶不窮。更在廣宮陰德重。官為師相位侯封。

木星若與孛同鄉。縱有驚憂變吉祥。巨蟹宮中如會遇。少年榮折桂枝香。

歲德羅睺如會逢。須分晝夜喜陽宮。夜生只為僕財職。晝至分茅韓魏公。

木星若也相逢計。天尾凶災得木制。百六當之禍自除。文學淵源財福至。

火星同宮

火土同宮主性凶。夜熒晝土福偏隆。强宮得地兼行順。列土封侯祿萬鍾。從來熒惑怕逢金共照陰陽必主淫。更有惡星來剋戰不過强仕即悲吟。申宮爲陰陽。故云共照。火星逢水自相刑怕在陽宮與晝生不滿三旬。防横死須逢土制始安寧。火星同派最廉平才學孤高福壽盈火孛如同遭虎害或生膿血喪殘生。一火星最忌見羅睺害義傷廉大可愁。兵火焚燒遭刧掠金珠穀粟總無留。火星忌與計都居風疾令人壞此軀。百六若逢才學盛封侯萬里也遭誅。

土星同宮

土星躔度會金星。妻妾榮華福禄興。一躍禹門真有日。更兼奇異活人能。土星若與水星同。學行孤高胆氣雄。秉節揮戈文武備。福軀百六慶無窮。土星會炁日生。宜冠冕榮身職位巍。若是夜生人值此。一生貧苦有誰依。土守宮中月孛臨。布衣從此出儒林。若居丑上逢牛斗。三品官高衆仰欽。土星最忌會羅睺。百六天灾大可愁。異疾怪形保安穩。女須墮產最堪憂。土計如躔同一宮。人生薄賤更顛蒙。流徒溺水兼疽患。百六天災萬種凶。

金星同宮

金星與水如同在。俯取官榮如拾芥。生人遇此福非常。百六逢之多吉泰。 太白相逢紫炁親。禹門先躍化龍身。威加夷狄為良將。燮理陰陽佐帝臣。 金星月孛若同行。年少須多尅與刑。到着晚年還有祿。家居金玉保康寧。 金星不可逢天首。狼戾奸兇為契友。富豪苗裔也卑微。百六逢之災必有。 金星設或逢天尾。人值奸邪計多詭。百六當之大不祥。財散人亡災禍起。

水星同宮

水星紫炁會為祥。天產奇人福祿昌。官爵顯榮家又富。千斯倉兮萬斯箱。 辰星月孛如相會。男子為奴女為婢。邪淫奸宄主貧富。處世千謀無一遂。 水星最忌與羅同。詭詐無廉一世窮。不壽不忠天譴責不然音啞盲而聾。水與計都相照會缺唇跛足並駝。背男生癖疾女多淫或是逃亡與徒配。

紫炁同宮

天乙宮中太乙逢。離鄉背井道途中。多情多慾仍為盜。百計千方也自窮。紫炁羅睺喜會同。人生剛毅總英雄。揮戈指日平奸虜。笑取功名反掌中。紫炁相逢天尾侵。家多粟帛積千金。廟堂人值貔蟬任。只有身宮不可臨。

月孛同宮

孛星若與羅睺會。勒石紀功揚塞外。常人遇此主多殃。百六遇時灾愈大。月孛偏嫌與計逢。人生薄賤又貧窮。須招風疾并癆瘵。
百六當之不善終。

埤言王昌齡所

互換星辰。此言身命二主

内外兩台星明淨。命主入身身入命。互垣須是福來隨。管取一生常吉慶。命宮為内台。身宮為外台。

相貌身命互相居。堂堂容貌好奇軀。如有煞星來守照。若非相破貌頑愚。

福德宮中身命來。一生福慶不用猜。福德若居身命上。互垣官爵至三台。官福若還互相入。官高福厚永無災。

官祿宮中身命逢。高強爵位至三公。設使互垣彼此見。蔭子封妻祿萬鍾。財官相互因財貴。官嗣交居子必豐。

命入遷移財入命。營運為商身無定。遷移若入身命中。奔走東西不能靜。遷移宮中身命棲。過房離祖定無疑。若不贅居並出繼。必是奴養庶生兒。八煞宮中身命逢。操權耀武有威風。若還煞主來入命。疾病躔身財祿空。身命飛躔妻妾中。應須入贅外財豐。妻居田。位粧奩厚疾厄居。妻妻妾凶。奴星或來守主舍。主星或起入奴家。不是隨娘改嫁去。也須換父作生涯。奴僕宮中身命伏。縱有吉星也勞祿。身閑心自不能閑。更被小人多反覆。男女宮中身命臨。母來顧子福元深。男女更居身命上。子來顧母愈關心。田宅宮中身命到。貯積金銀無破耗。田主身命如亙垣。庄田廣置多營造。閑極如居身命宮。平生名利總成空。白日只須閑袖手。不知衣食自西東。身命入閑閑入命。若帶孤刑僧道定。閑主宮星西互垣為人到老無權柄。第三宫中號閑極。五星不得此兒力。惟有月向此中生。却與命宫添福德。財帛身命互相住。更喜田宅來相遇。若無暗耗與刑囚。富比石崇多積聚。

論星辰聚會所主禍福歌訣

計羅日月名為蝕。入命父娘須見剋。田宅宫中若遇之。破蕩祖宗田與宅。命宫金木孛計火。多則疊刑多剋破。年少緣何早逝傾。火孛土、計命宫坐。命宫日火孛金水。少剋父娘多蹇否。金水孛計相會同。迷花戀酒無窮已。孛水耽花亦耽酒、計都土孛須防夭。若還金水木會時。主有文章多解曉。土金紫氣日月同。資蔭為官藉祖公金火羅睺為武貴。若還陷沒苦貧窮。

論星辰對照所主休咎歌訣

五星對照為相望。消息灾祥此為上。衆曜何從辨吉凶。就中火土多灾障。對在强宮並見月。中年困苦多消歇。陰宮水照沒江湖。陽宮虎狼來損嗌。少男少女少貲財。多病多迍多口舌。或為藥毒或遭徒。此法與君皆具說。暗曜陽宮或對土。復在陰宮更貧苦。火金相望不宜婚。金月相當必傷婦。鎮星對月須蹇否。為事妖訛濫身體。火月促壽或狂風。非特自傷兼父死。水月土星對望時。此為忌曜自身悲。那堪土月相臨照。母位須防又不宜。更有何星嫌對坐。

土星對月照就火。火螢轉照月土星。火月相對皆為禍。不然同在土之宮或守月行西沒界。此為夭折貧賤人。仍更災危多破敗。

論星辰聚會所主性格訣

命宮金木水星同。主有文章性慧聰。金紫土星為性懶。遊行出入逺西東。紫炁臨宮慈者善。火星性急土性慢。命逢水火無定情。凡事臨機能應變。計孛火星同入命。為人凶狠多愚性。日來會木主聰明。月木慈和存善行。火土會命多兇愚。土孛計都毒害。夫計水孛金同會處奸貪。為性不差殊。

身命財田官福相守宮歌

內外二台君且聽。命主入身身入命。縱教生煞會凶星。富貴榮華天賦定　身命主坐田宅。千倉萬箱無破尅。田宅之主入命來。管取珍珠多蓄積　身命主守子孫。母乃附子豈無恩。子星若還回顧。母官高祿厚世推尊。身命主入奴僕。縱有吉星也勞碌。身心放下作閑人。猶忌小人生反復。身命主入妻宮。妻財昌盛貌雍容。妻主若還來入命。定招外舍橫財通。身命主入八煞。財祿少年當早發。若還煞星來入命。疾厄纏身難解脫。身命主入遷移。過房出祖定無疑。若不贅居並入舍。也須偏産庶生兒。財帛主田宅。主身命二星喜相遇。若無暗曜與刑囚。可與石崇鬬豪富。

閑極主入命宮縱為吉曜總成空白日只宜閑袖手不知衣祿自何從　官祿主入命宮縱為忌曜不成空命主若還入官祿互垣終是拜三公　福德主入命來斷主福壽永無災命主若還居福德互垣終是拜三台　相貌主入命鄉命居相貌貌堂堂若是煞星來會此破相多灾貌不揚

政餘同垣宜忌喬廟歌

木逢紫氣本來凶若居午酉又難同行限逢之人必吉此是餘奴救主翁　金星為用火同躔未可一例作凶論畫裡生人貧且夭夜生福壽必雙全　四季　司權號令星若還受尅始為亨且如木

旺逢金尅可許榮華福祿迎。水生冬月與金同。子盛母衰反不忠。人命若逢申酉限。金星垣廟盡皆空。中弦之月十分明。垣廟皆言是吉神。限行至此反無福。月正揚輝怕晝生。晝見星辰夜見時。限逢福作五分推。陰星垣廟如逢晝。命限相逢大不宜。火羅金月是陰星。遇夜生人最有情。若為官福並身命。三台八座有聲名。水木土日計屬陽。更加炁孛一例詳。晝生垣廟臨身命。限裡相逢福愈昌。火羅計孛果為剛。紫木純柔也不祥。若得剛柔相濟遇。為權為福定非常。火羅夾命福滔天。縱犯凶星福亦堅。金命生人還不足。必然夭死在童年。火羅計孛四雄星加臨財帛福彌深。若也財星更明白。其家必定置千金。 計孛名為紙筆。星如居田宅最堪嗔。破家蕩產令人笑。命好除非自立成。 星辰得時最為良。惡曜相逢也不妨。得地不須為弱論。失時何必在高強。尅命忌囚暗耗。刑更兼破劫及鋒星。逢空有吉皆無禍。太歲相冲又不寧。 凶星行限要空亡。吉曜空亡又不祥。吉曜空亡還減福。凶星空了却無妨。 土星行限原怕計。只要當生木同制。限行至此無大禍。它星亦可為前例。 尅命之星真可畏。命宮切忌逢刑至。若還臨限又逢凶。惡死身亡須棄市。 陽及行限最為凶。莫使凶星在限中。限吉還須有刑尅。限凶終是禍重重。 飛刃星辰陽及鄉。及星互換實堪傷。無破無空如逢此。縱有相生亦少亡。破碎星辰不出宮。那堪行限在其中。若非官事並喪服。到此終須百事凶。鬼曜星辰坐命宮。那堪行限一般同。無破無空傷限命。可憐揮淚對西風。

星辰妙度歌 辛侍制

太陽東出度經房。腰下須懸金印黃。玉兔始生心宿度。桓圭衮冕侍君王。鎮星若也度躔氐。旌表門閭衣錦衣。熒惑正行心月度。高牙大纛擁旌旗。首曜一星度氐土。上將封侯十萬户。尾星房宿最爲佳。沙漠揚威兼宰輔。辰星偏好度躔箕。丹桂高扳第一枝。熒惑之星躔尾宿禹門一躍過天池。彗星寅位必躔箕侍宸獻策古今稀。金星若躔箕宿度功蓋諸侯披錦衣。太陰最喜度牽牛極品功高世罕儔。歲星宿躔南斗會論功列爵豈能酬。火星行度經南斗間世英雄真國寶。太白度次到牽牛朱紫分明應不朽。土星若也居南斗富貴榮華兼壽考。天乙如臨南斗方尺璧寸珠未為寶。鎮星好度女星居柱石功成鎮帝都。日宿正躔虛宿度官居輔弼掌君樞。太陰所處最宜危男必封侯女作妃。天尾度危偏福厚保安皇祚不傾危。熒惑歲星居廟室福神永鎮昇平日。水星度壁福來濃奚出千羣推第一。熒惑當之廟樂甚。官高職重為分芳。計曜躔奎度裡。來掃除妖虜似鳴雷。木到奎星須列爵文章錦繡佐王侯。太陽旺度最便奎。闖外英聲掛紫緋。又到旺宮星度胃。佩玉鳴珂朝紫陛。太陽遇昴福偏多。趨群必作人間瑞。計都又喜金躔胃。秉鉞分符除僭偽。羅睺若到昴經鄉。樊噲霍光真此類。景星最喜躔在觜。極品高官世罕比。木孛到參非失位。貴持節鉞在斯須。火星觜宿福偏洪。龍躍天池氣槩雄。水宿正行參宿度。貴居廊廟至三公。太陰本廟居秦鬼。累世緋衣居顯位。金宿經躔于鬼度。決定為官服朱紫。挽搶玉井福偏饒。邊塞藩垣任安委。木星最好東井宮。官職居高福又隆。孛宿若躔于柳度。榮昌富貴福無窮。羅睺本廟最宜張。出將英聲閫外揚。土宿若躔于柳度。虹霓胆氣錦肝腸。君日周天廟在星。功齊傅說與阿衡。水曜正行星宿度。經邦論道作儒行。太陰又喜張星度。官入中書勢望騰。火宿最好來躔翼。佐助侯邦權要職。水宿到軫是真垣。委任股肱扶玉曆。太白金星若躔亢。輔佐皇朝明聖王。木星順叚躔龍角。為官必定佐巖廊。首曜一星度龍角。六印一時都掌握。天乙來臨角亢方。萬里台星光閃爍。

政餘忌躔歌

火燒牛角水漂羊。土埋雙女命尋常。木打寶瓶須粉碎。金騎人馬實恓惶。行限之星如值此。終身貧苦走他鄉。忽臨弱地為灾淺。如占强宮見禍殃。若居官祿兼福德。傷官破福實難當。或在第五並第七。刑妻害子細推詳。

假令命在金牛宮。歲星當占寶瓶中。第一吉星推木德。反遭難打性强凶。

又如命在天秤立。便看巨蟹甚星值。第一凶星推月孛。當生中占反為吉。

吉星為禍凶為福。當從宮分測根源。星在喜宮為吉斷。星躔怒地作凶言。

日居朔日遇羅睺。月在計都同望夕。陰陽二星最忌蝕。又怕五星為惡逆。前法星分廟怒宮。須知星度在其中。廟星在兮生賢哲。怒在何宮産禍凶。　五星留逆須要測。善惡之中皆少力。最緊五星明變叚。廟旺俱全吉可識。

奴星入垣歌

古來子丑偏嫌計。申巳之中孛可憂。卯戌兩宮羅為忌。寅亥宮中炁是仇。彼皆泄我當生氣。縱若能生不到頭。若是单行生我主。他方別處最為休。奴來同主較何强。到底還應主受殃。須要主星乘旺氣。自然降伏更何妨。或值兩母俱生我。正母還須氣力剛。餘母無權兼氣制。方能免禍得安康。

十二宮吊衝總訣

官福田飛入命富的破流刼疾着魔長生馹馬人難定六害居之勞祿多　福主田官入二宮須知產業富昌隆財官的破飛陷弱衣不遮兮食不充　田財官福入三宮須知兄弟富財豐空亡的破居其位應知孤鴈有如鴻　官祿財星入四宮太陽居之祖業豐的破胎星臨此位兄弟爭蕩反成空　田財官福入男女宜旺有子富豪強空亡的破流飛入的破流空多疾病身飛到此自艱辛　七宮隨祿有粧資因妻致富旺門楣空亡的破居其位抬妻頑拗又孤離　疾厄宮中忌火侵日月加之父母刑五宮妻妾休臨此帶疾呻吟苦伶仃　学双身飛入九宮若不破祖也離宗三

宮飛來兄弟別。五宮神到過房逢。身命田財飛祿位。富比陶朱
産石崇。三宮入兮兄弟富。最怕流空的破從。身命田財飛十一。
清閑享用福無窮。的破流空居此位。須知有福不從容。吉宿妻
星入貌宮。招妻秀美已儀容。流破破居防暗疾。失陷須知醜陋儂。

十一曜所泊宮度指迷歌

金星與木室相逢。官職榮遷至上公。叅政學士能刀筆。鎮星雙落
寶瓶中。人馬宮中主逢歲。佩帶金魚榮寵至。木戀巨蟹鬼金泊。
必居堂廟公卿位。水月同宮雙女躔。榮華富貴羨英賢。夜火熒
惑來天蝎。命主三台殺伐權。昴上金星火在婁。夜生爲主事王

候。九宮土宿來臨照。白日生人作榜頭。太陽卅在柳星張。又臨魯地見白羊。忽然兩位如逢此。必是承參簿尉郎。熒惑若來酉與辰。其入少失二尊親。平生少疾無灾滯。火宿從知入在申。金木生時子上頭。多營產業及田牛。若還水火臨獅子。少失貲財似水流。財帛宮中見水星。一如將火入深氷。第四宮中逢此曜。一生財耗莫能興。定他榮華及好妻。生時太白順遷移。細君遺害家無子。那堪同宮被孛欺。

十一曜所主性情疾病金箱歌

貴人日月要分明。日月不明非貴人。木星照命入廟堂。亦且教人壽更長。 土星主人體重肥為人秉性遲而愚。 金水主人多精良質性巧劣心中藏。 炁羅傍身及守命空門物外是緇黃。 婦人夫星要看火火焰光騰夫顯揚。 更言小兒星所貴生時看木起何友木星剛健要無殺惟土命嫌有破傷。 更論長年老人嘗木炁高強壽必崇再看貴顯垣殿駕晝夜春夏及秋冬。 夜日無光父必亡晝月失明先失娘加之晝日木為忌夜月輝光計有妨。 若論男女之數目一水二火三木宿四金五土俱得地男女多少數必足。 胃屬土兮肝屬木腎屬水兮肺屬金心屬火兮動運用五曜相攻疾患侵。 若觀男女眼目星專以日月為兩睛犯殺落陷不得地眼目眩晦少光明。金孛交會為人淫必主癆病及其身。木星為病有一方必主脚疾及風腸。土星為病必咳嗽皮肉受病多生瘡。火羅為性多毒惡膿血夭亡災不海。金星陽刃惡死卜水性淫蕩多反覆。計孛往來主夭壽日月失次能為咎。須看日月為主宰日月失經多成敗隔界之上安身命過房出祖前分定。夜月春木為令星夏火晝日與秋金冬水季土細推論昭然禍福醒人心。

政餘廟旺喜樂殿垣合格歌

入廟 欲識星辰入廟宮。土丑羅寅火卯中。金在辰宮計在巳。水羅午位總招榮。孛星惟向未宮取。紫氣申宮總一同。日月戌上云入廟。計木亥遇盡亨通。

乘旺

更看諸星乘旺方。水子火丑孛寅當。土羅計星昴中旺。辰宮上宿主榮昌。水日巳宮金到午。木居未上炁申強。太陰在酉太陽戌。金木二星亥上藏。

樂宮

又看諸星好樂宮。只將主星任取從。土子丑兮木寅亥。火居夘戌最亨通。金居辰酉皆為樂。水到巳申總一同。惟有太陽獨居午。太陰未上好相逢

喜宮

十二宮中有喜星。日寅月夘水辰清。金居巳上土到午。木未火

申便發榮。

殿垣 更得星辰所好局。但得次舍星所屬。太陽太陰與土星。子午卯酉為殿局。木星辰戌及丑未。水火寅申巳亥宿。羅計卯酉福偏奢。孛紫寅申當國軸。

度數 星躔度數必須籌。旧纏奎宿月纏牛。土亢木氐金胃土。水火星日喜遨遊。角纏羅宿婁纏計。月孛東井日炁休。星行此地貴列爵。勲題史記封公侯。

合格 水土朝比子為良。土熒相會丑中藏。金星助月未兼酉。金木逢龍角亢强。金水會蛇居楚地。水陽會輔妙離方。日金水木喜居亥水土吉遇到申。鄉土日合煞居于戌。命中如值貴兒郎。

命身政餘吉凶臨行歌

第一命宮要推詳。第二身宮最清切。值難忌因總非良。殿駕貴勲為貴格。　歌命度真要訣。先看太陽何度入。命宮三十六有奇。潤狹淺深隨度立。　歌身度真要訣。命宮更緩身尤急。二十七日一周天。行度有平遲與疾。　歌限度真要訣。當看當生中氣節。限宮遲速有真機。休泥古人貌宮十。　歌吉曜真要訣。如子遇母有成立。囚星有用不為囚。祿主有傷何所益。　歌害曜真要訣。主若逢之如遇賊。四正縱橫不見他。不是官人也富實。　歌難值真要訣。

身命遇之真抑鬱。十二宮中總非良。此其所以為難值。貴者祿馬有相得。富者財星入財帛。貧窮主疾坐天涯。凶賤煞星居疾厄。四餘七政各居臨。細與諸公說端的。元守星辰與流年。加合之中細推測。金居辰酉為入垣。渾入火星必焚滅。火星最怕水同行。喜纏室觜兼尾翼。水又最怕土同行。最喜參箕與軫壁。木星亥寅好斗奎。若遇金星必摧折。土好辰戌丑未宮。木星若見難培植。如或歸垣並升殿。火星拱照須受職。太陽朔日怕羅睺。不惟人禍日猶蝕。月望逢計又可知。獨愛酉張心危畢。炁星入命道家流。孛星守命多機密。羅計若在命中居。為人慷慨真英傑。

步天警句

吉曜未來先作吉。凶神過去始為凶。先前見了曾為福。此後相逢定圖功。假若火人行水度。須看水起在何宮。若躔旺位興灾害。死絕休囚凶免逢。

若論功名何所據。甲人端的須金濟。先看官祿在臨冠。又看此宮星所制。為官蹭蹬老無成。第十宮中逢火厲。爵星若陷印星尅。懦弱無權困且滯。

主星若是朝君位。定是當朝作貴臣。設使母星依日月。必能富貴顯榮身。崇勲歲傌相關攝。日月朝之出等倫。若是凶神侵祿傌。陰陽相拱亦艱辛。

坐命如居四馬宮。動搖不定颺心風。田財二位如逢此。成敗興亡頃刻中。若是女人臨此位。嫁夫招婿必重重。臨官帝旺相逢着。多是踰牆暗裡通。

子午卯酉是四惡。喚作闌干並貫索。子行卯限定遭災。午命酉到難着脚。行限若教逢惡星。人離財散家消鑠。此關喚作鬼門關。十有九人多拋却。

男命須防八煞星。女人切忌刃鋒刑。煞星煞限遭官禍。刃宿傷人亂血經。受制不能為我擾。黨之愈重災不停。男逢陽刃女逢煞。縱

發為灾亦可寧。男怕八煞。女怕陽刃。八煞主官灾。陽刃主産厄
命入寅宮多口舌。罵人罵鬼無分別。為人清秀能文章。身命星躔
奎壁列立命。若居畢與心。師巫藝術稱豪傑。那堪室火上安身。回
禄為灾宅焚滅。
煞神為煞最難當。煞地無星不必防。更有凶星來煞位。相逢必定
見灾殃。閑神入煞何干預。吉曜臨垣始吉祥。若遇空亡煞自退。牛
鄉午位更無傷。
生尅星辰固易言。若言制化須當。可申命不怕土居酉。酉命何怕
子上火。酉宮有土土生金。子宮有火火生土。縱不為福亦無凶。十

二宫中做例妥。

但見婦人好淫治。不怕貴人不怕馬。身宫若在冠帶位。重叠嫁人難守寡。更加火孛惡星來。月下花前多引惹。不為妓妾也為娼。豪覇人間圖瀟灑。

賤人格局最尋常。安命安身細酌量。若在馬前並馬後。主星受制暗無光。更嫌奴宿侵吾舍。奴隸為身離遠鄉。縱有吉星來救助。也須直立傍人牆。

行限須防太歲衝。不能尅破亦能凶。若還災病重重見。行限亭亭在此中。要免此災除是喜。二神當道煞逢空。若從太歲上行限。災難無侵福更逢。

有甚星辰能致富。不論田財先論庫。水人端的在辰宮、破奪侵欺財不聚。財帛宮神不必論。若還木命須干主生成旺相必興財若陷刑囚拘不住。

得富非難得壽難。壽星須把令星看。令星若是逢生旺。壽算巍巍並泰山。不怕魁星惟怕煞。根基淺薄福瓓珊。從教主曜逢生旺。也作復聖天命觀。

歲星最是分凶吉。却把令星明得失。令星若陷歲星强。創業艱難却富室。歲令二星俱明健。富貴榮華莫與匹。更要命主有相關。人間貴格此合律。
土宇從來能破。官單行作黨一般。看九流藝術為倫品。雜學多能
不一般。若有長生多智識。若居死絕豈能安。譬如木炁臨身命。便
作巫醫格局觀。
日生專用日木土。夜生却以火金。月若是當年有用星。以是皆能
見發越。設若閒神無用處。此時生旺禍不歇。却將晝夜仔細詳。拘
泥三方智立竭。
最怕小兒逢真難。及煞刼煞不須嗔。甲壬戊反從申起。庚丙旬人
數起寅。數至本年方是數。三九六十二為真。小兒若直逢斯難。父

母從然生此身。甲子戊子壬子旬生人，從中字起子，逆數至本生年住，卻又從本年起，自正歲數至本年安命宮位。若逢三六九直數也。更逢直難煞身必夭。

安命安身如向貴，職掌文書為吏輩。命身若在貴人邊，職掌階前立又退。若是刑囚破貴元，為胥不了終鞭配。貴星生我我星強，出入貴人終見愛。

金水元來是情星。相順相生必有情。中有閑神來間斷。為人刻薄義恩輕。女人卻把為淫宿。生旺其間必雜行。若是朝君居歲駕。君前父側有貞名。

多是女人為水性。水從上下多淫佞。羅睺相向逆而行。血經來往

為無定。火孛同行午未宮。到老須招勞傺症。設使八煞遇羅熒。胎
前產後多災病。
五黃道是朝廷客。三綠臨垣多破尅。為人清貴有文章。六白一白
八白色。生逢四碧必為災。口舌官符七赤得。八白九紫山林人。壓
身破相為二黑。
一白主人秀氣。二黑宜為僧道。破相可免。三綠主
人先破後成。四碧主人多災病破相。五黃主貴。七
赤主凶狼為軍卒。九紫主人清閑為山林客。以
上從太歲順數至命宮住。看發何數。以定禍福。
論角星辰相照應。參詳經緯定周流。本宮元宮當研審。莫把加盤
太索幽。天地人盤多錯亂。恰如樓上架高樓。若還無曜當加合。既
洧星辰莫遠求。

官宮遷轉論官星。財主尊隆定富名。財若壓官官不顯。貴財必重功名輕。官星若使財星尅。縱合為官徹底清。兩主相生俱明健。必膺富貴一般榮。

假如命在亥中居。却有金來損室廬。三合加臨無救解。分明最喜木之餘。煞奴反與敵相抗。本主依然得自如。更有財星强位立。福根反壯禍根除。

自古男兒志四方。主星不喜庫中藏。主如入庫為人晦。縱有文章也不光。若是婦人偏喜此。為人守志在閨房。若還孛慧來侵庫。奔走他鄉自嫁郎。

碎金訣

父母早尅

欲知父母少年亡。日月宮中仔細詳。那更三方逢惡曜定知晝夜見存亡。

父母惡死

細推父母死何凶。惡殺加臨日月宮。更添水火金同度。卒死危亡不善終。

流落凶死

命主飛來殺位居。孛羅那更守遷移。此星若化刑囚暗。決配遭刑千里餘。

刀兵下死

計都不宜火星投。黨起奸雄事事謀。土孛傍居三限內。手持刀劍取人頭。

遭刑法死

從來木炁莫同宮。貫索加臨不善終。三方拱合黨其惡。須帶麻繩死主凶。

落水惡死

從來計孛號浮沉。大限相逢轉不禁。更若三方遇水土。漂流魚腹浪波深。巳申亥子是江湖。愚嫌殺命主同途。

計孛羅水三合照。定知溺水嘆鳴呼。劫掠陣亡 劫亡立命鬼星强。主宿仍前居殺方。不在途中遭劫掠。必然陣上主身亡。被雷打擊 孛前火後水居中。命若庭前獨遇風。忽然歷限居東壯。損失人身雷擊終。更有一星人莫窮。火羅逆入命宮中。卯酉兩宮逢水孛。天雷霹靂必遭凶。雷轟天誅 卯人立命子之虛。羅計凶星丑卯居。縱有主星臨福德。雷轟掩耳怕天誅。蛇傷 身居的刃殺居强。火孛加臨為禍殃。限到殺宮奴女位。同宮水火主蛇傷。蛇傷犬咬 火孛飛來陽刃鄉。更兼計孛主膀胱。流年計炁侵臨限。惡犬長蛇暗裡傷。發羊火顛疾 土炁孛莫相尋。疾厄宮中病患深。設若太陽同度位。顛狂心亂病沉吟。火土孛居亥位躔。命位低微壽不延。目下流星重作難。其人必定發羊顛。

風疾

風疾之人胡得然。皆因命裡水星殘。前途限遇刑囚。忌風疾纏身喪中年。

風顛

火主心中素可知。不宜室女又逢箕。木并刑囚同居此。疾主風顛痛苦悲。

癩疾

膚入病癩不醫方烝。孛飛來犯太陽。同度同躔三位立。也須命裡細推詳。

火瘡

木金最怕火羅剛。聚在强中必有殃。不入火油湯悞。死死時必患遍身瘡。

癆瘵嗽疾

癆瘵咳嗽有原因。八殺宮逢水孛星。更加四孟亡神。作耳病疼聾不會聽。

色癆

計都火孛兩相遭。重色輕身骨髓癆。那堪更遇流年煞。旦夕歸泉怎奈何。

喘嗽

金星屬肺喜臨西。羅火相逢必

不宜。若遇八煞星入命。更添水孛喘無疑。虛腫土星屬胃主康强。
與木同行內必傷。薄食嘔酸並腹悶。孛加虛腫氣光黃。黃疸黃腫
之人何處尋。土計孛同虎兎臨。七煞及星兩宮立。大腹如車無兩
襟。六根殘疾身命逢凶更坐刑。火羅來往又傷身。莫言燒折金牛角。
赶起狂牛觸殺人。六根不足計羅居貌不全形。化作凶星更易明。孛
羅三方如照着。六根不足是斯人。腰駝足跛腰駝足跛那方尋。木到
命宮孛計臨。更加八煞逢囚土。六庚產者疾來深。背屈口斜炁計相
逢不管他。見星刑戰酉宮加。疑是斯人何破相。身背腰駝口喎斜。
雙盲木為肝臟怕逢金。遇火須知泄氣深。日月忽臨天首尾。雙盲

為别决難尋。耳聾腎水從來怕浸淫。若加孛進禍尤深。旺中土計相刑魁。耳畔打鐘不聽音。唇缺木計飛來夘酉宮。那堪二八又逢凶。更來辰巳上安命。唇缺如何驗此中。頸項癭瘤八煞宮中遇孛羅。主星卑弱殺居高。無疑項揹垂癭瘤。大若紅叢小紫桃。音啞土計臨身少發聲。主星泄氣語難真。忽然木火來生鬼。决是終身啞吃人。面班十二呼為相貌宮。烝羅不必此宮逢。化為刑暗兆兒害。班面分明是此儂。毒藥喪身火羅土計與身鄰。晝夜推詳夾命因。主弱殺强行煞限。必遭毒藥喪此身。木石壓傷金木從來怕返吟。鬼星得地禍非輕。那堪計孛來關夾。木石傷殘致損身。墜馬跌死又嫌土木是三灾刑尅臨身實可哀。最怕流年來併夾。莫騎老馬入南來。

（自縊懸梁）寅申巳亥四縊鄉。安身立命實難詳。凶星聚限主逢煞。貫索加臨自縊傷。

（癱瘓殘疾）計炁孛星臨命宮。羅居疾厄化為凶。若非風癲並癱瘓。必是傷殘惡疾終。

（六根不足）火為貌宿孛來侵。計炁三方又照臨。不足有餘知少剩。分明好就此中尋。

（路七法終）水孛第九死他鄉。路死橫屍不可當。羅日交逆居子午。法場之上見身亡。

（婢妾專權）妻星陷弱六宮强。祿貴逢之作正房。須是火金同到此。家權鄰是側人當。

（小兒湯火）小兒幼歲甚灾殃。金火飛來命裡藏。更添凶宿為水火。三五之中驚火湯。

（盜賊）第九宮中水火刑。羅居當位是賊

名三方對照須防忌。定然黑夜教人驚。畜類身星命主落空亡。首尾同臨命太陽。陽刃若來迎尅主。生來不識着衣裳

變局吟 秘法

水土原來旺居子。二者如何可兼取。危月乃是水之精。虛日則以土為主。雖然如此分輕重。又看歲君何黨與。若是火土為納音。此宮端的屬於土。女虛危三宿在子。女危二星皆過宮流動。惟虛星為主。故取土。丑宮雖則屬土神。垣則屬土局屬金。金土兩般俱要論。此宮最怕太陽臨。子與丑合故取土。巳酉丑為金局故作金。二者並用。寅宮屬木局為火。水孛如來作木數。木忝設如臨午戌。此宮變局又為火。寅與亥合取屬木。寅午戌會為火局。卯宮端的火之垣。水孛

臨垣又為木木烝合煞是火垣。三合水字為木局。卯與戌合取為屬火。亥卯未會局變為木。若論辰宮金是真更將水局相經綸。水土同到兩難別。須看歲君並何神。辰與酉合故屬金。申子辰會局為水。辰戌丑未又為土。當與歲君為主論。巳宮本以水為垣。亦作金神論本元酉丑兩宮逢土計定為金局更何言。如無土計真為水餘宿閑神不必言更值歲君為土宿。一生飄泊不能全。巳與申合取為水。巳酉丑會局為金。取金祿在申也。午宮論日未宮月却與他垣大相別。此宮純看輔弼星。太陽以金水為輔弼。相隨不離三宮外。相生相剋不可說。午宮當以金水言未宮火金不可缺歲君强健不能傷。當於此上分優劣。未與午合。故以日月為合論。申宮蓋得水之真。若問臨官又是金土計總强能減力。歲君屬木禍全輕。木為官祿火為福。誰將木火作閑神。設如太歲逢真火刼。忌當年土計侵。巳與申合屬水。取金祿在申而生水也。庚金臨官在申乘旺。故又作金論。酉宮金旺為金位。最怕熒星為太歲。若遇羅睺照限宮。羅宮有計何須畏。酉為返吟之局。故羅宮有日計。戌宮見水定生災。子丑逢之反榮貴。歲君屬土最為奇。刼怕此星逢四季。戌垣端的為熒惑。此火猶存戌庫地。戌與卯合。見水字變為木。以火墓於戌。正作火為的。亥乃木垣真屬木。木星又在亥中安。若還火限經游處。便得當年木主看。惟此數中無反復。閑神限宿不須觀。木生在亥。亥與寅合。木臨官在寅。二宮俱有木神。故無反變。命宮若把他星取。但於安命求元守。元守者元日所泊之星。以安命宮。取為主曜。行限須教論變通。便把局垣深考究。以三合為局垣考之。為流年須是尅流年。本宿依然傷本宿。若是本宮星陷弱。縱有流年安得救。最怕凶神傷限路。巳未宮中偏怕土。命宮為體限為用。命主論宮限論度。其中造化最幽玄。十二宮中理相互。

墳言王盧集卷

表氏垣分正次

木星正垣　上台壁四至九度。下台井卅至柳二。

次垣　室十至十五。

火星正垣　天市、氐七至十二。灟閣井廿四至廿九。

次垣　房三至心三。

土星正垣　紫微、危四至九。

次垣　危十四至室三。

金星正垣　太常、亢四至九。端門張十三至十七。

次垣　角一至六。

中台、箕六至斗二。

尾十七至箕五。

崇勲、胃一至六。內座張初至六。

婁八至胃一。

太常、女二至七。

女八至虛二。

天市、胃七至十二。

昴五至十。

水星正垣太微軫四至尢。明堂張七至十二。少微參初至尢。
次垣翼五至十。畢十二至觜初。

耶律氏垣分偏正

一日正垣午。星。偏垣房虛昴　五月正垣未。鬼。偏垣心危畢張
六木正垣寅。尾。亥。室。　偏垣井斗角奎。
六土正垣子。虛。丑。牛。　偏垣女氐胃柳。
六水正垣巳。翼。申。觜。　偏垣參軫箕壁。
二火正垣卯。房。戌。奎。　二金正垣辰。尢。酉。昴。

論垣敘

周天十二辰次所五星偏正之垣表歐創法以木星正垣上台中台下台其寅亥則偏垣火星正垣天市崇勲鳳閣内座其卯戌則偏垣　土星正垣紫微太常其子丑則偏垣　金星以太常天市端門為正垣辰酉為次垣　水星以太微少微明堂為正垣巳申為次垣至耶律氏宗高麗之法以太陽為君象惟午星為日之正垣其房虛昴皆偏垣太陰為后妃之象以未鬼為月之正垣其心危畢張皆偏垣木之正垣寅尾亥室斗奎井鬼皆偏垣土之正垣子虛丑牛女氐胃柳皆偏垣水之正垣巳翼申觜箕壁參軫皆偏

垣卯房戌婁火之正垣辰亢酉昴金之正垣天地間惟水木土充滿寰宇若火金則不多得此垣分偏正有多少之義也二十八宿轉隨天輪即七政之殿每政殿有四列於四方如虛房星昴太陽之殿危心張畢太陰之殿木星之殿斗角井奎火星之殿尾翼觜室土星之殿女氐柳胃金星之殿牛亢鬼婁水星之殿箕軫參壁太陽陞殿入垣如君之臨御太陰陞殿入垣猶后之聽政五星之陞殿入垣若仕之在朝皆冠裳之時也謂之得經凡有用之星陞本殿或登君殿入本垣貴皆可必若凌犯之星陞本殿或登君殿入本垣乃仇讐得志愈有凌人之勢不可例將陞殿入垣為吉須

當隨用斷之。

奇度

太陽星入奇○

角二度至六度逢金水輔○為八座之貴○（八座三台皆垣殿之職）

角九度至亢三度○日月遇之○主祿壽財豐○

亢三度○已上金水輔之○為輔弼○若火日同入○受編配○

房度○日月不背○為卿監官○

箕度○主祿榮壽昌○晚年佳慶○

牛度主文學○深財豐富○

危初度○吏官星高○主貴歷清要○

奎四度至十四度謂之武庫凡日月五星緯之主有帥相權
婁三度至七度為天街日月經行主清高貴顯
昴初度至五度金水輔之更為官星順則三公逆則守倅
非度日月同躔主翰苑清貴
柳三度至七度水日同行性無阿黨更遇官星職清位顯
柳八度至九度為正旺主台座之貴七度已前福厚財豐九度已上少年貴而無壽
星五度以前為顯赫之任更官星聯日月不指晝生午前早達午後晚達夜生遇而不遇

太陰星入奇

角九度至亢三度日月遇之財豐祿厚

房度為臣朝君殿更得日在畢度生卯酉二時九卿三公之貴

心三度前為明堂貴而清顯三度後貴而逆滯更逢羅計則賤

斗九度前會木主富貴橫發月宿斗主文章貴

牛初至二度主妻妾多三度至六度會木或三合木照主毒藥凶殘

虛三度至五度逢金貴為正卿

危三度至七度遇金在躔為八座

室五度至九度逢金威鎮四方奸宄潛息、
奎四至十四度為日月占武庫秉鈞衡逢火則功名節鉞威振邊城、
婁三度至七度在高強五馬郎官之貴
胃四度至九度合圓望與火炁相連婦人后妃不然拜國夫人之封、
胃七度至十三度為正旺逢金木為用同守主一品貴如月會命
在氐尾井度守弱位多淫敗獨行福輕昴初度至三度會金星為侍從、

昴度為入廟。夜生、二品貴。晝生陷弱入九六。官或遇火星多招是非。與炁同行貴有章服。

觜度金月會為官印。主三衙殿衛。若遇水木在軫。文武兼全。

鬼度功名横達。會日金木九卿三公之位。

星初度至五度遇火月。行軒轅。多武略。遇金為諫給。水木榮登翰苑。

張一度至七度。為天廣金月。順行位極人臣。

軫四度至十四度。為天子車。四輔冢宰。遇火威藩四方。遇木卿從、婦人后妃。

木星入奇

角十度至十二度多淹滯逆逢惡曜主刑害

亢初度至八度逢水則郎官麾節六度至九度逢土則刑夭

氐度智謀識見過人功名偃蹇七度至十一度順逢水旺則利超達

房末心初度遇日月主近君權貴

尾七度前主文辭秀麗榮登要路居財帛得陰人財帛

尾末箕初順行逢日月主巍科立要路功名橫達若日月晦食多刑為僧或逢羅計主夭折

箕三度後遇火主顛疾

斗九度至十五度會太陽為官祿貴入槐堂

牛三度至七度主虛名會太陰主毒葯凶禍

虛初度至六度為木打實兆主凶夭順則輕逆則重

危初度至三度凶多更臨身命招刑夭折

室初度至五度為向旺福貴會金則虛名無祿若在三台照身命
主清幽之士

壁四度至九度為正旺廣順逢金水三公之貴逆逢土火則為將
相急流勇退之人

奎初至八度為正旺主貴八度至十四度會土主多財祿子孫貴顯

觜度會金水順在近躔文武兼勝逆則棄文就武

井四度至九度十七度至二十二度會日翰苑之貴二十三度至末度會水為名甲主少年科第名甲者科名科甲二星也

鬼度會金好殺伐主不善終單行則多文少遇若木會水順為宰輔逆則將帥

柳三度至八度會水稟性正直更遇官星官清位顯

星初至五度守軒轅逢水則榮登翰苑清要之職會太陽則為宰

輔。
張二度至九度會水則貴清要。
軫初至七度為廣旺逆則清要侍從留逆則權要會土金則夭害。
火星入奇
亢度逢日月主編配亢度末氐初貴麾節
氐度十三至房初為正廟主二千石貴金水不善終
房心度主性氣英雄會金羅順行公卿之貴文昆科甲星遇金水
計孛主夭害
房二至心初度明堂布政之所更為官印則贊萬幾而登八極至

貴。

心初度至三度出將入相兼金木好神仙見水被人妬害。

尾八度至十三度為正殿主節鉞帥權印。

斗十度至十一度為公卿主生殺之權

奎初度至三度生有文學仕路不達逢金水刑夭四度至十四度為武庫主貴十五度至十七度主文華富逢水則貴登臺閣逢首尾主奸險首尾羅計二星

婁度遇首尾在三度內逢官印高尚生主為公卿

胃四至九度福祿星高歷財賦之任七度至十一度為火燒羊角

井初度至三度為火居坤位夜生福旺
星度火守軒轅夜生貴爲卿從
張七度至十二度爲火耀南離利祿超達
翼度火臨執法夜生大貴十三至十八為正旺文武兼全貴為將
帥

土星入奇

亢初度至三度為科名甲更官星高龍頭魁選四度至五度性静
尊貴為官星雄藩臺閫見水木不善終六度至九度為廟旺逢火
位極人臣逢水木則淹滯無壽

氐六度至八度主旄節貴

尾十一至十二財豐福厚若化難及夜生守疾厄或留逆主横死

箕初度至七度逢金主多文貴歷清要

斗十七度至二十一度為正廟順為輔相逆為元帥虚三度至五度土在寶瓶為宰執之貴

危二度至九度更得官星强順文武將相台省之貴

室十三度至十七度為向旺貴為郎官夜生減力

婁四度至九度主旄節貴

昴五度至九度為旺貴理財賦

參初度至五度多。招合評。忌見水木同經。
井度逢金在二三。躔內主高壽。逢水則橫夭。
柳三度至九度。為廣貴為臺閣卿監。
星初度至五度入。軒轅主御師藩閫之貴。
張二度至七度。逢火統制兵權。逆逢木水主不善終。八度至十二度主榮膺寶爵位。入公孤會金晚年顯赫。
翼十度至十一度。為近太微。一品之貴。
軫四度至十度命。度逢之為土埋雙女主貧夭。

金星入奇

角九度至亢三度　遇水為官科甲巍登
亢為疏廣金旺初度至三度為將相忠臣勳銘竹帛四度至七度
遇水為名甲文官　主為給諫
氐五度至十一度　主麾節貴
心二度至五度助　月逢水主郎官貴
尾七度至箕初度逢木為陛朝官
箕八度至斗三度　為金騎人馬主横夭
斗四度至末度逢　水好遊行得外財逢土主外死
室七度至十三度　貴為節度逢火羅則不善終

壁度若金水相逢聰明博學
奎初度至十三度主文學博雅逢水木為官印名甲清貴
婁四度至七度福厚而傷骨肉逢火羅則夭折
胃四度至十三度金居囷廩官印相連主將相兵符之貴十三度
至末度主兵刑法令之官
昴初度至四度貴而不顯多因尼女有情致有囚刑七度至十一
度主為郎官
畢初度至十一度主有權見火則淫佚傷害妻子見木愈災十二
度已後在甲逢官印則為騎將雄藩之任遇火先吉後凶

井十一度至十六度。為金旺於坤。貴任財賦。
鬼度逢日為天下大將。或遇文星科甲。為給諫功臣。
柳七度已後福厚財豐。逢木則貴。如犯軒轅主橫夭。
張七度至十二度為軒轅女主后妃。十三度至末度福旺逢水月
則貴壽雙全。
軫四度至九度為長生。逢水月則貴歷清要。
水星入奇。
角初度至四度福濃祿厚。主見成富貴。
角十一度至亢三度。逢金順行主高中翰苑。

氐度若遇火星主惡死

心三度已後逢金月主貴歷清要

尾三度至十度逢火計主夭害

箕度志無定向雜學少成逢金則不文不武多為庸流逢木則學問宏博少登甲第

斗十九度以後逢火主非橫之財

牛二度至末度貴為一節

虛初度至六度為朝北逢日月則貴顯清高

室十一度至十七度財豐祿厚

壁度主文學過人逢金木則貴為郎官

奎四度至十四度為武庫順則巍科顯達逆則富夭

婁四度至九度順則福旺財豐逢火羅貧夭

胃初度至六度為水泛白羊逢火土則橫七七度至末度逢金則富貴雙全逢木火羅主破財疾厄卑行淹滯多憂

昴初度至四度為天街主榮顯達

畢七度至十二度逢金月則麾節之貴

參初度至五度逢金則貴顯逢土則多遭台評

井初度至十度文學過人逢日月則貴十一度至二十度性多浮

之。好習藝。卜二十二度至二十六度。性好清靜。宜為僧道。二十七度至末。逢金日貴顯清要。逢火土、伏逆庸流技藝。

鬼度逢金木貴、持麾節。

柳八度至十二度。逢金福厚高甲。水犯軒轅星。主天逢火凶害。

張二度至十六度。會月水金為紫、禁近臣。順有英氣聲譽。留逆主多淹滯。

翼六度至十九度。逢日主少年貴、歷清要。若日在翼、水在軫、則貴為文官。若獨水守身。無吉星輔旺。主多歇滅。

軫度逢金、順行智慧聰明。貴歷清要。

五星奇度專論身命主飛入之度富貴如不入奇雖貴終歇滅雖富終夭雖壽不善終若傍奇一兩度富貴貧賤壽夭亦不其速

靈臺一百二十格

喬拁

起處逢生居相位。命巳、金水守。木火亥、對照金水會蛇。金生巳。水木入垣。相生不絕宜大貴。

背中反旺作朝宮。坐命子背水。酉背金。午背火。卯背木。若臨而復旺。皆主貴。

陰陽夾貴凶同斷。丙丁人命坐亥。火孛守戌。太陽子。太陰夾之。雖火孛凶星。同以貴斷。

羅孛為權煞莫干。孛羅相會。原非吉宿。若丙人子命。印羅權孛。居午反貴。

祿印獨高官必顯。巳酉丑安命。金為天元印。水為地元印。木為壽元印。居四正高強。主大富貴。

德官俱陷福無因。如子命。木為福德。土火為官。祿土二主在丑。則陷弱福薄。

陰陽入廟嫌凶宿。如午命、太陽守。未命、太陰守。陰陽入廟大貴。若孛午羅未。身命二宮俱犯凶星。反為不美。

羅計同宮遇食神。或羅或計與日月同宮。朔遇日食。望遇月食。主橫夭。

孛命歸刑千里外。

午宮日為命，丑孛入午，為孛騎獅子，凶格。

炁星交限百年春。

未命，火為宮祿，主夜生，居垣，炁泊奎婁，主貴而壽。

日傷火見陰陽位。

申為陰陽宮，未命，日月同火在申，為火傷，印主目疾。

災至奎垣疾厄湮。

午命，亥木為疾厄宮，丑木升奎殿，主少疾。

水命對交非學士。

申宮命，命主水星起在寅，為對宮，主遊蕩。

土居疾厄是閑人。

子命巳身，土星守之，為命身居疾厄，主殘疾。

土移木位還榮貴。

命亥土守身，丑木守身命，互垣於紫微局，主大貴。

火在金鄉主賤貧。

辰酉屬金，火居之；卯戌屬火，金居之。火入金鄉，金乘火位，辰酉卯戌安身命，主貧賤。

吉曜逢凶為陷害，

木星獨貴解災迍。

如巳命火酉計丑孛卯，三合皆凶，得木在亥可解。

三生犯煞刑徒格。年日時為三生。如巳命、亥年、寅日、申時。俱犯計孛火羅為煞、寅刑巳。巳刑申。正謂三生犯刑煞

五位歸宮貴絕倫。如亥命、木守身、酉金守、遷移卯火守福德、丑土守。為五位歸垣。故貴。

仰斗順星官必顯。星辰躔度貴入廟旺順行。如酉命。日辰月寅夾妻宮諸星南上仰斗。主顯達。

垂針背印福難親。凡見計孛垂針格。如亥命、羅守。計孛垂照更身命福祿宮主、俱陷。主不發達。

忌居子息難為嗣。如卯命、夜忌土。晝忌火。若火土俱臨男女宮。難為子息。

囚到遷移浪蕩身。凡囚星守遷移。主人浪蕩。

出地入天朝上格。亥宮坐命、太陽守之。太陰在巳對照。謂之出地入天。

坐乾就濕作窮民。子宮命。太陽守之。太陰午以身居午為乾。以子為濕。

木羅會舍分强弱。如丑命、計守。羅同木在未。謂木羅會舍。若羅後入為弱。木先入為強。强則為福。

福祿同宮看重輕。亥命寅為官祿。寅亥皆以木為主。命官主歸垣同宮貴。

命在旺中還受尅。甲乙屬木。卯安命。木旺卯。金守命。火尅金。金尅木。必然為害。

祿居煞上帶生成。巳宮命。水居垣守命。子午卯酉為煞地。喜吉曜生旺。官主歸垣。凶中吉。

陰陽拱命為真主。如子命。太陽卯。太陰酉。日月分明拱照。主榮華福壽。

金主成文有譽聲。卯命。太陰巳。金水會蛇。輔身於福德。主有譽望。

起處受傷真破碎。酉命。辰為申宮。水木守之。火金在卯。謂起處受傷。

身中還有必通享。命宮無星。身宮得吉星照臨。可望亨通。

三生得祿權兼貴。靈台所重在三生。如命立戌。生年午。木守。日寅。火主。時丑。土主。貴。

四正全無僧道情。命卯。四正無星。惟紫炁居福德。僧道命。

命會木陽須見祿。午宮坐命。太陽度下。日木同宮。更得官主金星同位。主大貴。

身逢孛土必遭刑。土星怕與孛星行。身吉逢之禍不輕。那堪入宮同位分。破傷夭折必遭刑。

子依母位娘先死。亥命水。未月申。詩曰。水為子兮月為母。兩星最怕相移處。或然互見在其宮。母不傷時須尅子。

臣犯君宮父早傾。午宮命。太陰在午。日在未。主傷父。

四殺居陽徒配格。亥命火守。孛巳頂冲。月寅計守。羅申冲。月寅申巳亥為陽宮。四煞占之故凶。

三空坐命道僧名。三合無星為三空。獨忝對冲。僧道之命。

計羅入命防刑夭。如酉命羅守計冲。金為祿。木為福。俱居寅。火為印在未。俱不得力夭。

火孛當衝帶惡行。如火在巳。孛在亥冲。

日裡怕逢熒惑照。晝日忌火同行。金命亦然。

夜間切忌土同程。夜月怕與土同行。

一星見月終須貴。水月同行

四曜逢陰必路橫。命卯。身丑。羅守太陽在位。火孛計同行。四宮但是陰宮。主路途亡。

三限不留須顯達。如申子辰坐命。土水木為三限主。限星居順段得位。不留逆。主顯榮。

兩宮坐祿利名迎。辰命金守。月未為官主居祿。如丁人以金為祿主。命又逢龍貫。

孛居妻位防心惡。孛為女人星。忌居妻位。故云防他心惡。

煞入男宮必外生。煞指孛。入五宮。主乞養。若庚人。以孛為男女星。害轄。

水宿臨人多性巧。未命水守合格。

土星照月百無成。土月總不宜同躔。不論官分。

忌星行限終沉滯。凡仇難皆為忌宿。不单指火土。

吉曜當權必泰亨。如辰命。日午月未。福官二曜當權豈不為吉。

八煞有星權不小。八煞、疾厄宮主是。星如官福主是。

七强無曜富難評。强宮無星固不可。即吉曜居弱地。而仇難星居强。亦與無曜同。更凶。

卯陽酉月為高貴。日出扶桑。月到金牛。木入秦川。占高强宮。貴格。

福木官金至大卿。如酉命。木亥金子月寅合格。

日孛當刑三歲死。太陽火精。最怕同官見孛星。若更加刑戰。必主夭壽。

氣星照命百年齡。只言照命、守命同。

三星滿用終須貴。辛人金居酉得祿。亥卯未坐命。金火月得地謂三滿用。

三主居高權必尊。亥命。日午、木未、土子。三主居高。主貴顯

天折計羅傷本主。日羅同躔。月計同位。如午日遇羅。子月遇計。必夭折。

公侯日月拱端門。午為端門。午命、日卯月酉相拱。貴至封爵。

兩宮坐貴三朝祿。庚人命申水守。身巳木亥合格。或曰丙丁人、命亥、月酉、木寅、為坐貴朝祿。亦有理。

二主臨財萬頃田。如子命。土木在亥、身在寅、合格

弱處無星須享福。諸星盡臨强宮。故弱處無星宜享福。

强宮有曜必延年。如戌命、火守。月未日辰。土計子、炁丑、木孛寅、羅午、合格。

命朝北地為時傑。命坐亥天門。月未、炁子、土丑、羅寅、日木卯金水辰、計酉、月申、木未、俱拱命宮。

宿拱南離乃世賢。午命。金水巳、日辰、羅卯、孛寅、炁土亥、火戌、計酉、月申、木未、俱拱命宮。

木打寶瓶人必破。身命在子。逢木為木打寶瓶。主勞碌。

金騎人馬壽難堅。寅宮命金星守。為金騎人馬。火在申沖尅。短壽。

陰陽拱主朝真祿。寅命。日卯。月丑。合格。

金火陪箕主病顛。寅命。箕度火。斗金尾。主膿血風癱。

水計相刑須惡死。水計最怕相會。戌命。或丑命水孛計丑。羅月未。丑戌未三刑。惡死。

木羅同會壽綿延。木羅最喜同宮。申命木羅會寅廟旺之地。主備五福。

福宮吊出星尤壯。兄福主最喜守命。如辰命日居辰。水金月在巳。富貴

祿位飛來福更鮮。如亥命。木居垣守命。合格。

孛入男宮須尅子。嗣宮切忌孛守。乙人庶幾。

火移妻位婚再聯。奴宮忌火。妻宮更忌。如亥命火土在巳必尅妻。晝生尤甚。

月居閤極須增福。月到三宮吉。若酉命月未極美。

日背陽生最可憐。晝生喜日。若逢月即為背陽。舊解云。日木子火酉為背。互參。

財上添財難聚積。土尅水。水原為財。如子命水入亥。則財上添財。反主無財。

疾中逢疾更留遲。如戌命卯為疾厄。火居卯或水孛守皆為疾中逢疾。

福星居福為朝士。如酉命。木月在亥。合格。

祿主居窠至大官。如亥命。辛人祿在寅合格。木居寅亦是。

金木拱身多富貴。身子。金丑。木亥。合格。

火羅夾命主傷殘。火羅為暴敗星。如申命羅未火酉主殘疾。

吉星鈎出清閑富。太陰愛金木相遇。如戌命月金木在辰。金木逢龍貴。

惡曜逢陽反覆間。日為人君。最惡會凶曜。如申命。日與土字在辰同位。主多反覆。

身命在垣須顯赫。如戌命。火居戌。月居未。夜生合格。

德官照命主安閑。如午命。金官、水福、坐命拱命合格。

三元聚限交時發。巳酉丑安命。日生人金月火為三限。三元聚在强宮。行此限必發。

二主逢囚至老難。命身二主。均遇休囚。主貧賤。或云戌命身酉。金火同辰。字化囚亦在辰。為二主逢囚。

火孛計羅權大顯。戌命火守。羅寅計申、孛未、合格。

氣陽金主福闌珊。如寅命。日金水在寅。炁申對冲。無福。

生旺四强財有氣。如酉命金守。土子、木卯、火午、水申、主富貴。

尅戍三折破单寒。如酉命。土亥、火巳、金卯、水丑、木酉，五星尅陷主貧賤。

土在女宫防夭折。巳命土守，下格。戍命水守。寅命金守。可例知其賤矣。

金居亢位必弹冠。如辰命，太陰酉、金居亢，合格。

身居清吉休愁命。酉命，火入金鄉，賤格也。喜月金木居亥月到天門，金居衛分，木臨營室，反凶為吉。

福德堅高不問官。如亥命，計在寅，則官宫凶矣。得火土木在丑。福德堅厚，主祿重。

臣答君言添福美。午命，太陽居垣，太陰在子相照，日生合格。

金乘火位定孤单。卯命，金卯火酉彼此受尅，孤苦。

孛孤羅獨能為害。羅守命，則計守妻，孛或同討或三合照，主男尅妻，女刑夫。

君睦臣和事不難。午命，日午月未，身命並立，大貴。

天德相逢爲將相。五月亥命。木土守之。甲人木爲天元星。亥命木爲天元印。官福會德。此將入相。

印官會聚侍金鑾。辰命水月同辰。天元印官祿主守命。主台輔。

女人怕帶男人曜。火羅計孛。女人怕帶。如子命計孛守。午羅照。火辰拱。主刑尅。

日裡防逢夜裡星。晝星日木炁土計水孛。夜星月金火羅。日防夜星。則夜防晝曜可知。殘星照命。主刑害。

囚忌顯時人破散。

福官聚處顯朝廷。

羅曜偏宜居午位。羅午入廟。

孛星只利在天門。

火居乾地災銷鑠。

木入秦州富弁吞。

清臺靈臺俱壁與經內分出篇名也。清臺傳出殿駕。靈臺傳出喬拗。只以十一曜乘旺失陷論禍福富貴貧賤壽夭。並不較量神煞。句語生澁。初意欲刪之。既而玩其詞意。切實簡當。且念殿駕盛行北宋。喬拗盛行南宋。乃星學準繩也。清臺四十格。原上下各七字。上句論格。下句指明格之驗。必加助語以成句。致詞不叶韻。余因點去虛字。如琴堂歌訣。俾順口可讀。至兩經舊解。皆冗雜晦昧。余為刪其繁冗。務求明經義而止。解後熟復。恍然如見先朝法物。故琹堂藏之。余仍附琹堂集後。以志星學源流之自云。

清臺四十星格　殿編

水星隨日至天宮，文章達聖聰。午宮命。水朝陽，晝生，貴。

祿主秉文居馬上，蹇諤樹朝望。戊戌人。土為祿主。文星居申，馬上。命巳宮。日水守命。貴顯。

衆星共拱來朝命，富貴難比並。子命，日酉，火月戌，土炁亥，水金孛申。木羅未。計丑。十一曜拱命。合格。

一水東流正度箕，忠誠宣政治。水在尾不得地。惟箕得力。丁人，金為祿主。寅命。水箕金辰合格。

身命福德俱純粹，廊廟掌陶鈞。酉命。金月子。火炁卯。水日亥。合格。

火羅計孛無衝激，麗眉百壽錫。惡聚凶深。散不為禍。故限數不倒。

時值三台為限主，殊恩遷弼輔。三台，水日金，或月金、水也。未命、土羅酉。金水日午。戌限，大貴。

生逢九事直強宮，桂枝姮娥送。九事，四元三限身命也。

馬来朝命又歸垣。英聲四海傳。

酉人、馬亥。寅命、木為馬元。日水木、同在寅。合格。

福不離宮仍得用。詔書拜恩寵。

午命、日水在申。水為馬元。福主不離宮滿用合格。

歲星在外內熒惑。簪纓無紀極。

木来會火為福。火去會木無力。丑命、火守。木未對生。合格。

木宿位主客羅睺。外台職分茅。

先入主。後入客。命內台。身外台。木羅會舍。木先羅後。貴。

壽元乘馬顧三宮。榮華祿萬鍾。

未人、馬巳。木為壽元。泊巳。丑命、日水丑。月亥。合格。

太乙抱蟾歸福德。決非百里客。

巳命、月為福德主。孛于未入廟。月孛同宮。合格。

金水拱身祿入命。銅臭操權柄。

巳人、月為祿主。守命。金水左右夾之。合格。

魁文照命福扶身。職高祿厚真。

如寅命。木計同寅。月申為文。金為福。羅為魁。照命合格。

陽德運陰受度天。位在冕旒前。

人命以望日片度天為福。入地為殃。子命、日巳月辰。合格。

金星與月宜互局。爵祿連綿屬。星辰，自亥子至申卯，皆不可交互。惟金水月互垣，主福。

四角有星權極重。蠻夷驚破夢。炁孛羅計，居寅申巳亥四角，主掌握重權。

三方不背福彌深。治朝比鳳吟。如子命，日水午，為馬元；金辰，為祿主；月申，拱照無雜，主貴。

夜生延月至天門。駟馬職任尊。亥命，夜生，望月到天門，獨明。日木水土在卯未，貴。

日誕望陽歸地戶。貧無立錐土。日生人在望日，日中則富。日到申將西沉，宜貧。坤為地戶。

兩頭惡曜攻妻位。剪髮辭俗累。如巳命，妻宮亥，火羅戌，孛子夾攻，必損妻。

四正明星背命宮。楞腹事難通。命宮不可無星對照，乃明績之星。居四正背命，宜其拙也。

不堪水火逆陰陽。光陰難久長。戌命，日水寅，水不得地，逆陽；月酉，火伴，火不得地，逆陰，夭壽。

那更熒金侵福祿。家破無住屋。丁人，金為祿主，命卯，金水火入巳，破福祿，主貧。

火孛歸宮初匪禍。一跳龍門過。如戌命、火居垣、孛泊寅、乘旺得地、貴。

土羅得地實非殃。翰苑清譽揚。土羅原忌同宮、惟午命土喜羅廟、天道天統會午、大貴。

惡星加限入官宮。失祿不善終。午命、計孛丑、火巳、酉限、凶。

忌曜傷身來疾厄。門前早掛帛。如申命、月居丑疾厄宮、水孛炁土躔身、流忌臨過、夭折。

過祿未嘗沾寸祿。計在三陽辱。壬人、計為祿主、命戌、計寅、主此。

見官依舊不為官。名甲魁陷殘。丑命、金官居丑、土月炁居申木亥、名甲魁陷、將仕先死。

命叢惡極禍難禁。刑傷命早沉。惡曜得勢不背、最凶。如未命羅守計照、土火戌、必殘廢。

身得純全青易拾。文譽儒林集。月居福無襍、或文魁星伴夜生、又望前後合格。

金水二星若失位。裂膚難逃避。六巳人、命戌、金水並泊戌火金水相邀、必犯刑裂膚。

刑囚兩曜苟傷身、犯法命辭塵。如甲人、辰命。囚計辰。刑水戌。兼計犯土月。必遭刑。

十一宮高五位強。封誥有冠裳。命酉身亥、木炁扶身。金水守之。合格。

五位不純十一雜。驅使任人役。如午命。羅土計申。孛火金寅。福嗣官傷。故賤。

水星若旺桃花上。千夫無定向。

金宿還居驛馬中。奔走身飄蓬。

論富貴六十九格

太乙抱蟾。未為月殿謂蟾宮安命在月孛亦同在未宮合格孛入秦鬼尤貴。

金水互蛇。巳宮屬蛇金與水同會于巳在軫度貴。

計羅截斷。計羅截斷滿出有用之星兼身主時貴。

身居閑極。閑極凡弟宮也如身星居之主清閑富貴。

二主守財。身主命主同入財帛宮主富厚喜坐實忌空亡更忌十干空亡犯之主消敗。

官福居垣。官祿福德二星吉星也此星各守一宮本位者主貴。

日月守照。日太陽月太陰身命二宮日月守之或對宮照之皆貴凶星不敢犯更主其人少病

二曜朝陽。火數云故曰二曜與太陽同居午位謂之朝陽身命二宮逢之主貴當居顯秩之職

一星伴月。
水數一。故曰一星。與太陰同在未宮。又命立未。主大貴。

火月同宮。
火星與月同宮。夜生立命在子丑遇此吉。若日生。在子丑立命。亦不為吉。

官福互垣。
官祿福德二主星。或官祿主入福德宮。福德主入官祿宮。謂官福互垣。木主生旺主大貴。

官福夾拱。
官福二星。與命身二主。相拱夾者。主貴。如子命。官福二星在亥在丑。為夾拱也。

官福引從。
官福二主。在身命二宮前為引援。在身命二宮後為擁從。大貴。或在身命星前後亦是。不拘身命宮

身命坐貴。
身命主星。或身命宮在貴人之地。主富貴。

文魁拱命。
文魁二星。主文章科甲。在三方拱命。主人登第。

福祿夾身。
福祿二星主福祿。若人身宮遇之。或左右相夾。主貴。如落空亡駐陷。則不能大貴。

煞前主後。
主即命主星。煞即剋我者。如亥命。以木為主。以金為難。在子為前。在戌為後。

身命互換。身為外台。命為內台。二星互換。居垣入命。主富貴。

金木逢龍。金木二星。同入辰宮。在角在亢是也。主榮遷。

日月趨朝。亥為帝闕。日在子。月在丑。諸星在寅卯之位。從而隨之。亥命。大貴。

背君朝主。午。太陽所主之宮。未。太陰所主之宮。命主逢之。皆主大貴。但忌木星作殃。

出乾入巽。乾。亥宮也。巽。巳宮也。計在亥。羅在巳。為乾坤定位。命立乾巽二宮。遇此星。皆主貴。

戴天履地。以亥為天。丑為地。諸星皆亥子丑寅之左。取亥為天門。又天開於子。地闢於丑。人生於寅之義。

廷尉輔陽。廷尉者。水星也。陽乃太陽。同宮。謂之水輔陽光。若在子宮行虛度。是謂廷尉輔陽。子命遇之。大貴。

五曜連珠。五曜者。金木水火土也。如土丑。火卯。木寅。辰金。巳水。相連不間。五星各得其所。身命逢之。為吉。

七政入垣。如土子。計丑。木亥。炁寅。火卯。羅戌。金辰。酉。水申巳。日午。月未。各居本位。入垣為貴。

用星對照。用星者，主星所生之星也。與命對照能尅制難忌。身命逢之吉。

四雄朝坐。火羅土計為四雄。在丑宮謂之拱斗。在亥為之朝天。命在亥丑遇之。主大貴。

諸星得位。如日行奎宿，月行婁宿，羅行昴宿，計行軫宿，孛行柳宿，氣行牛宿，謂之得位而無所雜。

諸星得經。諸星各居本宿之度。如木角金亢土女日馬月鹿火虎水蚓之類。得其所經之宿。故謂之得經皆貴。

火土得牛。火土二星同在丑宮，謂之得牛。丑牛斗也。同在酉宮亦謂得牛。酉，金牛之地也。立命酉丑遇之富貴。

木羅會舍。木與羅同在戌。行奎宿謂之會舍。羅乃火之餘。得木生之。故喜會。

水火既濟。水火同宮。水居水度，火居火度。如亥壁室，巳翊軫，申觜參，寅尾箕，皆謂既濟。身命逢之，並富貴。

金助月華。金同月居未。月金同在巳申，皆謂金助月華。身命居之。主大富貴。

主星朝君。命主星近太陽。謂之朝君。主貴。

母依日月。母星、生我星也。如主星屬木，水為母星。若近太陽太陰，是依日月之光而得富貴。

令生得助。令主者，領君之命而行令者也。生年為君為命，月建為臣為令。命主得助，富貴。

天元得地。天元者，天干之辰也。如甲乙天元屬木，居寅卯辰高強之宮，謂之得地。餘倣此。

青龍扶硯。青龍，甲乙木也。凡甲乙人生春三月，與日月同宮，命身主屬木，貴。

朱雀啣符。朱雀，丙丁火也。司夏令，丙丁生於夏三月，與日月同宮，身命主屬火，更會此局，主大富貴。

玄武持旌。玄武、壬癸水也。壬癸生於冬三月，與日月同宮，居日月前，謂之持旌，猶言得令也，主貴。

祥雲拱月。氣與月同宮，氣在前，月在後，為拱月，反此，謂蔽月。

拱夾端門。端門，午宮也。天子出入之門。若日月殿駕及身命二星三方左右拱夾，謂之拱夾端門，主貴。

金木水日會畢。金木水星與太陽同至畢度，主人聰明富貴。畢在酉，有六度。命在酉，合格。

五星並隨日月。木火土金水五星。並與日月同一宮者。主大富貴。

火土晝逢。火土二星喜晝而不喜夜。喜明而不喜暗。辰酉二宮甚利。若辰酉坐命。大富貴。

拱夾帝座。帝座、時支也。若貴人、祿、馬、殿駕、日、月、身、命、福德、田、財、前後拱夾。主富貴。

日月同宮。日屬陽。月屬陰。如同一宮。謂之陰陽得合。若在亥謂日月朝北。在巳謂日月朝天。皆主富貴。

日月互垣。垣者、紫微帝星居之。日月左右互之。命宮遇此。主上貴。

天地通關。通關者、如命在子。通關卯。若卯有祿及殿駕貴人文昌天廚天月二德紅鸞天喜解神命毋諸吉。則一生吉利富貴如通陽及亡劫破碎煞氣鬼星惡曜。則不吉餘例推。

水孛扶印。水孛同在未宮。謂水孛同泰。孛廟在未。立命逢之。若帶印星。印乃生我恩星也。

水孛助祿。祿者、祿神也。如甲生人。木孛二星為祿神。喜水生之。謂之助祿。舉一則知其他。

福祿隨官。福者天福貴人也。如甲愛金雞乙愛猴。人命逢官星。更有福祿二星隨之。富貴。

金水輔陰。陰、太陰星也。喜居申酉戌亥。更得金水輔之。則吉辰酉、金之樂地。申巳、水之樂地。遇太陰而輔是也。

火金逢月。火金與太陰同宮度。謂之火金逢月。又得太陰守命。遇火金。作貴推

金土富豪。金在財帛。土在田宅。主人富豪。

木月清貴。木在亥。謂木臨營室。與月同宮。謂之木月清貴。惟亥命得之。主貴。丑子命則不吉。

身命逢官。身命主臨官貴之宮。主貴。若在本命宮或對宮守臨照拱。皆貴。

水涵蟾魄。蟾、月宮也。太陰星在未。值水星同宮。水涵蟾魄。極其清澈。命主及命宮逢此。貴不可言。

逢生坐實。子寅辰午申戌屬陽為實。丑卯巳未酉亥屬陰為虛。經曰、逢生坐實占高强。名利兩榮昌

官祿守籍。如子宮立命。歲殿登籍在子。更得官祿二星守之。是此格。

火氣官高。氣木氣也。火逢木生是為得助。身命二主逢之。拱夾照臨。致為清貴。

月掛柳稍。太陰行度。至未躔柳度。謂之月掛柳稍。但須身命二主在未。或立命在未。方貴。

水清寶瓶。寶瓶子宮也。水星臨之。名曰水清寶瓶。但須命立子宮取貴。若得金助命。富貴榮華。土木混之不吉。

孛掛朱衣。孛者月之餘氣。十二宮皆為禍。惟至亥過天門。不敢為禍。謂之十二宮中皆脫裸。却來亥上着朱衣。主貴

命坐玉堂。玉堂二星名。如甲生人以丑未為玉堂。立命在丑未。謂之命坐玉堂。主近君王之命。

文昌照命。文昌者南斗之辰。命逢主才學過人。如甲生人。文昌在巳。亥宮立命。巳亥相照。謂之照命。

三台輔命。三台帝垣之星也。如子生人辰為三台。戌為八座。人命在辰戌二宮。拱臨守照皆貴。不忌魁隱。

祿勳坐命。祿勳者。如甲生以火為祿。寅為勳。如寅宮立命。又見火星入命。謂之祿勳坐命。主賜爵。餘依流年取貴。

日帝居陽。日者太陽君主星也。正居午宮。諸星不敢凌犯。惟忌木炁掩光。命立午宮逢之。主大貴但恐孤而無子

以上格局。各須活看。如金助月華。火金逢月。若寅亥命。則安身傍鬼。太乙抱蟾。一星伴月。若加戌命。則身逢煞難。學者宜精究也。

觀星要訣二十四法

看三主。要身主不傍鬼。不冥晦宮度二主得局不泄氣不遲留伏逆於惡地。朝元升殿垣局居生我之度。

論四時。春木、夏火、秋金、冬水、四季月土、為令星。經云、五星俱要比和。尤以得時為貴。

分晝夜。晝生。喜日木炁土計水孛於陽宮陽度。夜生。愛月火金羅於陰宮陰度。故曰。日生怕逢中宵宿夜生須防日裡星。

辨陰陽。凡初一二三四五日戌亥子丑時廿六七八九三十日酉戌亥子丑時生人。日月俱晦。如宮度身主、兼刑煞有犯、主孤獨。

推遲留。五星近太陽則遲。遲則行緩。五星三方見太陽則留。留則不行。五星與太陽同行則伏。伏則不見。五星對照見太陽則逆。逆則退行。經云、伏逆無光。順行有氣。

考伏逆。凡遲留伏逆在廟旺受生恩情之地不相尅戰。又在君前反能為吉。若遲留伏逆在尅洩鬼制之宮。戰尅之度。又在君後死絕之地。不祥之甚。經云順則優游。逆則退縮。留則拘繫。抑鬱。伏則韜晦無光。

明祿貴。凡宮身度主俱坐祿貴馬鄉。或祿貴拱之。或祿貴夾之為上。

利生旺。凡身命度主。要居長生之地。帝旺之鄉。倘命立敗宮。身度主飛入死絕不得地。貧賤的矣。

忌斷躔

木淍天秤（亢度）與金牛。（昴度）

火怕酉鄉（昴度）辰亦憂。（亢度）

土走雙女（翊度）人馬位。（尾度）

金銷天蝎（房度）白羊州。（奎度）

水漂羊角（婁度）流巨蟹。（柳度）

計虎（箕度）猪兒（奎危）兎亦愁。（房度心度）

紫炁亦嫌雞唱曉。（昴度）

孛逢戌上（婁度）是三坵。

羅睺酉（昴度）亥（壁度）君須忌。

日月無光卯酉頭。（月房度日畢度）

逢死絶。命坐敗宫。身入死絶。縱吉亦貧。大限又在死絶之地。小限犯原流旬空。太歲天空。决死之兆。

太歲衝。太歲至尊。當權司令。諸星節制。命坐君家。不能為禍。若在限。禍不可言。如當生太歲冲犯大限。流太歲犯小限。斷凶。

神煞露。假如命限是金行逢火度。火星與水交戰。流水或三方對照正犯之。决死無疑。坐命亦然。

壽令泄。如納音火命躔參。夏生限行胃土。為壽令泄。乃生土尅度。度又失經。决死斷之。命度身主倣此。

尅命度。假如丑上安命女初女一度限。行斗一斗二斗三斗四。戌上婁度安命。忌行箕風角木斷躔。命躔女初女一女二度是。寅宮斗一斗二斗三。限行亢金鬼鬬。軫九度命胃土柳土内皆忌。如軫十則無害。鬼觜參度虎口真忌。參度命女土忌。

六甲空。如命限犯原空。流太歲又空。或限度主又空。决死無疑。

四刑忌。凡金騎人馬。土埋雙女。火燒牛角。木打寶瓶。命限逢着此星决死。

值難梏。值者正二太陽之類。難者八殺宮主。梏者天囚天耗。如宮身度主犯此。或值難度中。安身命或限行此。加流星疊逢必死。

怒失令。凡春土夏金秋木冬火為黑道之星。休廢之曜。命身度躔此。限路值此。無生旺星解救必死。

煞疊煞。如限見原天雄。再犯流天雄。并的刃刼亡等煞是也。故云刃併天雄。刦加地雌。亡生喪魄。

鬼見鬼。如命坐斗行亢。加流年金三合對照。犯限決死。輕則困圄破敗。

利添利。凡宮度身主在生地。或限行恩星。如木躔水宿。水躔木度。以木為宮度主者曰利添利。

空中空。駕前天空。六甲旬空。流年空亡。三主星與限度臨之即死。

扶陽勢。五星扶陽有用者最吉。如宮度身主極妙。若魁身命度之星朝陽。必主天疾。

三滅關。初交限謂初關。限行中謂中關。限將末謂末關。如限行子宮危十一度乃初關。虛日五度乃中關。女土二度乃末闕。如有殺刃在初闕其人必死於本月節之後。如有殺刃在末闕。其人必死於本月節之前。如有殺刃在中闕其人必死於本月節之日。

先中憲以孝廉出宰吳邑多雪民冤清介自守以忤噶禮意落職
御任後止餘青蚨十九文乃即於蘇寓談星命以資餬口後噶禮
事敗遂得復職亦不仕生平學力以敦本睦族天理良心八字為
踐履詳於自記中其他雜學如堪輿星命皆臻微妙猶憶先大夫
述先曾祖母黎恭人之言謂先嗣曾祖端伯公少有神童目年十
二即入嘉定邑庠為先中憲所憐愛乃年未冠遽以歿先中憲携
歸閩卜葬永定既開井穴有水親族多習堪輿者嘩言不可葬先
中憲論謂無妨即令下柩不意柩旋下水旋消安宅後土俱極乾
燥無滴水以是鄉里有神仙目及疾極索所著堪輿星命書翻閱

數過隨將堪輿書付之火謂尚不足以傳世而僅留星命書至今思之豈真不足以傳世哉殆以青囊諸奧義未可遽以洩於世也先曾祖父俱通子平學故先中憲四言集腋一書早刊行世至天官之義未易明曉以故謹藏數代不敢刊行卷句亦間有脫落後勲隨侍京寓見五星集腋刻本亦不知何人所竊先大夫令以原本校多有不合然亦不敢置是非今年春皖江程吉人明府來倅治郡公餘與談化曜娓娓不倦囑為釐定明府竭兩月之力分類重訂以示勲受而讀之覺前刻之誤不言自解而持此書以談命神而明之當無不前知者今而後先中憲開示後學之心庶可不

没而先曾祖父謹藏之意亦可云不負也已卷後附明府手鈔一冊以其意與此書同故並刊焉

道光二十一年小春月元孫惟勲謹識

推言王星集所

五星集腋統宗閩汀廖瀛海先生所輯也先生以名孝廉出宰三吳遂家於婁江之疁城晚年自號青溪逸叟至今世業縹緗三代詞館先生夙精星學其推河憲陳公宦轍燭照數計毫髮無遺河憲益詫神奇閱是編慫恿付梓先生猶欿然不自炫也有友人竊而刊焉庚辰夏於書肆得之喜其談十干化曜突過前人其辨甲乙科各類及諸格局確而有憑非同臆說予自家居及筮仕來默談星學時而偶中皆宗是書之旨惟字句多有錯謬處欲加校訂未能茲夏權篆灘陽郡守伊臣太尊先生元孫也談及星學出先生所訂原本見示 枚受而讀之知原刻未經檢校不免亥豕魯魚

公餘之下分類重訂其有初學起例悉行刪去蓋集腋之意萃其菁華非為入門計也丁亥遊姑蘇購有秘本及真訣鈔冊二本茲於原編未載者附刻以公同好不欲秘為獨得之奇其有文同而註解較詳者仍列原編或大同小異如通元等篇不妨並列以備互參鈔成陳之伊臣先生以為不謬重行刊佈是刻成將不脛而行談星者手置一編較原刻更朗若列眉焉先生原敘云耶律氏之精意庶其不泯豈復有更進於是編者哉

道光二十一年歲次辛丑孟冬上澣吉人程枚識於濰陽官舍

十二宮立命諸吉神

命宮

甲年

	子	丑	寅	卯	辰	巳	午	未	申	酉	戌	亥
天經	火	火	火	火	土	土	金	金	水	水	木	木
地緯	水	土	木	木	土	火	火	土	金	金	土	水
天元	木	金	木	金	土	月	水	炁	計	羅	火	孛
地元	木	木	水	水	金	金	土	土	火	火	木	木
人元	水	木	木	火	火	土	土	金	金	水	水	水

天馬　火金火金金水水木木火火火

地驛　火木水金火木水金火木水金

職元　孛木金土月水炁計羅火孛木

局主　水炁計羅火孛木金土月水炁

乙年

子丑寅夘辰巳午未申酉戌亥

人經　土土土金金水水木木火火

地緯　水土木木土火火土金金土水

天元　土月土月水炁計羅火孛木孛

地元　水水金金土土火火木火木木

人元　木火火土土金金水水木木木

天馬　金水金水水木木火火火火金

地驛　火木水金火木水金火木水金

職元　月水炁計羅火孛木孛木金土

局主　火孛木金土月水炁水炁計羅

丙年

子丑寅夘辰巳午未申酉戌亥

天經　金金金金水水木木火火土土

地緯　水土木木土火火土金金土水

天元　水炁水炁計羅火孛木金土月

地元　土火火火火木木水水金金土

人元　火土土金金水水木木火火火

天馬　金水水木木火火火火金金水

地驛　火木水金火木水金火木水金

職元　水金木金土月水炁計羅火孛

局主　炁計炁計羅火孛木金水月水

丁年

	子	丑	寅	卯	辰	巳	午	未	申	酉	戌	亥
天經	水	水	水	水	木	木	火	火	土	土	金	金
地緯	水	土	木	木	土	火	火	土	金	金	土	水
天元	計	羅	計	羅	火	孛	木	金	土	月	水	炁
地元	火	木	木	水	水	金	金	土	土	火	土	火
人元	土	金	金	水	水	木	木	火	火	土	土	土
天馬	水	木	木	火	火	火	火	金	金	水	水	水
地驛	火	土	水	金	火	木	水	金	火	木	水	金
職元	水	炁	計	羅	火	孛	木	金	土	金	土	月

局主　孛木金土月水炁計羅計羅火

戊年

子丑寅卯辰巳午未申酉戌亥

天經　木木木火火土土金金水水

地緯　水土木木土火火土金金土水

天元　火孛火孛木金土月水炁計羅

地元　土土土火火木木水水金金土

人元　金水水木木火火土土金金金

天馬　木火火火火金金水水木木木

地驛　火木水金火木水金火木水金
職元　土月水炁計羅火孛木金土月
局主　羅火孛木金土月水炁計羅火

巳年

子丑寅夘辰巳午未申酉戌亥
天經　火火火土土金金水水木木
地緯　水土木木土火火土金金土木
天元　木金木金土月水炁計羅　火孛
地元　木木水水金金土金月土　火火

人元　水木木火火土土金金水水木

天馬　火火火金金水水木木火火火

地驛　火木水金火木水金火木水金

職元　孛木金土月水月水炁計羅火

局主　水炁計羅火孛火孛木金土月

庚年

子丑寅卯辰巳午未申酉戌亥

天經　土土土土金金水水木木火火

地緯　水土木木土火火土金金土水

天元　土月土月水炁計羅火孛木金

地元　水水金金金金土土火火木木

人元　木火火土土金金水水木木木

天馬　火金金水水木木火火火火火

地驛　火木水金火木水金火木水金

職元　月水炁水炁計羅火孛木金土

局主　火孛木金木金土月水炁計羅

辛年

子丑寅夘辰巳午未申酉戌亥

天經　金金金金水水木木火火土土

地緯　水土木木土火火土金金土水

天元　水炁水炁計羅火孛木金土月

地元　火木木水金水金金金土土火

人元　火土土金金水水木木火火火

天馬　金水水木水火火火火金金金

地驛　火木水金火木水金火木水金

職元　土月水炁計炁計羅火孛木金

局主　羅火孛木金木金土月水炁計

壬年

	子	丑	寅	夘	辰	巳	午	未	申	酉	戌	亥
天經	水	水	水	水	木	木	火	火	土	土	金	金
地緯	水	土	木	木	土	火	火	土	金	金	土	水
天元	計	羅	計	羅	火	孛	木	金	土	月	水	炁
地元	水	水	金	金	土	土	火	火	木	木	水	水
人元	土	金	金	水	水	木	木	火	火	土	土	土
天馬	水	木	木	火	火	火	火	金	金	水	水	水
地驛	火	木	水	金	火	木	水	金	火	木	水	金

職元　羅火孛木金土月水炁計羅計

局主　土月水炁計羅火孛木金土金

癸年

	子	丑	寅	卯	辰	巳	午	未	申	酉	戌	亥
天經	木	木	木	木	火	火	土	土	金	金	水	水
地緯	火	孛	火	孛	木	金	土	月	水	炁	計	羅
天元	水	土	木	木	土	火	火	土	金	金	土	水
地元	金	金	土	土	火	火	木	木	水	木	水	水
人元	金	水	水	木	木	火	火	土	土	金	金	金

天馬　木火火火金金水　水木木木

地驛　火木水金火木水金火木水金

職元　金土月水炁計羅火羅火孛木

局主　計羅火孛木金土月　土月水炁

十二月吉凶神煞

	正	二	三	四	五	六	七	八	九	十	十一	十二
文曲	亥	戌	酉	申	未	午	巳	辰	卯	寅	丑	子
武曲	申	酉	戌	亥	子	丑	寅	卯	辰	巳	午	未
左輔	辰	巳	午	未	申	酉	戌	亥	子	丑	寅	卯
右弼	戌	酉	申	未	午	巳	辰	卯	寅	丑	子	亥
天德	丁	坤	壬	辛	乾	甲	癸	艮	丙	乙	巽	庚
月德	壬	庚	丙	甲	壬	庚	丙	甲	壬	庚	丙	甲
月合	丁	乙	辛	巳	丁	乙	辛	巳	丁	乙	辛	巳

月空　丙甲壬庚丙甲壬庚丙甲壬庚

斗杓　生月上加戌順數至本生時是

月厭　申酉戌亥子丑寅夘辰巳午未

月殺即大殺　戌巳午未寅夘辰亥子丑申酉

直難　日日月月火火水孛木炁金金

陰殺　丑戌未辰丑戌未辰丑戌未辰

擎天立成　游奕即在對宮

甲子、庚午、乙亥辛巳、丙戌壬辰、丁酉戊申、癸丑己未在子。　己巳、

甲戌、庚辰、乙酉、辛夘、丙申、壬寅、丁未、戊午、癸亥在夘。　庚寅、辛丑、

壬子在辰。　戊辰、癸酉、己卯、甲申、乙未、丙午、丁巳在巳。　己丑、庚子、戊寅、辛亥、壬戌在午。　乙巳、丁卯、甲午、丙辰、癸未在未。　丙寅、壬申、丁丑、戊子、己亥、庚戌、辛酉在申。　癸巳、甲辰、乙卯在酉。　乙丑、辛未、丙子、壬午、丁亥、戊戌、己酉、甲寅、庚申在戌。　癸卯在亥。

陽受陰注　正月起子、二月亥、三月戌、四月酉、五月又起戌、六月亥、七月子、八月丑、九月寅、十月卯、十一月又起寅、十二月丑。總只在卯酉轉截、假如巳年六月卯時生人。六月陽受在亥。以生年巳加亥為首。逆數至酉。以尋生時則午在戌。未在酉。申又轉至戌。順至卯得丑寅。又轉至寅得寅至丑得卯。乃真陽受宮也。其宮內若

有一星則即取此星為陰注。若有二三星。便取本宮主為陰注。寅宮安命者尤吃緊得之可解直難疾厄星古之大仕官亦多得此星利益

金匱、子日午。午日子。丑未日寅。寅申日辰。卯酉日午。辰戌日申。巳亥日戌。

金轝　年干祿前二位是。

月正以起舒偏正斜角落順輪。初三四從卯上輪起。辰上是舒。巳上是偏。午上是正也。初五六七辰上是起。巳上是舒。午上是偏。未上是正也。初八九巳上起。午上舒。未上偏。申上亦是正也。陽宮三日陰宮二日輪之。餘倣此

月恒 初三至初七在震。初八至十二在兑。十三至十七在乾。十八至二十二在巽。二十三至二十七在艮。二十八至初二在坤。

四元 仁元、年干取禄元、禄宫取貴元、驛馬取壽元、納音取。

卦氣

乾在亥。坤在申。艮在寅。兌在酉。坎在子。離在午。震在卯。巽在巳。此八卦之方位也。

卦氣者。壬甲生人從亥宮乾數起。乙癸生人從申宮坤數起。丙生人從寅宮艮數起。丁生人從酉宮兌數起。戊生人從子宮坎數起。己生人從午宮離數起。庚生人從卯宮震數起。辛生人從巳宮巽數起。晝生者數至太陽止。夜生者數至太陰止。如甲年生。從亥上起甲。逆數至酉。見太陽即止。得丙字。丙祿在巳。以巳為卦氣。如癸年生。從申上起癸。逆數至辰。見太陰即止。得丁字。丁祿居午。以午為卦氣。餘倣此。

又一法

前所開卦氣所謂天祿卦氣也。又有一法。不用數至太陽太陰宮如壬甲年生者。係從乾亥起。即以亥為卦氣宮。乙癸年生者係從坤申起。即以申為卦氣宮。丙年生者係從艮寅起。即以寅為卦氣宮。丁年生者係從兌酉起。即以酉為卦氣宮。戊年生者係從坎子起。即以子為卦氣宮。己年生者係從離午起。即以午為卦氣宮。庚年生者係從震卯起。即以卯為卦氣宮。辛年生者係從巽巳起。即以巳為卦氣宮。

安身命宫度例

以生時加太陽宮順數遇卯即是命宮以太陽之度對著命宮之度即是命度太陰所泊之宮即是身宮盖日為東升父之基命由此得月為西沉母之室身屬此生惟命無形必求太陽所出之地故逢卯方能立命惟身有迹遇月即便安身琴堂數至酉位為身者非也但欲求身度主之的必要明晨昏度晨度乃夘昏度乃酉望後為晨朔後為昏凡初一至十五日歷註太陰在某度此昏度也酉時之度也如生酉時前每一時挨退一度生酉時後每一時挨進一度凡十六至三十日歷註太陰在某度此晨度也夘時之

度也。如生夘時前每一時挨退一度。生夘時後每一時挨進一度。此一定不易之理也。然太陰行度亦有遲疾之不同。又當細論之。古法以太陰行過一宮為胎元。關係豈小小哉。

初一至初四日	月行㝡疾	一晝夜行十四度餘
初五至初八日	月行平	一晝夜行十三度
初九至十九日	月行遲	十晝夜行十二度
二十至廿三日	月行小疾	一晝夜行十三度餘
廿四至三十日	月行亦疾	一晝夜行十四度

起大限

凡起限必查太陽入宮之初○算至生日生時止○然後從十歲之外○扣十二時為一度○十二時便是一日○一度猶一日也○三度為一歲○猶三日為一歲也○盈者加之虧者減之○如一命乙巳年六月十五酉時生太陽十二日申時入午至生時入宮纔三日○故在十一歲足生日起限也○少一時則在生日前十日交矣○在星盤度數上起限甚便○若限量天尺多誤也○

相貌限管十年○每年行三度○一百二十日一度○

福德妻妾管十一年○每年行二度七分○一百三十二日一度○

官禄限管十五年。每年行二度。一百八十日一度。

遷移限管八年。每年行三度七分九十六日一度。

疾厄限管七年。每年行四度三分八十四日一度。

奴僕男女田宅管四年半。每年行六度六分五十四日一度

兄弟財帛管五年。每年行六度。六十日一度。

化氣論

凡化氣不可不看。禄福蔭貴印權。此六者吉化也。然福禄則更要矣。喜坐身命官福。或官福身命為之。或拱夾身命。無不富貴。刑囚暗耗此四者凶化也。然刑囚則最惡矣。忌犯身命官福及身命官福為之。或拱夾身命。無不刑夭。又化禄者喜泊禄宫名禄踞禄巢。主少年科第。化蔭者喜朝日月則享恩蔭。化權者喜會恩殺則操威權。化耗者忌入田財。化暗者忌作魁文。化刑者忌守相貌。化囚者忌居疾厄。

又如身命主化刑囚。而恩用等星化福禄權印輔之。反主掌握大

○權若殺難化刑囚而尅傷身命○此爲凶禍○又如一星守命○而爲四干之福○禄或是年干福○月干貴○日時干權○胎干印○無不貴顯○如爲四干之刄○更化刑囚○斷爲凶格○

天盤地盤論

天盤之理最為元妙。蓋人以生時見日為定命。如正月生人。太陽雖在子上。其實卯時生太陽即在卯。午時生太陽即在午也。太陽一時過一宮。一宮三十度。一度一等。人豈有無晝無夜而謂太陽祇在一度一度。祇在一宮乎。此天盤之說所由起也。耶律以生時刻數難知。其論天盤祇是太陽入宮之淺深以立命之度加於房一則夫妻之宮正在昴四星。六為天星官祿之度。虛七為地下田宅之中。如日在角初。女雖田宅。而却男女。日在尾二星本宮祿而在遷移。蓋巽一日則有一日之差。屬一宮則占一宮之事。此加盤

之度數有淺深而諸宮之星辰有變遷也
惟地盤通關則十二宮安命同以子加夘逆轉不論淺深與天盤論禍福多有人命合格天官官祿皆得地而不貴者蓋以加盤傷其格局損壞天官官祿故耳又有人命遇剋度當死而不死者蓋為加盤暗得救助止於病痗而無恙耳
且如子宮命行寅限遇木炁為凶若天盤巳上有火地盤丑上有羅則為伏恩以化難如子丑二宮有水乃黨惡而愈凶矣其或巳上有木丑上有炁限至寅暗逢殺難倘寅宮原有火則化之原有水則黨之吉凶總各以類應也

金鈎桶

五曜扶陰陽官居一品。四餘色季土位列三台。

木火土金水順序。拱向日月。極貴。炁孛羅計分布左右。土星居中者。亦是奇格。若同宮者更奇。

祿財掌命從陰。堆黃積白。官令隨君護駕。秩顯官高。

如立命巳宮六辛生人。金為財又為祿。夜生與太陰並行。必主巨富。午命太陽為主。人君之象。秋生金為官星。冬生水為令星。如金水夾日有情。則為官令護駕。又為官福從陽。主極貴。

金羅夾月武將立功邊塞。水木從日。儒冠發解科場。

金羅相會。本不為吉。秋令夜生。太陰身主居中。金羅兩夾。化為福祿貴印。金又乘旺帶刃。必威鎮邊疆為武將也。經云木水輔陽蘭臺掌輔。二者皆文星也。如立命外宮。太陽為官星。或居午。或居外。有水木輔佐。必貴。

官祿朝陽。仕途騰達。火官入命。食祿豐盈。

如辰宮命。月為官祿主。與太陽並行。此為朝陽。子宮命。火為官祿。又為命母。必有厚祿。

太陰守田財。家肥屋潤。財福夾官祿。利遂名成。

太陰守田財主富。立命未宮始妙。卯宮命太陽為官祿。木為財。水為福。水木夾太陽於午宮。或夾於命垣。主少年發達。

田財夾命。與福祿夾身皆貴。福祿夾官。與官魁拱命俱榮。

田宅財帛夾命。福德官祿夾身。皆主富貴。福祿夾官。乃十干化曜之福祿也。如六甲生人。辰立命。月在未。官祿宮得木火二星化福祿主。夾於左右。或在申午二宮夾之。此為夾官。三合拱照與官星並行亦貴。官魁拱夾身命。或與身命同行。皆貴。但必命主得地。格局高超。始登科甲。若徒泥官魁。毫無應驗。

權貴從陽膺顯職。火金遇夜更光明。

如卯命。日為官祿主。有權貴二星拱夾。或金水輔佐之以為引從。皆極貴。夜生不論落陷無福。夜生有火金二星同助月華。發福非常。若火金戰剋。反成其禍。又主剋妻。

財星會祿。福厚家饒。祿宿扶身。夜生財足。如申命月為身。又為財。丁生人金化祿元。與月同行。或守命宮。此為助。凡又為傍母。極妙。祿宿即祿元。如甲生人木為祿元。又戌宮命。木為恩星。夜生與月同行。必富。

官祿臨財。因公致富。身居財庫。足祿多財。官祿主坐於財宮。必因官而發財。如水土生人庫在辰。財帛主星坐於辰上主富。凡行限遇財恩者必發財。如立命在巳。金為財。又為母星。行限遇之。必進財發福。

日月拱天門。無忌為上。日月臨田宅。有助為高。如亥宮命。日月在子戌二宮。為日月照天門。命主在亥。日入垣者。亦是。須無惡星犯之。乃貴。又如酉宮命。日月在午田宅宮。乃樓閣帝座之地。土為官。木為福。又相扶助。此富貴之造。日月夾財帛者亦同。

月遇秋金。美產肥田。日擴命逢紫炁。天文地理咸通。如立命在巳。金為財帛。生秋令。又化福祿。權印入命。且為命母。必巨富。或拱身。或同度者同。又秋令夜生。與月同居。即是金星伴月。最有福。所謂金星伴月。到老榮華是也。炁乃孤高之宿。晝生為祥雲。有文明之象。命逢最吉。如在命而坐空亡。乃精通藝術之人。

水金拱主臨官。公侯宰輔。木炁扶身居福。僧道孤刑。

如金在申。水在亥。受乾之生。亥為官祿。又為天門。日月更拱夾之。極貴。木炁為孤星。夾日夾月。或見日月華蓋空亡孤神寡宿於福德宮。必孤尅而為僧道。

多藝多林定是身逢水宿。尅妻尅子。皆因命泊孤神。

水乃聰明之宿。如隨身命主。主多材技。必命安巳申。或纏四水度。方驗。如在卯戌宮安命。水為殺星。主夭。又秋生帶文卦祿馬者更的。亦主文章秀麗。 男忌孤神。女忌寡宿。若身命日月在孤寡華蓋空亡黑道之上。或木炁掌孤封華蓋拱夾身命。皆主尅妻害子。若係天狗得令。在男女身命宮者。決無子息。極驗。

禄元與奴宿隨身。奔波勞碌。水宿與金星伴月。智巧機謀。

甲禄在寅。甲生人。以木為禄元。如與奴僕星同隨太陰。必主因人成事。縱能自立。亦主勞碌。水乃聰明之宿。金乃文飾之星。如夜生而伴太陰。主聰明曉事。機謀過人。亦為金助月華。命安申巳或未宮者是。

土臨命而肥矮。不見土而修長。

如土星守命。或三方照命。或臨相貌。主人肥矮。言語沉重。又凡土星在妻妾宮者。妻亦肥矮。所謂土臨七位配偶身肥是也。如木星守照命宮。主人身體修長慈祥愷悌。

一二吉星扶命。福履宜綏。四三雄宿當權。強梁健訟。

局中有一二吉星來照身命。便可富貴。若三四凶星在三方四正照命。或在官禄。必強暴好訟。然必身星命主失陷。四雄兼帶刃煞。行限至此。始有此凶。四雄。火羅計孛是也。果老云。一星得用喜非常。二主高強皆福壽。即吉星扶命之謂。

客星毋使犯宮。忌宿莫教入命。

客星、外來侵犯之星。如命在申。土計到宮。為鬼賊。臨身。必有凶禍。兼及妻孥。又如酉命有羅星入之。是為惡奴入。命必見災也。

又凡火羅計孛在羊刃之上。更來尅命者。為禍最烈。官福宮亦忌

惡曜最嫌冲激。凶神總怕遲留。

惡曜凶神。火羅計孛及仇難刃的刦星、皆是冲激者或守占太歲或拱照對合及冲提與日是也。若行限至伏逆遲留度中。破財疾痛死亡。必有一見。

諸煞逢空。我尅他而獲福。吉星落陷。彼帶殺而有災。

諸煞、如羊刃飛刃的刦亡神破碎之類。若落空亡之地又被我尅。反為吉兆。 如巳宮命。金為恩是吉星也若金入火宮則陷於殺地。限到有災。

三合見之亦然。

陰計陽羅。命限若逢非吉兆。晝火夜土。原流交併入黃泉。

羅蝕日。計蝕月。須分晝夜。合度合方。若羅日計月值限。必主死亡。 命在巳水為命主。夜生人。土計凌犯太陰。又遇流年土計

守照。其年必死。

孛羅犯月泊九宮。離鄉倒路。羅火侵身居八位。損目傷肢。

孛羅二星忌與身命為煞難。若犯日月於遷移宮。或兄弟宮。或與遷移主同居。死於他鄉。又如命在辰。火羅為忌。金星在酉。晝生。月與火羅同居疾厄宮。此為身居煞地。不損目必傷肢體。然必火羅帶刃雄的。刦刑暗等煞方應。若寒金遇火反為吉用。

散失人財。必是奸凶並戰。分離骨肉。祇緣水火交爭。

奸凶計孛也。二星本自相戰。若巳申命限行逢此二凶。必有財散人離及官災疾病等事。却不傷身。水火乃人間常用之物。如遇戰鬬。行限到此。主分離骨肉。又二星不可並行。若行限火星在前水星隨之。壽必不永。三合對照亦然。又凡計遇木尅。不論計星與我有無干涉。亦主財散人離。

水孛坐耗帶刃花。病耽酒色。計羅臨刃逢金火。身死刀鎗。

水孛本是淫星。如帶大耗凶煞坐占羊刃桃花之上。行限遇之。主有酒色癆怯之病。六甲生人。火為刃。金為飛刃。如計羅泊於羊刃之宮。與金火同行。必死刀鎗之下。

火孛休來戰刃刑囚勿令當途。

如卯戌命。火孛二星在羊刃宮戰尅。行限遇之。其人必死。如命在子。行限在寅。庚生人。木化刑。土化囚。合照當限。非因圖官非。必有災厄喪身之禍。

土計犯陰陽耳聾目暗。計羅凌日月。父喪母亡。

日月為人耳目。最怕土計凌犯。如单土獨計與日月同度。必損一目。犯日傷左目。犯月傷右目。陽左陰右也。必是仇難帶煞刃者方驗。若辰酉命。以土為恩。犯月尤佳。不可同論。又日為父月為母。若三合對照行限見之。刑傷父母。或禍及妻孥兄弟。

土刃火生逢太陰。非經則刎。火刃金飛拱命限。獄死刀傷

如命在卯。六壬生人。夜誕。土與太陰同躔卯上。火星又來生刃。必主刎縊而死。壬刃在子。土即是刃。不可又遇火之生也。甲

生人。火為刃星。金為飛刃。未宮命。金火拱夾太陰。行限遇之。必死於刀鎗牢獄之中。

暗殺傷身防重疾刃星值限必遭刑

羊刃飛刃夾限。或更帶殺。來侵身命。非犯疾病刑憲。必死非命。

殺奴值限會殺災危。火刃同羅命逢強暴

如卯命。限行午位。水為殺。又為疾厄主。孛為殺奴。赤身露體守占君殿寅午戌又是火局。限至必死。水孛侵犯身命。行限又會殺者必驗。 火為刃星。而同凶羅守於命宮。主禀性剛強燥暴。其人乃愚而自用賤而自專者。

殺地火羅夾命。身喪鬬毆。弱宮羅火侵身命死蛇虎。

如命在酉。火為殺星。卯為殺地。若金火同纏於卯羅又夾之。大忌與太陰同纏八殺宮而火羅夾者亦是。 太陰本居惡弱。又有羅火與之同行。宜有蛇傷犬咬之患。

木驛逢金危馬足。孛刑會火犬牙傷。

庚生人。祿在申。刃在酉。金為刃星。申子辰生。驛馬在寅。木為地驛。遇金刃魁之限行至此。宜有此害。遇火可解。亦須與身命干涉方驗。巳生人。孛星化天刑。而又遇火戰魁。非犬傷則蛇害也。

火羅守照性急多言。土計侵凌限逢難脫。

火羅遇水則戰。逢惡即敵。若在命宮。禀性躁急。不受人觸。肆無忌憚。醉後罵人。又申命最怕土計。如二星泊於戌宮火旺之地。凌犯太陰。行限到此必死。

道路橫尸陽犯火羅計孛。咽喉疽毒難熬暗耗刑囚。

經云。火羅計孛犯陽。君路上橫尸不掩身。若四星同居太陽度。或雙夾太陽於刃宮。宜有此患。難化暗耗刑囚。又值太歲填寔。必發重毒。

水土痔崩濃血。火金咳嗽痰涎。

水為腎。土計星魁之主膿血之災。金主肺。遭火魁。宜有咳嗽之疾。又孛者水之餘也。若日孛土同宮合照。主囚禁牢獄。

廢星煞限逢冲。手足患病孛化刑囚暗耗。孝服官災。

春金、夏水、秋木、冬火為廢星。如照限逢冲。手足當有廢疾。甲生人戌宮命。孛化刑囚暗耗當限或三合對照。非官災即孝服

酉見孛金淫穢。子臨土孛官非。

命在酉申子辰生人。桃花在酉。如身命主會金孛。女主淫蕩男主破家。 命在子亥卯未生人。桃花在子。會見孛星於命宮或會身命二主。則男女淫蕩官非不免。又土孛不可同宮。主官非。

火帶花行。女命夫宮奔蕩。金遭羅厄男人妻位刑傷。

火為夫象與桃花同行。女人遇之。主夫奔蕩見水財尅夫。金為妻象遇羅受尅。男子必主刑妻。不然妻有産厄。

桃花冲限家零落。水孛當途女是非。

如命在寅申子辰生。金乃花星。合照限宮。主家破人亡。 水孛為淫星。或守命宮。或三方對照。主有陰人是非。及官災禍患。

經天賦　此篇大概以天盤五星與子平四柱合看頗為有理。

天官守命。富貴無虧。　守於命度尤貴。要生旺。忌見傷官。

卦炁臨垣。榮華有准。　又云官祿主與四柱之官星同論　卦炁喜守命垣尤要得時令為妙。

若乃財臨旺地。發跡成家。倘或財印俱荒。刑傷敗業。　命中原透財為用神。加入盤中。遇生旺宮分。必主發跡。若柱中原透財印。加入盤中而遇尅。必主敗業。

杓宜指祿於官宮。卦喜臨照於十位。　祿者年干正官之祿也。如壬年以己為正官。己祿在午。而斗杓指之最吉。　卦炁最喜在官祿宮或卦炁宮主在官祿宮亦是。若他宮無用也。

主弱財宮俱陷。宜守株始免奔波。　主日主也。落於弱宮。而財官又陷貧困可知。四柱不透。或盤中受傷。皆為陷也。

用神卦禄涵光。如得地還居臺憲。

用神卦系對命宮為涵光。如卦氣在離而子上有火引出是也

印逢財而敗母。財遇刦而妨椿。

如丙日生。柱中原透木印金財。而盤中才受金尅即妨母。金受羅尅即妨父。蓋丙以火為主。羅為刦。

卦臨官禄。官星强而禄享千鍾。禄入財宮恩曜明而田肥萬頃。

卦氣臨官禄。如官禄主不棄大垣。主貴。禄星入於財帛宮。更得恩星明健。主富。

命守日支。功名蓋世。身居月建。才學超群。

凡命坐日支為第一。坐年月時上次之。如六辛日生人。酉上泊命。遇酉日最佳。若身命福禄星。乃一二品格。 又如金生在巳遇巳日生。而在巳上安命。木旺在夘遇夘日生。而在夘上安命。皆大貴也。

大抵日干要貴主喜無傷。

日干要為官祿官魁等貴星。或加於貴人之宮。則貴。然尤要無尅制。命主。日主。皆主也。

時日夾官宮。公卿之輩。駕提逢貴氣。翰苑之才。

凡時日夾官祿者。必官祿主星不棄本垣方是貴者。天官官祿卦氣貴人皆是也。

四柱無財。平生淹蹇。三生有用處世英雄。

財帛主星落陷。四柱又無財星。自然貧乏。年月時為三生。如遇官祿等吉星適居其上。是命中生成帶來也。

官星秉令。蘭桂飄香。財宿逢傷。夫妻反目。

四柱透官。加入盤中得令。不但身榮。且主子貴。

四柱透財。加入盤中受尅。非妨妻即反目也。

亡刦臨身。無一日之安。的刼守財。少立錐之地。

亡神能安起事端。刼殺能刼盜財物。身坐其上。豈得安耶。

賤格方斷的。殺為破碎。大忌居財。若財主得地得生不論。

隔角逢孤。枕冷衾寒誰是伴。桃花見孛。青樓花柳有知音。

隔角最忌與孤辰同宮。照臨身命。犯者不特妨妻。兼主乏嗣。孛乃淫星。不宜桃花並處。男敗家業。女落風塵。合命守命同斷。

柱內交沖忌曜。尅子妨妻。日干死絕無根。傷身帶疾。

妻子星在午。忌曜亦在午。柱中有子。即沖動。遇流歲填鈎。定主妨尅。日干主星加死絕無氣宮。又遇疾厄主尅之。傷身或帶疾。

仁元鈞月。位居一品之尊。諸吉聚官。爵列九卿之上。

元星、即年干星仁元也。與月同經而無傷。主貴。

若身命與官福三元等星同居官祿宮。極貴。

日干與月五經。名登黃甲。日支與籍夾卦。足履青雲。

天干為命。月為身。如五經。主發科第。 日支時支夾卦。亦貴。若時日相沖。或有原犯凶星。則不貴。

支上逢官。妻膺紫誥。籍宮見貴。子必崢嶸。

日支為妻。逢官祿主則貴。時籍為子。逢天官天祿貴人等吉星亦貴。

四柱偏宜夾主。夾官夾福更成名。元星切忌逢傷。失令失纏皆未濟。

命主官祿等星。四柱夾起最有力。仁元忌逢傷尅失令失纏則不貴

仁元尅度傷身。顏子有簞瓢之苦。財曜生干得局。石崇有金谷之歡。

如立命女度。木作仁元。而纏於土。是為尅度傷身。主貧乏財帛主生日干主而得局者富。

玉堂貫日。開藩閫以列旌旗。一氣冲陰。近宸居而分玉牒。

命守玉堂而命主朝君者極貴。　四柱干神一氣。而其星與太陰對照。或同宮或同經者。貴。如天干壬癸水未井月丑斗牛昴

恩生日主。斯人有非望之榮。難尅日干。此輩有蕭牆之禍。

以日主星加入盤中。遇恩星扶助則吉。遇難星相尅則凶。

命主與生時同屬。局號天堂。日支與命主同星。格名地閣。若非身惹御香。定主名垂青史。

命主屬土。日時支亦屬土。命主屬金。日時支亦屬金。凡所屬同者。總為天堂地閣。主貴。若日時支為天官官祿主者更貴。

日火年金相尅。至親骨肉皆疎。

如年干屬金。日干屬火。而火金加入一宮。則相剋也。

刄直一經作胎元。而胎中帶疾。刑囚同度。尅貌主而肢體有傷。

胎元如帶刄直。主胎中帶疾。或胎中尅父。刑囚惡殺如尅相貌主。則肢體有傷。

才高天下。命臨卦炁遇官魁。榮冠諸曹。雲繞扶桑冲卦炁。

卦炁上立命。又遇官魁。主有翰苑之貴。雲者炁星也。扶桑。卯位也。命安卯宮。炁日同在卯。而卦氣在酉。極清貴。

經緯夾命。龍池鳳沼之人。命度掌元。金馬玉堂之客。

天經地緯。最喜夾命。但忌斗杓指破。命度掌元只庚生人戌宮奎木安命者。三元星皆一木掌之。餘皆非也。此亦不可泥看。如月在奎婁。而三元照官祿。或會官福。又得令得經。即是魁元之造。又凡身命度主官祿主為三元者。如升殿入垣。無不富貴。

星喜配乎干神。垣喜填於四柱。

凡觀命者宜以四柱干神配五星而斷其吉凶。歲支為駕。日月支為城垣。時支為帝座。

至於格美官卑。乃主星之落陷。局高運蹇。由次舍之逢凶。

主星最怕陷弱。又怕失纏。

難星破駕於官舍。公門剝雜。恩曜同勳於命位。仕途軒昂。

難星破駕。又坐官宮。故主公門剝雜。星恩守命。又加祿勳。故主仕途如意。

行天官得玉堂之運。馳濶步以上雲梯。遇限主變吉曜之年。蜚英聲而騰月窟。限如行天官度。命得行貴人運。又限主化官魁貴人祿馬之年。必中式也。

欲問功名先審催官臨度。如求財利。須知天喜加身。求名必看催官。求財全憑天喜。

女人限到木纏。妨夫害子。男命若行月度。娶妾招妻。木炁為孤宿。如不得地。便為哀星。必見孝服。月乃女人之象。限行此度。如帶天喜星。必有妻妾喜事。

運限相併。伏返交吟。遇凶星堂中哭泣。見忌曜戶內虛驚。凶星即陰刃的刦直喪廌虎等星。忌曜晝火夜土也。

天官經

主貴得地格欲清高。

主者、命主也。得地者、居强坐實。得宮得度也。何謂得宮。入於官福强宮。貴人祿馬卦炁之上。更朝君登駕是也。何謂得度。與恩星同纏一經。或纏生度是也。然有名為得地。而或天盤加臨。暗受尅制。則為得中之失。不可不辨。若命主既好。便要以天官審其格局。詳其高下。

經、絡、貫、穿、填、冲、守、鈎。

經者、四經也。以四正言之。如箕參軫壁井角奎斗之類。在天皆同一氣。此四正宮神所以暗相管攝也。絡者、每一宮一度通十二度。如太陽纏度安命之法。量天尺一行直下是也。貫者、與命主同。為一經。穿者在立命之度也。填者、在四柱之實地也。冲者、對宮也。若在對度為冲度尤緊。守者、守於命宮。鈎者、三方鈎照也。此八者、乃天官之妙用也。以前四字言之。穿命度最緊。如天官守於命宮。即在命度。其貴無比。若天官守於別宮。但在命度之經者。亦是。此多發於少年。次之與命主同經。為貫主。同宮同度者。極貴。在他宮。而同度者、亦是也。按經絡亦貫之意。但貫乃專言命主。而經絡則泛言經絡於諸星也天官貴氣之星也最喜與一切貴氣之星同經同日月為鈎月貫陽同魁星為官魁同步同官祿為天官會祿同生官為天官逢生會祿者京堂之職會魁者清華之任逢生者仕途多得薦引此以同經之星言也專以經言或居我命度亦為貫主如命主屬火而天官即在火度是也或居生官之度亦為逢生雖有傷官照之不妨以其所居得地也或居官祿魁星之度如官祿魁星屬木而天官即在木度是也在魁度者更清多主諫垣之職此經絡貫穿之用也以後四字言之守命最重若更濟用與命宮有情如午命金水作天官守之是又我命之恩也如此者多中魁元餘亦不失科甲凡見天官守命遇太歲填實之年便發科甲次之冲又次之鈎若在命垣對宮對度更無他星混雜者多入翰苑天官在三方更得魁星同拱命者亦多是諫職如天官坐四柱日支之神而適立命於此者更貴其餘四柱皆佳凡天官最怕落空居陷若遇四柱真實之稍吉此填冲守鈎之用也然有天官合前格而不貴者何也本原失之也故必主既得地而後以此八者詳官魁之用也

先觀對度之星次察同經之曜

對度如天官在辰角八度而命主官祿魁星生官等星在子虛

六度或参四度是也　同經如天官纏角木度而命主官禄魁星生官等亦在斗奎等木度是也

鈎月貫陽名高科甲臨官守命望重縉紳

天官與日月同經雖居陷弱亦主發科經云引從者吉則外貴乎空蓋言日月前後有吉星引從而四經之中又無閑神混雜也天官鈎貫亦然若陰計陽羅晝夜晦蝕則陰陽已不得其用矣又何鈎貫之有故天官鈎貫亦宜觀其與陰陽有情無情如以計羅作天官便當分其四時之用晝夜之殊不可便作凶論亦不可即論貴

貫主而青雲早步穿度而黃甲先登

貫主者天官與命主同經也凡同宮同度及在他宮而同度者皆是　穿度者天官穿立命之度也如奎木度立命而天官即在奎者是

命主作官泊官宮位居極品命官互舍同得地足躡天衢

如木為命主又作天官泊官禄宮而生春令極貴如天官纏命主之經命纏天官之度又各得垣必登科甲

青龍扶輦。許看身歷丹墀。朱雀銜符。決主譽垂青史。

木為天官。生春令而近日者。為青龍扶輦。忌見金。火為天官。生夏令而近日者。為朱雀銜符。大忌見孛見水為輕。

白虎從駕。秋生佩印乘軒。元武持旌。冬令玉堂金馬。

金為天官生秋令而近日者。名白虎從駕。忌見火。如鈎月而在官祿宮或命宮者。主中魁元。水為天官。生冬令而近日者。為元武持旌。忌見土金。

或拱駕或登駕。貫日而名愈尊。喜逢生。喜逢財。扶主而爵自顯。

凡天官拱駕登駕俱貴。然與日同經尤貴。天官纏生官度。或守財帛宮皆然。然必與命主同纏同守者方入格。

魁度逢官。陛廷司諫。杓星扶月。中選元魁。

天官居魁星度。即是官魁同步。或同經或同宮皆是也。主入諫垣。經云扶月喜扶於八煞。如天官扶月於八煞宮。更屬斗杓者。中魁元。

職列公孤。必是魁官穿度。才昭廊廟。祇緣日月扶官。

經云，官忌囚星之交雜。魁防暗曜以相侵，故見魁官穿度者，又須觀其有無混雜。方作貴論。如囚暗交錯。官居陷地。更遇冲刑對祿。非此論矣。凡天官最喜日月夾之，若更得地而無混雜限行天官處，即太孫張中堂午命金為官，日月夾於斗度，限行婁度，遂入相。又日月夾官祿者同。若天官為官祿主，日月夾之，必主魁元。

月掛柳梢。上弦乃貴。孛掛朱衣入局始真。

以上弦之月為天官，而得月掛柳梢格者，必貴。孛作天官，而在亥卯未三宮者，為掛朱衣，柱史之命。

官魁拱命。破浪乘風。官祿朝陽，平邦均國。

官魁在三方照拱命宮，必貴。以一星作官魁而在一宮者，亦是。如天官即是官祿，而向日於午，即貴。火作天官而朝陽，即是二曜朝陽。水作天官而伴月，即是一星伴月。餘倣此。

化貴化官皆異格。入垣化命更榮身。

貴者貴氣之星也如官祿卦炁祿馬科名科甲三元等星皆是化官祿者尤貴如化官祿而守命宮必中魁元　天官入垣而又化為命主此名天官守舍若守命宮更妙

官祿為官登虎榜官纏祿馬到鳳池

官主作天官在命宮者中魁元對照亦佳如為仁元壽令星最妙貫命度者更緊切　官纏祿馬如上為天官或計為天官而年干祿屬水驛馬屬木祿馬二星纏天官土度是也

官祿變傷名高必敗水金得輔命主方榮

官祿主作傷官與命主作傷官同反主貴但恐末路不善金水輔日或輔月而作天官者貴或作命主官主皆妙

日月合德燮理陰陽魚水和同治安畿甸

日月夾天官於一宮無他星混之或月作天官與日同宮同經者亦是此宰輔命也　魚水和同如四柱有二三字適作天官

星而入垣者是也。假如四柱有二酉字。金星為天官而居酉宮。或天盤加入酉宮。即是。若四柱只一酉字者。亦合此格。一行禪師又以金水日月同居一宮。得配合於年月日時之上者。為魚水和同。

五星順序。藩鎮宣威。四令環陽。鼎鐘食祿。

星辰在命順行。如金前土後。火前木後。木前水後。依次順行。盤面者。曰順序。金木水火四星引從太陽者。曰環陽。春生木作天官而貫陽者亦是。

春木逢焚。精神健旺。年干受命。砥柱中流。

春木為命主。又為天官。遇火同宮。是寒谷回春也。生年干或生年納音作天官。或命度作天官。為受命於天。

桂樹秋香。蟾宮穩步。杏林日照。出類超群。

秋生人。木為天官同月在未者貴。春生人。木天官。同日在午或在亥者。亦貴。

秋金夜月。自當雁塔題名。木落寒蟾。不免雞窗白首。

金月二星作天官得地者皆貴。同宮同度而守命宮者魁元。又極喜同居申畢。凡見秋令夜上弦生人。而以太陰作命主天官得地者。他星不論總以科甲之造斷之可也。木月二星作天官。冬生人。太陰在命者。不貴。必火羅照之。始佳。又秋生人。月在未酉亥三宮。有火照之。亦貴。

冬金寒土。無火便是窮酸。秋木冬林。遇孛即成飄蕩。

冬生人。金土為天官。雖在命而不得煖氣。即是貧儒。秋冬木為命主。天官。而遇孛。則成飄蕩。若在亥卯未而入格者。不論。

孛坐元枵。沖陽不善。羅來天蝎。忌孛相攻。

孛作天官在子。太陽在午。不吉。如太陽在他宮不論。

炁臨晉國。愁犯太陰。計入秦州。防穿元后。

炁作天官。而在申。怕太陰受傷。如羅孛作天官。同臨卯上。俱不吉。他來我去曰攻。

后宮忌到。鈎月成虛。君側凶争。貫陽非美。

如太陰受傷於土計。雖天官鈎月不貴。天官受傷。雖貫日不取。若火為天官命主。而在太陽前。被水孛戰尅。雖貫陽無用。

官纏傷度。遇生猶榮。傷入命宮。格高還貴。

天官纏傷官之度。若逢生官。亦貴。若傷官纏生官度。反佳。猶子平所云傷官生財復生官也。傷官入命而格自貴。亦無害。

傷來鈎貫。仕路覊遲。官若逢傷。宦途停滯。

鈎貫者。鈎官貫官也。對照三方拱之為鈎。同經或同宮為貫。官逢傷。亦即鈎貫之義。總主失職。致禍。若逢生逢財。便吉。

要之欲取功名。先觀榮度。未知得失。先問當生。

榮度者。一天官。二太陽。三太陰。所纏之度。四太陽前後一星度生官度與天官度同重。凡見天官遇傷官者。須要見生官星。蓋傷官生財。財生官也。天官遇傷。逢生為榮。故有行傷官度或太陽填傷官星。而其年反發科者。非傷官在生官度。即傷官度有生官也。然又有宜發而不發者。有不宜發而反發者。須再以當生格局尋之。若當生原合貴格。到此限度自無不發。否則格卑主弱。縱有吉星扶助。天官。終無用也。

入格歸垣得用。失時破局無功。在究經而察度。勿妄許而悅人。

入格者。如金為天官。金星在巳酉丑之類歸垣者。金坐金宮也須與命宮干涉為妙。又要與四柱有情。如金星在丑。四柱有巳酉二字填之。為四柱拱天官。大貴。

凡論科名專重天官一星。喜會身命官福太陽。最喜者生官。怕見者傷官也。生官拱會。不畏傷官。反為有情。或登駕或守命或近太陽。此為真官也。或日月三方夾拱天官。身命夾天官。皆主顯貴。

通元賦

天干生而氣聚崇勳。

如甲禄寅，寅為禄勳。木則崇勳主也。天干歸禄，其氣自聚，故天干以崇勳為重。

地支成而元居歲駕。

如子年子為歲駕，而土即駕主也。地支神殺，歲君統之，故地支以太歲為元。

故將禄命以定三元。

三元者，天地人三元也。於命禄二宮以五虎遁法數之，三元會命主富貴雙全，會官福會官魁而照身命，必中狀頭。

審元辰而言九事。

元辰乃命元也。九事者，竹羅三限主、仁元、禄元、貴元、壽元、令星、命主是也。九事全而順五行，自然享福得遐齡。

生殺作吉凶之限，向背為貴賤之原。

凡諸星生我則吉，尅我則凶。吉星在後，向我為貴，在前背我為賤。如凶星則不喜其向而喜其反背也。

先看明暗、升、沉。

晝日明而月晦。夜月明而日晦。忌守命。忌為主。又日在六陽位為明。月在六陰位為明。過丑則晦。日木土晝明。月金火夜明。反是為晦。日在東喜寅卯辰時生。月在西喜酉戌亥時生。皆曰升。守命輔會得用則吉。日在西為沉。如四月卯時生人主天。惟在戌則合為地。非沉也。

順、逆、衰、旺。

五星自北而西。自南而東。順則面向於前。反是則逆面向於後。更看身命之所在。以辨諸星向背拱夾之宜與不宜。不可概以順者為吉逆者為凶。衰旺看本生之納音。凡長生臨官帝旺之位曰旺。衰病死墓絕胎養之位曰衰。身命主及得用之星坐臨其位。亦因之為旺衰。須是入垣升殿方不忌衰也。

掩、蝕、冲、刑。

計羅攔截則掩。日月朔望則蝕。若日月前後引從夾輔。與三方對宮有吉星扶助者。反主富貴。不可概以其蝕為不祥也。對宮有客星曰冲。如木在丑金在未之類。兙命主及身度主之星曰刑。如金為命主羅刑之。月為身主土計傷之類。若仇害之星得此冲制。反為吉也。

次看朝拱夾輔。向曰朝。合曰拱。在左右曰夾。近前後曰輔。

分合引從。分者、五星分居各宮也。合者、五星合會一宮也。在前曰引。在後曰從。引宜遠。從宜近。

漏截守歧。計羅攔截曰截。漏出一吉在外曰漏。凡在身命所泊之處曰守。十二宮交界之際為歧。身命最忌坐兩歧。

詳觀格局可許貴賤。陰陽夾拱得地。豈是凡夫。如日月拱命夾命。或拱官祿。更逢貴祿乃上貴格。若身命主失纏受剋則不貴。

身命同守福官。乃為上客。身命主同守官福宮極貴。所謂居高則榮。

如逢經緯祿馬相扶。更得斗貴印符侍從。宜獲萬鍾之祿。膺居八座之尊。失位失時。亦作空門高貴。士俗緣不斷。亦是拖朱衣紫人。命內如逢天經地緯天馬地驛。又會斗杓貴人唐符國印。左右守值。合此格者。必是三台八座。縱生非其時。居非其位。亦清高節介之士。拖朱衣紫之人也。

福禄夾拱。三元總會。如無傷耗不是平庸。

福禄二星拱夾身命。而天地人三元會之。又無凶星惡殺損傷。非常人也。

福禄相隨。田財俱旺。田開阡陌富比陶朱。

福禄二星守照身命。田財二星又逢生而得時得位。必巨富命也。

若值四耗侵凌。七强空陷。必主破祖亡家。傷財刼盜。更宜奔忙勞碌。沒齒貧寒。

耗居田財二宮。而官福田財等星又皆空陷。必然一世勞碌無成。

命身得地。福禄無涯。

如命主居福。身主居官。或臨强實之宮。帝座之上。或命安唐符。身居國印。福禄雙全。

左右有情。功名無比。

如官魁夾命。福祿夾身。或日月夾身命。皆貴顯。但忌凶星雜之。又有祿馬夾命。經緯夾命。天馬地驛夾命等格。

要知計羅火孛。禍福難言。始發權勢如雷霆。終害巳利若鋒芒。此類惟宜獨行。怕相混雜。順之為吉。逆之為凶。

言四餘化官魁福祿權貴蔭印等星。或單守四維。獨居四正。必主藩方帥府。如為刃劫的廉等星。又為刑囚暗耗或羅孛交戰。計孛夾身。無不夭折或犯刑獄也。

計羅乃首尾之星。作攔截之用。中分五五。須詳日東月西。

羅計為天首天尾。相對而行。攔截諸星。中分五五者。羅計在子午。乃中天而分之。左右俱有五宮也。日居東而在卯。月居西而在酉。謂之日東月西。但要五星從日。炁孛從月。安命子午卯酉宮者。合格。又曰。首尾陰陽居四正。若安命從日月者即是首尾連珠。可以互看。

前後三三。更別魁元引從。

如安命午宮。前隔三位為戌。後隔三位為寅。魁在前而引之。或官星在後而從之。須是引從命主。而得地乘旺。乃為上格也。更看行限相關若何。有引而無從者。先主榮。有從而無引者。後為福。凡有吉星在命宮前後引從者。俱可通看

巳亥為乾坤定位。平分諸曜拱天庭。

安命在亥。亥宮却無星。十一曜分布各宮拱於亥位是也。但諸星得纏不反背尅陷方貴。

寅申乃陰陽兩關。包裹衆星朝帝闕。

自寅至未為陽關。自申至丑為陰關。午為帝闕。若安命在午。七政拱於東南。卯辰巳位。四餘環於西北酉戌亥宮。羅計包裹於寅申。炁孛單行而無混雜。真大貴格。雖孛炁混居七政之列。亦不以小耗而妨之也

辰戌丑未。名為首尾橫天。子午卯酉。號曰陰陽居正。

大抵羅計在子午卯酉則曰中分橫截。在寅申巳亥則曰出乾入坤。在辰戌丑未則曰首尾橫天。 羅計日月在子午卯酉而

命同居於此。固為入格。且安命在亥。與羅同宮而月在申。計在巳。日在寅者。亦是。辰戌丑未倣此。但要四星得地。各坐强宮而與命主有情。皆主大貴。

倒置能分輕重。所向又怕失纏。

凡諸星同處。或分或合。或入垣升殿。或失廟失纏。須詳其輕重有無剋制而兼論之。

日月體君后之象。升入於坎離之中。朝子午。暮夘酉。看垣殿之正偏分兩班。朝帝闕辨陰陽之向背。日晝生而金水輔從。月夜誕而火羅侍衛。合格者鳳閣高遷。得體者龍墀早步。

日為君。月為后。喜升入坎離子午之位。然必朝從陽宮。月在子而日在午。暮從陰宮。月在酉而日在夘。陰陽各得其所。晝夜不背其行。方為正格。又有正殿偏垣之辨。正殿日居午。月居未。偏垣如房虛昴乃日之偏垣。心危畢張乃月之偏垣。當更看朝命背命以定之。晝生人以日為重。得金水引從於前後。夜生人以月為重。得火離夾輔於左右。晝夜不背。引從合格。一舉成名。

至若五星連珠。

如金水木火土。順軌相生輔陽拱命。或水申金酉火戌木亥土子之類是也。

二曜合璧。

日與月同命主俱在壁度謂之合璧。主貴以壁乃文章之府也。合度者不多見。而月在日先者亦佳。如日為命主。夜生本無光。而與月同行。月為命主。晝生本無光。而與日同行。是自相爭權。不可與合璧同論

戴天履地。

安命亥。日與木同纏室壁之宿。是謂戴天。火在戌。金在酉。月與水同在申。是謂履地。木火金水。各居垣殿。而日照天門。月照地戶。貴格。如諸星在亥子丑寅四倚計在亥羅入巳。亦為戴天履地。出乾入巽之格。或命在亥身在巳亦是。

出乾入坤。

亥為天門乃乾。申為地戶乃坤。日與命在亥乃出乾。月與身在申乃入坤。若晝生金烏赫烈。夜生人玉兎晶瑩。命中得之貴顯

文武兩班。君臣慶會。是皆棟梁之器。廊廟之林。

羅計截出。政餘分列，兩班。主貴。日為君。衆星為臣。而輔佐同行。或胥會於一宮一宿。如星聚東井尤奇。

守一空一。十一曜分布十一宮。只餘一宮無星。而命居之。乃衆星環向。必居臺省。或一宮有星。一宮無星者。亦合。

居三隅三。如子丑寅三宮有星。卯辰巳三宮無星。午未申有星。酉戌亥無星。身命同居其中。而入廟歸垣者。主貴

太乙抱蟾於酉未。

酉未乃孛樂之地。與月同纏者合格。又須在望前生於戌亥子丑時。安命未宮。而月與孛同守未上。亦是抱蟾。主早登仕路。抱官祿尤佳。計星來破主夭折。如在下弦既晦之時。安命辰戌丑宮者。名曰抱死魄。生於冬令而無金火交助。則清寒主貧。有乙酉生人。九月三十日尾初度立命。辰時生者。金水守照月角八孛六初。是抱死魄也。曰又在六父子妨母長壽四十一歲行張八為御史。四十八行柳度陞遷。何也。水為官魁。金水月孛俱旺。樂孛又為天元祿主故也。

計都朝斗於斗牛。

斗牛亦文章之府。計喜朝之。丑宮安命。六壬人又為天元祿主。少年登科。或虛其斗而纏牛女之次亦是。

水星伴月向未巳。為朝主哲君。

水星本宜輔陽。在未巳伴月則為[redacted]君朝主。必巳未安命者方貴。卯戌命則為安身傍鬼矣。

火羅計孛聚丑亥。為朝天拱斗。

斗為文章之府。亥乃天門。四星聚亥丑朝拱主貴。璧玉經云朝天拱斗以三方主言。如午宮安命。木日土為三方主。日在戌。土在子。木在寅。皆廟樂之宮。獨空亥丑二宮是也。此又是一法。

竊見天地清寧。日月麗正。

乾天門。巽地戶。水木二星各歸其位。故曰清寧。所謂木臨寅。亥是真垣。水到巳申。誠入局是也。日午月未各歸其位曰麗正。所謂日居日位人特達。月居月位性虛靈是也。

羣星朝北。衆曜拱南。順則異貌奇人。逆則窮途儒士。

亥子乃天門地闕之所。衆星環繞而歸向之為拱北。巳午乃少微紫微之垣。衆星侍衛而趨承之為拱南。更看順逆。順序則吉姿秀麗。學問過人。逆背則性情鹵莽。不免窮途之苦也。

面南坐北。南人必貴北人富。面北坐南。南人必富北人貴。

南方火旺。命居於午而火守之。主南人貴而北人富。北方水土旺。命安於子而水土守之。主北人貴而南人富。又北人土厚。賴木則貴。木為土官也。資水則富。水為土財也。南人火炎。得水為官。見金為財矣。不特南北迥異。即近隔分野亦不侔也。

復有天地開明。山澤通氣。

水居申。木居亥。身命又安於此。有開明之象。艮為山。木星居之。兑為澤。金星居之。二星得所為通氣。

水火既濟。雷風鼓舞。

火取南離午位。水清寶瓶子位。火炎上而水潤下。無剋制之患。有既濟之功。震乃卯位為雷門。巽乃巳垣為風府。水巳火卯各守本位。則萬物得其鼓舞而化生矣。

此則名為虛拱。不可更漏別宮。須是日月分階。羅計攔截。方為上格。以上諸格皆為虛拱。不可漏在他宮怒地。必須日月明拱首尾遮攔為貴。

如其乾坤否塞。雷風相薄。

亥宮金羅交制。申宮土計混淆此為天地混沌之象。水臨卯而傷火。火至巳而受傷。此為風雷相薄。主有傷殘。

水火相射。山澤埋沉。

水在午火在子。交相冲戰。或水居火位火居水位是也。又金入寅而木絕。木至酉而受傷。乃埋沉之象。

以上四格。星辰互垣不善。人命得之。難免破敗刑夭。

央主漂蕩無依。田財破耗。

貴無傷富無耗世代敷榮。

以福祿二星取貴。宜受生而無尅制。以田財二星取富。要逢生旺而無耗敗。

身主弱。命主羸。始終偃蹇。

命主居七强宮。及坐官旺貴祿之地。主貴。若身臨殺位。或殺星守命。又在弱宮。決主困厄。終身榮華難享。

格局既正。但論垣窠。不復拘其神煞。

星既入格。便當看其入垣與否。如入垣則他煞無論。

時令既得須分體用方可斷其榮枯

如春木夏火秋金冬水。星既得令。又須看行限喜忌命宮好惡。參詳斷之。

星健命强。富而貴。貴而壽。

如星辰入垣合格。身命又强。則福壽兼全。

格高星困。苗不秀。秀不實。

格高星困。如土牛居垣而洩氣。斗木入廟而退行。或木困婁金火廹金龍之類。主人多學少成。終身困苦。

更詳正闕漏闕。閣拱闕拱。

亥乃北辰之所居。故曰天闕。如六乙生人。安命在未。孛化天祿而守命。太陰入於夘。為崇勳之位。獨亥宮無星。此縱漏闕也。即如安命在𨙻孛守命而太陰入於未獨亥位無星此橫漏關也合此格而夜生若極清貴若乙巳乙亥生人則不取以巳能冲破天關而亥則填實天關耳又身命同在未木在𨙻亦為縱漏關身命同在𨙻木在未未為橫漏關益亥宮無星喜漏出一木起來用事也又如命在亥而木在巳為縱而入之孛在未而火在𨙻為橫而入之獨漏天關亦縱橫格也不必三星俱全皆貴碧玉經云正關漏關而官祿為無用如正關在亥而水星在戌為從白羊木星在子為打實謂凡亥宮命木為命主官星必居巳𨙻未三宮始有縱橫之美今居戌子二宮雖漏天關何用哉此為官祿命主俱隱故不取也經云閼拱閼拱而刑囚為具文如命居午太陽居午計化刑在未水化囚在巳此為閼拱如太陰纏於子則為閼拱此雖刑囚拱命不可以刑囚為忌也蓋水喜臨於雙女計利入於秦州耳

有官祿而無用官必藏其兩雄

官祿既好主星又入垣固美若有天雄地雌守之則惹是招非官祿不久又或羅睺作難星來侵官祿主星亦不吉

遇刑囚而不妨殺不加於二主。

如仇殺二星化為刑囚。自相戰鬬。而不侵犯身命二主。則不妨也

蓋吉曜失時。吉而不吉。凶星得制。凶而不凶。

官魁福祿身命等吉星。如失時失次則不為吉若煞難有制。亦不為凶。然制煞不如化煞

身命官福最喜三元。左緯右經。須防斗柄。

身命官福如更化三元。主富貴雙美地緯天經來拱身命。忌斗柄指破

若引從者吉。則內貴乎空。提挈者凶。則外貴乎善。

身命前後有吉宿引從。中間須不見惡煞。故宜空之。身命左右有凶星提挈。則色輔於外者。須有吉曜救之。或三合四正有吉。與身主命主同經。亦可言善。

或夾者吉而拱者凶主多榮而少辱拱者善而夾者凶合一成而一敗。

身命宮左右有吉星夾輔。而三方有凶星拱照。當以近者為主。故多榮少辱也身命宮左右有凶星夾輔。而三方有吉星拱照亦以近者為主。故不免先成而後敗也。

一曜司權湍用。拱命為先。

如木生春令司權。兼為命主官福田財化為湍用。經緯三元湍用。必以得拱為妙。

羣星守照多端。合格為上。

衆星照命須要合格。乃為上貴之命。

左青龍右白虎而經緯拱夾。前朱雀後元武而驛馬相扶。四神來往。周環命主。三方七政循行。朝拱官星一位。

命安亥未。乃東方青龍廟居角度。金乃西方白虎廟居酉宮。火為南方朱雀在前。戌宮水乃北方元武在後子宮。四星更會經緯驛馬。拱夾命位。或身宮。
得此格者。為王侯之貴。

官魁夾命。帶龍虎則廊廟良材。

如安命夘宮。而木金帶化官魁在寅辰二宮。歸垣夾命。乃龍虎慶會風雲。必主圭璋廊廟。又官魁拱夾身命者。亦貴

祿馬扶身會三元。乃朝廷碩輔。

如乙亥夘未生人。辰宮安命。天祿在夘。驛馬在巳夾之。更會三元。必為宰輔。

對馬坐貴皆為騰踏之人。坐祿向馬必作榮華之士。

如安命祿堂貴人之上。馬在七強宮正照。此乃馬獻於前。主身膺爵祿。

木臨獅子。居官不能享官。計入三陽。有祿不能食祿。

午乃離明之地。如申亥命。木為官祿主而臨午。位則灰飛烟滅。縱有官而不能享。寅乃三陽之地。如命安亥寅為官祿。計星照

臨之。埋沒三陽。生意幾乎息矣。豈能沾寸祿乎。

子午乃聖人之端門。神煞不入。辰戌是小人之羅網。天乙不臨。

子午乃端門帝座之地。縱有神煞到此。不敢入。限行此位。雖危不危。辰戌為天羅地網。貴人不臨。人命安此。能自卓立。

命安子宮。木入齋瓶。若非李郭之榮。必是陶朱之富。

安命在子。木為財福二星而守之。此為財福守命。反主富貴。不得謂木打寶瓶也。但要命主飛坐生地。或纏生度而近火羅耳。

閼主高强。命本弱。雁行欺侮。奴星明健身居困。卑小侵凌。

兄弟主强而命主弱。必受欺侮。奴僕主得勢而身主無氣。必無忌憚。

日蝕朔。月蝕望。孤尅喪明。炁遇羅。水遇孛。緇男娼女。

凡日月受傷於羅計。必主難為父母。自身亦有喪明之患。炁羅孤宿。水孛淫星。男主荒淫。女主濁濫。更兼孤尅。關會身命方的。

文魁催官入格局。一舉成名。

文魁諸星聚命合格者。早歲成名。

的宮隔宿會遷移遊行無定、

的宮、即破碎。隔宿、即隔角。如巳午申未丑寅亥子是也。身命安此。更會遷主。或遷移星入命。必主遷居無定也。

火逼金龍角受生亢爲遭毒。

火入辰宮。爲火逼金龍。如纏角木火有生意不妨。亢度則害矣。

水淹火犬婁泊沒胃不受傷。

婁乃火殿。水入此度。有泛白羊之忌。胃土能制水。故無危。

爍爍陽光火羅晝忌。娟娟月色土計夜防。

晝生人。日見火羅則爭光。夜生人月見土計則相蝕。主刑傷父母。

小耗大耗。值天地耗。忌守田財。死符病符及官飛符。怕臨身命。若非獄牢喪巳亦主博戲亡家。

耗不入田財。符不臨身命。亦無害。

勾絞亡刼。重則斬絞徒流。輕則風流疾患。

勾絞亡刼四星。會於身命。行限更值凶星。必遭刑憲。

血支血刃。隄防金孛作災殃。天厄天刑。最怕火羅興惡孽。

血支血刃二星在命。多主血光之災。會金孛尤凶。天厄天刑會於身命。行限更值火羅。必遭官訟破家疤疽血症。

浮沉若逢土計。非溺水必犯巫醫。

浮沉主水厄。更土計同宮。必主死於非命。

飛廉或遇金羅。匪干戈則當暴死。

飛廉生刃兵之患。會金羅則煞更騰輝。必犯刃兵而死。

的殺聚於二刄。遇刑囚必主橫胎。

二刄、羊刃飛刃也。會的殺更化刑囚。主臨胎產難。

劍鋒會於四凶。遇冲傷必患惡血。

四凶、火羅計孛也。或云的、刼刃廉。如四凶聚於劍鋒之上。非災必刑。皆主身命上言。

天狗之嗣。孤寡無妻。

天狗與炁孛同守嗣宮。男女主更化。直難。或受尅。定主絕嗣。

孤辰寡宿與羊刃刑囚侵犯身命。更妻星失次。定主尅妻。

福祿坐於崇勳。化刑權重。吉星聚於歲駕。伏殺官高。

福祿等吉星。如會於崇勳歲駕之上。人身命同在此宮。必名揚職顯。

殺金為刃。休逢劫木。為災難避。

金星主殺。而又見刃。為災愈烈。木星化劫。即為挺杖。亦能害人命。限逢之。禍難逃矣。

三殺會天雄。限危身喪。

三殺、刃的劫也。行限逢之。限主又是殺星。必死無疑。

四凶逢天厄。虎噬雷傷。

四凶、火羅計孛也。更會天厄。必遭惡死。

劫頭見厄。刃尾為災。

劫殺頭上最凶。故初逢見厄刃鋒在尾。故刃尾為災。身忌坐刃。命忌坐劫。

論殺論刑。殺重而刑不可當。如諸煞交沓。刑星又至則刑不可當矣。

說凶說吉。凶多而不可作吉。如凶多吉少。定為凶斷

華蓋紫炁是良神。天乙蔭星為善曜。華蓋紫炁等為善曜。安命主好善慈心。出家樂道。

三方有氣須要詳參。四正無星方為凶斷。三方得力。主人發福發財。然猶須參究其有無尅制。若四正無星則碌碌無成也。

婦人財福為重。對宮須看夫元。只宜坐貴不宜冲。惟忌見淫還見合。婦人以財福夫星為重。凡安命只宜坐貴人之宮。不宜冲貴人之位。更不宜金孛水孛咸池臨官。四馬宮安命。淫星合命亦忌

金水桃花坐卯宮。娼淫之輩。金水主好色。帶桃花坐於卯宮。必無禮淫亂。子宮同。

金孛咸池騎驛馬。癆瘵之人。淫慾過度。必犯此病。

縱有朱唇粉黛也教送舊迎新。若非雪月風花。定是飄蓬落魄。金孛二星、乃天上之咸池。為淫穢之宿。更坐四馬上。淫賤無疑。

舉其大概。餘可參觀。要知造化元機。細測天時得失。

論守命。星羅、好色。孛、慳吝。計、愚而自用。金、重義輕財。水、詞唱輕清。火、性急。凶狠。土、貪酷。而淫。太陰、為人不佞。太陽、快性急行。日月合朔晦而不明。木星守命。執性而迷。

增訂王鳳洲集